综合交通规划设计丛书

Zhihui Jiaotong Yunshu Zhifa Xinxi Xitong

智慧交通运输执法信息系统

郑晏群　李　毅　黄方贞　编　著

人民交通出版社股份有限公司
北　京

内 容 提 要

本书较全面地总结了当前智慧交通运输执法信息系统建设内容，分别对交通运输行政执法、需求分析与总体设计、非现场执法、5G智能设备、执法数据中心、协同办案系统、运行监测和分析预警系统、移动执法终端系统、监控指挥系统、勤务管理系统、评议考核系统、综合查询展示系统、信息公示与服务系统、指挥分中心环境工程、IT基础设施支撑系统等内容，做了全面、系统的分析和论述，对交通运输执法信息化建设具有很强的指导意义。

本书可供城市规划相关从业人员参考，也可作为相关院校师生的参考图书。

图书在版编目(CIP)数据

智慧交通运输执法信息系统/郑晏群，李毅，黄方贞编著.—北京：人民交通出版社股份有限公司，2021.7

ISBN 978-7-114-17228-1

Ⅰ.①智… Ⅱ.①郑…②李…③黄… Ⅲ.①公路运输—交通运输管理—行政执法—信息系统 Ⅳ.①U491

中国版本图书馆CIP数据核字(2021)第065398号

综合交通规划设计丛书

书 名：**智慧交通运输执法信息系统**
著 作 者：郑晏群 李 毅 黄方贞
责任编辑：袁 方 杨 思
责任校对：赵媛媛
责任印制：刘高彤
出版发行：人民交通出版社股份有限公司
地 址：(100011)北京市朝阳区安定门外外馆斜街3号
网 址：http://www.ccpcl.com.cn
销售电话：(010)59757973
总 经 销：人民交通出版社股份有限公司发行部
经 销：各地新华书店
印 刷：北京虎彩文化传播有限公司
开 本：787×1092 1/16
印 张：23
字 数：543千
版 次：2021年7月 第1版
印 次：2022年12月 第2次印刷
书 号：ISBN 978-7-114-17228-1
定 价：85.00元
(有印刷、装订质量问题的图书，由本公司负责调换)

本书编写委员会

编　　著：郑晏群　李　毅　黄方贞

参加编写人员：罗　玲　陈建军　张鹍鹏
黄　静　付　望　谢勇利
葛宏伟　许梦菲　陈　涛
杨健荣　荣　利

编写单位：深圳市综合交通设计研究院有限公司

支持单位：深圳市综合交通运行指挥中心
深圳市交通运输行政执法支队

Preface

前 言

随着城市快速发展，非法营运、超限超载、占用及破坏交通公共基础设施等交通违法行为也大幅度增多，传统的交通执法监管方式面临着巡查范围大、执法人员少、执法门类多等问题，无法满足行业发展和执法管理的需求。加强交通执法信息化建设和信息共享，是提高执法效率和规范化水平的重要抓手。

通过推进交通运输行政执法综合管理信息系统建设，能够建成以城市数据中心和信息交换平台为核心，覆盖各级交通运输主管部门和公路路政、道路运政、水路运政、航道行政、港口行政、海事行政、质量安全监督、综合执法等执法门类的协同执法与联网监管体系，形成互联互通、信息共享、业务协同、智能便捷的交通运输行政执法信息化体系，实现执法队伍管理规范化、执法办案智能化、跨区域跨部门执法协同化、监督管理精细化、执法服务优质化。

本书立足于深圳市交通运输执法的实际，对交通运输执法分类、交通运输执法用户需求、交通运输执法系统总体设计、外场设备建设（包括治超非现场、视频监控、卡口监控、5G智能装备）、后台功能建设（包括执法数据中心、协同办案现场、运行监测和分析预警系统、移动执法终端系统、监控指挥系统、勤务管理系统、评议考核系统、综合查询展示系统、信息公示与服务系统、指挥分中心环境工程、IT 基础设施支撑系统）等内容进行介绍和探讨，建立了一个数据高度关联且集协同办案、运行监测和分析预警、移动执法、监控指挥、勤务管理、评议考核、综合查询展示、信息公示与服务于一体的全流程数据化执法管理平台。通过汇聚、统一交通运输执法数据资源，整合并完善移动执法、协同办案、指挥调度等功能，扩大非现场执法范围和领域，升级现场执法装备，加强数据共享，深化数据分析，全面提升执法信息化、智能化水平，对交通运输执法信息化建设具有很强的指导意义。

最后，对深圳市综合交通运行指挥中心、深圳市交通运输执法支队表示感谢，对所有支持本书编写工作的人表示感谢，对所引用参考文献的作者表示感谢。

编委会
2021 年 2 月

Contents

目 录

第1章 概述

第1.1节 新基建背景和要求

新基建是智慧经济时代贯彻新发展理念，吸收新科技革命成果，实现国家生态化、数字化、智能化、高速化、新旧动能转换与经济结构对称态，建立现代化经济体系的国家基本建设与基础设施建设，包括绿色环保防灾公共卫生服务效能体系建设、“5G❶—互联网—云计算—区块链—物联网”基础设施建设、人工智能大数据中心基础设施建设、以大健康产业为中心的产业网基础设施建设、新型城镇化基础设施建设、高新技术产业孵化升级基础设施建设等，具有创新性、整体性、综合性、系统性、基础性、动态性等特征。

新基建对于各行业和企业来说，变革与机遇并存。以5G、特高压、人工智能等为代表的新基建的快速发展，将带动通信、交通、能源、农业等相关行业的转型发展，同时促进传统基础设施的数字化、智能化升级改造，带动上下游产业链的联动，推进我国制造业转型发展。新基建广泛应用新一代信息技术（Information Technology，IT），催化工业生产等各行业从电气化、自动化向智能化演进的过程，将大幅提升产品和服务的智能化、精准化、个性化水平。在新基建浪潮下，行业和企业必须拥抱大数据、区块链等新一代信息技术。

目前新基建虽然只列出了七大领域——特高压、新能源汽车充电桩、5G基站建设、大数据中心、人工智能、工业互联网、城际高速铁路和城际轨道交通，但这七个领域可以带动上下游产业链，起到“一业带百业”的效果。以5G基站建设为例，其将带动天线、射频器件等通信元器件和软件、5G终端等行业的投入，为产业链上下游企业带来重要的市场机遇。据测算，我国5G产业每投入1个单位将带动6个单位的经济产出。预计到2025年，我国5G商用间接拉动的经济总产出约24.8万亿元，直接创造300多万个就业岗位。5G与人工智能、云计算等新技术结合，将撬动万亿规模应用价值经济，向工业、交通、能源、农业等垂直行业延伸。

第1.2节 新基建与传统基建的区别

新基建并不是“空中楼阁”，它与传统基建既有区别又互为表里，相依相存。新基建与传统基建的区别主要有以下四点：

---

❶ 第五代移动通信技术简称5G。

(1)目标不同。

新基建的目标是适应中国社会主要矛盾转化和中国经济高质量发展的时代要求,支持创新、绿色环保和消费升级,顺应供给侧结构性改革,创造新的经济增长极。

(2)投资方式不同。

传统基建往往是政府投资,而新基建则是市场化投资。新基建科技含量高、投资大、专业性强,仅仅依靠政府投资是不够的,还需要调动社会资源参与。

(3)项目形态不同。

不同于传统基建的明显物理形态,新基建应用最新的云服务、大数据、人工智能等技术,其技术形态要远胜于其物理形态。

(4)领域不同。

新基建的建设领域涉及5G、人工智能、大数据中心等,这些领域明显区别于传统的“铁公基”。

与传统基建相比,新基建内涵更加丰富,涵盖范围更广,更能体现数字经济特征,能够更好地推动中国经济转型升级。

与传统基建相比,新基建更加侧重于突出产业转型升级的新方向,无论是人工智能还是物联网,都体现出加快推进产业高端化发展的大趋势。

第1.3节　智慧交通运输行政执法信息内涵

交通运输行政执法综合管理信息系统的信息内容主要包括系统内部数据和系统外部数据。

系统内部数据包括执法机构、执法人员(如基本信息、执法证件信息、考试培训信息、年审信息等)、执法装备、执法案件(如当事人信息、违法事实信息、证据材料及涉案财物信息、案件办理过程信息、执法文书信息、案卷信息等)、执法监督与评议考核、数据分析研判、法律法规等。具体内容参见《交通运输执法管理信息数据元》(JT/T 1075—2016)。

系统外部数据包括:共享行业内的监管对象(如经营业户、从业人员、营运车辆、营运船舶等)的基本信息及违法线索信息;共享行业外公安、工商、金融、法院等部门的相关执法数据。

第1.4节　智慧交通运输执法信息化发展历程

我国的智能交通系统(Intelligent Transportation system,ITS)起源于20世纪80年代的公路收费系统的研制,这是我国第一次将计算机技术、通信技术和电子技术用于监控和管理系统。此后的十年间,我国全面跟踪国外ITS的发展建设,随之而来的各种相关技术使得我国卫星定位、自动导航驾驶、城市车辆管理等系统逐渐建立、完善起来。在21世纪初期,电脑技术的跨越式发展为ITS在我国的迅速发展提供了重要技术基础,并由此产生了“智能交通系统关键技术开发和示范工程”“现代中心城市交通运输与管理关键技术研究”“卫星导航应用产业化专项”“汽车电子产业化专项”“下一代互联网示范工程”等项目。

经过“十一五”“十二五”“十三五”建设，我国高速公路总里程突破 13 万 km。在交通基础设施规模发展的同时，交通管理和服务的信息化、智能化水平也有显著提高，智能交通在许多城市和交通运输的各个行业得到了广泛的应用，并开始进入快速发展的轨道。

“十四五”规划(2021—2025 年)和 2035 年远景发展目标中提出要把科技自立自强作为国家发展的战略支撑。在“科技自立自强”的大战略指引下，“十四五”也大致确立了三条核心主线，即技术创新、产业升级以及国家安全。其中，“十四五”规划明确指出，要把发展经济的着力点放在实体经济上，目标是建设制造强国、质量强国，推进产业链现代化。而在提升产业链现代化水平的过程中，要统筹推进基础设施建设，加快建设交通强国，推进能源革命。这意味着，“新基建”与“交通强国”都被写入了国家“十四五”规划，被正式确立为国家战略。“十四五”交通运输行政执法综合管理系统工程，将在“十三五”建设成果的基础上，进一步深化完善系统功能，整合现有资源，扩大覆盖范围，推进跨区域、跨部门信息交换与共享，强化执法数据分析研判，实现协同执法与联网监管。

1.4.1 智能交通建设发展的基础已经形成

ITS 是国家中长期科技发展规划纲要关于交通业的优先主题之一。我国在 2000 年成立了全国智能运输协调指导小组及其办公室，发布了《中国智能运输系统体系框架》。在“十五”期间，我国率先在北京、上海、广州等城市开展了 ITS 的关键技术攻关、关键产品开发及示范应用，促进了以智能化交通管理为主的智能交通体系建设。在“十一五”期间，全国有多个城市进行了 ITS 的规划和建设，在公路、公交、城市等领域相继实施了大批的 ITS 建设项目，其中若干重大智能交通技术应用示范工程得到了国家科技支撑计划的支持。智能交通领域的研究和实践的发展，引导了交通运输、电子信息通信等领域的相关单位来参与 ITS 行业建设，培养形成了我国 ITS 发展研究和产业化推进的基础。

1.4.2 科技引领智能交通发展

通过在关键技术领域取得创新成果，我国 ITS 技术体系已经初步建立。从“十一五”开始，“863 计划”将现代交通技术列为一个单独的科研领域开展研究，且与科技支撑计划配合，通过开展对智能交通管理前沿技术的探索和关键技术的攻关，取得了一批具有自主知识产权的新方法、新技术和战略产品，解决了部分制约我国综合交通运输系统发展的技术瓶颈和战略性难题。进入“十二五”以后，为了突破交通管控及安全的瓶颈技术，保障交通运力的高效安全，科技部在“863 计划”中，围绕智能交通管理系统发展的要求，对区域交通协同联动控制系统、车路状态感知和交互系统、智能车路协同系统、综合交通枢纽智能管控系统等关键技术进行了研发布局。

“交通运输行政执法综合管理信息系统”是《交通运输信息化“十三五”发展规划》(交规划发〔2016〕74 号)提出的部省共建、联网运行的重点信息化建设工程。此工程将按照全面推进交通运输法治政府部门建设的总体要求，以执法队伍管理、执法办案、执法监督和执法服务为主线，构建“纵向贯通、横向集成、信息共享、业务协同”的交通运输行政执法信息化体系。

1.4.3 智能交通应用发展显著

自 2008 年以来，我国结合重大活动，对智能交通关键技术进行了大范围的集成应用，包括国家高速公路联网电子不停车收费(ETC)和服务系统、北京奥运智能交通集成系统、上海世博智能交通技术综合集成系统、广州亚运智能交通综合信息平台系统、远洋船舶与战略物资运送在线监测系统等。其中,高速公路联网电子 ETC 和服务系统是我国具有自主知识产权和统一标准且在全国范围内应用的 ITS。

据统计,截至 2017 年底,全国 ETC 用户数量超 6000 万,占汽车保有量比重约 30%,相较 2016 年增长超 30%。随着 ETC 的加快普及,截至 2018 年底,全国 ETC 用户数量约为 7656 万。2019 年,我国 ETC 推广任务、发展目标明确,ETC 用户数量快速增长。截至 2019 年底,全国 ETC 推广发行了 1.23 亿户,累计用户达到 2.04 亿。此外,小客车 ETC 覆盖安装率也超目标完成。全国高速公路入口客车 ETC 平均使用率为 71.3%,环比上升了 1.31 个百分点。预计未来几年,我国 ETC 行业仍将以较快速度增长。截至 2020 年 5 月 17 日,64.09% 的车辆使用 ETC 在出入口收费站不停车快捷通行,ETC 使用率比去年同期提高了 21.89%。日均拥堵缓行 500m 以上收费站数量比 2019 年同期下降了 16.68%;日均拥堵缓行 1000m 以上路段比 2019 年同期下降了 13.92%,通行效率得到进一步提高。

第2章 交通运输行政执法

交通运输行政执法包括公路、水路执法部门及其执法人员依法实施的行政检查、行政强制、行政处罚等执法行为。

第2.1节　执法分类

2.1.1　道路运政执法

道路运政执法主要工作内容包括四个方面:一是对全市道路运输市场调查摸底,掌握交通运输市场营运秩序情况;二是通过对客运站等道路运输市场主体经营行为的检查,纠正违章经营行为;三是开展路面执法,查处各类道路运输违章行为;四是执法支队、片区局、客运局等单位开展联合执法,重点打击非法营运等违章行为。

2.1.2　水路运政执法

水路运政执法主要工作内容包括三个方面:一是通过对水运企业的检查,纠正各类违章经营行为;二是开展水面巡查,查处各类水路运输违章行为;三是执法支队、片区局联合查处未经批准擅自从事水路运输等严重违章行为。

2.1.3　道路路政执法

道路路政执法主要工作内容包括四个方面:一是加强路面巡查,纠正和查处各类可能损害道路和危及道路安全的行为;二是对违反有关规定,擅自在道路上设卡、收费的行为进行查处;三是对未经批准擅自施工的行为进行查处;四是对超限超载进行查处。

2.1.4　航道行政执法

航道行政执法主要工作内容是依据有关法律、法规及规章,开展航道行政监督管理工作。

2.1.5　港口行政执法

港口行政执法主要工作内容是依据有关法律、法规及规章,开展港口行政监督管理工作。

2.1.6 交通工程质量监督

交通工程质量监督主要工作内容是依据有关法律、法规及规章，负责交通工程质量监督管理。

2.1.7 公共汽电车行政执法

公共汽电车行政执法主要工作内容包括四个方面：一是对未取得经营权擅自从事公共汽车运营的行为进行查处；二是通过对公共汽车经营者的检查，纠正违章违规行为；三是对影响公共汽车运营设施使用安全的行为进行查处；四是协调片区局对不按规定线路组织运营等严重违章行为及社会反应强烈的违章行为进行查处。

2.1.8 出租小汽车行政执法

出租小汽车行政执法主要工作内容包括三个方面：一是对无出租车营运牌照使用小汽车从事载客业务的行为进行查处；二是加强对重要客流集散地出租车经营行为的监管，纠正违章违规行为；三是协调片区局对社会反应强烈的不使用计价器、拒载等行为进行查处。

2.1.9 轨道交通行政执法

轨道交通行政执法主要工作内容是依据有关法律、法规及规章，负责轨道交通市场秩序的监督管理。

2.1.10 铁路、民航、邮政服务市场监督

铁路、民航、邮政服务市场监督主要工作内容是依据有关法律、法规及规章，负责铁路、民航、邮政服务市场监督管理。

2.1.11 交通运输经营行为监督检查

交通运输经营行为监督检查主要工作内容包括两个方面：一是通过检查市场主体的经营资质和经营范围等，纠正违章违规经营行为；二是通过检查从业人员的从业资质等，纠正违章违规经营行为。

第2.2节 执法机关和执法人员

2.2.1 行政检查执法主体

行政检查执法主体是指依法设立，能以自己的名义依法实施行政检查、行政强制措施、行政处罚、行政强制执行的行政机关、机构和其他组织。交通运输行政检查执法主体一般是指依法享有国家行政职权，能以自己的名义行使行政检查执法职权，并能独立承担相应法律责任的组织。

2.2.2　交通运输行政执法职能

交通运输行政执法部门的主要职责包括如下：

(1)依据有关法律、法规及规章，负责城市道路运政、水路运政、道路路政、航道行政、港口行政、交通工程质量监督、城市轨道交通运营监督、城市公共汽电车运营监督、出租小汽车运营监督等交通运输执法门类的行政处罚以及与行政处罚相关的行政检查、行政强制执行等工作。

(2)负责城市交通运输综合行政执法的组织、指挥、协调、监督和绩效考核工作；负责制定城市交通运输综合行政执法的程序、标准、规范，并组织实施。

(3)负责依法对交通运输市场主体及其从业人员的经营行为实施监督检查，纠正违章违规的经营行为，维护交通运输市场秩序。

(4)负责交通运输行业违章行为的稽查工作，对违法行为实施行政强制、行政处罚；负责违章处理窗口的管理工作。

(5)组织开展城市治理超载超限和联合整治非法营运工作。

(6)负责有关交通运输行政执法投诉的处理；负责交通运输稽查信息资料的收集、统计、分析、传递与整理归档工作。

(7)负责组织交通运输行政执法案件听证工作；负责交通运输行政执法案件的行政复议、行政诉讼及行政赔偿等相关工作。

(8)负责组织交通运输行政执法人员的执法培训；负责执法证件和执法装备管理等后勤保障工作。

(9)负责组织、协调市相关部门及内部单位开展行业专项执法活动；协同各辖区开展安全监管工作；参与重大突发事件、重大灾害事故、行业内不稳定事件的处置及重大交通保障工作；参与交通战备部门开展军事行动和其他紧急任务的交通保障工作。

(10)依据上级有关规定，统筹协调交通运输行业扫黄打非、打假打私及禁毒等工作。

2.2.3　交通运输行政检查执法人员

交通运输行政检查执法人员是指依法取得交通运输行政执法资格，持有行政执法证，在法定权限内从事交通运输行政检查执法活动，针对特定的公民、法人或者其他组织，就特定的事项代表国家行使行政检查权力、履行行政检查职责的工作人员。

1)交通运输行政检查执法人员职权

交通运输行政检查执法人员，在职权范围内可以依法进行调查、检查或者收取证据，对违反行政管理秩序的行为依法予以制止、纠正、行政处罚或者采取行政强制措施，当事人不得拒绝。

2)交通运输行政检查执法人员工作要求

(1)交通运输行政检查执法人员必须在其职权和管辖范围内使用行政执法证件，严格依法行使职权。

(2)交通运输行政检查执法人员在依法执行公务时，应出示行政执法证件。

(3)持行政执法证件的人员调离本单位时或不在行政执法岗位时，其所在单位应将证件收回，并报市政府法制工作部门注销。

第2.3节　行政检查实施流程

2.3.1　交通运输行政检查原则

1）主体合法原则

主体合法原则是指交通运输行政执法检查的范围和内容必须严格遵守相关法律、法规及规章的规定。各级交通运输行政执法机关只能依照法定职权范围实施行政检查，不得超越权限。没有法律、法规、规章的依据而开展的行政检查属于违法行政，检查对象有权拒绝接受检查。

2）程序正当原则

程序正当原则是指交通运输行政执法机关在实施行政检查时必须严格遵守法定程序，应按照法定的方式和步骤实施行政检查。如对检查对象进行调查时，应当有两名以上持有人民政府行政执法证的执法人员，并表明执法身份，主动出示执法证。对证据实施先行证据登记保存的，应经交通运输行政执法机关负责人批准。

3）效率原则

效率原则是指交通运输行政执法机关实施行政检查要在行政管理目的的前提下做到行政检查的高效率。交通运输行政执法机关应当定期制订行政执法检查计划，并组织具体实施。在检查过程中，围绕检查重点，准确、高效地实施，尽可能减少对检查对象权利的影响，不检查与执法活动无关的物品，做到检查不扰民。

2.3.2　交通运输行政执法检查的方法

交通运输行政检查可以采用书面检查、实地检查和其他检查方法。

1）书面检查

书面检查是指交通运输行政执法机关通过查阅有关书面资料和材料，对检查对象进行监督检查。例如，查看检查对象有关文件和材料，调阅交通运输领域企业的日常制度和工作记录，对管理相对人原始账簿、单据报表等文件进行审核等。

2）实地检查

实地检查是指交通运输行政执法机关通过实行现场的检查或者勘查，对检查对象有关守法情况进行调查了解。例如，维修管理部门对机动车维修经营业户进行检查，现场查看检查对象是否具备维修经营条件、符合安全生产条件等。

3）其他检查方法

除了书面检查和实地检查之外，交通运输行政执法机关还可以通过听取汇报、调查、要求定期上报统计数据等方式实施行政检查。

2.3.3　行政检查实施基本程序

1）随机抽取对象和检查人员

按照执法检查计划，随机选派执法人员对随机抽取的检查对象进行检查。以不通知行政检查对象为原则。根据工作需要,如需要提供必需的文件材料、特定工作人员在场等情况,确有必要提前通知的,可以提前告知检查对象检查时间。

2)携带必备的执法装备和文书

开展实地检查的,在前往检查对象住所前,应结合行政检查工作的需要,携带必要的通信工具、交通管理器材、个人防护装备、办公设备、录音录像设备等,并预先准备好询问笔录、现场笔录、责令改正通知书等执法文书。

3)表明执法身份

行政执法人员在实施行政检查等执法活动时,应主动出示行政执法证件;根据有关规定配备制式服装、执法标识的行政执法主体,其行政执法人员还应按照规定着制式服装、佩戴执法标识。

4)说明执法检查理由

说明执法检查理由是为了表明行政执法机关的检查权限,说明行政检查的原因。说明理由可以采取书面形式(如送达行政检查通知书、权利义务告知书等)告知,也可以采取口头形式告知。

5)告知当事人权利和义务

告知权利和义务是指在开展行政检查时,行政机关应当依法告知检查对象所享有的权利和义务,依法告知当事人行政执法决定的事实、证据、法律依据、执法决定,享有陈述、申辩、申请听证、申请回避、救济途径等法定权利和依法配合执法等法定义务。如果交通运输行政执法机关不依法告知检查对象相应的权利和义务,属于违反法定程序,其后果将导致检查行为的无效,甚至导致依据该检查结果作出的行政处罚、行政强制等行为无效。

6)实施行政执法检查

交通运输行政执法人员在依法履行表明身份、说明理由、告知权利等程序后,就可以在检查项目的范围内,依据法定程序实施行政检查,并制作相应执法检查文书。具体包括如下:

(1)查看有关证件和材料。

(2)询问检查对象或证人。

(3)现场勘验检查、监测。

(4)对物品进行抽样并封存。

(5)调阅有关工作制度或记录等。

7)收集证据材料

交通运输行政执法证据收集是指交通运输行政执法机关根据有关规定发现、采集、提取证据的活动。对于现场发现检查对象存在违法行为的,执法人员应当全面、客观、及时、合法地收集材料,及时固定证据。行政执法行为的一个基本规则是先取证、后裁决,即行政机关在作出行政裁决前应当充分收集证据,然后以事实为依据、以法律为准绳作出裁决,而不能在毫无证据的情况下,对检查对象作出行政行为。

2.3.4　行政检查中发现交通运输行政违法行为的处置

交通运输行政执法机关在行政检查过程中,发现当事人存在交通运输违法行为,应当根据相关实体法的规定,开具《责令改正通知书》,责令当事人立即改正或限期改正。对于违法事实清楚、证据确凿或责令改正拒不改正应予行政处罚的违法行为,实施行政检查的单位应及时将违法行为线索、《责令改正通知书》、复核材料等移交执法支队立案查处。不得以责令改正违法行为代替行政处罚和行政强制。

【案例 2-1】 2019 年 12 月,某辖区管理局在对 × × 公司的行政检查案中,发现该公司存在安全负责人未经考核合格的行为,该局责令当事人限期改正。检查对象的行为涉嫌违反《中华人民共和国安全生产法》第九十四条第(二)项"道路运输单位的主要负责人和安全生产管理人员未按照规定经考核合格",且不属于需要先责令改正才能予以处罚的情形,但未立案查处,涉嫌未充分尽职履责。

1)《责令改正通知书》的印制

各单位按照当地交通运输管理部门发布的《责令改正通知书》统一模板和编号规则,联系定点印刷公司或者自行联系有套印公章资质的印刷公司印制。各单位《责令改正通知书》的印制数量、编号,应报当地交通运输法规部门处备案,未经备案,不得擅自印制使用。各单位应在每季度结束后 5 个工作日内,将《责令改正通知书》的使用情况报当地交通运输法规部门汇总备查。

2)《责令改正通知书》的填写

《中华人民共和国行政处罚法》设置责令改正违法行为的目的之一在于坚持处罚与教育相结合,教育公民、法人或者其他组织自觉守法。因此,为了增强说理性,在《责令改正通知书》中应写明责令改正违法行为所依据的法律、法规全称,相应法律条文要具体到条、款、项。

3)《责令改正通知书》的送达

行政执法人员在送达《责令改正通知书》时,应直接送交当事人。当事人是自然人的,本人不在时应交给与其同住的成年家属签收;当事人是法人或者其他组织的,应当由法人的法定代表人、其他组织的主要负责人或者该法人、组织负责收件的人签收;当事人有委托代理人的,可以送交其代理人签收。

4)依法保障当事人复议和诉讼的权利

按照交通运输部最新发布的《责令改正通知书》文书模板,对责令改正决定不服的,当事人可以依法申请复议或者诉讼,各单位在开具、送达《责令改正通知书》时,要准确地告知当事人复议和诉讼的救济方式,充分保障当事人的合法权利。

5)责令改正事项的复查

各单位在开具《责令改正通知书》后,应当及时安排执法人员对当事人违法事项和改正情况等进行复查,检查违法行为是否已经改正到位。责令立即改正的,应将当事人改正情况备注在检查记录表和《责令改正通知书》中;责令限期改正或责令立即改正现场未完成改正的,应当在期限届满之日起 5 个工作日内进行复查,复查工作应当按要求填写《责令改正事项复查记录表》。拒不改正违法行为或未按要求整改的,应当及时采取其他行政管理或行政处罚措施。

6)责令改正文书的归档

责令改正的事项及复查工作要做到件件有着落、事事有回应,做好文字记录及音像资料的整理,分别整理归档。各单位开具《责令改正通知书》或复查后移交执法支队立案查处的案件,应在开具《责令改正通知书》或复查后 5 个工作日内将行政检查和复查等材料抄送执法支队。执法支队在收到相关单位移交的材料后，应在 20 个工作日内调查处理，作出行政处罚的，在开具《责令改正通知书》后 5 日内将行政处罚相关材料抄送移交单位；未作出行政处罚的，应当将不予以处罚的理由告知案件移交单位。执法支队在行政处罚、行政强制案件中形成的责令改正材料，应当合并到行政处罚案卷中。

7）对行政执法的监督检查

责令改正违法行为作为行政执法的重要一环，纳入局行政执法评议与监督检查中，局法规处按季度抽取各单位在行政执法活动中形成的责令改正违法行为案卷材料，对事实认定、执法程序、法律适用、事后复查、文书备案等情况进行监督检查，并就发现的问题进行通报。

2.3.5　案件移送

1）案件移送范围

（1）刑事犯罪案件移送。各执法单位发现所查处的案件涉嫌刑事犯罪，应当依照《行政执法机关移送涉嫌犯罪案件的规定》（国务院令第 730 号），将案件移送公安机关。

（2）行政违法案件移送。各执法单位发现所查处的案件涉嫌行政违法，但不属于其管辖的，应当移送有管辖权的其他行政机关。

2）案件移送情形

各执法单位查处违法行为过程中，有下列情形之一的，应当将案件或者相关线索移送有管辖权的机关：

（1）超出本机关职责范围的。

（2）超出本机关权限的。

（3）超出本机关地域管辖范围的。

（4）违法行为涉嫌构成犯罪的。

3）移送程序

（1）各执法单位在行政执法中发现涉嫌违法犯罪行为，但不属于交通运输管理部门管辖范围的，应在发现之日起 5 个工作日内将案件相关材料向有管辖权的单位移送。

（2）交通运输管理部门案件移送工作适用同级移送原则，即机关处室、直属单位、事业单位向市级执法单位或公安机关移送，各辖区管理局向所在地区级执法单位或公安机关移送。

（3）执法单位应指定两名及以上行政执法人员组成专案组调查、核实案情，并履行下列职责：

①妥善收集、整理、保存证据材料。

②核实有关情况，确定接收移送的机关。

③与接收移送的机关进行沟通、协商。

④拟制移送需要的相关文书材料。

⑤办理移送交接手续。

⑥做好案件跟进工作。

⑦法律、法规、规章和各执法单位规定的其他职责。

（4）移送材料经执法单位主要负责同志或分管负责同志审批同意后，向有关单位移送。

（5）接收移送案件的单位立案调查或侦查需要相关执法单位协助的，相关执法单位应予协助。

4)移送材料

各执法单位向其他具有管辖权的行政机关或公安机关移送涉嫌行政违法、刑事犯罪案件,应当附有以下材料:

(1)涉嫌违法(犯罪)案件移送书。载明移送部门名称、涉嫌行政违法内容或刑事犯罪罪名、案件主办人及联系电话等。

(2)涉嫌违法(犯罪)案件的情况说明。载明案件来源、查获情况、涉案人员基本情况、涉嫌违法(犯罪)的事实、证据和法律依据、处理建议等。

(3)移交材料清单。移交材料清单包括:票据、合同、证明文件等书证;现场照片、询问笔录、电子数据、视听资料、认定意见、责令整改通知书、违法行为通知书、行政处罚决定书等与案件有关的证据材料;在执法过程中,进行了相关鉴定的案件,应当附有鉴定机构和鉴定人资质证明或者其他证明文件的检验报告或鉴定意见。

(4)涉案物品清单。载明涉案物品的名称、数量、特征、存放地等事项,并附采取行政强制措施、现场笔录等表明涉案物品来源的相关材料。

2.3.6 工作要求

(1)应当移送的案件必须移送,紧急情况下立即移送。各执法单位在行政执法过程中,发现有应当移送的行政违法或刑事犯罪行为的,应当及时向有关单位移送案件。在紧急情况下,对现场发现或查处的案件明显构成交通运输执法职权外行政违法或刑事犯罪的,各执法单位应当立即移交案件给有管辖权单位。严禁发生应当移送的案件不移送、逾期移送或者以行政处罚代替违法犯罪案件移送。

(2)注意收集现场发现的证据。为有效打击执法过程中发现的各类违法行为,各执法单位应注重执法现场的证据收集,妥善保存所收集到的与违法犯罪行为有关的证据,并通过现场勘验、调查询问、录音录像等形式固定相关证据材料。

(3)做好移交案件归档工作。各执法单位移交的所有案件材料,应一式两份(一份移交,一份存档)并建立移交案件的专门台账,安排专人保管,汇总整理移交案件相关材料,做到移交案件有档可查。

第 2.4 节　行政检查全过程记录

行政执法主体应当通过文字记录、音像记录等方式,对行政检查行为进行记录并归档,实现全过程留痕和可追溯管理。其中,文字记录包括按照行政执法行为的种类、程序等规范制作的询问笔录、现场检查(勘验)笔录、鉴定意见、行政执法决定书、送达回证等书面记录;音像记录包括利用现场执法记录设备对现场执法活动进行录音、录像等方式的同步记录。

2.4.1 行政执法全过程记录原则

行政执法全过程记录应当遵循合法、客观、全面的原则。

2.4.2　完善文字记录

文字记录是以纸质文件或电子文件形式对行政执法活动进行全过程记录的方式。行政执法时，要使用执法规范用语和执法文书，做到文字记录合法规范、客观全面、及时准确。

(1)行政执法应当按照规定进行文字记录。

(2)依职权启动执法程序的，案件来源和立案情况应当记录；依申请启动执法程序的，申请、补正、受理的情况应当记录。

(3)行政执法的调查取证环节应当记录下列事项：

①执法人员姓名、执法证号及出示证件的情况。

②询问情况。

③现场检查(勘验)的情况。

④调取书证、物证及其他证据的情况。

⑤抽样取证的情况。

⑥检验、检测、检疫、技术鉴定的情况。

⑦证据保全的情况。

⑧实施行政强制措施的情况。

⑨告知当事人陈述、申辩、申请回避、申请听证等权利以及当事人陈述、申辩、申请回避、申请听证等情况。

⑩听证会的情况。

⑪专家评审的情况。

⑫应当记录的其他有关事项。

(4)行政执法的审查决定环节应当记录下列事项：

①承办人的处理意见以及相关事实、证据、法律依据、相关行政裁量权适用规则。

②承办机构审核的情况。

③法制审核的情况。

④集体讨论的情况。

⑤审批决定意见。

(5)行政执法的送达执行环节应当记录下列事项：

①送达的情况。

②当事人履行行政执法决定的情况。

③行政强制执行的情况。

(6)行政执法案件的结案归档情况应当记录。

2.4.3　规范音像记录

音像记录是指通过照相机、录音机、摄像机、执法记录仪、视频监控等记录设备，实时对行政执法过程进行记录的方式。

(1)行政执法主体对现场检查、随机抽查、调查取证、证据保全、听证、行政强制、送达等容易引发争议的行政执法过程，应当进行音像记录。对直接涉及人身自由、生命健康、重大财产权益的现场执法活动，应当进行全过程、无间断的音像记录。

行政执法主体应当按照本办法编制行政执法全过程记录清单，明确本单位音像记录现场执法活动的范围，并向社会公开。

(2)音像记录应当重点摄录下列内容：

①执法现场环境。

②当事人、证人、第三人等现场有关人员的体貌特征和言行举止。

③重要涉案物品及其主要特征，以及其他证明违法行为的证据。

④执法人员对有关人员、财物采取措施的情况。

⑤执法人员现场制作、送达法律文书的情况。

⑥应当记录的其他重要内容。

(3)在音像记录过程中，行政执法人员应当对现场执法活动的时间、地点、执法人员、执法行为和音像记录的摄录重点等进行语音说明，并告知当事人及其他现场有关人员正在进行音像记录。

(4)需要对现场执法活动进行全过程、无间断记录的，音像记录应当自到达执法现场开展执法活动时开始，至离开执法现场时结束。

(5)在音像记录过程中，因设备故障、损坏或者电量不足、存储空间不足、天气情况恶劣、现场有关人员阻挠等客观原因而中止记录的，重新开始记录时应当对中止原因进行语音说明；确实无法继续记录的，应当立即向行政执法主体的负责人报告，并在事后书面说明情况。

(6)当事人及其他现场有关人员对行政执法进行拍照、录音、录像，不妨碍执法活动的，行政执法主体及其执法人员不得限制，但涉及国家秘密的除外。

(7)行政执法主体应当建立健全现场执法记录设备和行政执法全过程记录的管理制度，明确专门人员负责现场执法记录设备的存放、维护、登记、管理以及音像记录的使用、归档、保存。

(8)音像记录制作完成后，行政执法人员应当在24小时内按照要求将信息储存至行政执法信息平台或者本单位指定的存储器，不得自行保管。

连续工作、异地执法或者在水上、边远、交通不便地区执法，确实无法及时储存至行政执法信息平台或者本单位指定的存储器的，行政执法人员应当在返回单位后24小时内予以储存。

(9)行政执法主体将音像记录作为行政执法证据使用的，按照有关规定制作文字说明材料，注明取证人员、取证时间、取证地点等信息，将其复制到光盘后附卷归档，长期保存。

其他音像记录的保存期限，由行政执法主体确定。

(10)行政执法主体应当综合考虑部门职责、岗位性质、工作职权等因素，严格限定音像记录的使用权限。

上级行政执法主体及监察、法制、信访等部门因工作需要，可以调取有关行政执法音像记录；除涉及国家秘密等法定事由不宜提供外，行政执法主体不得拒绝提供。

(11)行政执法主体及其执法人员不得剪切、删改原始音像记录；未经批准不得擅自对外提供或者通过互联网等传播渠道发布音像记录。

当事人及其他现场有关人员对行政执法拍照、录音、录像等资料的使用，应当符合相关法律、法规的规定。

音像记录涉及国家秘密、商业秘密、个人隐私的，依照有关保密法律、法规规定处理。

2.4.4　切实加强监管

建立健全记录信息调阅监督制度，做到可实时调阅，切实加强监督，确保行政执法文字记录和音像记录规范、合法、有效。

第 2.5 节　行政检查流程图和文书范本

2.5.1　行政检查流程图

行政检查流程图如图 2-1 所示。

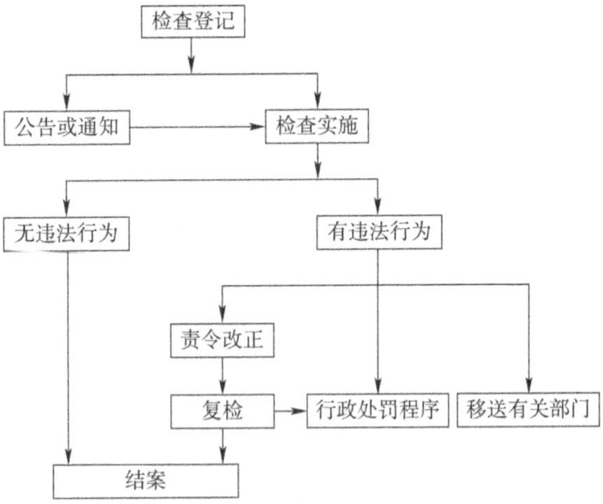

图 2-1　行政检查流程图

2.5.2　文书范本

为规范交通运输行政执法行为，促进严格规范公正文明执法，保护公民、法人和其他组织的合法权益，根据《中华人民共和国行政处罚法》《中华人民共和国行政强制法》等法律、行政法规，2019 年交通运输部出台了《交通运输行政执法程序规定》，并对执法文书进行了全面的规范。

执法部门应当使用交通运输部统一制定的执法文书式样。交通运输部没有制定式样，执法工作中需要的其他执法文书，或者对已有执法文书式样需要调整细化的，省级交通运输主管部门可以制定式样。直属海事执法部门的执法文书式样，由交通运输部海事局统一制定。

范本内容包括行政执法主体关于行政检查的计划表、登记表、通知书、确认书、告知单和责令改正通知书，以及询问笔录、现场笔录的记录，证据登记、保存、检测等。

《交通运输行政执法程序规定》的具体内容和具体范本见本书附录 1 和附录 2。

第3章 需求分析与总体设计

第3.1节 需求分析

3.1.1 用户及业务需求分析

根据本次业务设计范围,智慧交通执法管理平台用户主体分为支队内部用户、交通运输局其他用户、管理对象用户及社会公众四类(图3-1)。

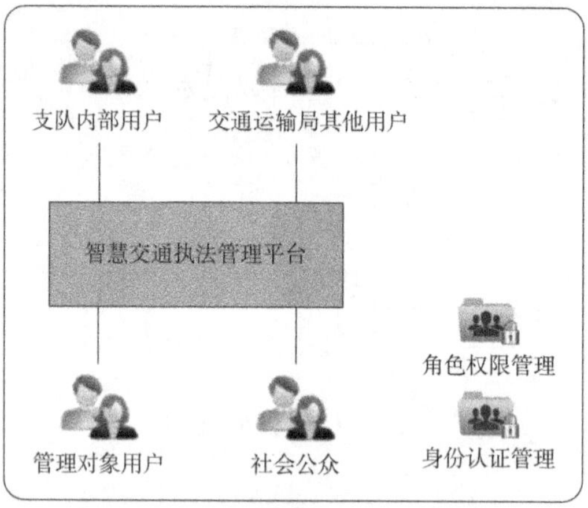

图3-1 智慧交通执法管理平台用户

1)支队内部用户需求分析

支队内部用户主要为执法支队领导、内设各处室、下设各大队和稽查站的工作人员,是系统的主要用户。其按照角色可分为执法支队领导、支队机关一级执法员、各单位(处室、大队、站)领导和内勤工作人员、法制员、一线执法员、系统管理员等角色。

(1)执法支队领导角色包括支队长、副支队长/调研员、一级执法员三类。执法支队领导业务需求分析表见表3-1。

执法支队领导业务需求分析表 表3-1

序 号	角 色	业务需求
1	支队长	(1)权限范围内的案件审批。 (2)所有案件审查过程查看。

续上表

序号	角色	业务需求
1	支队长	(3)所有统计报表查看。 (4)所有执勤动态实时查看
2	副支队长/调研员	(1)权限范围内的案件审批。 (2)案件审核过程查看。 (3)权限范围内的统计报表查看。 (4)权限范围内的执勤动态实时查看
3	一级执法员	(1)权限范围内的案件审核过程查看。 (2)权限范围内的统计报表查看

(2)内设各处室用户角色包括综合处人员、法制处人员、指挥处人员、督导处人员、科技处人员五类。其业务需求分析表见表3-2。

内设各处室业务需求分析表 表3-2

序号	角色	业务需求
1	综合处人员	(1)人事、执法车辆、执法装备管理。 (2)服装管理
2	法制处人员	(1)执法人员法制教育培训。 (2)行政处罚案件的审查、听证、复议、诉讼、行政赔偿等相关工作。 (3)行政处罚强制案件办理。 (4)行政处罚强制案件通知(如邮件、短信、信件等)。 (5)强制执行(对接法院)。 (6)案件归档、信息公开。 (7)扣车场管理。 (8)非法营运举报管理。 (9)企业信用查询回复。 (10)联合交警扣证信息推送(对接交警)。 (11)邮寄送达回执详情(对接邮政)
3	指挥处人员	(1)执法绩效考核。 (2)值班管理。 (3)投诉处理。 (4)执法车辆、执法装备需求管理。 (5)指挥调度(通信集群化、现场可视化)
4	督导处人员	信访管理、执法督查
5	科技处人员	超载超限布局规划、建设管理

(3)下设各大队/稽查站用户角色包括大队领导/站长、法制员、一线执法员三类,业务需求分析表见表3-3。

下设各大队/稽查站业务需求分析表 表 3-3

序号	角色	业务需求
1	大队领导/站长	(1)案件审核审批。 (2)本单位范围内统计报表查看
2	法制员	(1)重大案件审核。 (2)法律法规文件查询
3	一线执法员	(1)证件识别(如身份证、行驶证、驾驶证、车牌、车辆检验标志、从业资格证、经营许可证等)。 (2)证据关联管理(如人员违法信息、车辆违法信息、历史案件信息、营运许可信息、土地红线信息等)。 (3)信息录入(如办案文书格式导入、法律条款导入、文字录入、拍照上传、录音上传、录像上传、指纹录入、手写签名等)。 (4)指挥调度。 (5)全球定位系统(GPS)定位。 (6)重点车辆名单管理。 (7)移动执法一张图(地图展示、车辆人员定位、经营业户分布、目标对象查询)。 (8)需要移动执法室作为办公点进行现场案件调查

2)交通局其他用户需求分析

交通局其他用户较少,主要为交通局领导、有关处室和辖区局领导两个角色。其业务需求分析表见表 3-4。

交通局其他用户业务需求分析表 表 3-4

序号	角色	业务需求
1	交通局领导	(1)所有案件审查审批过程查看。 (2)所有统计报表查看。 (3)所有执勤动态实时查看
2	有关处室和辖区局领导	权限范围内、管辖区域内统计报表查看(如派驻辖区局的路政队(组)情况)

3)管理对象用户需求分析

管理对象用户包括处罚企业和个人,用户总量与案件数量紧密相关,其业务需求分析表见表 3-5。

管理对象用户业务需求分析表 表 3-5

角色	业务需求
企业和个人	(1)违章信息推送、查询。 (2)预约处理。 (3)缴纳罚款。 (4)扣车场提车。 (5)行政复议、申诉。 (6)法律法规查询

4)社会公众用户需求分析

社会公众用户的业务需求分析表见表3-6。

社会公众用户业务需求分析表　　表3-6

角　　色	业务需求
社会公众	(1)查询法律法规。 (2)查看执法动态新闻。 (3)查看执法案例。 (4)投诉举报

3.1.2　功能需求分析

结合支队信息化现状存在问题和执法各用户业务需求分析,智慧交通执法管理平台的主要功能板块集中在六个方面,即人工巡查、非现场监测预警、案件办理、勤务管理、指挥调度和信息服务(图3-2)。

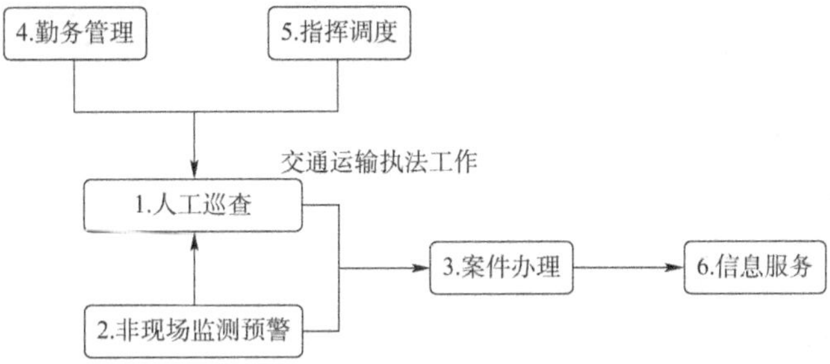

图3-2　智慧交通执法管理平台功能板块

智慧交通执法管理平台的主要功能板块详细需求分析见表3-7。

功能板块详细需求分析表　　表3-7

序　　号	功能板块	具体功能需求
1	人工巡查方面	(1)移动终端设备可以利用图像识别技术自动识别车牌号、证件号,提升录入效率。 (2)移动终端设备可与后台案件处理系统联动,实现一线执法人员在现场录入案件信息和上传证据。 (3)一线执法人员可以接收指挥中心的调度指令。 (4)一线执法人员可以通过执法终端查询办案所需核对的信息
2	非现场监测预警方面	按照上级部门非现场执法规划的要求,可以接入前端点位视频,实现超限超载违法、货车遗撒违法、班车不按规定站点停靠违法、班车不按规定线路行驶违法、出租车故意绕路行驶分析预警、包车不按规定范围营运、不按规定实时传输GPS定位、非法营运等场景的自动分析预警

续上表

序　号	功能板块	具体功能需求
3	案件办理方面	(1)满足城市案件处理工作规定的功能。 (2)满足与省执法系统案件信息对接的需求
4	勤务管理方面	(1)装备、服装统一发放和配备需求管理。 (2)执法人员排班与考勤情况。 (3)信息发布管理。 (4)绩效统计。 (5)固定资产管理
5	指挥调度方面	(1)一张图实时掌握全局资源的分布情况;查看现场情况。 (2)执法人员执勤动态和统计报表分析。 (3)案件特征分析研判、辅助决策功能。 (4)远程指挥调度一线执法人员
6	信息服务方面	(1)满足网页公示、微信公众号、触摸屏等多渠道服务需求。 (2)满足相对人和社会公众案件信息查询、投诉举报、法律法规查询等需求

3.1.3 性能需求分析

由于涉及交通执法业务的办理和监管等工作,对系统的性能需求较高,主要从系统易用性、系统兼容性、系统可靠性、系统响应速度、主机及存储容量需求、支撑软件需求六方面进行性能需求的分析。

1)系统易用性需求

要求系统能够提供良好的用户接口,易用的人机交互界面。要实现该性能,要求系统应该尽可能使用用户熟悉的术语和提示消息,针对用户可能出现的使用问题,提供便捷的在线帮助,缩短用户对系统熟悉的过程。

(1)易理解性。程序的问题、消息和结果应是易理解的,出错消息应提供解释相应出错产生的原因和纠正措施的详细信息。

(2)易浏览性。程序使用时,宜能够辨别正在被执行的功能,并且宜以易观察易读的形式向用户提供信息,符合程序消息的设计规范,符合屏幕输入格式、报表和其他输出的设计规范。

(3)可操作性。具有严重后果的功能执行应是可逆的,或者程序应明确给出该后果的明显警告并且在执行命令前要求确认。

2)系统兼容性需求

系统可以部署在 Windows、UNIX、Linux 等主流平台上,支持多种主流关系型数据库,并能有效地支持各种主流的浏览器。

系统具有良好的可扩展性,支持各种应用的接口协议,使系统具有灵活性和扩展性,并能跟其他系统有效地进行数据交换和共享。

支持多种硬件设备和网络系统的接入或输出,适应将来的系统容量扩展,支持统一标准的软硬件接口,适应监控、预警等技术和管理发展的需要。

3)系统可靠性需求

系统建设应采用成熟的技术架构,以保证系统的高质量和稳定性;对应用系统、数据库设计应考虑详尽的故障处理方案,当系统出现故障时,能够快速恢复应用系统以及相应的业务数据。

(1)可靠性要满足系统 7×24 小时不间断服务的要求。

(2)系统在连续一年的运行中软件故障导致停机的次数不得超过 5 次,单次系统修复时间不得超过 5 小时。

(3)系统不出现大的程序错误,没有数据错误。

(4)系统在瘫痪后能够在短时间内迅速恢复,系统有相应的检修和自动恢复功能。

(5)系统在用户出现错误操作时能进行提示,并自动停止该操作。

4)系统响应速度需求

系统响应速度主要体现在系统的响应时间、并发用户数及数据处理能力等方面,需要具有较高的并发能力和数据处理能力。

(1)系统要具有高稳定性。100 个并发用户访问系统,首页请求的平均响应时间小于 0.6 s,Web 页面请求的响应时间小于 1s。

(2)系统要具有高流畅的地图应用能力。100 个并发用户访问系统,车辆在地理信息系统(GIS)页面定位及详细信息展示的响应时间小于 0.4s。

(3)系统要具有高性能的业务统计能力。单用户访问系统,月统计业务的平均响应时间小于 0.3s。

(4)系统要具有高可靠性的数据对接能力。当数据对接超过每秒 1000 条时,应用服务器内存平均利用率不超过 50%,数据库服务器内存平均利用率不超过 60%,内存利用率超过 80% 的时间不超过 10s。

(5)系统要具有高并发大容量处理能力和定位数据处理能力。大容量处理能力峰值大于 15000 条/s,支持大于 35000 个动态目标的显示跟踪。

5)主机及存储容量需求

(1)复用局虚拟云计算资源。

(2)在本地提供数据库服务器、接入服务器、管理服务器、视频存储管理服务器计 4 台作为备份。

(3)部署 15 台磁盘阵列(单台容量≥150TB)。

6)支撑软件需求

支撑软件主要有复用局虚拟云的数据库、操作系统、数据备份、访问统计和网管等。

3.1.4 安全需求分析

按照一般政府政务服务系统建设的相关要求,按照等保二级进行设计和管理,主要从信息安全、访问安全、物理安全、制度保障、传输安全五个方面进行安全需求的分析。

1)信息安全

针对所要保护的敏感信息内容,根据《计算机信息系统 安全保护等级划分准则》(GB 17859—1999),确定其信息系统的安全等级。然后,根据《信息安全技术 网络安全等级保护基本要求》(GB/T 22239—2019),即网络安全等级、安全要素与各层的相互关系,采取相应的安全体系结构和技术措施，设计和实现满足所需要的安全等级的网络安全系统。

2）访问安全

对于登录系统内用户，必须经过严格安全认证和资源访问权限的授权，才能进行查询与操作，保证访问安全。

3）物理安全

在物理安全方面，确保系统不会因自然灾害、环境事故、设备老化、人为操作失误或错误以及各种计算机犯罪行为导致崩溃或数据错误。

4）制度保障

制定完善合理的安全管理制度，如系统维护、数据备份制度，机房管理制度等。

5）传输安全

与其他系统的数据交换要设置合理的安全策略以保证安全。

3.1.5 信息量估算

数据存储类型主要有图片和视频两大类。

其中，图片容量（单位：MB）计算公式如下：

$$\text{图片容量} = \text{分辨率} \times \text{位深度} \div 8 \div 1024 \div 1024 \tag{3-1}$$

视频容量（单位：MB）计算公式如下：

$$\text{视频容量} = \text{分辨率} \times \text{位深度} \times (\text{帧频} \times \text{时间}) \div 8 \div 1024 \div 1024 \tag{3-2}$$

1B（字节）= 8bit

1KB（千字节）= 1024B

1MB（兆字节）= 1024KB

1GB（吉字节，又称“千兆”）= 1024MB

1TB（万亿字节、太字节）= 1024GB

根据平台的功能建设需求，平台的数据存储需求主要集中在以下五类。

1）案件图片存储需求

【例 3-1】 按一年 3 万案件数量计算，单个案件需存储 20 张大图（3 张证据张票、案件办理文书扫描件），所需存储：

$$30000 \times 20 \times 640 \times 480 \times 24 \div 8 \div 1024 \div 1024 \div 1024 \div 1024 \approx 0.50(\text{TB})$$

2）案件视频存储需求

【例 3-2】 按一年 3 万案件数量计算，单个案件需存储 2h 视频录像（取证、问询、笔录过程等），所需存储：

$$30000 \times 640 \times 480 \times (24 \times 2 \times 60 \times 60) \div 8 \div 1024 \div 1024 \div 1024 \div 1024 = 181.05(\text{TB})$$

3）卡口视频所需存储需求

【例 3-3】 按双向八车道计算，每 2 个车道安装一个摄像头，9 个卡口共计 36 路高清视频，高清视频信号按照 6Mbps 的码流计算 90 天的存储空间：

$$36 \times 6 \div 8 \times 3600 \times 24 \times 90 \times 1.1 \div 1024 \div 0.9 \div 1024 \approx 244.72(\text{TB})$$

4）监控视频所需存储需求

【例 3-4】 按一个监控点安装一个摄像头，114 个点位共计 114 路高清视频，高清视频信号按照 6Mbps 的码流计算 90 天的存储空间：

$$114 \times 6 \div 8 \times 3600 \times 24 \times 90 \times 1.1 \div 1024 \div 0.9 \div 1024 \approx 774.95(TB)$$

5)车辆、执法记录仪视频所需存储需求

【例3-5】 按91辆车(每辆车内外共4个摄像头)、234个执法记录仪、工作时间8小时计算,高清视频信号按照6Mbps的码流计算90天的存储空间:

$$598 \times 6 \div 8 \times 3600 \times 24 \times 90 \times 1.1 \div 1024 \div 0.9 \div 1024 \times 8 \div 24 \approx 1355.03(TB)$$

按出勤量占满负荷的70%,存储空间:

$$1355.03TB \times 0.7 \approx 948.52TB$$

平台年数据存储需求合计:

$$1)+2)+3)+4)+5)=(0.50+181.05+244.72+774.95+948.52)\div 1024 \approx 2.10(PB)$$

平台10年数据存储需求合计:

$$[1)+2)]\times 10+3)+4)+5)=[(0.50+181.05)\times 10+244.72+774.95+948.52]\div 1024 \approx 3.70(PB)$$

第3.2节 总体设计

3.2.1 设计思路和原则

1)设计思路

(1)汇聚执法数据,统一规范标准。

通过建设执法大数据中心,汇聚各业务领域执法数据,加强非现场执法数据的采集,增强执法大数据分析研判;同时按照部省确定的统一技术标准规范,开发数据接口,共享各业务领域的执法数据,避免重复建设。

(2)优化执法流程,提高执法效能。

支持各级交通综合行政执法机构的日常执法及内部管理工作,规范文书使用,优化执法流程,实现对执法过程的有效监控,提高综合执法效率和水平。

(3)强化执法监管,规范执法行为。

增强网上预警、网上督办、网上监控、网上抽查等执法监督功能,实现执法办案全过程信息化记录、流程化管理、全方位监督,切实做到规范执法、文明执法。

(4)监管全面覆盖,执法统筹指挥。

构建交通运输系统各执法门类执法数据共享与交换平台,确保执法信息纵向贯通、横向集成、全面共享,实现跨区域、跨部门的协同执法、联防联控,切实形成执法监管和统筹指挥合力。

(5)加强执法公开,提升互动水平。

完善执法信息查询和服务体系,健全执法公示投诉机制,拓宽执法服务渠道,丰富信息服务内容,强化网站和微信公众号服务功能,提高执法工作透明化水平,主动接受社会监督。

2)设计原则

(1)部省联动、协同推进。以"统筹规划、统一标准、部省联动、分类实施"为指导思路,采取部省共建方式,自上而下顶层设计和自下而上推进实施相结合实施。部强化顶层设计、加强统一指导,制定行业统一的全国交通运输行政执法业务规范和信息化建设技术标准规范,确保全国上下"一盘棋"。省级交通运输主管部门按照部确定的总体思路和目标,遵循相关标准规范，结合本地实际，确定阶段性任务目标、工作步骤和具体措施，认真组织实施。

(2)整合资源、信息共享。共享使用交通运输行政许可、行业管理、动态监管等系统数据资源，充分利用现有行业管理和行政执法信息化建设成果，按照部统一的技术标准和要求，比对分析，新建、升级或完善现有各类执法信息系统，进行本地化扩展开发，完善其个性化业务功能，开发数据接口，共享各业务领域的执法数据，切实避免了重复建设。

(3)分步实施、逐步联网。按照"省级先行、示范引领、稳步推进"的思路，分批次地推进省级执法信息系统的实施应用，先期实现区域性执法系统联网，不断积累经验、推广运用，最终实现全国交通运输行政执法"一张网"的目标。

(4)深化应用、注重实效。坚持以交通运输基层执法需求为导向，以深化应用和服务实战为重点，优化执法业务流程，减轻基层数据采集负担，提高系统的实用性和可操作性，做到便捷、高效。

3.2.2 总体建设内容

建立一个数据高度关联且集协同办案、监控指挥、勤务管理、移动执法、非现场执法、综合查询展示、信息公示与服务于一体的全流程数据化执法管理平台。

建设内容包括外场设备建设和后台功能建设两个方面。

1)外场设备建设

外场设备建设包括治超非现场建设、视频监控点位、高清卡口点位建设、一体化手持终端、移动执法车辆建设、移动执法室建设。

2)后台功能建设

后台功能建设包括协同办案、监控指挥、勤务管理、移动执法终端、运行监测和分析预警(非现场执法)、综合查询展示、信息公示与服务等。

(1)协同办案业务板块。通过建设执法协同办案业务应用板块，创建了案件创建、案件预处理、案件审批、案件文书办理、通知、缴纳罚款、案件归档等功能模块，实现各种类型案件全过程网上办理及流转，为办案人员提供一个完善的案件信息管理平台，让案件的处理流程更简捷，提高办案效率。

(2)监控指挥业务板块。通过建设监控指挥业务应用板块，创建"执法支队—各执法大队——线执法人员"的三级指挥调度模式，实现监控指挥一张图、现场可视化管理、音视频通话指挥调度等功能。

(3)勤务管理业务板块。通过建设勤务管理业务应用板块，创建人员、车辆、装备的静态信息管理、考勤管理和绩效考核、服装管理、信息发布管理等功能，提供高效、便捷的后勤保障。

(4)移动执法终端应用程序。通过建设移动执法终端应用程序，创建巡查助手、预警信息实时报送、音视频通话、个人绩效统计等路面巡查功能；创建证据采集、证据上传等案件办理功能，为一线执法人员提供更高效的移动执法体验；创建案件审批、统计报表查看、预警信息实时推送、执法一张图查看、现场可视化、音视频通话指挥调度等功能，满足管理人员随时随地了解执法动态，进行应急调度。

(5)运行监测和分析预警业务板块。通过建设运行监测和分析预警业务应用板块，通过接入前端视频监控设备实现超限超载违法运行监测、治理营运客车运行监测、治理货车道路遗撒运行监测、卡口过车异常运行监测、现场终端设备运行监测等功能，并创建超限超载违法分析模型、货车遗撒违法分析模型、班车不按规定站点停靠违法分析模型、班车不按规定线路行驶违法分析模型、出租车故意绕路行驶分析预警模型、包车不按规定范围营运分析模型、不按规定实时上传 GPS 定位分析模型、拉客仔识别分析模型、非法营运分析模型、公交车车身广告违法分析模型等，实现了利用科技手段执行非现场执法的相关业务，减轻了一线执法人员工作强度，提高执法效率。

(6)综合查询展示业务板块。通过建设综合查询展示业务应用板块，实现一张图展示，包括案件一张图、执勤人员一张图、执勤车辆一张图、非现场设备分布一张图、固定经营场所分布一张图等；实现综合指标查询展示，包括人员专题指标、车辆专题指标、非现场执法专题指标、固定经营场所专题指标等。

(7)信息公示与服务业务板块。通过建设信息公示和服务业务应用板块，提供案件公示、微信公众号、触摸屏查询功能，提升交通运输行政执法公众服务公开化、透明化水平。

3.2.3　总体技术路线

1)J2EE 的技术结构

采用目前国际流行的、也代表未来技术发展方向的基于 Java 2 平台企业版(J2EE)技术架构，实现负载均衡、内容表现与逻辑实现的独立，并实现以该技术架构为基础的各系统的功能集成。同时，结合系统的合理资源配置，支持大容量的并发用户访问，以及高效的信息发布和检索。

基于 J2EE 架构的多层体系结构设计，作为一个被业界广泛采用的标准中间件，J2EE 是开发可伸缩的、具有负载平衡能力的、多层分布式跨平台企业应用的理想平台。J2EE 的首要任务在于提供一个标准中间件的基础架构，由此基础架构负责处理企业开发中所涉及的所有系统级问题，从而使得开发人员可以集中精力重视商业逻辑的设计和应用的表示，提高开发工作的效率。

2)数据库 Oracle 11g

数据库管理系统选用 Oracle 11g[含 RAC(Oracle Real Application Clusters) 选件]作为系统的后台数据库。Oracle 11g 是 Oracle 公司支持网格计算的关系数据库管理系统。Oracle 自 20 世纪 80 年代以来就打造了自己的成功基础。Oracle 11g 构建了世界上第一款完全可移植的、真正可伸缩性的信息管理平台。直至今日，Oracle 11g 是唯一能提供全面的功能、无限的可伸缩性、连续的可用性以及强大的安全性的计算机平台。

Oracle 11g 的主要特性包括如下：

(1)单一数据库最大可达 8 千兆(Exabytes，即 1015)。

(2)第 1 个为网格计算设计的数据库。

(3)高可用性。Oracle RAC 选件支持将一个数据库透明地部署在一个集群系统的多个服务器上。在系统出现故障的情况下，集群可为用户提供高可用性，保证对关键数据的存取不被丢失。

(4)支持 100 个节点。

(5)负载均衡。

(6)单一映像安装和管理。

(7)多平台支持,支持 Windows、Linux、UNIX 等主流平台。

(8)可扩展性,从单处理器机器到高端的 SMP 环境。

(9)支持所有的关系数据类型,包括 XML、文本、文档、图像、声音、视频和位置数据以及复杂的空间数据(需要 Oracle Spatial 选件)。

(10)支持 SQL(结构化查询语言)、JDBC、SQLJ、ODBC、OLE DB、ODP. NET、SQL/XML、WebDAV。

(11)Oracle Partition 选件支持 Hash、Range、List 和组合的数据分区策略,可用于简化大型数据库环境的数据管理。

(12)支持多个数据库间的分布式查询和事务。

(13)提供了捕获、传递和处理数据库事件(如数据改变)的框架,这些事件以及关联的数据改变或应用消息可以自动分发到数据库或应用;提供了一个消息排队和数据复制的解决方案。

(14)自动存储管理(ASM)为 Oracle 11g 数据库简化了存储管理。通过使存储管理的细节抽象化,Oracle 11g 利用先进的数据供应改善了数据访问性能,且不需要 DBA 的额外工作。Oracle DBA 仅管理少量的磁盘组,而不是管理数据库文件。

(15)提供了基于磁盘自动备份和恢复能力,保证备份总是处于可用状态,消除了操作错误的可能性,并减少了恢复时间。

(16)提供了自动合并快速增量备份到已有备份映像的功能,大大减少了联机备份的时间,减少了日常备份所需的存储空间。

(17)提供了业界最强的安全性,安全特性包括行级安全、列安全、细粒度审计、数据加密、密钥管理、代理身份认证、安全应用角色、多级安全等。

(18)提供了基于 Web 的管理界面,使操作员可以从系统中的任何地方进行数据库管理任务。

3)中间件 Apache Tomcat

Tomcat 是 Apache 软件基金会(Apache Software Foundation)的 Jakarta 项目中的一个核心项目,由 Apache、Sun 和其他一些公司及个人共同开发而成。由于有了 Sun 的参与和支持,最新的 Servlet 和 JSP 规范总是能在 Tomcat 中得到体现,Tomcat 5 支持最新的 Servlet 2.4 和 JSP 2.0 规范。Tomcat 不仅技术先进、性能稳定,而且免费,深受 Java 爱好者的喜爱并得到了部分软件开发商的认可,成为目前比较流行的 Web 应用服务器。目前其最新版本是 7.0。

Tomcat 是一个轻量级应用服务器,在中小型系统和并发访问用户不是很多的场合下被普遍使用,是开发和调试 JSP 程序的首选。对于一个初学者来说,可以这样认为,当在一台机器上配置好 Apache 服务器,可利用它响应对 HTML 页面的访问请求。实际上,Tomcat 部分是 Apache 服务器的扩展,但它是独立运行的,所以当你运行 Tomcat 时,它实际上是作为一个与 Apache 独立的进程单独运行的。

4)OAuth2.0 协议

(1)协议标准。

在传统的客户端-服务器身份验证模式中,客户端请求服务器上限制访问的资源(受保护资源)时,需要使用资源所有者的凭据在服务器上进行身份验证。资源所有者为了给第三方应用提供受限资源的访问,需要与第三方共享它的凭据。这会造成以下问题和局限:

①需要第三方应用存储资源所有者的凭据，以供将来使用，通常是明文密码。

②需要服务器支持密码身份认证，尽管密码认证天生就有安全缺陷。

③第三方应用获得的资源所有者其受保护资源的访问权限过于宽泛，从而导致资源所有者失去对资源使用时限或使用范围的控制。

④资源所有者不能仅撤销某个第三方的访问权限而不影响其他，并且，资源所有者只有通过改变第三方的密码，才能单独撤销这个第三方的访问权限。

⑤与任何第三方应用的让步导致对终端用户的密码及该密码所保护的所有数据的让步。

OAuth 通过引入授权层以及分离客户端角色和资源所有者角色来解决这些问题。在 OAuth 中，客户端在请求受资源所有者控制并托管在资源服务器上的资源的访问权限时，将被颁发一组不同于资源所有者所拥有凭据的凭据。客户端获得一个访问令牌（一个代表特定作用域、生命期以及其他访问属性的字符串），用于代替使用资源所有者的凭据来访问受保护资源。访问令牌由授权服务器在资源所有者认可的情况下颁发给第三方客户端。客户端使用访问令牌访问托管在资源服务器的受保护资源。例如，终端用户（资源所有者）可以许可一个打印服务（客户端）访问其存储在图片分享网站（资源服务器）上的受保护图片，而无须与打印服务（客户端）分享自己的用户名和密码。反之，终端用户直接与图片分享网站信任的服务器（授权服务器）进行身份验证，该服务器颁发给打印服务（客户端）具体委托凭据（访问令牌）。（RFC6479）规范是为 HTTP（RFC2616）协议量身定制。在任何非 HTTP 协议上使用 OAuth 不在本规范的范围之内。OAuth 1.0 协议（RFC5849）作为一个指导性文档发布，是一个小社区的工作成果。本标准化规范在 OAuth 1.0 的部署经验之上构建，也包括其他使用案例以及从更广泛的 IETF 社区收集到的可扩展性需求。OAuth 2.0 协议不向后兼容 OAuth 1.0。

OAuth 定义了以下四种角色：

①资源所有者。资源所有者能够许可受保护资源访问权限的实体。当资源所有者为个人时，它作为最终用户被提及。

②资源服务器。托管受保护资源的服务器，能够接收和响应使用访问令牌对受保护资源的请求。

③客户端。使用资源所有者的授权，代表资源所有者发起对受保护资源的请求的应用程序。术语“客户端”并非特指任何特定实现特点。例如，应用程序是否在服务器、台式机或其他设备上执行。

④授权服务器。在成功验证资源所有者且获得授权后颁发访问令牌给客户端的服务器。授权服务器和资源服务器之间的交互超出了本规范的范围。授权服务器可以和资源服务器是同一台服务器，也可以是分离的个体。一个授权服务器可以颁发被多个资源服务器接收的访问令牌。

（2）协议流程（图 3-3）。

图 3-3 中所示的抽象 OAuth 2.0 协议流程描述了四个角色之间的交互，包括以下步骤：

（A）客户端向从资源所有者请求授权。授权请求可以直接向资源所有者发起，或者更可取的是通过作为中介的授权服务器间接发起。

(B)客户端收到授权许可,这是一个代表资源所有者的授权的凭据,使用本规范中定义的四种许可类型之一或者使用扩展许可类型表示。授权许可类型取决于客户端请求授权所使用的方式以及授权服务器支持的类型。

(C)客户端与授权服务器进行身份认证并出示授权许可请求访问令牌。

(D)授权服务器验证客户端身份并验证授权许可,若有效则颁发访问令牌。

(E)客户端从资源服务器请求受保护资源并出示访问令牌进行身份验证。

(F)资源服务器验证访问令牌,若有效则满足该请求。

图 3-3 协议流程

①授权许可。

授权许可是一个代表资源所有者授权(访问受保护资源)的凭据,客户端用它来获取访问令牌。本规范定义了四种许可类型(授权码、隐式许可、资源所有者密码凭据)以及用于定义其他类型的可扩展性机制。

授权码通过使用授权服务器作为客户端与资源所有者的中介而获得。客户端不是直接从资源所有者请求授权,而是引导资源所有者至授权服务器(由在 RFC2616 中定义的用户代理),授权服务器之后引导资源所有者带着授权码回到客户端。在引导资源所有者携带授权码返回客户端前,授权服务器会鉴定资源所有者身份并获得其授权。由于资源所有者只与授权服务器进行身份验证,所以资源所有者的凭据不需要与客户端分享。授权码提供了一些重要的安全益处,如验证客户端身份的能力,以及向客户端直接的访问令牌的传输而非通过资源所有者的用户代理来传送它以致潜在地暴露给他人(包括资源所有者)。

隐式许可是为用脚本语言(如 JavaScript 等)在浏览器中实现的客户端而优化的一种简化的授权码流程。在隐式许可流程中,不再给客户端颁发授权码,取而代之的是客户端直接被颁发一个访问令牌(作为资源所有者的授权)。这种许可类型是隐式的,因为没有中间凭据(如授权码)被颁发(之后用于获取访问令牌)。当在隐式许可流程中颁发访问令牌时,发授权服务器不对客户端进行身份验证。在某些情况下,客户端身份可以通过用于向客户端传送访问令牌的重定向 URI 验证。访问令牌可能会暴露给资源所有者,或者对资源所有者的用户代理有访问权限的其他应用程序。隐式许可能提高一些客户端(如一个作为浏览器内应用实现的客户端)的响应速度和效率,因为它减少了获取访问令牌所需的往返数量。然而,这种便利应该和采用隐式许可的安全影响作权衡,尤其是当授权码许可类型可用的时候。

资源所有者密码凭据(用户名和密码),可以直接作为获取访问令牌的授权许可。这种凭据只能应该当资源所有者和客户端之间具有高度信任时(如客户端是设备的操作系统的一部分或者是一个高度特权应用程序),以及当其他授权许可类型(如授权码)不可用时被使用。尽管本授权类型需要对资源所有者凭据直接的客户端访问权限,但资源所有者凭据仅被用于一次请求并被交换为访问令牌。通过凭据和长期有效的访问令牌或刷新令牌的互换,这种许可类型可以消除客户端存储资源所有者凭据供将来使用的需要。

②访问令牌。

访问令牌是用于访问受保护资源的凭据。访问令牌是一个代表着向客户端颁发的授权的字符串。该字符串通常对于客户端是不透明的。访问令牌代表了访问权限由资源所有者许可并由资源服务器和授权服务器实施的具体范围和期限。访问令牌可以表示一个用于检索授权信息的标识符或者以可验证的方式自包含授权信息(令牌字符串由数据和签名组成)。额外的身份验证凭据——在本规范范围以外——可以被要求以便客户端使用令牌。访问令牌提供了一个抽象层,用单一的资源服务器能理解的令牌代替不同的授权结构(如用户名和密码)。这种抽象使得颁发访问令牌比颁发用于获取令牌的授权许可更受限制,同时消除了资源服务器理解各种各样身份认证方法的需要。

③刷新令牌。

刷新令牌是用于获取访问令牌的凭据。刷新令牌由授权服务器颁发给客户端,用于在当前访问令牌失效或过期时,获取一个新的访问令牌,或者获得相等或更窄范围的额外的访问令牌(访问令牌可能具有比资源所有者所授权的更短的生命周期和更少的权限)。颁发刷新令牌是可选的,由授权服务器决定。如果授权服务器颁发刷新令牌,在颁发访问令牌时它被包含在内(图 3-4 中的步骤 D)。刷新令牌是一个代表由资源所有者给客户端许可的授权的字符串。该字符串通常对于客户端是不透明的。该令牌表示一个用于检索授权信息的标识符。不同于访问令牌,刷新令牌设计只与授权服务器使用,并不会发送到资源服务器。

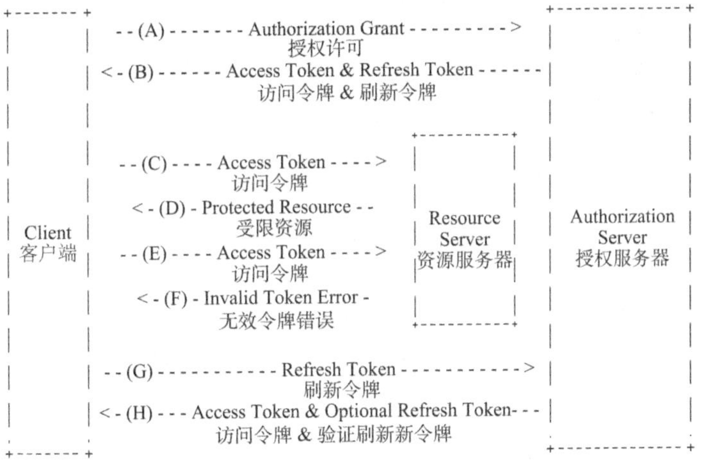

图 3-4　访问流程图

图 3-4 中所示的流程包括以下步骤:

(A)客户端通过与授权服务器进行身份验证并出示授权许可请求访问令牌。

(B)授权服务器对客户端进行身份验证并验证授权许可,若有效则颁发访问令牌和刷新令牌。

(C)客户端通过出示访问令牌向资源服务器发起受保护资源的请求。

(D)资源服务器验证访问令牌,若有效则满足该要求。

(E)步骤(C)和步骤(D)重复进行,直到访问令牌到期。如果客户端知道访问令牌已过期,则跳到步骤(G),否则它将继续发起另一个对受保护资源的请求。

(F)由于访问令牌是无效的,资源服务器返回无效令牌错误。

(G)客户端通过与授权服务器进行身份验证并出示刷新令牌,请求一个新的访问令牌。客户端身份验证要求基于客户端的类型和授权服务器的策略。

(H)授权服务器对客户端进行身份验证并验证刷新令牌,若有效则颁发一个新的访问令牌。

3.2.4 总体逻辑架构

智慧交通执法管理平台总体逻辑架构如图 3-5 所示。

基于项目总体思路和方法,初步规划形成以数据为基础,集协同办案、运行监测和分析预警、移动执法、勤务管理、监控指挥、评议考核、综合查询展示、信息公示与服务于一体的智慧交通执法管理平台系统架构。围绕“1 个数据中心,8 大业务应用(协同办案、运行监测和分析预警、移动执法、勤务管理、监控指挥、评议考核、综合查询展示、信息公示与服务)、4 种展现方式(App 端、PC 端、执法分中心、运行指挥中心)、2 大保障体系(信息安全保障体系、运行维护保障体系)、1 个总体架构”,建成智慧交通执法管理平台,最终实现设备集成、减少人力、功能整合、效率提升、协同共享、支撑决策。其主要建设内容如下:

(1)接入层。总体架构的底层通过外场设备终端(超限超载设备、视频监控设备、高清卡口设备、移动执法终端、移动执法车辆和移动执法室)和有关信息系统(省建系统、局建系统、自建系统、购置设备后台系统、外单位系统)数据的采集和接入,构建执法数据中心,实现平台内外部用户共享。

(2)网络层。总体架构的连接层,连接方式包括光纤通信、无线通信、光纤等。

(3)接口层。接口层包括内部接口和外部接口两类。其中,内部接口包括系统控制接口、数据传输接口和系统参数配置接口;外部接口包括行业内业务接口、上下级业务接口和行业外业务接口。

(4)支撑层。支撑层包括计算资源——CPU、网络资源、存储资源、安全资源和数据中心基础环境设施。

(5)数据层。以“执法案件”为主线,建设基础数据库、主题数据库、专题数据库,形成覆盖全市范围内的各执法门类的执法案件数据资源库群,实现数据资源管理、调度和统计分析等功能。

(6)应用层。基于所获取的输入数据进行处理,实现业务结果,重点围绕 8 大业务应用板块,构建一体化智慧交通执法管理平台。

(7)展现层。通过对服务的编排,实现对不同业务场景的支撑。展现层包括 App 端辅助移动执法、PC 端辅助业务办公、执法分中心辅助支队指挥调度、运行指挥中心综合展示和应急调度四种形式。

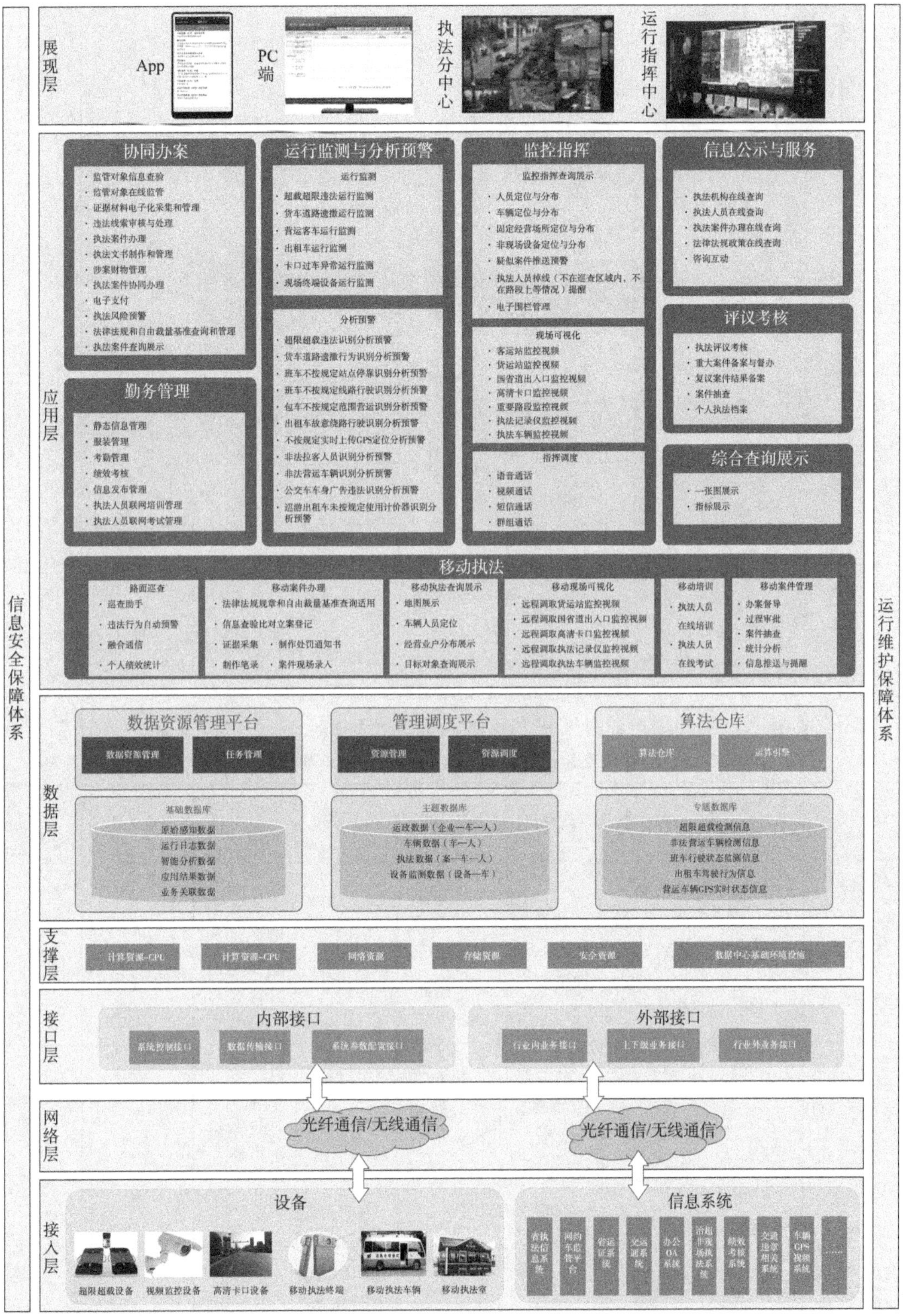

图 3-5 智慧交通执法管理平台总体逻辑架构

3.2.5 总体业务架构

智慧交通执法管理平台总体业务架构如图 3-6 所示。

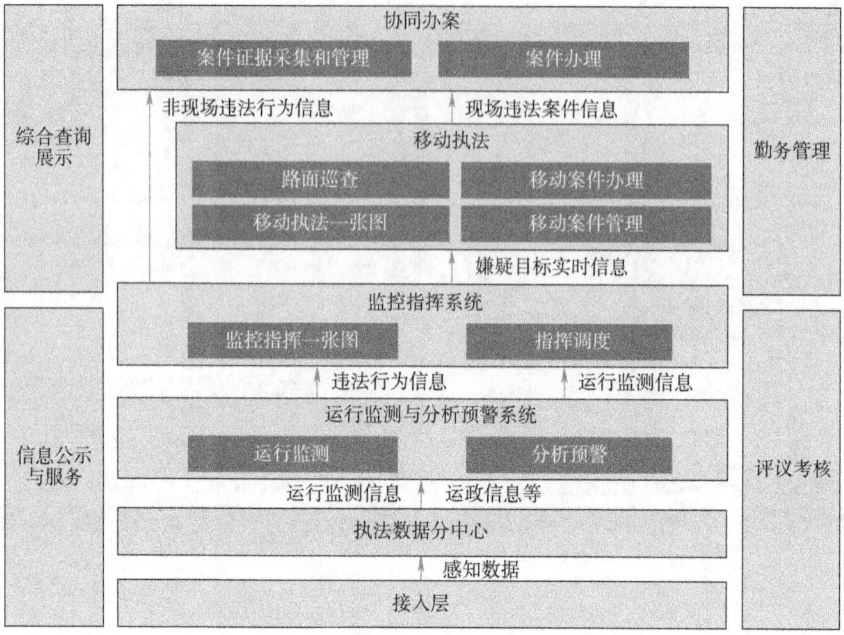

图 3-6 智慧交通执法管理平台总体业务架构

不同业务系统中的用户业务需求和权限具体见表 3-8。

智慧交通执法管理平台用户业务需求和权限 表 3-8

角 色	运行监测和分析预警	监控指挥	移动执法	协同办案	勤务管理	综合查询展示	评议考核	信息公示与服务
支队领导	—	执勤人员、执勤车辆动态信息的实时查看	执法案件的查看和审批	执法案件的查看和审批	—	查看权限范围内的所有统计报表	—	—
一级执法员	—	—	执法案件的查看和审批	执法案件的查看和审批	—	查看权限范围内的所有统计报表	—	—
综合处人员	—	—	—	—	进行执法人员、执法车辆、执法装备、服装的管理	—	—	—

续上表

角　色	运行监测和分析预警	监控指挥	移动执法	协同办案	勤务管理	综合查询展示	评议考核	信息公示与服务
法制处人员	—	—	—	执行处罚案件的审查、听证、复议、诉讼、行政赔偿等相关工作，办理行政处罚强制案件，进行行政处罚强制案件通知，进行强制执行，完成案件归档、信息公开，对接交警执行扣证信息推送	进行执法人员的法制教育培训	—	—	—
指挥处人员	—	通过可视化大屏，进行基于应急事件的现场指挥调度	—	处理投诉	进行值班人员管理和排班管理，进行执法绩效考核	—	—	—
督导处人员	—	—	—	进行日常执法督察工作	—	—	—	—
科技处人员	查看超载超限违法行为信息，并进行布局规划和建设管理	—	—	—	—	—	—	—

续上表

角　色	运行监测和分析预警	监控指挥	移动执法	协同办案	勤务管理	综合查询展示	评议考核	信息公示与服务
大队领导	—	—	执法案件的审核、审批	执法案件的审核、审批	—	查看权限范围内的所有统计报表	—	—
法制员	—	—	重大案件的审核	重大案件的审核	—	—	—	—
一线执法人员	接收重点车辆预警、告警信息	接收指挥中心的指挥调度指令	执法对象的证件识别，执法案件的证据管理和信息录入	执法对象的证件识别，执法案件的证据管理和信息录入	—	—	—	—
交通局领导	—	所有执勤人员、执勤车辆动态信息的实时查看	查看所有的案件审查和审批过程	查看所有的案件审查和审批过程	—	查看所有的统计报表	—	—
相关处室和辖区局领导	—	—	—	—	—	权限范围内、管辖区域内统计报表查看	—	—
企业和公众	—	—	—	缴纳罚款	—	—	—	信息查询

3.2.6　总体数据结构

智慧交通执法管理平台总体数据结构图如图 3-7 所示。

智慧交通执法管理平台数据类型分为物联网数据、互联网数据和行业业务数据三类。

1）物联网数据

物联网数据总体分为基础数据库、主题数据库和专题数据库三层。

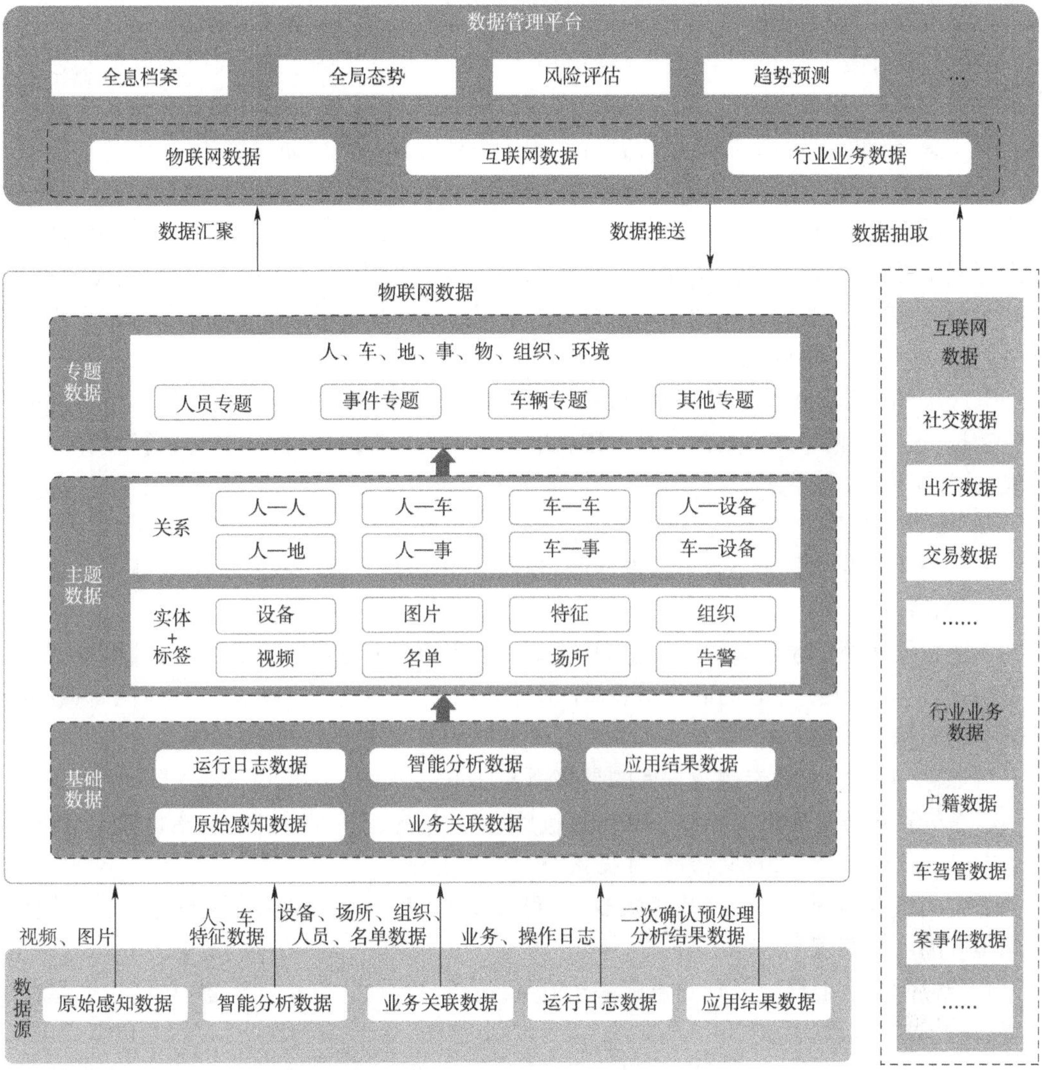

图3-7 智慧交通执法管理平台总体数据结构图

(1)基础数据库。

首先通过数据汇聚建立原始汇聚数据,包括原始感知数据、智能分析数据、业务关联数据、运行日志数据和应用结果数据。

基础数据库是共享程度最高的数据,描述对象或环境的基本信息,为行业管理和信息服务提供基础数据支撑,这类数据具有较低的变化速度,但系统间的共享程度很高。通过对交通领域的信息实体进行归类、抽象,形成交通领域的信息领域,对这些信息领域的数据实体进行数据建模,形成统一的数据模型,消除系统之间的差异。涵盖数据包括运行日志数据、智能分析数据、应用结果数据、原始感知数据和业务关联数据。

基础数据库可划分为交通参与者、交通工具、交通设施、运输网络、地域、基础地理、行业标准等基础信息域。

(2)主题数据库。

主题数据库是指在基础数据的基础上,通过清洗整合形成主题数据,包括设备、图片、等实体标签数据，并建立人—人关系、人—车关系、车—车关系等实体关系数据。

主题数据库是交通运输系统信息化应用运行过程中产生的数据，面向不同的交通应用存放相关的规则、业务、运营数据等，存放系统运行或从外围系统抽取的各层面交通业务数据。对于交通数据平台来说，有应用整合库和应用私有库两个层面的数据。

①应用整合库。整合交通各领域运营数据，形成按主题分类的面向运营的准实时数据，提供统一的企业数据视图，主要包括：不可预见性较强的交通突发事件的相关信息；影响交通运行安全的相关环境信息；描述交通流状态的定性定量特征的物理量（称为交通流参数）的相关信息；道路作为允许机动车通行的地方所应满足的条件以及机动车在道路上应遵守的规则，如临时交通管制、施工信息等。

②应用私有库。由交通数据平台提供存储区，用于存放基于交通数据平台搭建的应用运营数据，这些数据与其他数据库进行隔离，专用于某个应用，包括面向交通管理部门应用功能、管控平台、路政管理等。

（3）专题数据库。

通过与业务的关联建立业务数据模型，形成人员专题、车辆专题、事件专题等专题库数据，支撑物联网智能应用。

专题数据库源于原始数据库和主题数据库，采用面向专题的方式，对原始数据进行分析与挖掘，形成针对某一专题的综合数据库，为综合应用提供数据支撑，支持交通资源数据的统计分析和综合展现，提供对交通资源的分析结果的查询。

例如，交通运行监测专题数据库的具体内容如下：

①指标基础信息管理。指标基础信息包括指标、指标定义、指标算法、指标单位、时间范围、空间维度、时间特征、日期特征、数据来源及插件。

②空间维度维护。由于涉及领域多、空间层级多，因此提供文件加载的形式，支持批量空间维度的加载管理。

③指标配置。根据定义好的指标基础信息，可以灵活地进行指标配置，包括单个指标的配置和指标的批量配置。

④监测指标浏览。支持按照空间维度、日期特征、时间范围、时间特征等对监测进行查询，支持指标基础信息展示和状态控制，提供指标的版本管理、指标追溯及异常管理等功能。

⑤监测指标梳理。对各领域监测指标进行梳理，具体如下：

a. 干线公路：公路基础数据、公路养护数据、公路阻断事件、养护计划、动态路况数据、治超数据、公路应急数据。

b. 地面公交：客运量、运营车辆数、运送速度、运营事件数、上线率、准点率。

c. 出租汽车：车辆数、出车率、空驶率、平均载客次数、日均载客里程、里程利用率、平均运距、执法案件数、异常聚集事件数、出租车分布密度、投诉率、电召率。

d. 长途客运：客运量、实载率、上座率、发车班次、运送速度、班车正点率。

e. 两客一危：车辆数、上线率、报警、超速、执法检查数、报警事件数、车辆分布、运行状态、电子围栏报警。

f. 民航客运：航空客运量、航班架次、平均延误时间。

g. 铁路客运：客运量、列车开行数。

2)互联网数据

与智慧交通执法管理平台相关的互联网数据包括户籍数据、车架管数据、案事件数据等。

3)行业业务数据

与智慧交通执法管理平台相关的行业业务数据包括社交数据、出行数据、交易数据等。

3.2.7 软件部署结构

智慧交通执法管理平台软件部署结构图如图3-8所示。

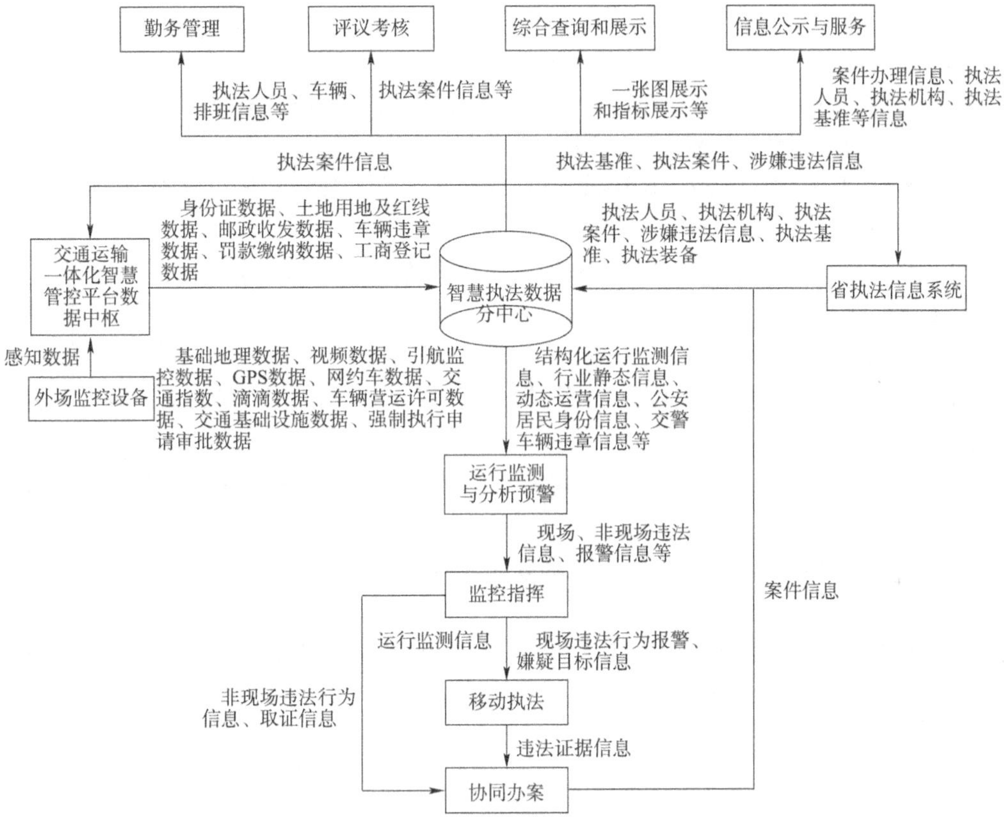

图3-8 智慧交通执法管理平台软件部署结构图

其中,不同软件之间的数据流向具体如下:

(1)外场监控设备的感知数据传送给交通运输一体化智慧管控平台数据中枢,进行数据汇聚和分析。

(2)交通运输一体化智慧管控平台数据中枢将业务数据汇聚给智慧执法数据分中心,不仅包括行业内的基础地理数据、视频数据、引航监控数据、GPS数据(公交、出租车、客运、货运、两客一危)、网约车数据、交通指数、滴滴数据、车辆营运许可数据、交通基础设施数据、与法院强制执行申请审批数据,还包括行业外的身份证数据、土地用地及红线数据、邮政收发数据、车辆违章数据、罚款缴纳数据、工商登记数据。

(3)智慧执法数据分中心将执法案件信息上传给交通运输一体化智慧管控平台数据中枢。

(4)执法信息系统将执法人员、执法机构、执法案件、涉嫌违法信息、执法基准、执法装备数据等汇聚给智慧执法数据分中心,支持业务应用。

(5)根据要求,智慧执法数据分中心将市执法基准、执法案件、涉嫌违法信息数据上传给省级执法信息系统。

(6)智慧执法数据分中心将汇聚后经过数据治理、分析的结构化运行监测信息、行业静态信息、动态运营信息、公安居民身份信息、交警车辆违章信息等数据传递给运行监测与分析预警模块,进行基于运行监测模型和违法行为分析模型的数据分析。

(7)运行监测与分析预警模块将基于各类算法模型分析得到的现场或非现场违法信息、报警信息等数据传递给监控指挥模块,支撑基于现场或非现场执法业务相关的应用场景,同时支撑监控指挥中心的查询展示和可视化应用。

(8)监控指挥模块将现场执法业务相关的现场违法行为报警、嫌疑目标信息和运行监测的相关数据发送给移动执法模块,支撑现场执法业务应用。

(9)监控指挥模块将非现场违法行为信息、取证信息传递给协同办案模块,实现流程化办理非现场违法行为的案件。

(10)移动执法模块将现场办理的违法案件信息传递给协同办案模块,实现流程化办理现场违法行为的案件。

(11)协同办案模块将案件信息同步给智慧执法数据分中心,实现案件信息的汇总。

(12)智慧执法数据分中心为勤务管理模块提供执法人员、执法车辆及其他勤务相关的数据支撑。

(13)智慧执法数据分中心为评议考核模块应用提供执法案件信息及其他案件相关的数据支撑。

(14)智慧执法数据分中心为综合查询和展示模块提供人员、车辆、设备、案件等一张图展示和相关指标展示的数据支撑。

(15)智慧执法数据分中心为信息公示与服务模块提供案件办理信息、执法人员、执法机构、执法基准等信息查询的数据支撑。

第4章

非现场执法

第4.1节　治超非现场执法

4.1.1　治超非现场执法概况

治超非现场执法是指通过安装高速称重传感器和快速长宽高测量设备,对通过货车的重量、尺寸进行全天候监控,实时收集违法证据,对超限超载行为进行处罚,起到威慑作用,保护道路、桥梁及市民生命财产安全。

图4-1为治超非现场执法系统前端工作示意图;图4-2为治超非现场执法工作流程图。

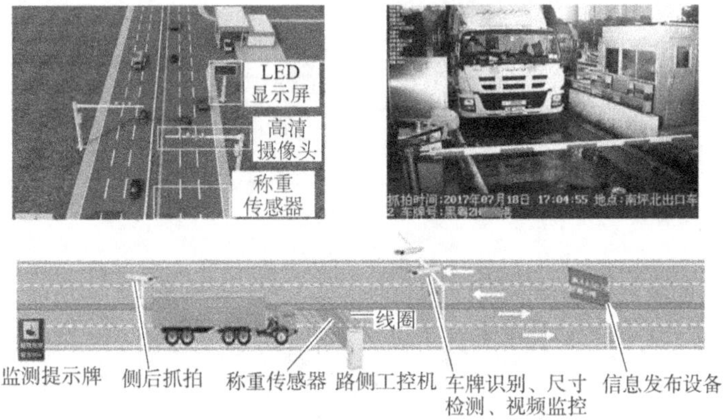

图4-1　治超非现场执法系统前端工作示意图

治超非现场执法系统建设内容包括前端系统和后端应用平台。

1)前端系统

前端系统一般由省级统一部署,各地方主要负责前端系统建设。

前端系统由电子不停车超限监测点监测提示牌、称重传感器、车牌识别及抓拍设备、车辆外廓尺寸监测设备、视频监控设备、信息发布设备构成。

(1)称重传感器。

称重传感器一般由车辆监测器、车辆分离器、称重传感器和数据采集器构成,完成动态货车轴数、轴重、车货总重、轴距和速度等相关信息的采集。不停车称重设备示意图如图4-3所示。

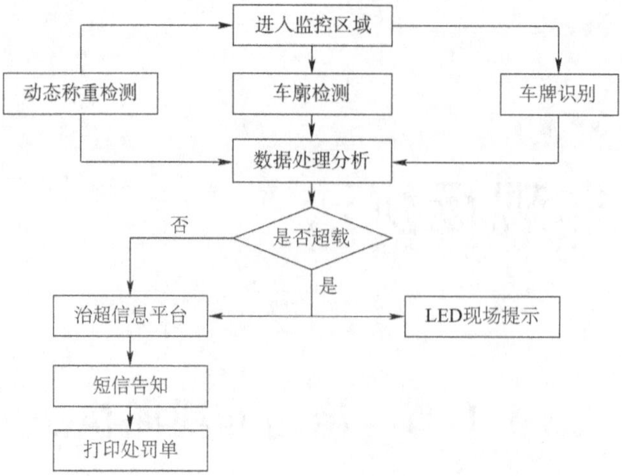

图 4-2　治超非现场执法工作流程图

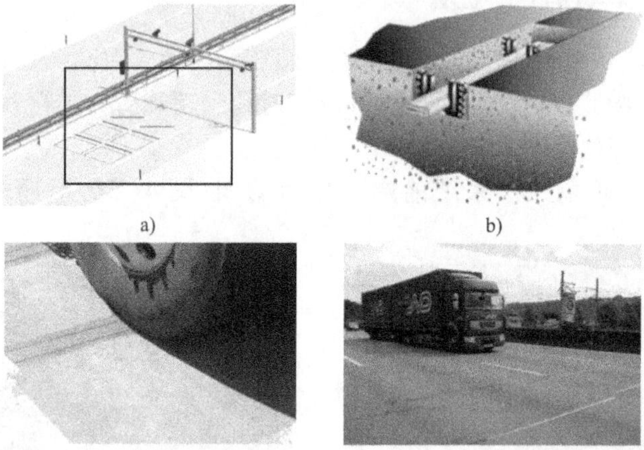

a)　b)　c)　d)

图 4-3　不停车称重设备示意图

(2)车牌识别及抓拍设备。

车牌识别及抓拍设备一般由车辆监测器和高清摄像机等构成,车辆监测器监测到车辆通过时,触发视频车牌识别设备进行视频拍摄,完成对通过公路称重区上的车辆牌照的抓拍和识别等功能。车牌识别及抓拍设备示意图如图 4-4 所示。

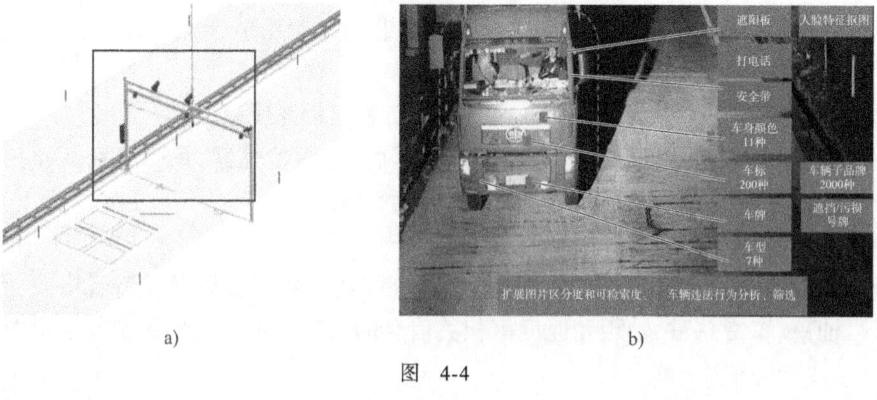

a)　b)

图　4-4

c)

图 4-4 车牌识别及抓拍设备示意图

(3)车辆外廓尺寸检测设备。

车辆外廓尺寸检测设备一般由车辆触发单元、车辆长/宽/高尺寸采集单元、控制处理单元和信息显示单元组成,自动测量和输出货运车辆外廓长、宽、高尺寸数据。车辆外廓尺寸检测设备示意图如图 4-5 所示。

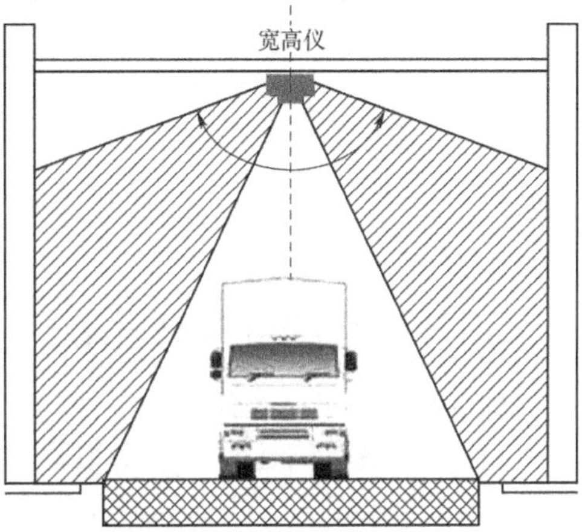

图 4-5 车辆外廓尺寸检测设备示意图

(4)视频监控设备。

视频监控设备一般由高清视频摄像机及其支撑设施构成,主要完成对不停车称重检测区域的图像监控功能。

(5)信息发布设备。

信息发布设备一般由发光二极管(LED)可变信息标志、支撑部件及其基础构成,主要完成对超限超载车辆的信息显示告知功能(可含语音发布提示功能)。信息发布设备实景图如图 4-6 所示。

图 4-6 信息发布设备实景图

2)后端应用平台

后端应用平台建设内容主要是服务器及存储器。该平台可整合非现场治超数据,实现互联共享。每一台车超限超载违法信息在全省、区、市范围内均可查看。

此外,数据传输方面应采用稳定、快速的通信网络覆盖所有监测点,使数据能快速传输到非现场执法应用平台,对违法车辆进行及时处理。后端应用平台建设示意图如图4-7所示。

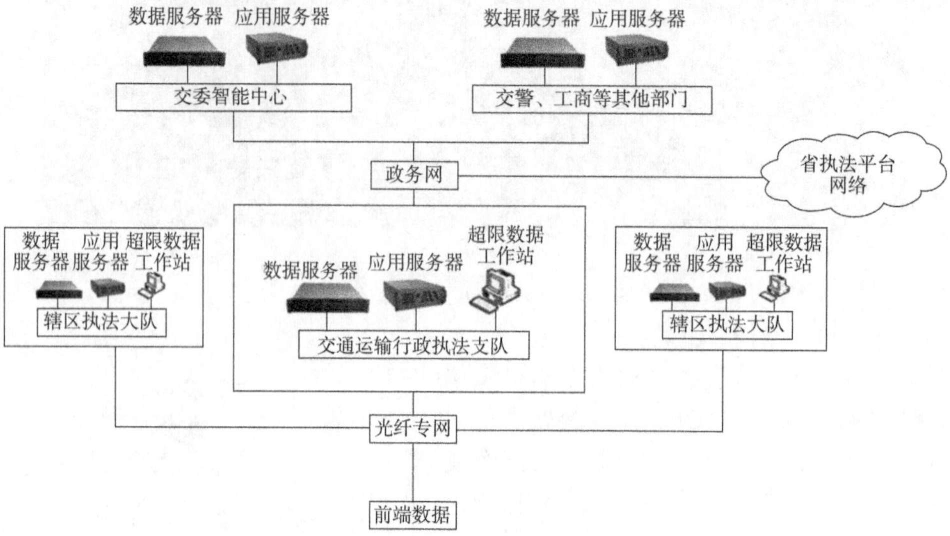

图4-7　后端应用平台建设示意图

4.1.2　规划目标和规划思路

1)规划目标

在全面掌握公路运输及超限超载治理工作现状问题的基础上,结合未来公路运输发展趋势和超限超载治理工作面临的形势与挑战,以科技治超为手段,在城市形成一个覆盖全面、规模适度、控制严密的超限超载监控网络,高效遏制、打击超限超载行为,实现治超执法效能“质”和“量”的双提升,营造平安畅通、高效有序的公路运输环境。

2)规划思路

(1)将现状货运通道作为一张网络,从网络角度来开展布局规划,能有效地震慑超限超载车辆。

(2)结合执法支队的职责范围,在普通国省干道、县乡道上选址布局,对于有必要规划监测点的城市道路提出建议性措施,未来可协调交警部门实施。

治超非现场监测点规划的重点思路是“封住边界、控制源头、卡住咽喉、保护桥梁”。以深圳市为例,具体如下:

(1)封住边界:在进出深圳市边界公路货运主要干道上设置监测点,把好出入口关,一般地市在规划监测点均只考虑进入边界方向设置监测点。但由于深圳市在公路网中处于末端位置,属于超限超载货车的源头,因此在深圳市边界处出入口均考虑设置监测点,入口设置是为了防止外地超限超载车辆进入,出口是市界辅助监测点,出口设置是为了控制深圳市超限超载车辆驶入周边地市,之所以定义为市界辅助监测点,是因为其他地市可能考虑市界建设导致投入重复,这类点安排建设计划时在远期安排。

(2)控制源头:主要设置在重要的货源地周边出口道路上,对重点货物发生地实现对超限超载车的“源头”控制;主要对东部港区、西部港区、重要物流园区、涉及工程类用地(渣土收纳场、搅拌站、弃土外运码头)周边道路上设置监测点,主要监测离开源头的货车及工程运输车。

(3)卡住咽喉:主要设置在深圳市内各区域与区域之间联系的公路货运通道上,这类是市内短途货运及对外货运的必经道路,主要监测双方向超限超载车辆。

(4)保护桥梁:对重点公路桥梁设置监测点,加强对公路桥梁的防护,保障公路基础设施安全。

基于以上思路,本次规划提出5类地点的非现场执法监测点布局模式,参考以下模式开展布局规划工作。治超非现场执法监测点规划思路图如图4-8所示。

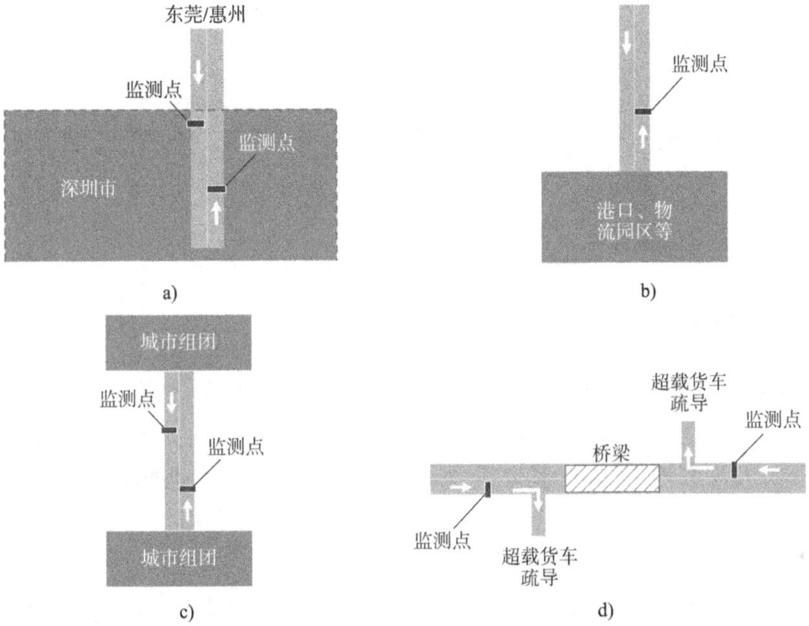

图4-8　治超非现场执法监测点规划思路图

a)市界监测点布局模式;b)源头监测点布局模式;c)咽喉部位监测点布局模式;d)桥梁设施保护处布局模式

4.1.3　布局选址流程

根据工作目标及思路,布局选址的主要工作流程如下:

第一步:识别全市主要货运通道、市界公路运输通道,并优先布局市界监测点。

第二步:识别主要物流园区及货源地、建筑工程类源头(渣土收纳场、搅拌站、弃土外运码头),并在临近通道上设置监测点。

第三步:识别现状路警联合巡查路段,布局监测点实现“机器换人”。

第四步:识别市内组团间主要货运通道,需要重点考虑重要公路桥梁,并布局监测点、禁货区域。

第五步:路径随机核查,优化布局。通过随机抽样的方式选择货运路线,判定该路线上是否有监测点,如果有多个监测点,则合理删减优化布局,如果没有监测点,则新增监测点。图4-9为超限超载监测点布局选址流程图。

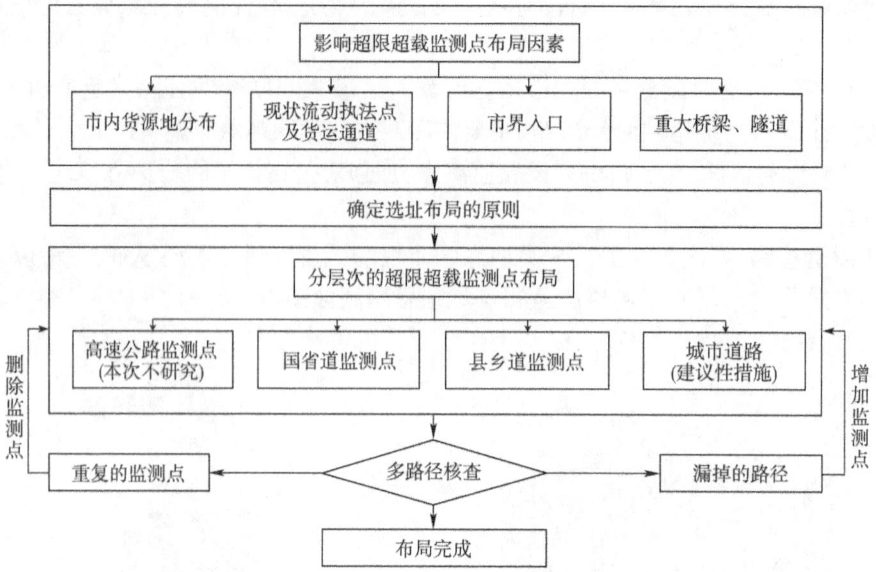

图 4-9　超限超载监测点布局选址流程图

4.1.4　建设内容及要求

治超非现场执法监测点前端主要建设内容是监测标志牌、称重传感器、车牌识别及抓拍设备、车辆外廓尺寸监测设备、视频监控设备、信息发布设备及路侧工控机。其中,称重传感器需要剖开路面,埋在地下监测,其他系统通过交通杆件设置在路侧。因此,称重传感器对选址要求较高。

治超非现场执法监测点前端建设要求如下:

(1)称重传感器设置在较为平顺的路面处,保障车辆运行平稳,没有加减速状态。

(2)车牌识别设备和视频监控设备设置在称重系统前方约 20m 处,保障能抓拍车牌号码。

(3)信息发布设备在车牌识别设备前方大于 50m 位置处,主要是满足对违章车辆违章状态及时告知功能。在信息发布设备和称重传感器设置之间最好不要有交叉口,避免违章车辆转完后超限超载违法证据链不完整。但是,由于很多公路已经市政化,在称重传感器和信息发布设备之间有交叉口,如果存在这一类情况,则可在交叉口处设置货车禁止左右转的标志,防止车辆转移到其他道路。图 4-10 为前端建设内容示意图。

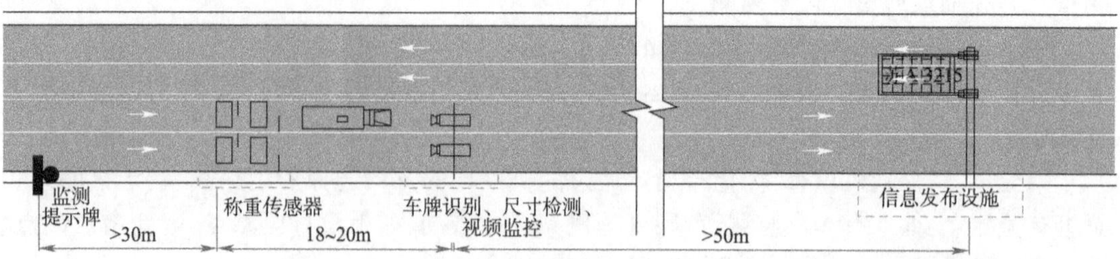

图 4-10　前端建设内容示意图

4.1.5　选址条件

根据非现场执法设备建设要求，对选址布局进行现场踏勘，结合道路、交叉口等条件，确定建设选址位置（核心是动态称重系统）要求如下：

（1）所在道路路面应前后平直，曲线半径宜大于1500m。

（2）避免设置在加速段和减速段，称台选取位置与同一路段上公路交叉口距离不应小于50m。

（3）对于有主辅道断面的道路，应在主道与辅道同步建设，避免车辆绕行辅道规避监测。

（4）安装位置前后50m内的路面平整度良好，纵坡不大于3%，横坡不大于3%。

（5）路面无开裂、车辙、拱包（波浪形起伏）。

（6）安装位置2km的范围内，不允许有电视发射塔、高压传输线等强电测干扰源的存在。

（7）设置非现场执法点应便于就近取电及租用网络。

（8）避免隧道及桥梁上选址。

4.1.6　主要设备选型

1）称重平板框体

（1）准确度等级。满足现行《动态公路车辆自动衡器》（GB/T 21296）的要求，车辆总质量的准确度等级为5级，单轴载荷或轴组载荷的准确度等级为F级。

（2）运行速度范围。在道路限速允许的情况下，运行速度范围不小于1～80km/h。

（3）称量范围。单轴载荷称量范围0.5～40t。

（4）尺寸规格。单车道按照车道实际宽度定制1台独立承载器，行车方向有效监测区不小于899mm，采用完全轮载力测量方式，提高称重稳定性和精度；满铺监测道路横断面，无监测死角；多车道台面间采用“无缝”拼接技术，消除监测盲区。

（5）结构形式。一体固化焊接成型，无活动构件，强度高；与称重传感器采用分离式结构，配套使用。

（6）安装方式。直列式布局，无须硬化路面，自适应路面基坑嵌入式安装，不影响车辆通行；3h初凝强度达到C30；7h终凝强度达到C50；夏季12h内通行重车；冬季24h内通行重车。

（7）使用寿命：不低于5年。

（8）工作环境：温度为－34～64℃；湿度＜95%。

（9）适用标准车道。

2）称重传感器

（1）电阻应变式传感器。

（2）合金钢外壳材质。

（3）防护等级IP68。

（4）绝缘等级＞5000MΩ（DC 50V）。

（5）灵敏度大于1.5mV/V。

（6）量程8t，安全过载能力150%，极限过载能力300%。

(7)工作温度范围 -34 ~64℃。

3)称重数据处理单元

(1)跨道监测型 AD 转换,数据采集,轴数识别。

(2)8 路同步采样模拟输入,采样率高达 248kS/s 的。

(3)24 位分辨率,ADC 具有 114dB 动态范围。

(4)输入信号的范围从 ±1V 至 10V 时,可设置 2 种增益设置,高达 +20dB。

(5)交流/直流可选。

(6)8 路通道提供的通道密度适宜大多数 NVH。

(7)高可靠性。

(8)集成动态车辆运行判别数据模型。

4)工控机(图 4-11)

(1)功能特点:

①全天候连续工作。

②断电后来电自动开机并自动加载监控系统。

③全速度段称重满足动态衡器 5 级标准。

④自动匹配车辆重量数据和车牌、抓拍数据,监测视频,形成完整监测数据。

⑤自动监测驾驶员作弊行驶行为,包括各种变速行驶和变道行驶方式。

⑥包含摄像机、可变信息标志、后台数据平台等所有配套系统外部接口和传输控制功能。

⑦包含远程维护模块及远程管理系统(可关闭)。

⑧断网数据缓存不小于 30d。

⑨包含称重系统封印装置。

(2)尺寸规格:177(高)mm ×482(宽)mm ×452(深)mm。

(3)处理器:不低于 IntelI5。

(4)内存:不低于 4G。

(5)存储:采用双硬盘,配置不低于 500G 机械硬盘(7200 转) +120G 固态硬盘。

(6)网络:10/100M/1000M 自适应网卡 ×2。

5)工控机柜(图 4-12)

图 4-11　工控机

图 4-12　工控机柜

(1)控制柜箱体厚度为 2mm 的冷轧板,使用防盗锁。

(2)机柜规格:600mm ×700mm ×1700mm。

(3)带制冷设备。

(4)控制柜采用落地安装,落地时基础墩台高度不小于30cm。

(5)使用寿命大丁10年。

(6)相对湿度:0 ~94% R. H。

(7)工作温度:-34 ~ +64℃。

6)线圈监测器(图4-13)

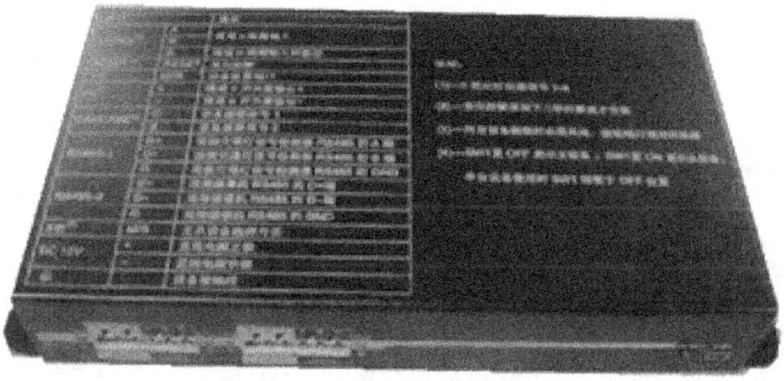

图4-13　线圈监测器

(1)线圈监测器,支持4路线圈信号接入。

(2)支持线圈状态监测及指示。

(3)2路RS485接口,用于数据传输;1路MINUSB接口,用于数据配置;支持灵敏度8级可调。

(4)支持线圈频率4级可调。

(5)测速范围5 ~250km/h,测速精度0 ~200km/h时, -4%;200 ~250km/h时, -6%。

(6)支持单线圈模式、双线圈模式、三线圈模式。

(7)支持红绿灯信号接入。

(8)DC12V供电;工作温度-30 ~70℃。

7)300万高清抓拍单元(图4-14)

图4-14　300万高清抓拍单元

(1)分辨率:最大支持2064px×1544px。

(2)帧率:25fps。

(3)图像传感器:采用1/1.8″英寸全局曝光CMOS(GMOS)传感器。

(4)相机:iDS-2CD9136-AES。

(5)ICR:支持。

(6)镜头:25mm镜头。

(7)偏振镜:相机内置偏振镜。

(8)照度:彩色0.01Lux@(F1.2,AGC ON)。

(9)视频压缩标准:H.265/H.264/MJPEG。

(10)图像输出格式:JPEG。

(11)输出:电平量信号。

(12)通信接口:2 个 RJ45 100M/1000M 自适应网口,3 个 RS485 接口,1 个 RS232 接口。

(13)外部接口:4 路外部触发输入,6 路(光耦隔离 AC 2500V)输出,可作为闪光灯同步输出控制,SYNC 信号灯电源同步输入。

(14)存储支持:支持 64G TF 卡。

(15)自动光圈镜头:支持。

(16)工作电压:AC 100 ~ 240V。频率:48 ~ 52Hz。

(17)功耗: <20W。

(18)支持智能识别功能:内置视频识别功能,支持车牌识别、视频触发、车身颜色识别、车型识别、车标识别和通行车辆信息捕获。

8)侧后方抓拍 900 万高清抓拍单元(图 4-15)

图 4-15 侧后方抓拍 900 万高清抓拍单元

(1)分辨率:最大支持 4096px × 2160px。

(2)帧率:25fps。

(3)图像传感器:采用 1″英寸全局曝光 CMOS(GMOS)传感器。

(4)相机:iDS-2CD9396-AS。

(5)镜头:16mm 镜头。

(6)照度:彩色 0.01Lux。黑色:0.008Lux。

(7)视频压缩标准:H.265/H.264/MJPEG。

(8)图像输出格式:JPEG。

(9)输出:电平量信号。

(10)通信接口:2 个 RJ45 100M/1000M 自适应网口,3 个 RS485 接口,1 个 RS232 接口。

(11)外部接口:4 路外部触发输入,6 路(5V TTL 电平量)输出,可作为闪光灯同步输出控制,SYNC 信号灯电源同步输入。

(12)存储支持:最大支持 128G TF 卡。

(13)自动光圈镜头:支持。

(14)工作电压:AC 220V ± 20%。频率:50Hz ± 2%。

(15)功耗: <20W。

(16)支持智能识别功能:内置视频识别功能,支持车牌识别、视频触发、车身颜色识别、车型识别,通行车辆信息捕获和违章监测功能。

9)气体放电闪光灯(图 4-16)

(1)单车道气体爆闪灯,单次闪光能量≥200J,白天可看清前排驾乘人员面部特征;回电时间 <67ms,支持 5V 电平量触发(可选开关量)。

(2)有效补光距离 16 ~ 25m;工作环境 -25 ~ +70℃(-40℃ 内均可安全使用/有衰减)。

(3)具有脉冲保护功能,屏蔽≥3Hz 持续性的脉冲信号(闪 15 次后进入 1 次/s 的微闪光提示状态,复原时间为 10s)。

(4)闪光次数≥2000 万次;配置光栅,可有效减少周边光污染。

10)智能监控球机(图4-17)

图4-16　气体放电闪光灯

图4-17　智能监控球机

(1)1920×1080@60fps。

(2)星光级超低照度:0.0005Lux/F1.5(彩色),0.0001Lux/F1.5(黑白),0 Lux with IR。

(3)200m红外照射距离;焦距:6~186mm,31倍光学变倍;深度学习算法;支持音频、报警。

(4)支持120dB宽动态、光学透雾、强光抑制、Smart IR、电子防抖、3D数字降噪;支持智能运动跟踪。

(5)支持区域入侵、越界、进入区域、离开区域、徘徊、人员聚集、快速移动、停车、物品遗留、物品拿取、音频异常、人脸、移动侦测;支持车牌识别。

(6)水平键控速度最大160°/s,垂直键控速度最大120°/s,垂直范围-20°~90°;H.265/H.264/MJPEG;最大支持128GB Micro SD卡。

(7)电源:AC 24V,50W max;支持IP66;工作温度:-40~70℃。

图4-18　LED屏

11)LED屏(图4-18)

(1)双基色交通诱导屏,点间距P16。

(2)可选国产或进口灯珠。

(3)可选配光探头及3G传输,包含接收卡及监控卡。

12)动态称重设备(图4-19)

(1)嵌入式高性能的终端存储管理设备,具有过车数据实时显示、通行记录和图片存储、混合式硬盘录像、过车轴重数据存储和整车重量数据计算、卡口图片与整车重量数据匹配、超限车辆分析与查询、前端设备管理以及主动上传到后端平台的功能。

图4-19　动态称重设备

(2)最多可接入12路IPC。

(3)内置1块2T硬盘。

(4)可配置多种图片合成模式。

(5)具有4个RS485接口、2个RS232接口、2个外置USB接口、1个VGA接口、1路音频输入、1路音频输出、4路报警输入、4路报警输出。

(6)内置独立的8口100M以太网接口及2个1000M网络接口,其中1个为1000M可光电转换网络接口(需选配光模块)。

(7)电源:DC 12V/5A。

第4.2节 视频监控执法

通过视频监测分析违章行为,如货车遗撒、班车不按规定站点停靠、包车不按规定范围营运、非法营运等。

4.2.1 视频监控系统构成

图4-20为视频监控系统构成。

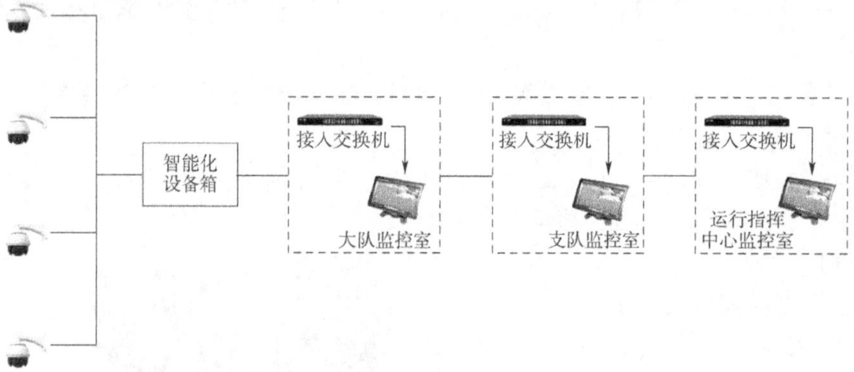

图4-20 视频监控系统构成

4.2.2 视频监控设备部署

视频监控设备部署见表4-1。

视频监控设备部署 表4-1

序号	设备名称	配置说明	
1	立柱	1个点位配置1套	—
2	高清摄像机及配件	一个点位配置1套	高清摄像机、补光灯、防护罩等
3	智能化设备箱及配套辅材	就近的监控点位合并配置1套	包含前端存储、电源设备箱、网线、电源线、光缆等各种线缆、跨接、空开等辅材、传输设备(光纤收发器/网络交换机)
4	供电及防雷设备	1个点位配置1套	—
5	光缆传输链路	复用交通骨干网,补充最后一公里链路	—
6	接入交换机	按实际摄像机数量配置	安装在机房,用来接收各个摄像机的视频

4.2.3　视频监控建设的技术要求

1)高清摄像机(智能球型)及配件

(1)具体两个图像传感器,靶面尺寸不小于1/1.8英寸,视频图像分辨率不小于2560px×1440px。

(2)具有双路视频融合功能,可分别输出黑白及彩色图像,并对视频图像进行融合输入。

(3)支持智能雨刷:自动感应雨水并联动雨刷。

(4)最低照度:彩色≤0.0002lx,黑白≤0.0001lx。

(5)视频压缩支持H.265、H.264、MJPEG。

(6)红外照射距离:250m。

(7)焦距:5.9~206.5mm,35倍光学。

(8)支持120DB超宽动态、光学透雾、强光抑制、电子防抖、Smart IR。

(9)水平及垂直范围:水平360°;垂直-25°~90°(自动翻转)。

(10)水平速度:水平键控速度为0.1~210°/s,速度可设;水平预置点速度为280°/s。

(11)垂直速度:垂直键控速度为0.1~150°/s,速度可设;垂直预置点速度为250°/s。

(12)支持7路报警输入,2路报警输出,支持1路音频输入和输出接口,最大支持512GB SD卡。

(13)具备较好防护性能,防护等级≥IP67。

2)机柜及辅材

前端智能化设备箱结构为露天防雨密闭式设计,采用优质冷轧板制造,具有防盗、防潮等功能。机箱高度为0.6m,宽度为0.5m,厚度为0.26m。箱体V形边装有密封条,箱体防护等级达到IP33防护等级。机箱设计美观,表面喷涂明显的警示标志,距地面高度不小于3.5m。

每个图像采集点汇集就近的视频监控摄像机集中起来接入一个智能化设备箱,可安装模块化单元,包含智能网络传输卡、智能分析卡、智能外设扩展卡以及智能一体化供电单元等多种组合配件。采用插卡式模块化设计,灵活多变,方便现场维护使用。

智能分析卡为内含CPU的计算智能设备,可接入IP高清摄像机实现前端数据采集设备的数据复用与共享,形成边缘计算的数据条件。同时实现区域性的相对独立性,在特殊情况下(如与中心通信网络故障)也能不间断地完成区域性采集、分析、决策等功能。

3)光缆传输

采用"复用交通骨干网+补充最后一公里链路"的方式进行图像传输,具体为前端摄像机监控点采用网线直接接入可扩展边缘计算设备,再通过光纤接口直接连接光纤链路,使用2芯光纤将信号直接传输到视频接收单元进行管理。

4)供电

采取就近取电的方式为前端设备进行供电。各摄像机终端在就近的公共供电网络(如路灯供电网)取一路220V市电,市电经加装自动重合闸开关(含SPD),与主干线路隔离并引到设备箱使用,保证了引入部分电源线路的漏电及防雷防护。所有供电线路在管道中间不允许有任何接头。

主干线路通过龙门架下端的接线井送入并安装在设备箱内。所有接线在设备箱内完成,接线井内不留供电线路的接线头,以保证用电安全。供电线路做好标签(标牌),内容明确本段供电线路"源头"和"去向"。标签设置在设备箱内。标牌设置在接线井内。标牌防腐蚀性强,具有永久标识特性。

图4-21 L杆安装方式

取电线路接入设备箱内空气开关电源的输入端,空气开关电源输出端接二合一避雷器(避雷器)的电源输入端,避雷器电源输出端再接各电源适配器,适配器连接各类设备。通过避雷器的电源接口过渡后再连接各类电源适配器的目的是将电源适配器和设备置于避雷器的保护之下。

安装在同一位置的数个前端摄像的供电由设备箱统一供电,而设备箱采用就近取电的供电方式。

5)防雷接地

配置电源、视频线路防雷器、避雷针等防雷装置。

4.2.4 安装方式

一般采用立杆安装。图4-21为L杆安装方式。

第4.3节 卡口过车异常

通过高清卡口对干道上的车辆进行监测、识别车牌和车型信息,为营运客车违章行为(如不按规定线路行驶、不按规定范围营运、不能提供有效包车合同、非法营运等)、挖掘违法线索提供数据支持。

4.3.1 高清卡口监控系统构成

高清卡口监控系统构成如图4-22所示。

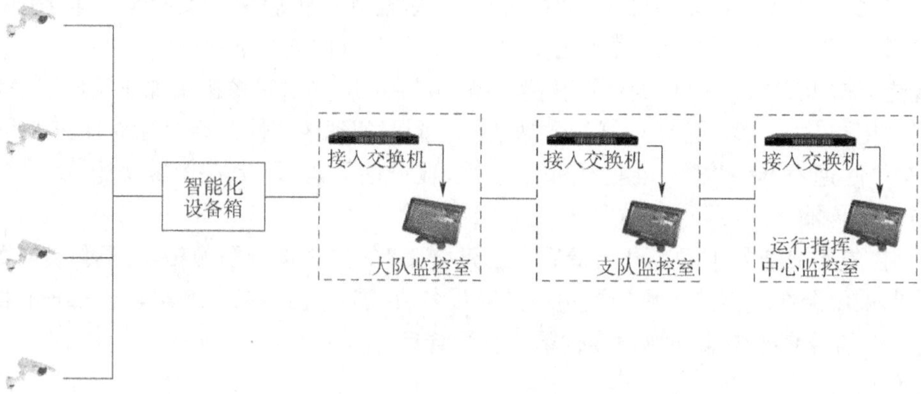

图4-22 高清卡口监控系统构成

4.3.2 高清卡口设备部署

高清卡口设备部署见表4-2。

高清卡口设备部署 表4-2

序号	设备名称	配置说明	
1	龙门架	1个点位配置1套	—
2	卡口抓拍单元	2～3车道配置1套	摄像机、高清镜头、室外防护罩、内置补光灯、风扇、电源适配器、安装万向节等
3	频闪补光灯	1车道配备1套	LED频闪灯
4	路口存储设备	1个点位配置1套	—
5	机柜及配套辅材	1个点位配置1套	—
6	供电及防雷设备	1个点位配置1套	—
7	光缆传输链路	复用交通骨干网+补充最后一公里链路	—
8	接入交换机	按实际摄像机数量配置	安装在机房，用于接收各个摄像机的视频

4.3.3 高清卡口建设的技术要求

1）卡口抓拍单元

（1）抓拍单元包含摄像机、高清镜头、室外防护罩、内置补光灯、风扇、电源适配器、安装万向节等。

（2）内置两个图像传感器，可分别输出黑白及彩色图像，样机可对视频图像和抓拍图片进行融合输出。

（3）最大图像尺寸：≥4096px×2160px；视频帧率在1～25fps范围内可调。

（4）视频压缩支持H.265、H.264、M-JPEG。

（5）支持抓拍图片暗处提亮，亮处压制功能。

（6）具备4个RS-485接口，1个RS-32接口；2个RJ45 10M/100M/1000M自适应以太网口。

（7）触发输出：7路（光耦隔离AC 2500V/5V TTL电平量），作为补光灯同步输出控制；一路继电器输出口。

（8）支持23种车型监测，包括小型客车、中型客车、大型客车、微型轿车、小型轿车、两厢轿车、三厢轿车、轿跑、运动型多用途汽车（SUV）、多用途汽车（MPV）、轻型客车、皮卡车、货车、小货车、二轮车、三轮车、集装箱卡车、微卡/栏板车、渣土车、吊车/工程车、油罐车、混凝土搅拌车、平板拖车，准确率不低于99%。

（9）功耗：<20W。

（10）支持机动车抓拍，车辆捕获率≥99%（线圈），车辆捕获率≥95%（视频），如非机动抓拍、行人抓拍。

（11）支持车牌识别、车型识别、车身颜色识别（环境光有要求）、违章监测、车辆品牌等特征监测。

2)频闪补光灯

(1)不少于16个大功率LED频闪灯。

(2)具备防眩目功能。

(3)最佳补光距离:16~25m,5V电平量触发。

(4)补光灯自带光敏控制,在低照度下自动开启,低照度阈值可设。

(5)支持0~250Hz频率可调,占空比1%~39%亮度可调。

(6)频闪响应时间≤20μs。

(7)支持频率及占空比保护功能。

(8)工作环境温度为-40~85℃;最大功率不高于30W。

(9)金属铝结构,防护等级不低于IP66。

3)路口存储设备

(1)嵌入式Linux,无风扇设计。

(2)集成10M/100M自适应RJ45接口≥16个,10M/100M/1000M自适应RJ45接口≥2个;VGA接口≥1个,HDMI接口≥1个,可通过VGA、HDMI输出,进行本地视频预览、菜单参数配置;SATA硬盘接口≥4个,支持4块3.5英寸硬盘接入,每个SATA接口最大可支持6TB容量硬盘。

(3)可接入IP摄像机(单路码率8M)≥12路,并可将IP摄像机的视频图像通过网络传输至客户端,支持网络高清视频和图片同时接入录像。

(4)满足跨网段摄像机访问功能,摄像机与客户端分别连接设备的不同网段时。其中,客户端可以通过端口映射,跨网段直接访问摄像机,对摄像机进行操作。

(5)可对车辆违章片段进行录像,并记录车辆违章的全过程,录像时长不低于5s,能够进行违章片段的回放。

(6)满足车流量统计功能,支持采集与存储车流量信息,并能按照时间、通道、车道等条件查询,支持柱状图、点状图、表格等形式展示。

(7)满足数据库恢复功能,当数据库文件由于断电等原因损坏后,可以通过网页手动控制数据库修复,恢复过车数据查询功能。

(8)满足数据防删改功能,设备内的录像、图片文件无法直接删除或者修改,只能进行循环覆盖或者硬盘格式化操作。

(9)能在-40~+70℃环境温度条件下正常工作。

4)机柜及配套辅材

(1)机柜主体框架采用焊接结构,保证了机柜的机械强度、刚性和防水的可靠性能,材料均采用热度锌板,既能有效防腐又能保证强度,广泛适用于电警、卡口等交通系统。

(2)基于19英寸标准结构设计,有17U安装空间,具有良好的安装通用性。

(3)机柜为单层机构,外侧钣金厚度为1.2mm,有效地保证了机柜的强度需求。

(4)风扇安装在柜体的顶部居中位置,可有效地降低主设备散发出来的温度。

(5)防护等级IP55,保护内部设备不受外界恶劣环境的干扰。

(6)机柜采用主体焊接、部分拼装的结构,保证了防护性。

(7)门锁采用户外机柜防水锁,为机柜提供可靠的安全保护。

(8)机柜安装螺钉放在机柜内部,防盗可靠。

(9)机柜底部进出线缆,有效地实现了防水、防尘。

(10)机柜采用落地安装方式。

(11)具备良好的防风、防沙、防雨、防晒及防盗等功能。

5)光缆传输

采用"复用交通骨干网+补充最后一公里链路"的方式进行图像传输,具体为前端摄像机监控点采用网线直接接入可扩展边缘计算设备,再通过光纤接口直接连接光纤链路,使用2芯光纤将信号直接传输到视频接收单元进行管理。

6)供电

采取就近取电的方式为前端设备进行供电。各摄像机终端在就近的公共供电网络(如路灯供电网)取一路220V市电,市电经加装自动重合闸开关(含SPD),与主干线路隔离并引到设备箱使用,保证了引入部分电源线路的漏电及防雷防护。所有供电线路在管道中间不允许有任何接头。

主干线路通过龙门架下端的接线井送入并安装在设备箱内。所有接线在设备箱内完成,接线井内不留供电线路的接线头,以保证用电安全。供电线路做好标签(标牌),内容明确本段供电线路"源头"和"去向"。标签设置在设备箱内,标牌设置在接线井内。标牌防腐蚀性强,具有永久标识特性。

取电线路接入设备箱内空气开关电源的输入端,空气开关电源输出端接二合一避雷器(避雷器)的电源输入端,避雷器电源输出端再接各电源适配器,适配器连接各类设备。通过避雷器的电源接口过渡后再连接各类电源适配器的目的是将电源适配器和设备置于避雷器的保护之下。

安装在同一位置的数个前端摄像的供电由设备箱统一供电,而设备箱采用就近取电的供电方式。

7)防雷接地

配置电源、视频线路防雷器、避雷针等防雷装置。

4.3.4　安装方式

一般采用龙门架安装。龙门架安装方式如图4-23所示。

图4-23　龙门架安装方式

第5章 5G智能装备

第5.1节 手持设备

原有的手持设备包括对讲机(图5-1)、摄像机(5-2)、照相机、执法记录仪(图5-3)等现场取证设备。

图5-1 对讲机

图5-2 DV摄像机

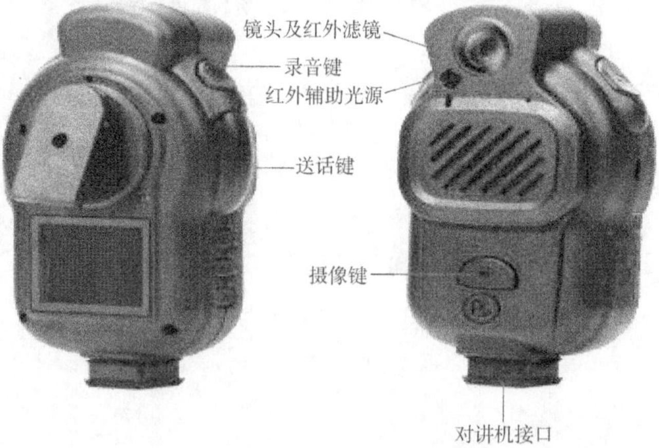

a) b)

图5-3 执法记录仪

目前,为升级现有移动执法终端设备,执法人员配备一体化勤务执法装备或平板式执法装备,以满足现场办案人员的多种办案需求,减轻装备负担,简化办案程序,提升办案效率。

5.1.1　一体化勤务执法装备

一体化勤务执法装备如图 5-4 所示。

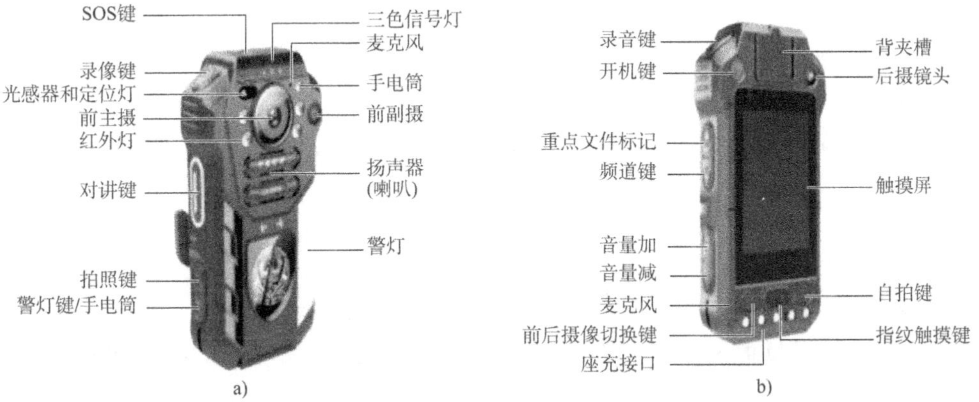

图 5-4　一体化勤务执法装备

1)购置硬件配置

一体化集成的设备终端硬件涵盖网络、屏幕、摄像头、电池、触摸屏、定位等一系列配置。

(1)网络:4G(支持全网通)。

(2)屏幕:2.4 寸(8cm)触控显示屏。

(3)对讲:实时对讲方式。

(4)广角:≥120°。

(5)录像分辨率:视频分辨率最大支持 1920px × 1080px,主机分辨率可选 1280px × 720px;视频帧率 30 帧/s。

(6)卫星定位:内置 GPS 定位模组(同时支持北斗系统)。

(7)存储容量:不小于 64G 存储空间。

(8)白平衡:自动。

(9)可开启爆闪灯。

(10)音量调节:音量调节加减挡按键调节。

(11)摄像:三摄像头包括主摄、副摄及后置摄像头,支持自拍,支持摄像一键开启,支持红外夜视功能。

(12)实时视频:可由后台发起请求,实时上传后台,支持电量播报,支持系统语音提示。

(13)支持被动式无线局域网内设备本地录像存储音视频云上传功能。

(14)支持外接耳机。

(15)电池续航:不小于 3500mAh,可连续工作不少于 18h(不开视频),可实现实时视频上传不少于 4 个小时,支持不断电更换电池,支持快速充电。

(16)具备 SOS 一键报警功能,可以同时打开实时视频上传。

(17)支持蓝牙 BT4.1(或以上版本)。

2)支持功能

一体化集成的设备终端功能包括地图可视化、视频可视化、电子签到以及一系列其他功能。

(1)支持地图可视化功能,在地图上可实时显示终端实时位置信息。

(2)支持视频可视化功能,支持后台打开终端不少于16路的实时视频上传功能。

(3)支持电子签到功能,支持设置签到箱、系统自动完成签到、签到记录查询和统计等功能。

(4)支持管理终端对讲群组的功能,支持默认群组、临时群组和预设群组的功能。

(5)支持设定多个用户和权限管理功能。

(6)支持文字广播及语音广播信息的定向发送或群发发送,可定时选择发送次数或自定义发送次数设定。

(7)支持地图快速框选应急指挥调度功能。

(8)支持设备监听、设备报丢等功能。

(9)支持指挥调度音视频连线全呼、单呼、选呼、强插、强拆等功能。

(10)支持手机App,App具备地图和视频可视化调度功能、轨迹查询、群组管理、文字广播发送等功能。

5.1.2 平板式执法装备

平板式执法装备如图5-5所示。

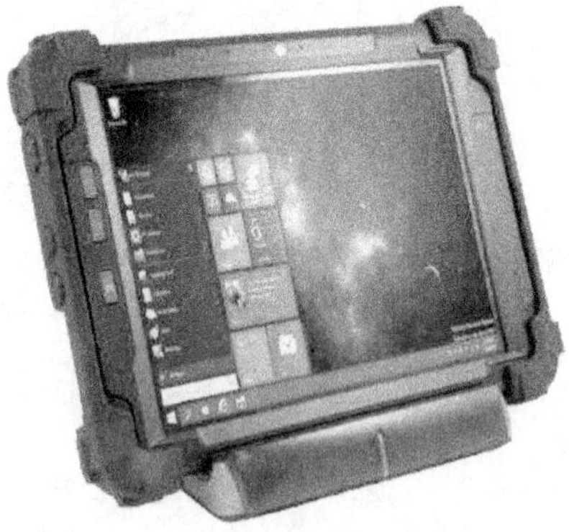

图5-5 平板式执法装备

1)购置硬件配置

平板式执法装备终端硬件涵盖屏幕、摄像头、键盘、内存、触摸屏等一系列配置。

(1)8核处理器,Windows10操作系统。

(2)内存/存储为8GB LPDDR4x 512GB UFS固态硬盘。

(3)屏幕显示≥12英寸。

(4)3∶2高清2K触摸IPS屏(防指纹),分辨率为2160px×1440px,216PPI(每英寸像素点),可视角度为160°的宽广视角,色彩为NTSC 70%色域,对比度为1000∶1,亮度为350尼特。

(5)蓝牙标准:蓝牙5.0兼容,BT4.2,BT3.0,BT2.1+EDR。

(6)WLAN:IEEE 802.11a/b/g/n/ac,2.4和5GHz 2×2 MIMO。

(7)键盘:1.3mm键程,巧克力全尺寸键盘,键盘开合角度:110°~160°。

(8)按键:电源开关键;按压式指纹识别键。

(9)接口:USB-C接口×1(支持充电,数据同步和Display Port);Nano-SIM卡槽。

(10)后置摄像头不小于1300万像素;前置摄像头不小于500万像素,电池不小于36.3Wh,本地视频播放时间支持10h,支持1.5h快速充电至约88%。

2)支持功能

平板式执法装备功能包括科技执法功能、执法查询功能、账号管理以及一系列其他功能。

(1)支持科技执法功能:包括疑似非法营运车辆查询、驾培数据查询、案件登记、我的案件、案件审核、我的日志、日志审核、执法档案等执法功能。

(2)支持执法查询功能:包括法规查询与管理、资质查询、GPS查询、包车票查询、包车合同查询、进站证查询、网约车查询等功能。

(3)支持新建及展示执法通知公告。

(4)支持新建及展示执法勤务安排。

(5)支持对本单位执法考核综合情况进行查询、输出本单位执法考核综合情况的相关报表。

(6)支持账号管理,对网站用户、组织单位、执法人员进行管理。

(7)支持与省执法系统对接,能获取省执法系统数据,开发 Web Servers 接口或提供数据库表的读写方式来接收省执法系统推送的行政处罚数据,并能将系统产生的数据以 Web Servers 接口或提供数据库表的读写方式推送到省执法系统;通过数据库视图的方式实现与城市道路客运行业智能化综合监管平台对接,以获取城市道路客运行业智能化综合监管平台客运车辆数据。

(8)支持第三方扩展应用对证照识别扫描功能。

第5.2节 移动执法车

为进一步提高支队执法车辆的智能化装备水平,满足一线移动执法的实际需求,对执法支队车辆进行智能化改装,以提升办案效率。

1)移动执法车辆加载设备

移动执法车辆加载设备包括拾音器、手麦对讲机、触控显示屏、摄像机、长排警示灯、天线、扬声器、逆变器、蓄电池、电子警报器、工作台、车载主机等(图5-6)。

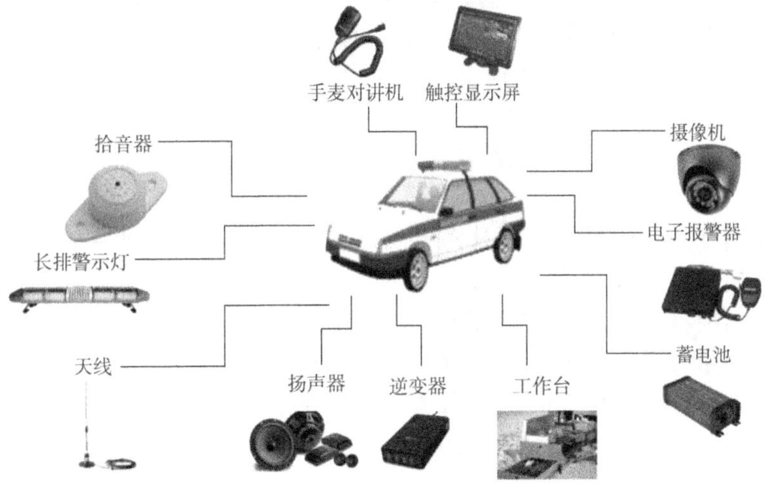

图5-6 移动执法车辆加载设备

(1)拾音器:监听范围 10~200m^2、防潮防尘等。

(2)手麦对讲机:支持手持对讲。

(3)触控显示屏:高清多点触摸电容屏、屏幕尺寸≥10.1英寸、屏幕比例16:9、屏幕分辨率≥1024px×800px 等。

(4)摄像机:配备控制键盘、分辨率≥500 万 px 等。

(5)长排警示灯:多种颜色灯罩组合、可调节前闪或后闪。

(6)天线:支持 4G 天线、GPS 天线及 Wi-Fi 天线。

(7)扬声器:车载扬声器。

(8)逆变器:含继电器、保险盒、逆变电源开关。

(9)蓄电池:支持不低于 12V 60A 的容量。

(10)电子警报器:含警报器控制器。

(11)工作台:根据车辆定做工作台及电气设备柜,工作台按需加减振装置,可放置打印机等电子设备。

(12)车载主机:支持双码流、本地存储、路由以及其他功能。

2)移动执法车辆支持功能

移动执法车辆支持功能包括 3G/4G 功能、高清视频、双向对讲、集群通话、双向视频、车载录像、一键报警、定位、车载路由、车载调度、流量监控、供电系统、车辆指挥平台等。

(1)3G/4G 功能:内置无线模块。

(2)高清视频:①支持四路高清≥500px 摄像机接入和同时存储,实时高清远程观看;②本地支持≥500px 实时视频观看,可通过头枕显示屏实现 1 ~4 画面切换。

(3)双向对讲:支持车辆与指挥中心双向语音对讲。

(4)集群通话:组内车辆可以互相呼叫,指挥中心可以呼叫前端车辆。

(5)双向视频:①车辆间可以双向视频;②车辆与指挥中心也可以双向视频。

(6)车载录像:①设备内置大容量硬盘,可长时间保存 4 路车载录像;②操作人员可以通过前端头枕屏上查看历史视频及图片,并且只能使用查询、回放功能,不能删除、修改。

(7)一键报警:具备多个报警输入输出接口,可实现一键报警功能,能够在应急事件时,触发报警信号,同时启动音视频实时远程录像存储,确保执法现场与指挥中心实时联动。

(8)定位:设备内置 GPS/北斗模块,支持 GPS/北斗定位,搜星快、定位时间短、定位精度高。

(9)车载路由:设备能够作为无线接入点,支持车载电脑通过 Wi-Fi 接入车载硬盘录像,实现执法人员的移动 OA。

(10)车载调度:设备通过与调度屏对接后,可以接收后台调度指令,指令能以文字方式展示并语音播报,要求调度指令可以保存、查询。

(11)流量监控:设备能够监控数据卡已经使用流量,并可以计算剩余流量,在流量少于一定值时,可发出报警信号,并把提示信息显示调度屏界面。

(12)供电系统:提供 220V 供电,方便打印设备及笔记本电脑的接入。

(13)车辆指挥平台:接入改装车辆的 GPS 信号和视频、音频信号,实现指挥中心对车辆的指挥调度功能。

第 5.3 节　移动执法室

移动执法室建设是科技执法系统建设的重要组成部分。建设高智能化水平的移动执法室，能够有效协助交通执法人员处理各种交通违法行为，提高移动执法的效率，确保执法的连续性和实效性。

1）移动执法室加载设备

移动执法室加载设备包括整车部分、车身部分、底盘部分、电器部分4个方面（图5-7）。

图5-7 移动执法室加载设备

（1）整车部分：包括车辆尺寸长≥6000mm，宽≥2300mm，高≤3400mm，内高≥2050mm，电动机、动力电池等。

（2）车身部分：包括地板、窗帘、侧窗、乘客门、驾驶员座椅、办公家具、转向盘、轮罩、随车工具、倒车监视等。

（3）底盘部分：包括车桥、悬架系统、轮胎、转向系统、制动系统、电控面板操纵装置等。

（4）电器部分：包括空调、警灯、车外探照灯、热水壶、便捷式发电机、朝外显示屏、前后LED路牌、组合音响、视频监控、台式办公电脑、4G路由器、车内显示屏、车顶前后摄像头、车外防水音柱等。

2）移动执法室支持功能

移动执法室支持功能包括综合执法、法律宣传、现场办公、便民服务等。

（1）综合执法：现场执法调查问询、配合专项整治行动等。

（2）法律宣传：发放宣传资料。

（3）现场办公：室内案件处理。

（4）便民服务：其他便民服务。

第6章 执法数据中心

智慧执法数据分中心将分散的执法关联数据进行统一采集，通过对出租车智能服务系统、公交智能调度系统、两客一危动态监管系统、交通综合执法系统、城市道路交通运行分析系统等相关业务系统涉及的卫星定位、视频、客流、事件、车流等数据，进行抽取、映射、转换、清洗、合并、整合、归档等各个处理步骤，完成数据的处理，最终建立城市运输行政执法支队数据分中心，为交通管理部门大数据分析提供数据支撑。

在数据资源整合上，将设备与数据分离，数据与系统分离，通过统一的标准、格式，规范各类数据接入方式，通过优化后的架构设计，具备数据采集、数据交换、数据清洗、数据标准统一、数据库存储和管理等功能。

大数据设计采用先进技术，如构架/构件技术、高层中间件技术、海量空间数据及数据管理、GPS/GIS/MIS（管理信息系统）等的一体化技术、Web（万维网）/GIS 及多媒体的用户通信技术、多种数据引擎及数据库 SDE 技术、数据标准及规范化技术、面向对象的数据仓库和联机分析、软件开发和集成平台技术、选择先进的开发工具和环境等，确保数据架构的先进性、开放性、可扩展性、易维护性。

第6.1节 设计目标

6.1.1 构建统一、标准的数据接入，提升数据共享服务

构建统一、标准的平台底层接入规范，负责所有业务系统数据的接入、转发、存储、运算，这个底层统一向上提供服务，将设备与数据分离、数据与业务分离。上层应用系统不需要通过对接，只要在有权限的前提下，就能方便地访问系统接入的所有全局数据、共用各种算法和公用底层平台运算资源，彻底解决数据共享难、应用难的问题。

6.1.2 深化利用已有信息化成果，提升建设应用效能

加强已有通用计算资源、前端智能及中心智能计算资源、存储资源的兼容接入，构建计算存储资源平台，实现存量计算资源、存储资源的利用率提升。根据《公共安全视频监控联网系统信息传输、交换、控制技术要求》（GB/T 28181—2016）、《公安视频图像信息应用系统》（GA/T 1400—2017）等技术标准，采用统一技术架构、统一接口协议，建立大数据资源平台，实现分散在各系统内的数据资源的安全汇聚、可靠迁移，支撑城市运输行政执法支队大

数据综合分析;加强已有的各类人工智能算法模型的管理与应用,通过统一的算法仓库接入框架规范,实现存量智能算法的统一管理,并根据实战需要按需调度各类智能算法;加强已有的业务应用系统的迁移,将业务应用系统统一部署在计算存储资源平台上,从大数据资源平台中获取更多种类的数据资源,支持结合本地子行业业务工作实际需求进一步开发部署个性化、场景化的实战应用功能。

6.1.3 提升大数据分析应用水平，提升预警预测能力

加强大数据的共享应用建设,实现城市运输行政执法支队视频大数据的汇聚共享,融合城市运输行政执法支队业务数据、互联网信息及其他社会信息,构建以人、事、物、地、组织为要素的主题数据库。推动大数据技术在各子行业业务中的落地应用,提炼与汇总区域碰撞、规律分析、频度分析、积分预警、关系网等算法模型,逐步构建起面向实战的大数据智能化算法模型体系,提升城市运输行政执法支队对各类风险挑战的预测预警预防预控能力。建立起支撑大数据综合应用的运维、安全、评价考核体系,建立健全大数据智能化应用工作机制。

6.1.4 构建开放、领先的交通算法仓库，保持平台先进性

构建开放、领先的算法仓库模型,对于特色的应用都将以某个特色应用算法模型的形式、按照规范接入算法仓库,这些算法能对于整个交通运输行业的数据进行分析应用,对上层各个应用系统提供无差别的服务。算法仓库采用开放的架构设计,同一算法能够根据用户需要,随时与行业内其他算法展开评测对比。评测落后的算法将从算法仓库中剔除,引进领先的算法,时刻保持算法的领先地位。

6.1.5 形成开放可成长技术架构，建立长效发展机制

统一技术架构,构建开放合作的生态体系,建立长效的发展机制,提供资源调度能力开放、算法集成框架开放、大数据服务开放。建立规范化、标准化的应用接口及软件集成框架,实现插件、应用程序编程接口(API)、软件开发工具包(SDK)等多种形式扩展应用功能,满足各子行业业务的多样性和个性化需求。基于通用协议,实现多厂家多种类型的硬件设备、软件、算法、数据、应用的兼容。技术架构内的基础软硬件产品提供动态可扩展的能力,并有多种替代方案,保障系统的可持续发展。

6.1.6 建立统一的运维管理体系，确保系统持续可用

视频系统是一个复杂的巨系统,系统垂直层级较多,水平关联复杂。传统的分系统网管不能快速定位告警和分析故障,传统的动运维方式也不适应业务的高可靠运行需求。因此,应建立统一运维的技术体系,实现面向跨网跨、跨层级各类 IT、物联网软硬件设备的统一运维服务,有效地克服系统设备类型复杂多样、设备数量庞大、建设分散、协议不统一的难题,实现一体化的监控、告警、故障管理,提供图形化的系统逻辑关系配置和管理功能,并能够快速定位和分析故障,提高运维管理效率,从而保障整体系统持续的高质量运行。

6.1.7 构建分层的安全防护体系，保证信息安全可控

应按照“严控边界、纵深防御、主动监测、全面审计”的安全策略，结合国家信息安全等级保护及涉密信息系统分级保护制度的要求，构建全程覆盖的安全管理机制、全网防控的分层安全技术体系，从而保证互联网、视频专网和公安信息网之间的数据流转通路能够有效、安全地打通，保证各类信息高效、安全地流转，保障公安信息网和视频专网的安全；实现重要视频图像信息不失控，敏感视频图像信息不泄露。

第6.2节 设计原则

智慧执法数据分中心技术架构的设计严格遵循了先进性、可靠性、规范性、易维护性、扩展性、安全性、经济性的基本原则。

6.2.1 先进性

系统充分利用科技进步成果，采用当今先进的技术及设备，不仅能够充分体现系统具有的先进性水平，还能够体现系统具有的强大发展潜力，以便该系统在尽可能长的时间内与需求发展相适应。

6.2.2 可靠性

由于系统是一项实际使用的工程，其技术和设备必须是相对成熟的。在设计时应从系统结构、技术服务及响应能力等方面严格把关，使故障发生的可能性尽可能降低，保证系统能够可靠地、连续地运行，软件采用模块化、分层隔离、集群管理、双机集群（HA）架构的设计思想，充分保证系统的高可靠性。

6.2.3 规范性

由于系统是一个综合性系统，在系统设计和建设初期应着手参考各方面的标准与规范，并且应遵守规范中各项技术规定，做好系统的标准化设计与管理工作。

6.2.4 易维护性

系统统一采用系统软件平台的集中管理，可实现远程升级、维护和自动校时，易于故障的排除，系统维护简单方便。

6.2.5 扩展性

考虑今后发展的需要，系统应采用模块化设计，因而保证在系统产品系列、容量与处理能力等方面的扩充与换代的可能。这种扩充不仅充分保护了原有投资，而且具有较高的综合性价比。

6.2.6 安全性

采取有效的安全保护措施，防止系统被破坏、非法接入、非法访问，系统具有防过载、断

电和人为破坏等综合安全保护措施。

6.2.7　经济性

系统尽量采用性价比高的产品,既能满足实际需要,又可降低费用。在系统化的设计过程中,进行优化设计,既便于今后维护,又大大降低系统费用。

第6.3节　设计思路

智慧执法数据分中心负责执法数据以及关联数据的存储,维护数据的完整性与一致性。数据中心通过对交通内、外部,跨行业、跨部门的基础和业务数据采用统一的数据清理转换工具,进行整合处理,建立全局统一的数据资源视图,为交通应用建设提供一个高质量、可靠的数据基础。同时,将交通业务数据按照面向分析应用的方式进行组织和重构,提供灵活的查询分析手段,为各业务系统(如出行服务、监管等)和各部门、各级人员提供全面、及时、准确的数据查询、分析和信息发布服务。

构建以云计算为基础,结合多厂商、多种类的算法仓库,实现交通丰富业务场景下的大数据分析研判应用,具体包括可视化大屏、大数据资源平台、综合应用平台、云中心管理平台、运维服务平台。

平台采用开放、灵动的架构设计,将城市运输行政执法部门视频数据、卫星定位数据和行业内外的业务相关数据统一汇聚到云存储中,未来可扩展接入微波、卡口、线圈、地磁等传感器数据类型,能很好地解决数据共享的问题,各个应用系统在有权限的情况下都能够方便地使用交通运输各行业所采集的数据,更便于开展大数据研判分析业务,如获取行业当前运行状态、行业重点违法行为的情报分析、执法案件的变化趋势等。

平台架构对于城市运输行政执法部门及相关行业特色应用都以应用算法模型的形式、按照规范接入算法仓库,这些算法能对交通运输体系底层数据资源开展分析应用,对上层各业务系统提供无差别的服务,所有业务系统都可以使用,只要业务系统有需要,都可以方便地使用算法模型仓库,自身只需要做好页面交互展现即可,真正实现了数据资源、运算资源、存储资源的统一管理和统一分配,实现了节约化的建设目标。

平台架构中规则引擎模块设计将各种场景业务模型共性提取出来,用户根据实战需要,可以很好地根据业务共性的逻辑规则开展业务组装,根据业务逻辑自动生成其他衍生业务的功能,真正实现领先的灵动效果。

第6.4节　主要业务和技术架构

6.4.1　智慧执法数据分中心的主要业务

(1)数据汇聚。不同物联数据源、互联网数据和业务数据统一汇聚到数据资源平台,便于用户进行数据治理和数据挖掘分析。

(2)数据存储。对汇聚的结构化和非结构化数据进行有效存储。

(3)数据治理。对汇聚的数据进行各类数据治理,包括数据目录管理、数据规则定义、数据清洗、数据维护、数据安全等。

(4)数据分析。对整合的数据,按照资源的更新频度、数据结构、访问特点、数据位置等对数据资源进行顶层规划,按照数据用途、功能定位把整个交通数据平台的数据划分为三个交通数据库群。

(5)数据服务。对治理后的数据可根据用户需要提供各类数据查询和数据订阅等服务。

6.4.2 技术架构

技术架构主要由数据资源管理平台、管理调度平台、算法仓库以及大数据基础支撑平台组成,配合计算存储资源平台实现各类数据的按需汇聚。技术架构图如图 6-1 所示。

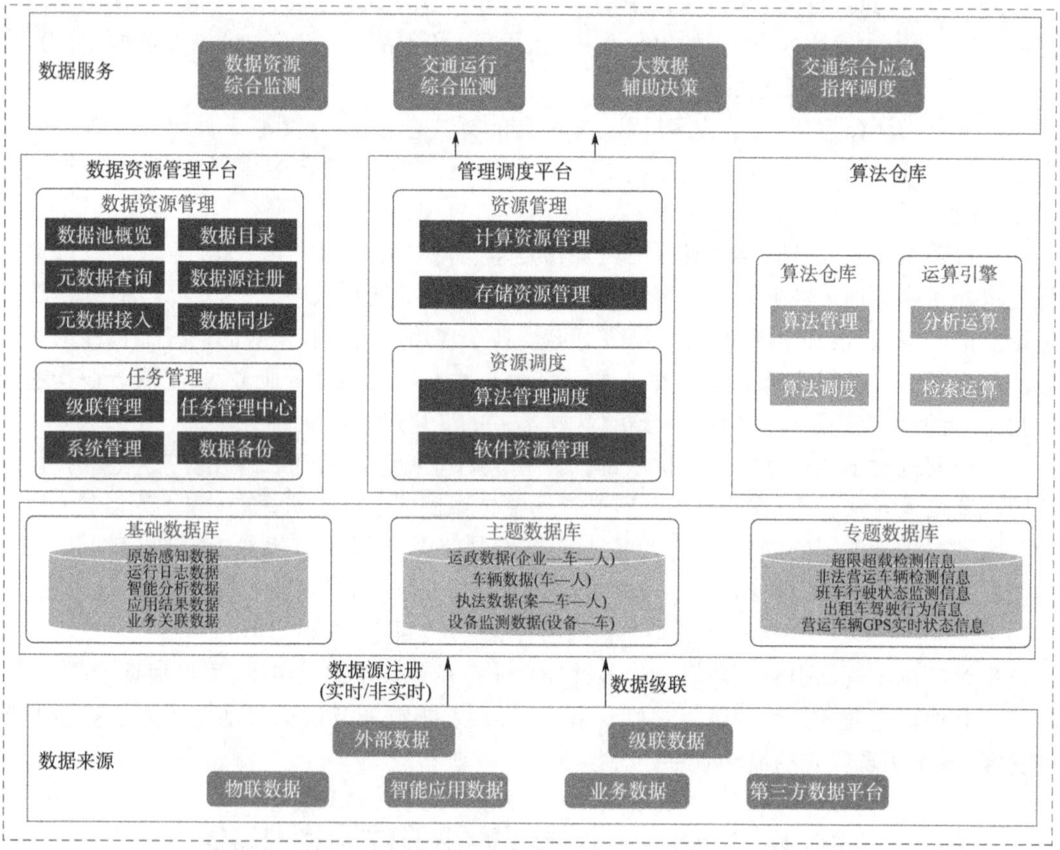

图 6-1 技术架构图

(1)数据资源管理平台主要负责数据资源管理。管理对象包括 MPP(Massively Parallel Processing)数据库、大数据基础平台、云存储资源平台。管理内容包括配置数据汇聚任务、展示和查看汇聚数据等。任务管理包括同步、级联等任务管理。

数据资源管理平台对数据的构建,遵循数据分级分层的设计原则。支持对物联网数据、互联网数据及行业业务数据的按需汇聚,对多维数据进行融合,形成综合性大数据专题库。

具体数据结构设计详见本章6.7总体数据结构章节。

(2)管理调度平台主要负责数据处理相关的资源管理和任务调度。其中,资源管理包括配置数据处理的相关计算、存储、算法资源;任务调度包括根据数据分析任务调度计算、算法资源以及处理任务执行过程中出现的各类异常事件等。

(3)算法仓库包括算法仓库、运算引擎。

(4)数据源包括外部数据和级联数据。

第6.5节 数据中心功能应用

6.5.1 首页概况

1)数据资源平台级联架构

在首页中,用户可通过数据资源平台的级联架构(图6-2)清晰地了解本数据资源平台与其他数据资源平台的级联情况,查看本数据资源平台向下级联、向上推送、平级共享的数据资源,了解本级数据资源平台的数据来源,包括从同网或跨网级联到本数据资源平台中的元数据和数据规模情况。

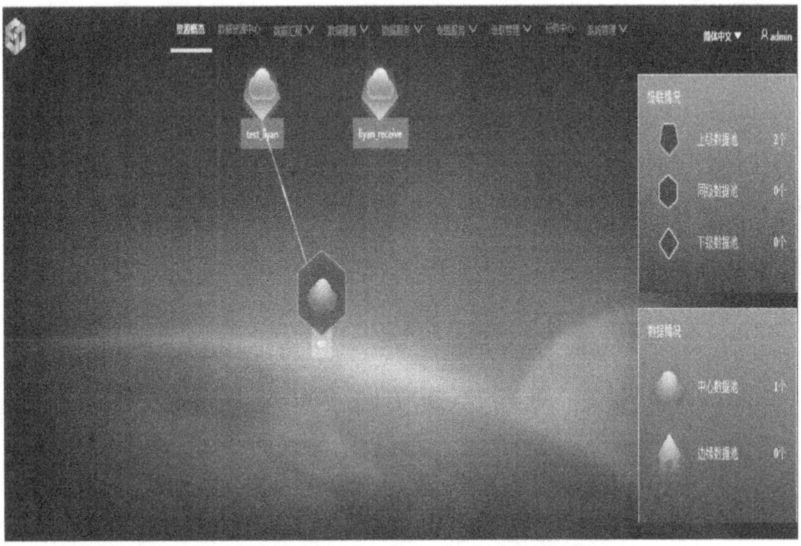

图6-2 数据资源平台级联架构

2)本/外地数据资源平台概览

通过点击本级数据资源平台,可获取本级数据资源平台中的主要数据规模,如模型数量、实体数量、标签数量、视频规模、图片规模和文件规模等总体数据概览。在统计信息图中,通过统计数据用户可快速查看数据资源平台内的关键数据状态进行监控,发现数据异常后可提示用户查明原因。图6-3为本地数据信息概览,图6-4为外地数据信息概览。

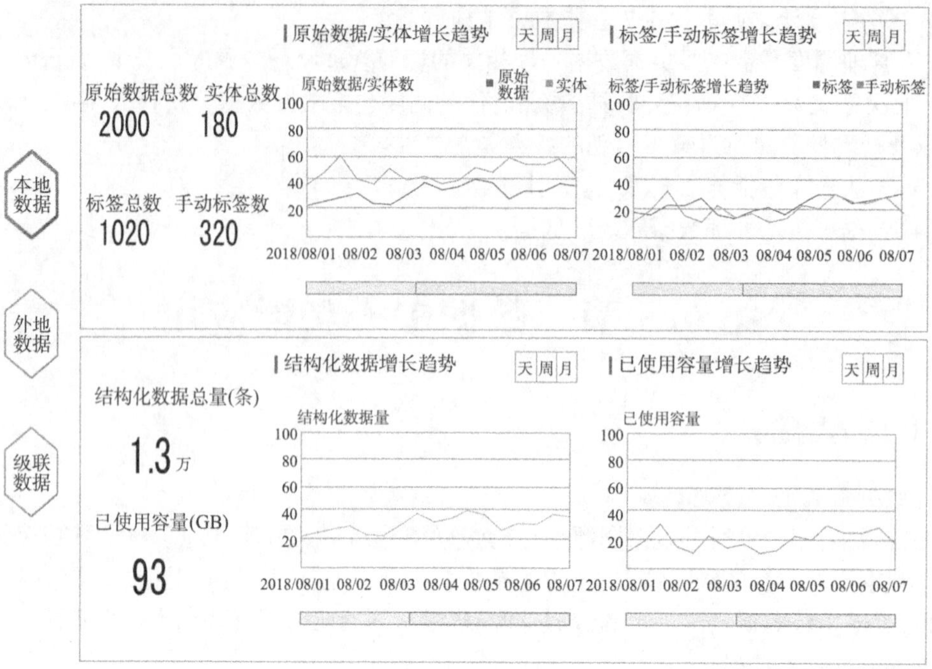

图 6-3 本地数据信息概览

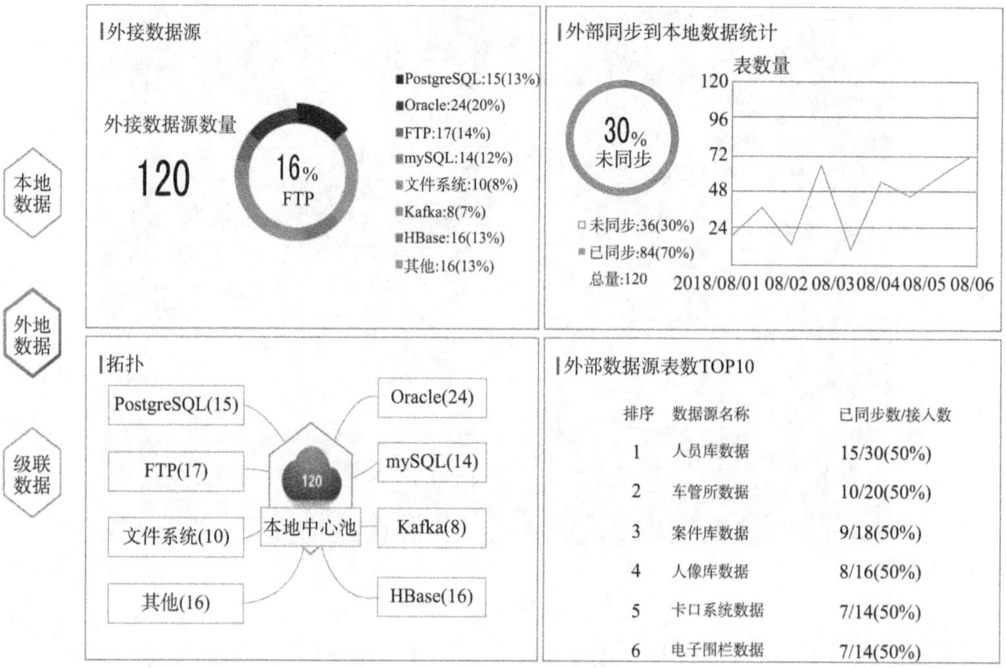

图 6-4 外地数据信息概览

6.5.2 数据资源中心管理

1)数据目录管理

数据资源中心主要对汇聚到本数据资源平台的数据目录进行管理,包括外接数据、本地数据、级联数据三个初始化目录的管理(图 6-5)。用户可在初始化目录下,根据数据汇聚的需要,添加、编辑和删除节点。

图 6-5　数据目录管理

2)元数据查询

在已添加的节点下,用户可查看接入到本数据资源平台中各元数据内容,包括元数据名称、当前版本、创建时间和详细的标签信息。元数据查询如图 6-6 所示。

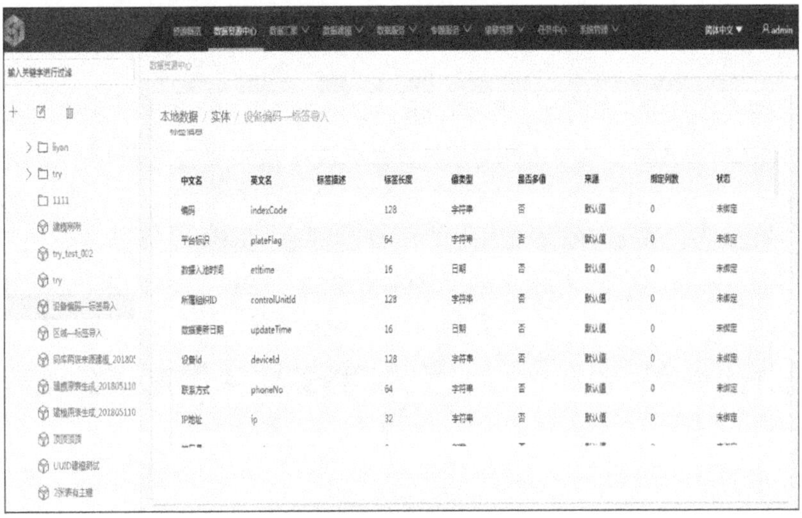

图 6-6　元数据查询

6.5.3　数据源注册

1)数据源支持类型

平台支持当前主流数据源的注册,包括 Kafka、HBase、PostgreSQL、Oracle、MySQL 和 FTP。其中,FTP 仅支持“. csv”和“. xlsx”格式,满足用户将不同的数据源注册到数据资源平台中。

2)数据源添加

用户可将外接数据和级联数据的多种数据源注册到本数据资源平台中,根据选择不同类型的数据源，自定义填写数据源名称、数据源描述、填写 IP 地址、连接端口、用户名、密码和数据库名等信息，经过检验后将不同的数据源注册到数据资源平台中，实现对本数据资源平台和数据源之间的连接。数据源添加如图 6-7 所示。

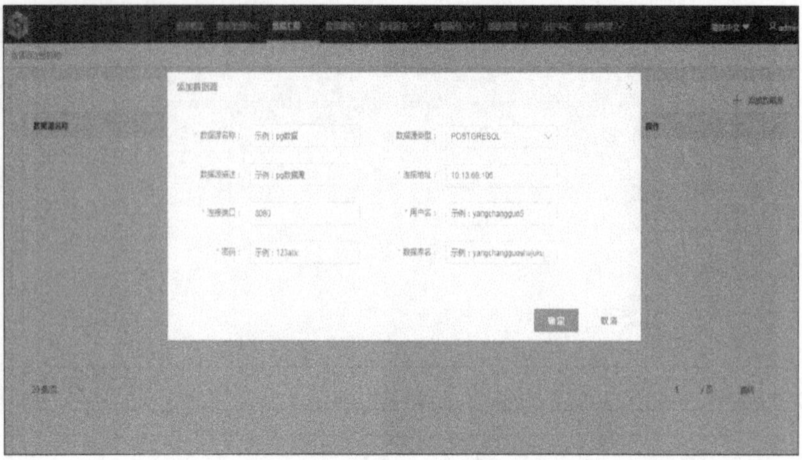

图 6-7　数据源添加

3）注册数据源管理

用户可对已完成注册的数据源进行管理，包括查看已注册的数据源列表，对数据源进行启用/停止等操作。

4）元数据接入

当数据源中部分数据，特别是业务系统由于业务逻辑复杂，导致库表的结构复杂、难懂，且没有相关文档说明字段口径时，数据资源平台难以直接汇聚这些数据。在注册数据源基础上，用户可将数据源中元数据接入本数据资源平台中，便于数据汇聚人员理解数据源的数据表结构和字段。若所需要的元数据未提前注册数据源，也可以在此界面临时添加数据源。

在元数据接入中，用户可根据应用需要，选择元数据中的全部标签或部分标签接入本数据资源平台中。可从列表中查看已接入的元数据及元数据详情。元数据接入如图 6-8 所示。

图 6-8　元数据接入

6.5.4　数据同步

在接入元数据后，用户需要将数据源中产生的数据同步到本数据资源平台中，完成最终的数据汇聚工作。在数据同步中，用户可根据设定的唯一字段关联其他信息表，实现多个表的同步与合并功能。数据同步主要通过各类插件实现，详细插件介绍如下：

(1)数据通道插件：针对数据源是否在本域中情况，可使用直连或跨网 FTP(文件传输协议)网闸，进行跨网数据同步。

(2)数据写入插件：数据写入插件包括 HBase、MPP、Oracle、Postgres、FTP 等，详细介绍可参考数据源添加部分。

(3)上传云存储插件：通过该插件将部分数据上传到云存储。

(4)过滤条件插件：包括关系型数据库和非关系型数据库的过路条件插件。

从同步的周期来看，用户可根据需要设置同步周期，包括周期性同步和一次性同步两种。

1)周期性同步

(1)针对数据源中的数据采集为周期性采集，如每天采集过车记录、人脸抓拍，用户可选择周期性同步功能，可设置同步频率，包含每月某号、每周周几、每天几时和每几个小时，满足用户将周期性更新的数据源同步到本数据资源平台的需求。

(2)数据源因为自身系统升级改造，数据库表结构发生变更，而未及时通知数据平台，导致抽取的数据不对、缺失等问题，可通过设置同步周期，进行同步、检查。

(3)部分业务系统的数据处理量复杂，往往要等到第二天凌晨才能处理完前一天数据，通过设置固定时间点同步以获取完整数据。

(4)每月、每周、每天同步数据，可选择不同时段，方便用户在夜间实现数据同步，白天便于用户分析，分散系统压力。

数据同步周期设置如图 6-9 所示。

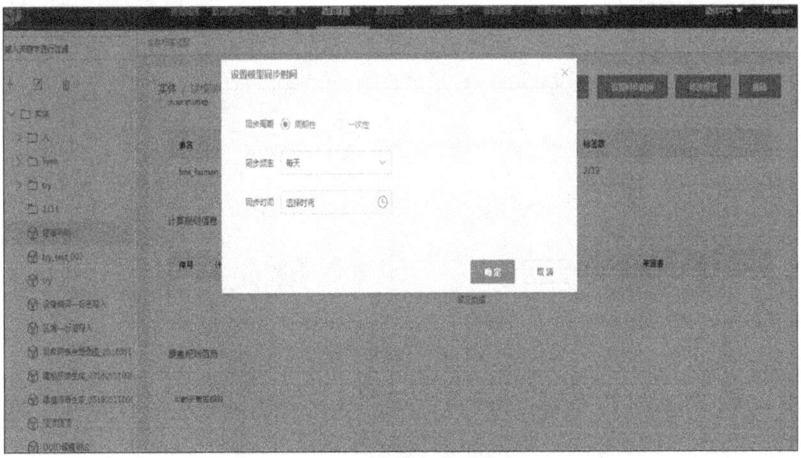

图 6-9　数据同步周期设置

2)一次性同步

针对数据源中已采集完的数据，用户需要一次性将数据源中数据同步到本数据资源平台中,可使用一次性同步,将所需要的数据全部同步到本地,便于用户进行数据建模和分析。同样,用户可设置同步时间,夜间同步分散系统压力。

此外,由于业务系统 24h 不停歇运转,某些系统或表数据量巨大,无法全量抽取,只能增量抽取。系统支持全量同步和增量同步,自动判断哪些数据是增量。

6.5.5 数据清洗

通过数据质量实现对视频、抓拍图片、人脸照片、结构化数据的质量进行分析,并根据质量分析结果对数据进行清洗、整合。

若每天采集的实时数据需要写入历史数据,容易出现脏数据。用户可根据时间字段或其他关键字段,将前面写入数据删除,然后再写入实时数据,保证数据清洗。

6.5.6 级联管理

本部分功能主要实现用户对与本数据资源平台相关的其他数据资源平台的级联配置与管理,相关数据资源平台包括上级数据资源平台、同级数据资源平台和下级数据资源平台,分别通过上级级联、同级级联和下级级联功能来实现。

1)级联配置

在添加级联任务时,用户填写相关级联信息。当用户所需级联的数据资源平台存在跨网时,用户可选择跨网级联方式实现数据的级联。若选择跨网级联,推送数据时需要配置 FTP 跨网地址。级联配置如图 6-10 所示。

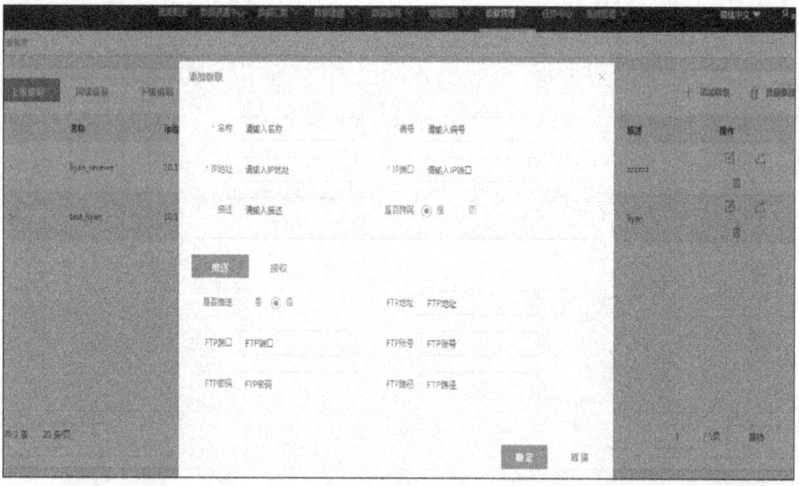

图 6-10　级联配置

与同步任务相似,级联任务也支持周期性同步和一次性两种级联,既可以满足不同级联场景的需求,也可以在夜间级联有效分散系统压力。

2)级联任务管理

已配置好的级联任务,用户可在系统级联列表中查询级联相关信息。除对级联任务进行编辑和删改外,还可对某级联任务进行数据推送和接收操作。级联任务管理如图 6-11 所示。

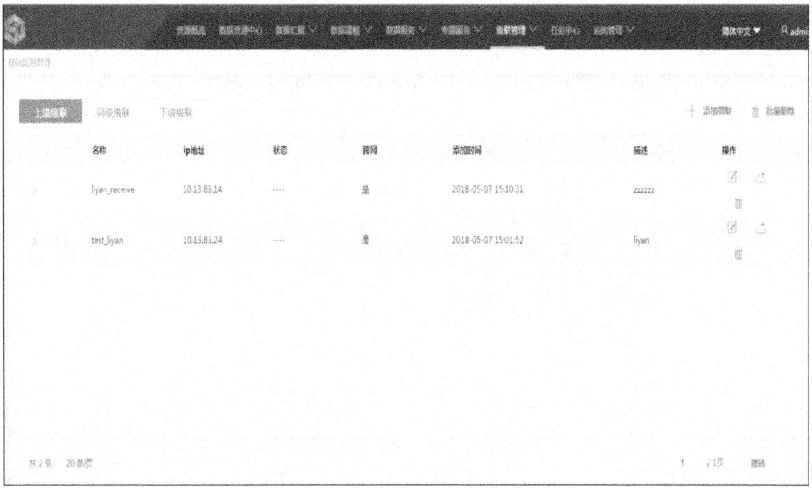

图 6-11　级联任务管理

6.5.7　任务中心

1)任务统一管理

用户可通过任务统一管理界面,查询系统内所有任务的执行情况,查看范围包括数据同步、数据级联、数据订阅、标签建模等任务,在同一界面进行统一管理,方便用户合理规划数据任务。任务统一管理界面如图 6-12 所示。

图 6-12　任务统一管理界面

2)任务执行结果查询

由于业务系统、网络或数据平台等原因,会出现数据同步过程中同步任务中断。在任务统一管理界面,点击“详情查询”,可查看“任务详情”或“任务执行状况”,便于用户对已下达的任务进行复核,对任务进行情况进行监控。任务执行结果查询如图 6-13 所示。

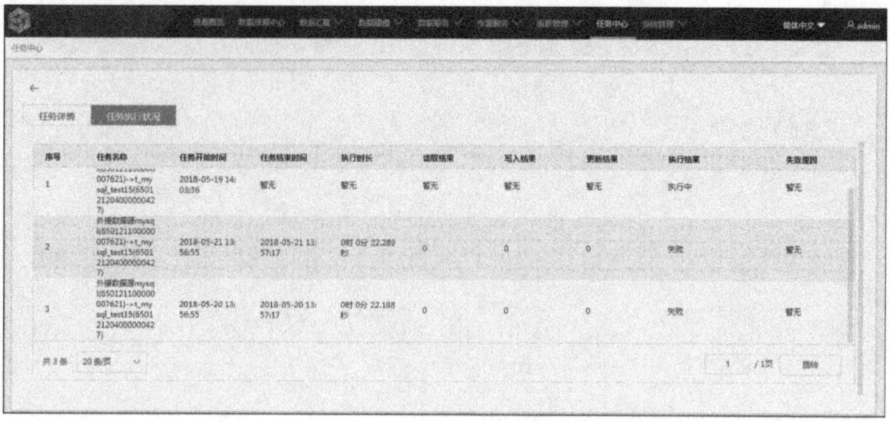

图 6-13　任务执行结果查询

6.5.8　数据备份

系统支持对数据资源平台中的数据进行数据备份，提高数据安全性能。

6.5.9　档案管理

（1）按照部省制定的执法程序规范，实现案件立案登记、案件审核、调查取证、行政强制措施、听证、回避、处罚决定、送达、执行、案件终结等执法环节全过程记录和电子化办理。

（2）按照部规定的执法文书式样和制作规范，自动抓取文书要素生成执法文书和案件卷宗。

（3）实现执法文书制作、核验、打印、归档等功能。

（4）部分执法文书实现电子送达。

（5）按照国务院办公厅《电子公文传输管理办法》（国办函〔2003〕65 号）和《电子文件归档与电子档案管理规范》（GB/T 18894—2016）的要求，实现电子卷宗的形成、积累、归档、保管、利用、统计等全过程管理。

第 6.6 节　数据服务设计

6.6.1　传输设计

1）网络建设

数据中心需要更低的延迟、更高的吞吐量和更高的可靠性。为此，数据中心网络架构应充分考虑汇聚数据规模的大小来设计网络架构和带宽。数据中心的网络架构设计可参考一般数据中心的网络架构。

2）网域规划

当用户数据源与数据资源平台在同一个网域内时，可通过数据资源平台的数据汇聚能力将数据源数据汇聚到数据资源平台。

当用户的数据源与数据资源平台不在同一个网域内，要进行数据汇聚时，应考虑数据的跨网级联，可通过数据摆渡、IP 端口映射、中间库等方式实现。详细的数据摆渡方案可参考本书第 5 章 5.1；IP 端口映射目前基线尚未支持，需定制；中间库方式主要应用在数据源为 Oracle 数据库的情况，成本高，可以在利旧时候用。

3）数据传输方式

数据中心主要的数据传输方式包括文件传输、数据抽取、SQL 插入等方式。

6.6.2　存储设计

1）结构化数据存储

（1）MPP 数据库介绍。

MPP 是大规模并行处理系统，由许多松耦合的处理单元组成。要注意的是，这里指的是处理单元而不是处理器。每个处理单元内的 CPU（中央处理器）都有自己私有的资源，如总线、内存、硬盘等。在每个处理单元内都有操作系统和管理数据库的实例复本。为响应大数据时代海量数据的存储与使用的需求，MPP 数据库为用户提供了高性能、高可用、高易用性的数据存储方案，系统采用具有高性能、高扩展能力的分布式数据库（MPP 数据库），满足当前各个行业对于大量数据采集、数据储存、数据挖掘以及数据分析等各种需求。

MPP 数据库的产品定位于数据分析类应用市场，可以处理 TB 级甚至更大存储量的数据，能集成多种异构数据源进行数据挖掘和分析，在处理复杂查询时（如多表连接、聚合等），也具有良好的性能。MPP 系统架构如图 6-14 所示。

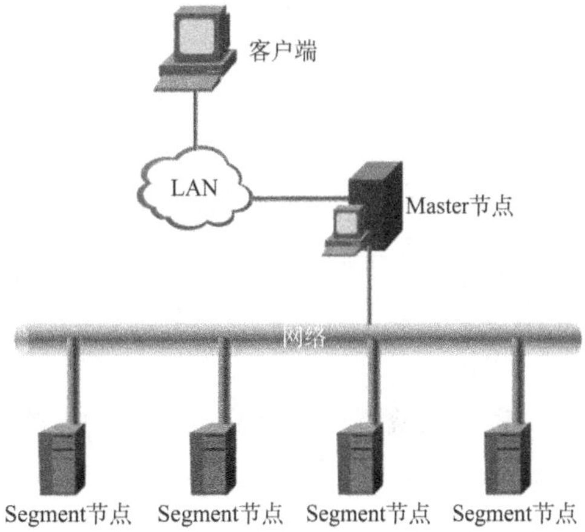

图 6-14　MPP 系统架构

系统中包含 Master 节点以及 Segment 节点两个部分。

Master 节点是 MPP 数据库系统的应用接入点，它能够接收平台/客户端的连接和 SQL 查询请求，并且将工作分配给 Segment 节点执行。

Segment 节点是独立的数据存储和查询执行引擎，用户数据以分片的方式存储在每一个 Segment 节点上。

MPP 数据库的主要特点如下：

①高性能。

通过分布式查询计划、水平分区、并行加载、并行备份恢复以及列存储等多种数据库技术，来提升整个集群以及查询对海量数据处理的性能。

②高可用性。

在海量数据处理的场景下，数据库系统的高可用特性尤其被重视，数据库采用主-镜像（Primary-Mirror）的高可用方案来提升可用性。

在主-镜像方案中，存在主 Segment 节点和镜像 Segment 节点。数据首先存放在主 Segment 节点中。当开启了高可用特性后,每一个主 Segment 节点都有一个镜像 Segment 节点。当数据发生变动时,主 Segment 节点发送数据变动信息到镜像 Segment 节点中,镜像 Segment 节点再在本地应用响应的改动,这样二者的数据能够保持一致。如果主 Segment 节点发生故障,镜像 Segment 节点将会接替主 Segment 节点,继续提供服务。高可用架构如图 6-15 所示。

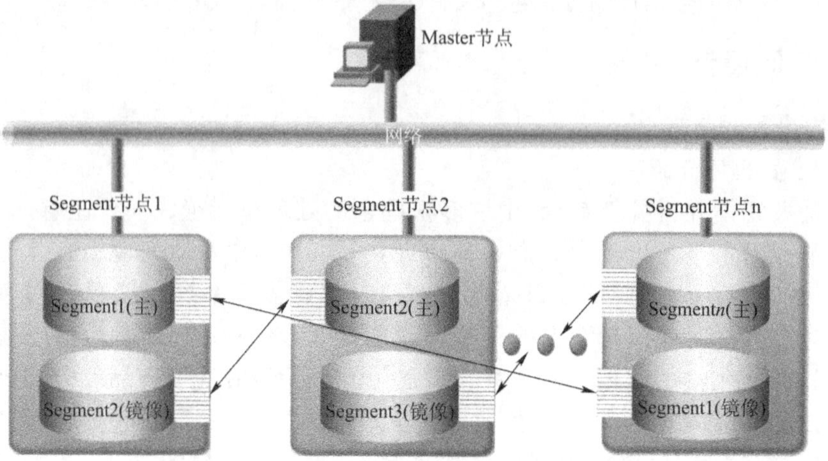

图 6-15　高可用架构图

③高扩展性。

随着业务数据量的增加,原来的存储容量和计算能力也应同步扩展,以满足业务的要求。数据库具有良好的可扩展性,集群能够通过增加新的 Segment 节点进行水平扩展,可以让用户在较短的时间内,获得更大的处理能力。

④负载管理。

通常,数据分析的查询操作往往比较复杂,占用的系统资源也相对较多。为了更加有效地利用系统资源,保障关键业务需求正常运行,数据库引入资源队列技术进行数据库的工作负载管理,并提供丰富的 SQL 语句对资源队列进行管理维护,方便用户使用。

通过资源队列技术,能够限制查询使用到的 CPU 和内存大小,以及用户可以并发执行的查询数量等,以保障关键业务需求正常运行。

⑤高便捷性。

当应用进行数据分析时,有可能需要临时引用的外部数据,如在 HDFS 上。如果将外部的临时数据导入数据库,又会占用一定的存储空间。针对外部数据访问的情况,数据库提供了外部数据访问技术,可直接将外部数据虚拟成数据库的一张表,称为外部表。当使用到外部数据时,用户的分析应用可以像使用 KADB 的普通表一样来访问外部数据,而无须通过比较复杂的其他指令,将数据从其他数据源导入数据库,既节省了存储空间,又提升了使用便捷性。

(2)大数据基础平台介绍。

大数据基础平台是基于分布式存储、分布式计算等先进技术的海量数据统一存储与处理系统,能够针对海量的视频、图像、报警、位置等数据,提供高效的检索、分析、挖掘等服务。

大数据基础平台可对外提供大容量的数据采集、存储和计算能力。HBP 总体架构图如图 6-16 所示。

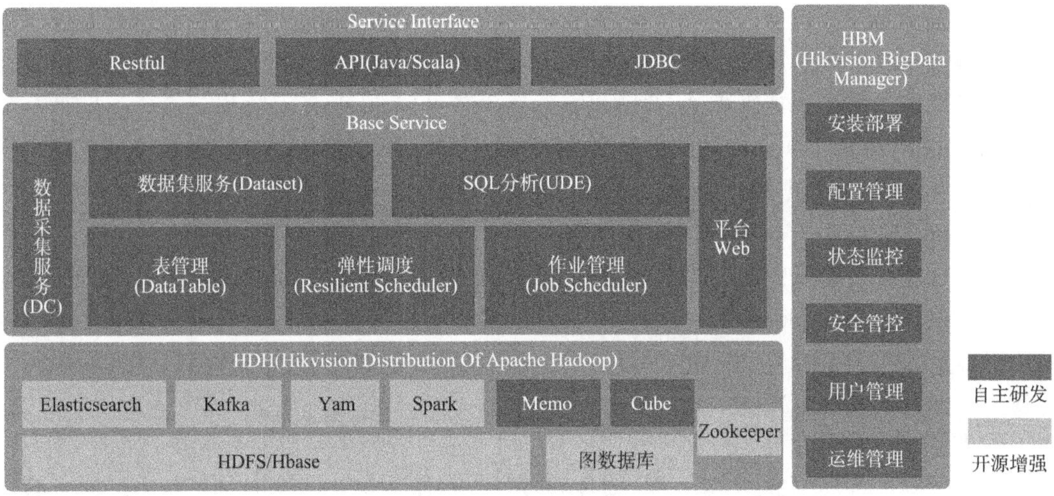

图 6-16　HBP 总体架构图

数据服务层建立在 Hadoop 架构之上，包括数据类服务、分析型引擎、资源弹性调度、任务管理等，通过应用接口向上层提供各类的组件基础功能的封装，为数据采集、数据维护、数据查询、数据挖掘提供支持。

数据服务层功能包括数据采集整合、海量数据存储、实时计算等，所有服务以接口的方式对外提供。

①数据采集。

a. 可以对接海量结构化数据资源。支持接入各类数据源，包括视频结构化数据、人脸结构化数据、车辆结构化数据、移动终端信息数据等；同时具有较好的扩容能力，能够接入更多持续增长的各类前端设备。

b. 具备历史数据迁移和实时数据采集功能。

c. 实时数据采集功能。拥有完善的数据采集接口，具备数据实时采集能力，可对接数据结构化智能分析系统，将多种不同类型的数据同步采集。

d. 历史数据迁移功能。具有数据抽取工具功能，可以一次性或分批次将海量的历史数据抽取入库。

e. 数据清洗功能。数据集成功能还需能够提供完善的数据清洗功能，如数据过滤、数据比对、数据纠错、数据去重、数据校验、数据转换等。对于复杂或大批量的数据转换需求，具有分布式数据处理平台和流式计算服务，以满足各种复杂的数据采集处理任务。

f. 高性能数据读写。HBP 能够提供分布式高性能和高并发的实时数据读写，用于处理大数据系统中活跃的流式数据，并能够同时处理在线应用（消息）和离线应用。

②数据存储。

大数据基础平台采用的 Hbase 是基于分布式文件系统之上构建的具有高可靠性、高性能、面向列、可伸缩的分布式存储系统，可存储具有数十亿行和上百万列的大表；可支持在通用 X86 设备上搭建起大规模结构化存储集群。

支持的存储类型包括：支持视频、图片、文档、音频等非结构化数据的存储；支持 XML、HTML、日志等半结构化数据的存储；支持结构化数据的存储；支持数据加密。

③数据计算。

大数据基础平台计算引擎能够快速在内存中对数据集进行多次迭代，从而以支持复杂的数据挖掘算法和图形计算算法，并能更好地适用于大规模、低延迟数据分析。上层平台可以利用 HBP 对海量数据进行数据查询、数据关联、分析挖掘，同时 HBP 能接收上层应用平台的并发任务请求，如数据统计、数据检索、模型比对、数据分析等。

④系统管理。

大数据基础平台是面向分布式服务的集群管理平台，具备丰富的系统配置、部署、管理和运维功能。大数据基础平台可通过主机监控、服务监控、性能监控和日志查询等全方位地监控大数据系统集群健康，并提供异常告警。同时，具备数据备份、恢复能力，极大地提高了系统的可靠性和续航能力。

2）非结构化数据存储

原始感知和采集的数据，如视频、图片和报警等存储在存储计算资源平台中。为了满足视频、图片等非结构化的数据存储，目前采用云存储方式存储非结构化数据。

云存储通过集中式的存储方式部署在中心机房，用于存储管理所有前端监控摄像头的视频、图像及结构化数据。采用集中式存储方案，物理介质集中布放，更方便管理，数据更可靠、更安全，也更容易实现数据的大规模共享和应用。

（1）云存储技术架构。

云存储系统采用分层结构，整个系统从逻辑上分为五层，分别为设备层、存储层、管理层、接口层、应用层。

云存储系统技术架构如图 6-17 所示。

（2）存储容量计算。

在计算存储空间时需先计算出所有路数存储一定的时间所需的存储总空间，用总路数乘以每路码流大小，再乘以总的存储时间，即可算出总的存储空间。需要注意的是，在计算过程中应保持单位的一致性。

存储空间计算公式：

$$\text{单路实时视频的存储容量(GB)} = \frac{\left[\dfrac{\text{视频码流大小(Mb)} \times 60(\text{s}) \times 60(\text{min}) \times 24(\text{h}) \times \text{存储天数}}{8}\right]}{1024}$$

图片和结构化数据的存储空间相对来说非常小，可以在视频存储空间的基础上添加一定冗余，满足图片和结构化数据的存储需求。

（3）云存储优势。

①灵活高效的空间管理：

a. 真正 PB 级存储容量，最高支持 100PB 存储规模；

b. 首创流式文件系统，全面优化视频、图片数据存储效率；

c. 数据块级存储，资源垂直化管理，存储粒度精确控制，提升空间利用率；

d. 存储资源虚拟化透明管理，简化空间管理复杂度，提升存储服务体验；

e. 自主研发离散存储算法，实现数据合理分散存储，提升数据安全性和可用性。

图 6-17　云存储系统技术架构图

②海量数据的快速检索：

a. 一体化索引技术，全面提升查询速率，毫秒级响应；

b. 应用化索引技术，快速 I 帧定位与读取，高效的应用业务快速检索。

③持续可靠的数据服务：

a. 全高清、海量数据存储 7 ×24h 不间断服务；

b. 系统性能负载均衡，降低设备损耗、提升处理效率，绿色环保；

c. 全系统并发数据读取，提升数据读取速率，满足大数据业务需要；

d. 全集群化 N + M 高可靠性存储服务，多点故障时系统管理、存储业务自动调整，确保业务应用的持续性。

④开放透明的兼容系统：

a. 提供标准 API 接口与平台对接，透明存储业务处理流程，避免重复开发；

b. 支持标准 IP-SAN、FC-SAN 存储设备接入，保护已有投资，利于系统整合。

⑤持续稳定的运维服务：

a. 系统运行情况实时监控，运行异常时自动告警；

b. 支持实时在线、实时扩容，有效保障系统运行和业务处理的连续性；

c. 支持标准的 SNMP 协议，提供 Mibs 接口进行标准化对接。

6.6.3 系统开放设计

1)开放性设计

兼容第三方数据源,如 MPP、Oracle、MySQL、SQL Sever 等。

2)可扩展性设计

数据资源平台支持多种数据采集方式,并提供统一的数据源管理和数据同步监控,对物联数据资源进行汇聚。

MPP 数据库具有良好的可扩展性,可通过集群增加 Segment 节点进行水平扩展,满足用户业务数据规模增加的需要。

3)可靠性设计

数据资源平台通过集群设计,具备自动容错能力,任意一个节点出现网络故障或宕机故障,不会影响系统的正常运行。

数据库通过主-镜像节点、资源队列技术,既能保证节点发生故障后主动替代并继续提供服务,又能保障关键业务需求正常运行,有效地提升了数据库的可靠性。

另外,数据库采用分布式设计,数据保存三份副本,保证数据资源安全、可靠。

4)产品利旧设计

对于用户已有的物联网数据和业务数据,如果不需要融合应用,可以通过资源注册的方式注册到数据资源平台,在数据资源中心通过资源目录的方式进行展示和统一管理;如果需要进行融合应用,可以将数据汇聚到数据资源平台,能够定制数据接入插件和数据解析插件对格式较为特殊的数据进行汇聚。

第 6.7 节　数据资源需求清单

数据资源需求清单见表 6-1。

数据资源需求清单 　　表 6-1

应用模块名称	数据资源需求	数据资源描述
运行监测与分析预警	视频信息	主要包括实时监控视频、图片、流媒体等信息
	定位信息	主要包括车、终端设备的位置信息
	车辆和人员信息	主要包括营运车辆、从业人员许可信息
监控指挥	视频信息	主要包括实时监控视频、图片、流媒体等信息
	定位信息	主要包括车、终端设备的位置信息
	通信信息	主要包括执法机构、人员通信信息
协同办案	执法机构信息	主要包括机构名称、执法权限等基础信息等
	执法人员信息	主要包括人员姓名、执法证号等基础信息等
	监管对象信息	主要包括经营业户、从业人员、营运车辆、营运船舶等的基础信息和行政许可信息等
	涉嫌违法信息	主要包括监管对象的违法线索信息

续上表

应用模块名称	数据资源需求	数据资源描述
协同办案	执法案件信息	主要包括案件的当事人信息、违法事实信息、证据材料及涉案财物信息、案件办理过程信息、文书信息、案卷信息等
	法律法规信息	主要包括法律法规条款信息等
移动执法终端应用	执法机构信息	主要包括机构名称、执法权限等基础信息
	执法人员信息	主要包括人员姓名、执法证号等基础信息等
	监管对象信息	主要包括经营业户、从业人员、营运车辆、营运船舶等的基础信息和行政许可信息等
	涉嫌违法信息	主要包括监管对象的违法线索信息
	执法案件信息	主要包括案件的当事人信息、违法事实信息、证据材料及涉案财物信息、案件办理过程信息、文书信息、案卷信息等
	法律法规信息	主要包括法律法规条款信息等
	案件审核信息	主要包括案件审批过程信息及审核意见信息等
	案件督办信息	主要包括案件督办过程信息、督办意见信息、督办结果信息
	视频信息	主要包括实时监控视频、图片、流媒体等信息
	定位信息	主要包括车、终端设备的位置信息
信息公示与服务系统	执法机构信息	主要包括机构名称、执法权限等基础信息
	执法人员信息	主要包括人员姓名、执法证号、执法权限等基础信息
	执法案件信息	主要包括执法案件的当事人、违法事实等基本信息等
	法律法规政策	主要包括法律法规条款信息等
	投诉咨询信息	来自社会公众反馈的信息,包括投诉信息、咨询信息、举报信息等
勤务管理	执法机构信息	主要包括机构名称、资金来源等基础信息等
	执法人员信息	主要包括人员姓名、执法证号等基础信息等
	执法证件信息	主要包括 IC 卡证件的基础信息等
	执法装备基础信息	主要包括执法装备名称、规格等基础信息
	执法装备管理信息	主要包括执法装备的出入库、使用、维护等信息
勤务管理	考勤管理信息	主要包括排班、上下班打卡、请假等信息
	绩效规则信息	主要包括日常绩效的规则信息
	绩效结果信息	主要包括绩效考核的评分结果信息
	培训课件信息	主要包括电子培训课件内容信息
	培训组织信息	主要包括执法人员参与的培训批次、培训内容、培训学时等信息
	考试题库信息	主要包括考试题目内容信息
	考试管理信息	主要包括考试的组织信息等
评议考核	考评规则信息	主要包括评议考核依据的规则信息

续上表

应用模块名称	数据资源需求	数据资源描述
评议考核	考评对象信息	主要包括执法机构基础信息、执法人员基础信息、执法案件信息等，以及被考评对象上传的考评材料
	考评结果信息	主要包括执法机构评分信息、执法人员评分信息等
	个人执法档案信息	主要包括个人执法信息、执法轨迹和执法案件相关信息等

第6.8节　数据共享

执法数据中心数据共享主要实现交通运输行政执法系统内、交通运输行业内、交通运输行业外三个方面的信息共享。

1)交通运输行政执法系统内共享

系统内共享主要指各级交通运输行政执法机构通过各级交通运输行政执法信息系统之间的纵向数据交换，主要采用数据交换方式，定期向省级执法信息系统上传辖区执法人员、执法机构、执法案件等信息，定期从省级执法信息系统下载辖区经营者、车辆(船舶)、人员在辖区外的违法处罚等信息。

表6-2为向省级执法信息系统上传数据交换方式表，表6-3为定期从省级执法信息系统下载数据交换方式表。

向省级执法信息系统上传数据交换方式表　　表6-2

数据类别		主要数据内容	交换频率
执法人员		执法人员基本信息、证件信息、年审信息、考试信息、培训信息、奖惩信息等	每天交换
执法机构		机构名称、机构性质、职权取得方式、法律依据、主要职权、资金来源、行政上级机构、业务上级机构、核定编制数、在编人数、所属省区市、地址、负责人等	每天交换
执法案件	行政立案	执法门类、案件编号、案由、案件状态、案件来源、立案日期、立案机构名称、当事人类型、当事人姓名/公司名称、当事人身份证号/经营许可证号、当事人从业资格证编号、车(船)号牌、车牌颜色、车船营运证号、违法行为代码、违法行为、违法事实、违法时间、违法地点等	每天交换
	处理决定	处罚依据、处罚种类、罚款金额、处罚日期、执法人员姓名、证件号等	
	行政强制	行政强制当事人、行政强制措施、执行情况、实施日期等	
	结案立卷	结案意见、结案日期等	

续上表

数据类别	主要数据内容	交换频率
涉嫌违法信息	涉嫌违法时间、涉嫌违法地点、当事人类型、当事人姓名/公司名称、当事人身份证号/经营许可证号、当事人从业资格证编号、车(船)号、车牌颜色、车船运输证号、涉嫌违法事实等	每天交换
执法基准	地方性法规、政府规章、自由裁量权信息等	定期交换
执法装备	执法装备名称、数量、更换频率、所属机构等	定期交换

定期从省级执法信息系统下载数据交换方式表 表6-3

数据类别	主要数据内容	交换频率
执法基准	法律、行政法规、部委规章、违法行为代码等	定期交换
执法案件	行政相对人在市外发生的执法案件信息	每天交换
涉嫌违法信息	行政相对人在市外发生的涉嫌违法信息	每天交换

2)交通运输行业内共享

交通运输行业内共享主要指项目系统与其他交通运输管理系统之间的横向数据共享。具体包括如下:

(1)与12328交通运输服务监督电话系统的对接共享。12328交通运输服务监督电话系统为系统提供公众投诉举报的涉嫌违法信息,为执法办案提供证据线索。系统为12328交通运输服务监督电话系统提供相关案件的办理情况和处罚结果,为其查询、统计分析等提供支撑。

(2)与行政许可网上办理平台的对接共享。行政许可网上办理平台为系统提供行政许可信息,为执法办案提供信息查验。系统为行政许可网上办理平台提供执法案件信息,实现行政许可与执法信息的业务协同应用。

(3)与行政权力运行平台、行政执法与刑事司法信息共享平台等的对接共享。系统为行政权力运行平台、行政执法与刑事司法信息共享平台等提供各执法门类的行政处罚、行政强制等案件信息。

3)交通运输行业外共享

交通运输行业外共享主要指系统与交通运输行业外相关职能部门(如公安、工商、金融、法院等)之间信息资源的共享交换。例如,工商注册信息、企业法人信息可从工商部门相关系统中采集;道路交通安全违法信息和驾驶员信息可从公安部门相关系统中采集;向银行系统提供相对人金钱缴纳义务数据等;当事人行政诉讼信息可从法院相关系统采集。

第6.9节 标准规范

6.9.1 《交通运输法规管理信息数据元》(JT/T 1057—2016)

1)范围

本标准规定了交通运输公路、水路法规管理信息数据元的编制原则和分类、法规管理信息数据元及数据元值域代码集。

本标准适用于交通运输行业建立法规数据库的技术属性数据、法规管理统计数据和有关信息系统所涉及的法规数据的采集、交换与共享。其他涉及交通运输法规相关信息数据项需引用标准的,可参照使用。

2)规范性引用文件

下列文件对于本文件的应用是必不可少的。凡是注日期的引用文件,仅注日期的版本适用于本文件。凡是不注日期的引用文件,其最新版本(包括所有的修改单)适用于本文件。

《中国语种代码》(GB/T 4881—1985)。

现行《信息技术 元数据注册系统(MDR)第1部分:框架》(GB/T 18391.1)。

现行《交通信息基础数据元 第1部分:总则》(JT/T 697.1)。

3)术语和定义

现行《信息技术 元数据注册系统(MDR)第1部分:框架》(GB/T 18391.1)界定的以及下列术语和定义适用于本文件。

(1)数据(Data)。

对事实、概念或指令的一种形式化表示,适用于以人工或自动方式进行通信、解释或处理。[《信息技术 元数据注册系统(MDR)第1部分:框架》(GB/T 18391.1—2009)定义3.12]

(2)数据元 (Data Element)。

用一组属性描述定义、标识、表示和允许值的数据单元。[《信息技术 元数据注册系统(MDR)第1部分:框架》(GB/T 18391.1—2009)定义3.14]

(3)法规管理(Regulation Management)。

交通运输部下属法规机构、部门以及省属执法部门管理交通运输行业相关法规实施的全过程。

(4)执法基础信息(Regulation Basic Information)。

描述执法基本属性的信息。

(5)执法制定程序信息(Regulation Formulation Procedure Information)。

在交通运输法规立项建议、立项计划、起草、征求意见、审核、发布、后评估等一系列管理流程中产生的相关数据和信息。

4)数据元编制原则和分类

(1)编制原则。

交通运输执法管理信息数据元的分类方法、数据元编制规则和数据元值域引用代码编制规则应符合JT/T 697.1的相关规定。

(2)分类编号结构。

数据元分类编号从左至右由业务领域代码FG与数据元一级分类、二级分类、三级分类顺序号和数据元顺序号共11位编码组成。数据元分类编号结构如图6-18所示。

其中:

第1~2位,表示所属业务领域(类别),代码为FG;

第3~4位,为数据元一级分类顺序号,从01开始,最大编号为99;

第5~6位,为数据元二级分类顺序号,从01开始,最大编号为99,若无该级分类,则编号为00；

第7～8位，为数据元三级分类顺序号，从01开始，最大编号为99，若无该级分类，则编号为00；

第9～11位，为数据元顺序号，代表某一级分类下的数据元序号，从001顺序编号。

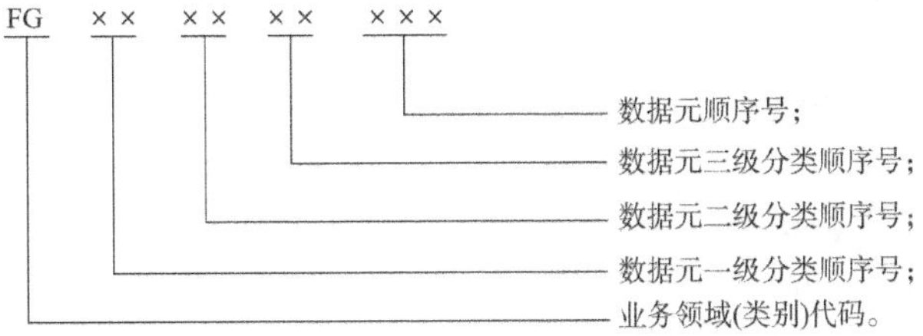

图6-18　数据元分类编号结构

(3)数据元分类。

依据交通运输执法管理涉及的管理业务基本内容和主要信息，交通运输执法管理信息数据元划分为法规基础信息和法规管理信息两大类。其具体分类与分类编号见表6-4。

《交通运输执法管理信息数据元》(JT/T 1075—2016)分类表　　表6-4

分类编号	名　称	章　条
FG01	执法基础管理信息	5.1
FG010100	执法基本信息	5.1.1
FG010200	法制机构信息	5.1.2
FG02	执法案件管理信息	5.2
FG0020100	立法建议信息	5.2.1
FG0020200	部立法计划信息	5.2.2
FG0020300	法规起草信息	5.2.3
FG0020400	征求意见反馈信息	5.2.4
FG0020500	立法审核	5.2.5
FG0020600	法规发布信息	5.2.6
FG0020700	立法后评估信息	5.2.7

(4)版本。

本标准规定的数据元版本为V1.0。

(5)注册机构。

本标准规定的数据元注册机构为交通运输部。

5)交通运输法规管理信息数据元

(1)法规名称。

分类编号：FG010100001　。

数据元名称：法规名称。

英文名称：RegulationName。

中文全拼：fa-gui-ming-cheng。

同义名称：法规标题。

相关环境：在信息系统查询过程中使用。
定义：用于识别法规的专门称呼。
数据元类型：字符型。
数据格式：an..100。
(2)法规文号。
分类编号：FG010100002。
数据元名称：法规文号。
英文名称：RegulationNumber。
中文全拼：fa-gui-wen-hao。
同义名称：发布文号。
相关环境：交通运输法规文件管理及信息网站公布时使用。
定义：用于唯一标识法规发布的文件号。
数据元类型：字符型。
数据格式：an..10。
(3)语种代码。
分类编号：FG010100003。
数据元名称：语种代码。
英文名称：LanguageCode。
中文全拼：yu-zhong-dai-ma。
定义：法规正文所采用的语言种类代码。
数据元类型：字符型。
数据格式：a3。
值域：引用《中国语种代码》(GB/T4881—1985)表1字母代码列。
(4)条文内容。
分类编号：FG010100004。
数据元名称：条文内容。
英文名称：ClauseContent。
中文全拼：tiao-wen-nei-rong。
同义名称：法规条文。
相关环境：用于交通运输法规系统的查询和下载。
定义：法规中章、条、段的具体内容。
数据元类型：字符型数。
数据格式：..ul。
(5)起草日期。
分类编号：FG010100005。
数据元名称：起草日期。
英文名称：DraftingDate。
中文全拼：qi-cao-ri-qi。

定义:法规开始编写的日期。
数据元类型:日期型。
数据格式:YYYYMMDD。
(6)发布日期。
分类编号:FG01010006。
数据元名称:发布日期。
英文名称:ssueDate。
中文全拼:fa-bu-ri-qi。
同义名称:颁发日期、发布时间。
相关环境:交通运输法规在向部级报备以及部级部门流转过程中使用。
定义:法规发布文件上标注的发布日期。
数据元类型:日期型。
数据格式:YYYYMMDD。
(7)生效日期。
分类编号:FG010100007。
数据元名称:生效日期。
英文名称:EffectiveDate。
中文全拼:sheng-xiao-ri-qi。
同义名称:实施日期。
相关环境:在法规发布时使用。
定义:法规发布文件中指明的生效日期或实施日期。
数据元类型:日期型。
数据格式:YYYYMMDD。
(8)废止日期。
分类编号:FG010100008。
数据元名称:废止日期。
英文名称:RepealDate。
中文全拼:fei-zhi-ri-qi。
定义:法规废止文件中所规定的法规停止使用的日期。
数据元类型:日期型。
数据格式:YYYYMMDD。
(9)废止形式。
分类编号:FG010100009。
数据元名称:废止形式。
英文名称:RepealForm。
中文全拼:fei-zhi-xing-shi。
定义:法规停止使用的形式。
数据元类型:字符型。

数据格式:nl。
值域:1-自然失效;2-部令废止;3-上级主管部门废止。
(10)法规效力。
分类编号:FG010100010。
数据元名称:法规效力。
英文名称:RegulationEffectivenessExplanation 。
中文全拼:fa-gui-xiao-li。
定义:交通运输法规对管理对象及执行范围的效力。
数据元类型:字符型。
数据格式:nl。
值域:0-失效;1-有效。
(11)法规效力代码。
分类编号:FG010100011。
数据元名称:法规效力代码。
英文名称:RegulationEfectivenessCode。
中文全拼:fa-gui-xiao-li-dai-ma。
定义:用于唯一标识法规效力的代码。
数据元类型:字符型。
数据格式:nl。
值域:0-失效;1-有效。
(12)法规类型。
分类编号:FG010100012。
数据元名称:法规类型。
英文名称:RegulationType。
中文全拼:fa-gui-lei-xing。
定义:交通运输法规所属的分类层级名称。
数据元类型:字符型。
数据格式:an..30。
值域:见标准 JT/T 1075—2016 的 6.1 表 2 名称列。
(13)法规类型代码。
分类编号:FG010100013。
数据元名称:法规类型代码。
英文名称:RegulationTypeCode。
中文全拼:fa-gui-lei-xing-dai-ma。
定义:交通运输法规所属分类层级对应的代码。
数据元类型:字符型。
数据格式:an2。
值域:见标准 JT/T 1075—2016 的 6.1 表 2 代码列。

(14)法规专业类别。
分类编号:FG010100014。
数据元名称:法规专业类别。
英文名称: RegulationCategory。
中文全拼:fa-gui-zhuan-ye-lei-bie。
定义:交通运输法规所属交通运输行业的专业分类的名称。
数据元类型:字符型。
数据格式:an. 20。
值域:见标准 JT/T 1075—2016 的 6.2 表 3 名称列。
(15)法规专业类别代码。
分类编号:FG010100015。
数据元名称:法规专业类别代码。
英文名称:RegulationCategoryCode。
中文全拼:fa-gui-zhuan-ye-lei-bie-dai-ma。
定义:交通运输法规所属交通运输行业的子类别对应的代码。
数据元类型:字符型。
数据格式:an2。
值域:见标准 JT/T 1075—2016 的 6.2 表 3 代码列。
6)法制机构信息
(1)起草单位。
分类编号:FG010200001。
数据元名称:起草单位。
英文名称:DrafingUnit。
中文全拼:qi-cao-dan-wei。
定义:负责编写交通运输法规的司局名称。
数据元类型:字符型。
数据格式:an. . 100。
(2)发布机关。
分类编号:FG010200002。
数据元名称:发布机关。
英文名称:ReleaseMechanism。
中文全拼:fa-bu-ji-guan。
同义名称:发布单位。
相关环境:法规上报国家管理处或信息系统对外发布时使用。
定义:负责发布交通运输法规的司局名称。
数据元类型:字符型。
数据格式:an. . 100。

(3)审核机构。

分类编号:FG010200003。

数据元名称:审核机构。

英文名称:CheckingMechanism。

中文全拼:shen-he-ji-gou。

定义:负责审查与校核交通运输法规的司局名称。

数据元类型:字符型。

数据格式:an..100。

7)立法建议信息

(1)建议年份。

分类编号:FG020100001。

数据元名称:建议年份。

英文名称:ProposalYear。

中文全拼:jian-yi-nian-fen。

定义:提出交通运输法规立项建议的年份。

数据元类型:日期型。

数据格式:YYYY。

(2)建议标题。

分类编号:FG020100002。

数据元名称:建议标题。

英文名称:TitleOfRegulationSuggestion。

中文全拼:jan-yi-biao-ti。

定义:建议立项研究的交通运输法规的标题。

数据元类型:字符型。

数据格式:an..100。

(3)立法建议层级。

分类编号:FG020100003。

数据元名称:立法建议层级。

英文名称:LegislationSuggestionLevel。

中文全拼:li-fa-jan-yi-ceng-ji。

定义:建议对交通运输法规予以立项的部门层级。

数据元类型:字符型。

数据格式:nl。

值域:1-国务院;2-部级;3-省级及以下。

(4)建议详细内容。

分类编号:FG020100004。

数据元名称:建议详细内容。

英文名称:DetilOSuggestion。

中文全拼:jian-yi-xiang-xi-nei-rong。
定义:交通运输法规立法建议的详细内容阐述。
数据元类型:字符型。
数据格式:..ul。
(5)立法目的。
分类编号:FG020100005。
数据元名称:立法目的。
英文名称:LegislationPurpose。
中文全拼:li-fa-mu-di。
定义:交通运输法规在立法建议中对立法背景、原因、目标以及立法效果的文字说明。
数据元类型:字符型。
数据格式:..ul。
(6)立法依据。
分类编号:FG020100006。
数据元名称:立法依据。
英文名称:LegislationSuggestionBasis。
中文全拼:li-fa-yi-ju。
定义:交通运输法规在立项建议中对该法规立项的文件、制度、精神、讲话等依据的说明。
数据元类型:字符型。
数据格式:..ul。
(7)立法必要性。
分类编号:FG02010007。
数据元名称:立法必要性。
英文名称:LegislationNecessty。
中文全拼:li-fa-bi-yao-xing。
定义:说明交通运输法规立法的可行性和重要性的文字。
数据元类型:字符型。
数据格式:..ul。
(8)立法所解决问题。
分类编号:FG020100008。
数据元名称:立法所解决问题。
英文名称:QuestionSolvedByLegislation。
中文全拼:li-fa-suo-jie-jue-wen-ti。
定义:制定交通运输法规能够解决的问题的描述。
关键字:立法、解决、问题。
数据元类型:字符型。
数据格式:..ul。

8)部立法计划信息。

(1)立项类型。

分类编号:FG020200001。

数据元名称:立项类型。

英文名称:RegulationProjectType。

中文全拼:li-xiang-lei-xing。

定义:交通运输法规立项所属类型。

数据元类型:数字型。

数据格式:..nl。

值域:1-制定;2-修订。

(2)计划编码。

分类编号:FG020200002。

数据元名称:计划编码。

英文名称:CodeOfRegulationPlan。

中文全拼:ji-hua-bian-ma。

定义:交通运输法规立法计划的编码。

数据元类型:字符型。

数据格式:n..4。

(3)立法项目调整对象和调整范围。

分类编号:FG020200003。

数据元名称:立法项目调整对象和调整范围。

英文名称:LegislationRegulatingObjectAndRegulaingRange。

中文全拼:Li-fa-xiang-mu-tiao-zheng-dui-xiang-he-tiao-zheng-fan-wei。

定义:针对已有法规进行调整的内容和范围。

关键字:立法项目、调整对象、调整范围。

数据元类型:字符型。

数据格式:..ul。

(4)立法进度安排。

分类编号:FG020200004。

数据元名称:立法进度安排。

英文名称:LegislationSchedule。

中文全拼:li-fa-jin-du-an-pai。

定义:立法工作进展的速度和工作计划。

数据元类型:字符型。

数据格式:..ul。

(5)立项管理责任人。

分类编号:FG02020005。

数据元名称:立项管理责任人。

英文名称:PersonlnCharge。
中文全拼:li-xiang-guan-li-ze-ren-ren。
定义:负责法规立项管理过程的人员姓名。
关键字:立法管理、责任人。
数据元类型:字符型。
数据格式:an..30。
(6)立项审核结果。
分类编号:FG020200006。
数据元名称:立项审核结果。
英文名称:ProjectApprovalCheckResult。
中文全拼:li-xiang-shen-he-jie-guo。
定义:对法规是否立项的审核核准结论。
数据元类型:字符型。
数据格式:an..100。
(7)报部审核日期。
分类编号:FG02020007。
数据元名称:报部审核日期。
英文名称:CheckDateForMinistry。
中文全拼:bao-bu-shen-he-ri-qi。
定义:应予以立项的法规报交通运输部领导审核的日期。
数据元类型:日期型。
数据格式:YYYYMMDD。
(8)报部务会议审议日期。
分类编号:FG020200008。
数据元名称:报部务会议审议日期。
英文名称:MinistryConferenceDeliberationDate。
中文全拼:bao-bu-wu-hui-yi-shen-yi-ri-qi。
定义:应予以立项的法规提交交通运输部部务会审议的日期。
数据元类型:日期型。
数据格式:YYYMMDD。
(9)部务会议审议结果。
分类编号:FG020200009。
数据元名称:部务会议审议结果。
英文名称:MinistryConferenceDeliberationResult。
中文全拼:bu-wu-hui-yi-shen-yi-jie-guo。
定义:法规在交通运输部部务会议上审议的结果。
关键字:部务会、审议结果。
数据元类型:字符型。

数据格式:an..100。

(10)上报国务院日期。

分类编号:FG020200010。

数据元名称:上报国务院日期。

英文名称:DateOfSubmitedToTheStateCouncil。

中文全拼:shang-bao-guo-wu-yuan-ri-qi。

定义:法规立项后上报国务院审议的日期。

关键字:上报、国务院、日期。

数据元类型:日期型。

数据格式:YYYYMMDD。

(11)立法计划签发日期。

分类编号:FG020200011。

数据元名称:立法计划签发日期。

英文名称:DateOfSsuanceOfTheLegislativePlan。

中文全拼:li-fa-ji-hua-qian-fa-ri-qi。

定义:法规立项经交通运输部部务会审议后的签发日期。

关键字:立法计划、签发日期。

数据元类型:日期型。

数据格式:YYYYMMDD。

9)法规起草信息

(1)法规起草小组领导。

分类编号:FG020300001。

数据元名称:法规起草小组领导。

英文名称:DraftingTeamLeader。

中文全拼:fa-gui-qi-cao-xiao-zu-ling-dao。

定义:负责起草交通运输法规的项目小组领导姓名。

数据元类型:字符型。

数据格式:an..30。

(2)法规起草小组成员。

分类编号:FG020300002。

数据元名称:法规起草小组成员。

英文名称:DraftingTeamMember。

中文全拼:fa-gui-qi-cao-xiao-zu-cheng-yuan。

定义:编写交通运输法规的项目小组成员姓名。

数据元类型:字符型。

数据格式:an..30。

(3)文件框架。

分类编号:FG020300003。

数据元名称:文件框架。
英文名称:FileFrame。
中文全拼:wen-jian-kuang-jia。
定义:交通运输法规的总体框架或内容大纲。
数据元类型:字符型。
数据格式:..ul。
(4)文稿内容。
分类编号:FG020300004。
数据元名称:文稿内容。
英文名称:DraftContents。
中文全拼:wen-gao-nei-rong。
定义:交通运输法规文本的内容。
数据元类型:字符型。
数据格式:..ul。
(5)对设立和规定行政许可事项的说明。
分类编号:FG020300005。
数据元名称:对设立和规定行政许可事项的说明。
英文名称:AdministrativeLicenseltemsDirections。
中文全拼:dui-she-li-he-gui-ding-xing-zheng-xu-ke-shi-xiang-de-shuo-ming。
定义:对法规中设立和规定行政许可事项的理由进行说明和解释的文字。
关键字:设立、规定、行政许可。
数据元类型:字符型。
数据格式:.ul。
(6)行政强制事项说明。
分类编号:FG020300006。
数据元名称:行政强制事项说明。
英文名称:DirectionsOfAdministrativeEnforcementMatters。
中文全拼:xing-zheng-qiang-zhi-shi-xiang-shuo-ming。
定义:交通运输法规中对需要采取行政强制性措施的事项进行说明和阐释的文字。
关键字:行政强制、说明。
数据元类型:字符型。
数据格式:..ul。
(7)对确立的主要制度和主要条款的说明。
分类编号:FG020300007。
数据元名称:对确立的主要制度和主要条款的说明。
英文名称:DirectionsForMainSystemAndClauses。
中文全拼:dui-que-li-de-zhu-yao-zhi-du-he-zhu-yao-tiao-kuan-de-shuo-ming。
定义:对法规即将确立的主要制度和条款所做的解释说明文字。

关键字：主要制度、主要条款、说明。
数据元类型：字符型。
数据格式：..ul。
(8)主要意见处理协调情况。
分类编号：FG02030008。
数据元名称：主要意见处理协调情况。
英文名称：CordinationStatusForMainOpinions。
中文全拼：zhu-yao-yi-jian-chu-li-xie-tiao-qing-kuang。
定义：针对交通运输法规在起草中涉及的主要意见的处理与协调情况的汇总总结。
关键字：主要意见、处理协调情况。
数据元类型：字符型。
数据格式：..ul。
(9)其他需要说明的内容。
分类编号：FG020300009。
数据元名称：其他需要说明的内容。
英文名称：OtherDirections。
中文全拼：qi-ta-xu-yao-shuo-ming-de-nei-rong。
定义：法规关于设立和规定行政许可事项、主要制度和主要条款以外的说明事项。
关键字：其他、说明。
数据元类型：字符型。
数据格式：..ul。
10)征求意见反馈信息
(1)征求意见对象。
分类编号：FG020400001。
数据元名称：征求意见对象。
英文名称：ConsultingObject。
中文全拼：zheng-qiu-yi-jian-dui-xiang。
定义：交通运输法规征求意见的对象和人群的描述。
关键字：征求意见、对象。
数据元类型：字符型。
数据格式：..ul。
(2)意见单位。
分类编号：FG02040002。
数据元名称：意见单位。
英文名称：UnitOfOpinion。
中文全拼：yi-jian-dan-wei。
定义：对交通运输法规提出修改意见和建议的单位名称。
数据元类型：字符型。

数据格式:an..100。

(3)意见填写人。

分类编号:FG020400003。

数据元名称:意见填写人。

英文名称:Proposer。

中文全拼:yi-jian-tian-xie-ren。

定义:对交通运输法规提出修改意见和建议的填写人姓名。

数据元类型:字符型。

数据格式:an..30。

(4)意见填写日期。

分类编号:FG020400004。

数据元名称:意见填写日期。

英文名称:FillingOpinionDate。

中文全拼:yi-jan-tian-xie-ri-qi。

定义:填写反馈意见的日期。

数据元类型:日期型。

数据格式:YYYYMMDD。

(5)意见内容。

分类编号:FG020400005。

数据元名称:意见内容。

英文名称:OpinionContents。

中文全拼:yi-jan-nei-rong。

定义:交通运输法规的反馈意见所阐述的详细内容。

数据元类型:字符型。

数据格式:..ul。

《交通运输法规管理信息数据元》(JT/T 1057—2016)。

(6)处理情况。

分类编号:FG020400006。

数据元名称:处理情况。

英文名称:ProcessResult

中文全拼:chu-li-qing-kuang。

定义:法规主管部门对反馈意见的处理结果。

数据元类型:字符型。

数据格式:nl。

值域:0-采纳;1-不采纳。

(7)意见返回截止日期。

分类编号:FG020400007。

数据元名称:意见返回截止日期。

英文名称:DeadlineForOpinions。
中文全拼:yi-jan-fan-hui-jie-zhi-ri-qi。
定义:交通运输法规的反馈意见最后回复日期。
关键字:意见返回、截止日期数。
据元类型:日期型。
数据格式:YYYYMMDD。
(8)不采纳理由。
分类编号:FG020400008。
数据元名称:不采纳理由。
英文名称:ReasonForNotAdopted。
中文全拼:bu-cai-na-li-you。
定义:对反馈意见给出的不采纳的理由。
数据元类型:字符型。
数据格式:..ul。
11)立法审核信息
(1)报部领导审核意见。
分类编号:FG020500001。
数据元名称:报部领导审核意见。
英文名称:MinisterialLeadershipAuditOpinion。
中文全拼:bao-bu-ling-dao-shen-he-yi-jian。
定义:交通运输部领导对法规文件的审核意见。
关键字:报部、审核意见。
数据元类型:字符型。
数据格式:..ul。
(2)提交部务会审核意见。
分类编号:FG02050002。
数据元名称:提交部务会审核意见。
英文名称:AuditOpinionOfMinistryConference。
中文全拼:ti-jiao-bu-wu-hui-shen-he-yi-jian。
定义:交通运输法规提交部务会审核后的反馈意见。
关键字:提交、部务会、审核意见。
数据元类型:字符型。
数据格式:..ul。
(3)报送审核日期。
分类编号:FG02050003。
数据元名称:报送审核日期。
英文名称:SubmitTheDateOfAudit。
中文全拼:bao-song-shen-he-ri-qi。

定义:交通运输法规向上级领导和部门报送提交审核的日期。
数据元类型:日期型。
数据格式:YYYYMMDD。
(4)报送审核部门。
分类编号:FG020500004。
数据元名称:报送审核部门。
英文名称:SubmitAuditDepartment。
中文全拼:bao-song-shen-he-bu-men。
定义:交通运输法规递交审核的部门名称。
数据元类型:字符型。
数据格式:an. 100。
(5)审核阶段。
分类编号:FG020500005。
数据元名称:审核阶段。
英文名称:AuditPhase。
中文全拼:shen-he-jie-duan。
定义:交通运输法规所处的审核阶段的状态代码。
数据元类型:字符型。
数据格式:nl。
值域:0-部领导审核;1-部务会审核。
12)法规发布信息
(1)发布标识。
分类编号:FG020600001。
数据元名称:发布标识。
英文名称:ReleaselDentification。
中文全拼:fa-bu-biao-shi。
定义:描述交通运输法规是否已经发布的代码。
数据元类型:字符型。
数据格式:nl。
值域:0-未发布;1-已发布。
(2)主题词。
分类编号:FG020600002。
数据元名称:主题词。
英文名称:SubjectHeadings。
中文全拼:zhu-ti-ci。
定义:简述法规内容的3~5个词语。
数据元类型:字符型。
数据格式:an. . 50。

(3)法规摘要。

分类编号:FG020600003。

数据元名称:法规摘要。

英文名称:RegulationSummary。

中文全拼:fa-gui-zhai-yao。

定义:概括交通运输法规主要内容的一段重点文字。

数据元类型:字符型。

数据格式:an. 100。

(4)题注。

分类编号:FG020600004。

数据元名称:题注。

英文名称:Captions。

中文全拼:ti-zhu。

定义:对交通运输法规的主要内容进行简述的文字。

数据元类型:字符型。

数据格式:an. . 100。

(5)全文。

分类编号:FG020600005。

数据元名称:全文。

英文名称:FullText。

中文全拼:quan-wen。

定义:交通运输法规正文的全部内容。

数据元类型:字符型。

数据格式:. . ul。

(6)检索词。

分类编号:FG020600006。

数据元名称:检索词。

英文名称:Terms。

中文全拼:jian-suo-ci。

定义:为查询某一类交通运输法规时所设定的关键词。

数据元类型:字符型数据格式:an. . 30。

(7)附件。

分类编号:FG020600007。

数据元名称:附件。

英文名称:Attachment。

中文全拼:fu-jian。

定义:交通运输法规附件显示的名称及附属的文件内容。

数据元类型:字符型。

数据格式:..ul。

(8)法规报备代码。

分类编号:FG020600008。

数据元名称:法规报备代码。

英文名称:CodeOfRegulationRecord。

中文全拼:fa-gui-bao-bei-dai-ma。

定义:地方级政府法规向部级法规处备案法规的代码。

数据元类型:字符型。

数据格式 an..10。

13)立法后评估信息

(1)法规标题提出建议单位。

分类编号:FG020700001。

数据元名称:法规标题提出建议单位。

英文名称:ProposedUnit。

中文全拼:fa-gui-biao-ti-ti-chu-jian-yi-dan-wei。

定义:对交通运输法规发布后提出修改或调整、完善建议的单位名称。

数据元类型:字符型。

数据格式:an..100。

(2)建议内容。

分类编号:FG020700002。

数据元名称:建议内容。

英文名称:SuggestionContents。

中文全拼:jian-yi-nei-rong。

定义:对交通运输法规提出修改、调整、完善建议的详细内容。

数据元类型:字符型。

数据格式:..ul。

6.9.2 交通运输法规管理信息数据元值域代码集

1)法规类型代码

法规类型代码,见表6-5。

法规类型代码 表6-5

代码	名称	代码	名称
01	法律	06	地方规章
02	行政法规	07	地方规范性文件
03	部门规章	08	国际公约
04	部发规范性文件	09	国外法规
05	地方性法规	99	其他

2)法规专业类别代码

法规专业类别代码,见表6-6。

法规专业类别代码 表6-6

代码	名称	代码	名称
01	规划统计	11	税费
02	公路管理	12	财务审计
03	道路运输	13	企业管理
04	水运工程	14	人事劳动卫生
05	水路运输	15	科技
06	港口	16	交通法制
07	海事	17	行风建设
08	救助打捞	18	节能减排
09	交通公安	98	其他交通运输法规
10	交通无线电管理	99	其他相关法规

3)《交通运输违法行为代码》

注:在上述条款中,道交法是指《中华人民共和国道路交通安全法》、条例是指《中华人民共和国道路交通安全法实施条例》、办法是指《北京市实施 < 中华人民共和国道路交通安全法 > 办法》。道路交通安全违法行为、代码及处罚记分标准见表6-7 。

道路交通安全违法行为、代码及处罚记分标准 表6-7

序号	代码	违法行为	行为依据	处罚依据	记分(分)	警告	罚款(元)	暂扣(月)	拘留(日)	吊销
1	1001	驾驶拼装的机动车上道路行驶的	道交法第一百条第一款	道交法第一百条第二款			2000			吊销
2	1002	驾驶已达报废标准的车辆上道路行驶的	道交法第十四条第三款	道交法第一百条第二款			2000			吊销
3	1003	造成交通事故后逃逸,构成犯罪的	道交法第七十条、条例第八十八条	道交法第一百零一条第二款						吊销(终生)
4	10043	违反道路交通安全法律、法规的规定,发生重大事故,构成犯罪的	道交法第一百零一条第一款	道交法第一百零一条第一款						吊销

续上表

序号	代码	违法行为	行为依据	处罚依据	记分（分）	警告	罚款（元）	暂扣（月）	拘留（日）	吊销
5	10051	未取得驾驶证驾驶机动车的	道交法第十九条第一款	道交法第九十九条第一款第一项、第二款			1800		15日以下	
6	10052	未取得驾驶证驾驶机动车的	道交法第十九条第一款	道交法第九十九条第一款第一项			200			
7	10053	未取得驾驶证驾驶机动车的	道交法第十九条第一款	道交法第九十九条第一款第一项、第二款			500		15日以下	
8	10054	未取得驾驶证驾驶机动车的	道交法第十九条第一款	道交法第九十九条第一款第一项			1000以上1800以下			
9	10055	未取得驾驶证驾驶机动车的	道交法第十九条第一款	道交法第九十九条第一款第一项、第二款			1000以上1800以下		5日以上15日以下	
10	10061	驾驶证被吊销期间驾驶机动车的	道交法第十九条第一款	道交法第九十九条第一款第一项、第二款			1800		15日以下	
11	10062	驾驶证被吊销期间驾驶机动车的	道交法第十九条第一款	道交法第九十九条第一款第一项、第二款			500		15日以下	
12	10063	驾驶证被吊销期间驾驶机动车的	道交法第十九条第一款	道交法第九十九条第一款第一项、第二款			200		15日以下	
13	10064	驾驶证被吊销期间驾驶机动车的	道交法第十九条第一款	道交法第九十九条第一款第一项			1000以上1800以下			
14	10065	驾驶证被吊销期间驾驶机动车的	道交法第十九条第一款	道交法第九十九条第一款第一项、第二款			1000以上1800以下		5日以上15日以下	
15	1007	把机动车交给未取得机动车驾驶证的人驾驶的	道交法第九十九条第一款第二项	道交法第九十九条第一款第二项、第二款			2000			可以吊销

续上表

序号	代码	违法行为	行为依据	处罚依据	记分（分）	警告	罚款（元）	暂扣（月）	拘留（日）	吊销
16	1008	把机动车交给机动车驾驶证被吊销的人驾驶的	道交法第九十九条第一款第二项	道交法第九十九条第一款第二项、第二款			2000			可以吊销
17	1009	把机动车交给机动车驾驶证被暂扣的人驾驶的	道交法第九十九条第一款第二项	道交法第九十九条第一款第二项、第二款			2000			可以吊销
18	1010	驾驶人在驾驶证超过有效期仍驾驶机动车的	《条例》第二十八条	道交法第九十九条第一款			1000			
19	1011	非法安装警报器的	道交法第十五条第一款	道交法第九十七条			1800			
20	1012	非法安装标志灯具的	道交法第十五条第一款	道交法第九十七条			1800			
21	1013	驾驶证丢失期间仍驾驶机动车的	《条例》第二十八条	道交法第九十条、办法第九十二条第二项			100			
22	1014	驾驶证损毁期间仍驾驶机动车的	《条例》第二十八条	道交法第九十条、办法第九十二条第二项			100			
23	1015	驾驶证被依法扣留期间仍驾驶机动车的	《条例》第二十八条	道交法第九十条			200			
24	10161	违法记分达到12分仍驾驶机动车的	《条例》第二十八条	道交法第九十条			200			
25	10162	驾驶证被公告停止使用仍驾车的	《条例》第二十五条、第二十八条	道交法第九十条			200			

续上表

序号	代码	违法行为	行为依据	处罚依据	记分（分）	警告	罚款（元）	暂扣（月）	拘留（日）	吊销
26	1017	不按规定投保机动车第三者责任强制保险的	道交法第九十八条第一款	道交法第九十八条第一款			最低保费2倍罚款			
27	1018	机动车不在机动车道内行驶的	道交法第三十六条	道交法第九十条			100			
28	1019	机动车违反规定使用专用车道的	道交法第三十七条、办法第三十六条第一款	道交法第九十条、办法第九十八条第二项			200			
29	1020	机动车驾驶人不服从交警指挥的	道交法第三十八条	道交法第九十条、办法第九十三条第三项			100			
30	1023	遇前方机动车停车排队等候或者缓慢行驶时，未依次交替驶入车道减少后的路口、路段的	道交法第四十五条第二款、《条例》第五十三条第三款	道交法第九十条、办法第九十三条第八项			100			
31	1024	在没有交通信号灯、交通标志、交通标线或者交警指挥的交叉路口遇到停车排队等候或者缓慢行驶时，机动车未依次交替通行的	道交法第四十五条第二款	道交法第九十条、办法第九十三条第八项			100			
32	10251	遇前方道路受阻时，在人行横道区域内停车等候的	《条例》第五十三条第二款	道交法第九十条、办法第一百条第二项			200			

续上表

序号	代码	违法行为	行为依据	处罚依据	记分（分）	警告	罚款（元）	暂扣（月）	拘留（日）	吊销
33	10252	遇前方机动车停车排队等候时，在人行横道区域内停车等候的	《条例》第五十三条第二款	道交法第九十条、办法第一百条第二项			200			
34	10253	遇前方机动车缓慢行驶时，在人行横道区域内停车等候的	《条例》第五十三条第二款	道交法第九十条、办法第一百条第二项			200			
35	10254	遇前方道路受阻时，在网状区域停车等候的	《条例》第五十三条第二款	道交法第九十条、办法第一百条第二项			200			
36	10255	遇前方机动车停车排队等候时，在网状线区域内停车等候的	《条例》第五十三条第二款	道交法第九十条、办法第一百条第二项			200			
37	10256	遇前方机动车缓慢行驶时，在网状线区域内停车等候的	《条例》第五十三条第二款	道交法第九十条、办法第一百条第二项			200			
38	10261	通过无交通信号的铁路道口未减速的	道交法第四十六条	道交法第九十条、办法第九十四条第三项			100			
39	10262	通过无交通信号的铁路道口未停车确认安全的	道交法第四十六条	道交法第九十条、办法第九十四条第三项			100			
40	10263	通过无管理人员的铁路道口未减速的	道交法第四十六条	道交法第九十条、办法第九十四条第三项			100			

续上表

序号	代码	违法行为	行为依据	处罚依据	记分(分)	警告	罚款(元)	暂扣(月)	拘留(日)	吊销
41	10264	通过无管理人员的铁路道口未停车确认安全的	道交法第四十六条	道交法第九十条、办法第九十四条第三项			100			
42	10265	通过铁路道口违反交通信号指挥的	道交法第四十六条	道交法第九十条、办法第九十八条第十五项			200			
43	10266	通过铁路道口违反管理人员指挥的	道交法第四十六条	道交法第九十条、办法第九十八条第十五项			200			
44	1031	运载危险物品未经批准的	道交法第四十八条第三款	道交法第九十条、办法第九十八条第十四项			200			
45	1036	货运机动车违反规定载人的	道交法第五十条、《条例》第五十五条第二项	道交法第九十条、办法第九十八条第十三项			200			
46	1037	未将故障车辆移到不妨碍交通的地方停放的	道交法第五十二条	道交法第九十条、办法第一百零二条第五项			200			
47	1038	不避让正在作业的道路养护车、工程作业车的	道交法第五十四条第一款	道交法第九十条			200			
48	10393	机动车违反停车规定的	道交法第五十六条、九十三条第二款,《条例》第六十三条,办法第四十九条、五十条	道交法第九十条、九十三条第二款			200			

续上表

序号	代码	违法行为	行为依据	处罚依据	记分（分）	警告	罚款（元）	暂扣（月）	拘留（日）	吊销
49	10394	机动车违反规定停放车辆	道交法第五十六条第一款、九十三条第二款、办法第四十九条	道交法第九十三条第二款			200			
50	10401	机动车喷涂标识影响安全驾驶的	《条例》第十三条第三款、办法第十五条第七项	道交法第九十条、《机动车登记规定》第五十六条第二项、办法第九十七条第九项			200			
51	10402	机动车粘贴标识影响安全驾驶的	《条例》第十三条第三款、办法第十五条第七项	道交法第九十条、《机动车登记规定》第五十六条第二项、办法第九十七条第九项			200			
52	10403	机动车喷涂车身广告影响安全驾驶的	《条例》第十三条第三款、办法第十五条第七项	道交法第九十条、《机动车登记规定》第五十六条第二项、办法第九十七条第九项			200			
53	10404	机动车粘贴车身广告影响安全驾驶的	《条例》第十三条第三款、办法第十五条第七项	道交法第九十条、《机动车登记规定》第五十六条第二项、办法第九十七条第九项			200			
54	10411	机械作业时未开启示警灯的	《条例》第三十五条第一款	道交法第九十条			100			

续上表

序号	代码	违法行为	行为依据	处罚依据	记分（分）	警告	罚款（元）	暂扣（月）	拘留（日）	吊销
55	10412	机械作业时未开启危险报警闪光灯的	《条例》第三十五条第一款	道交法第九十条			100			
56	1043	变更车道时影响正常行驶的机动车的	《条例》第四十四条第二款	道交法第九十条、办法第九十八条第九项			200			
57	10441	在禁止掉头的地点掉头的	《条例》第四十九条第一款	道交法第九十条、办法第九十八条第八项			200			
58	10442	在禁止左转弯标志的地点掉头的	《条例》第四十九条第一款	道交法第九十条、办法第九十八条第八项			200			
59	1045	在容易发生危险的路段掉头的	《条例》第四十九条第一款	道交法第九十条、办法第九十八条第八项			200			
60	10461	掉头时妨碍正常行驶的车辆通行的	《条例》第四十九条第二款	道交法第九十条、办法第九十八条第八项			200			
61	10462	掉头时妨碍正常行驶的行人通行的	《条例》第四十九条第二款	道交法第九十条、办法第九十八条第八项			200			
62	1047	机动车未按规定鸣喇叭示意的	《条例》第五十九条第二款	道交法第九十条			100			
63	10481	在禁止鸣喇叭的区域鸣喇叭的	《条例》第六十二条第八项	道交法第九十条、办法第九十三条第十四项			100			
64	10482	在禁止鸣喇叭的路段鸣喇叭的	《条例》第六十二条第八项	道交法第九十条、办法第九十三条第十四项			100			

续上表

序号	代码	违法行为	行为依据	处罚依据	记分（分）	警告	罚款（元）	暂扣（月）	拘留（日）	吊销
65	1049	在机动车驾驶室的前后窗范围内悬挂、放置妨碍驾驶人视线的物品的	《条例》第六十二条第二项、办法第十五条第七项	道交法第九十条、办法第九十二条第四项			100			
66	1051	机动车载运超限物品行经铁路道口时不按指定的道口通过的	《条例》第六十五条第一款	道交法第九十条、办法第九十八条第十六项			200			
67	1052	机动车载运超限物品行经铁路道口时不按指定的时间通过的	《条例》第六十五条第一款	道交法第九十条、办法第九十八条第十六项			200			
68	1055	特种车辆违反规定使用警报器的	道交法第五十三条第二款、《条例》第六十六条	道交法第九十条、办法第九十九条第四项			200			
69	1056	特种车辆违反规定使用标志灯具的	道交法第五十三条第二款、《条例》第六十六条	道交法第九十条、办法第九十九条第四项			200			
70	1057	机动车在单位院内居民居住区内不低速行驶的	《条例》第六十七条	道交法第九十条			50			
71	1058	机动车在单位院内居民居住区内不避让行人的	《条例》第六十七条	道交法第九十条			50			
72	1059	驾驶摩托车手离车把的	《条例》第六十二条第六项	道交法第九十条、办法第九十二条第三项			100			

续上表

序号	代码	违法行为	行为依据	处罚依据	记分(分)	警告	罚款(元)	暂扣(月)	拘留(日)	吊销
73	1060	驾驶摩托车在车把上悬挂物品的	《条例》第六十二条第六项	道交法第九十条、办法第九十二条第三项			100			
74	1061	拖拉机驶入大中城市中心城区内道路的	道交法第五十五条第一款	道交法第九十条			100			
75	1063	拖拉机违反规定载人的	道交法第五十五条第二款	道交法第九十条、办法第九十五条第三项			100			
76	1064	拖拉机牵引多辆挂车的	《条例》第五十六条第一款第一项	道交法第九十条			100			
77	10651	申请人不按指定路线上道路学习驾驶的	《条例》第二十条第二款、《机动车驾驶证申领和使用规定》第三十九条	道交法第九十条、办法第一百零三条第一项、《机动车驾驶证申领和使用规定》第九十一条第一项			200			
78	10661	申请人不按指定时间上道路学习驾驶的	《条例》第二十条第二款、《机动车驾驶证申领和使用规定》第三十九条	道交法第九十条、办法第一百零三条第一项、《机动车驾驶证申领和使用规定》第九十一条第一项			200			
79	10671	申请人在道路上学习驾驶时,未使用符合规定的机动车的	《机动车驾驶证申领和使用规定》第三十九条	《机动车驾驶证申领和使用规定》第九十二条第一项			200			
80	10681	申请人在道路上学习驾驶时,没有教练员或者随车指导人员的	《机动车驾驶证申领和使用规定》第三十九条	道交法第九十九条第一款第一项,《机动车驾驶证申领和使用规定》第九十三条第一款第三项			1800			

续上表

序号	代码	违法行为	行为依据	处罚依据	记分(分)	警告	罚款(元)	暂扣(月)	拘留(日)	吊销
81	1069	使用教练车时有与教学无关的人员乘坐的	《条例》第二十条第二款	道交法第九十条、办法第一百零三条第一项			200			
82	1072	驾驶安全设施不全的机动车上道行驶的	道交法第二十一条	道交法第九十条、办法第九十六条第一项			200			
83	1073	驾驶机件不符合技术标准的机动车的	道交法第二十一条	道交法第九十条、办法第九十六条第二项			200			
84	1074	不按规定倒车的	《条例》第五十条	道交法第九十条、办法第九十三条第六项			100			
85	10751	在车门没有关好时行车的	《条例》第六十二条第一项	道交法第九十条、办法第九十一条第三项			50			
86	10752	在车厢没有关好时行车的	《条例》第六十二条第一项	道交法第九十条、办法第九十一条第三项			50			
87	1076	机动车在没有划分机动车道、非机动车道和人行道的道路上，不在道路中间通行的	道交法第三十六条	道交法第九十条、办法第九十三条第一项			100			
88	10771	驾驶机动车下陡坡时熄火滑行的	《条例》第六十二条第四项	道交法第九十条、办法第九十九条第二项			200			
89	10772	驾驶机动车下陡坡时空档滑行的	《条例》第六十二条第四项	道交法第九十条、办法第九十九条第二项			200			
90	1078	机动车违反交通管制规定强行通行，不听劝阻的	道交法第九十九条第一款第六项	道交法第九十九条第一款第六项、第二款			1800		5日以上15日以下	

续上表

序号	代码	违法行为	行为依据	处罚依据	记分(分)	警告	罚款(元)	暂扣(月)	拘留(日)	吊销
91	1082	使用他人机动车驾驶证驾驶机动车的	道交法第十九条第一款、《条例》第二十八条	道交法第九十条、办法第九十六条第五项			200			
92	10831	载货汽车未按照规定安装防护装置的	办法第十五条第五项	《机动车登记规定》第五十六条第三项			200			
93	10832	挂车未按照规定安装防护装置的	办法第十五条第五项	《机动车登记规定》第五十六条第三项			200			
94	10833	载货汽车未按照规定粘贴车身反光标识的	《机动车登记规定》第五十六条第三项	《机动车登记规定》第五十六条第三项			200			
95	10834	挂车未按照规定粘贴车身反光标识的	《机动车登记规定》第五十六条第三项	《机动车登记规定》第五十六条第三项			200			
96	10841	改变车身颜色,未按规定时限办理变更登记的	《机动车登记规定》第十条	《机动车登记规定》第五十六条第五项			200			
97	10842	更换发动机,未按规定时限办理变更登记的	《机动车登记规定》第十条	《机动车登记规定》第五十六条第五项			200			
98	10843	更换车身,未按规定时限办理变更登记的	《机动车登记规定》第十条	《机动车登记规定》第五十六条第五项			200			
99	10844	更换车架,未按规定时限办理变更登记的	《机动车登记规定》第十条	《机动车登记规定》第五十六条第五项			200			
100	1085	机动车所有权转移后,现机动车所有人未按规定时限办理转移登记的	《机动车登记规定》第十八条第一款	《机动车登记规定》第五十六条第六项			200			

续上表

序号	代码	违法行为	行为依据	处罚依据	记分(分)	警告	罚款(元)	暂扣(月)	拘留(日)	吊销
101	1086	机动车所有人办理变更登记、转移登记,机动车档案转出登记地车辆管理所后,未按照规定时限到住所地车辆管理所申请机动车转入的	《机动车登记规定》第十三条第一款	《机动车登记规定》第五十六条第七项			200			
102	10871	擅自改变机动车外形的	道交法第十六条第一项、第二项,《机动车登记规定》第十五条第二项	《机动车登记规定》第五十七条			500			
103	10872	擅自改变已登记的有关技术数据的	道交法第十六条第一项、第二项,《机动车登记规定》第十五条第二项	《机动车登记规定》第五十七条			500			
104	10881	以欺骗、贿赂等不正当手段办理补领机动车登记证书业务的	《机动车登记规定》第五十八条	《机动车登记规定》第五十八条第二款			200			
105	10882	以欺骗、贿赂等不正当手段办理换领机动车登记证书业务的	《机动车登记规定》第五十八条	《机动车登记规定》第五十八条第二款			200			
106	10883	以欺骗、贿赂等不正当手段办理补领机动车号牌业务的	《机动车登记规定》第五十八条	《机动车登记规定》第五十八条第二款			200			

续上表

序号	代码	违法行为	行为依据	处罚依据	记分(分)	警告	罚款(元)	暂扣(月)	拘留(日)	吊销
107	10884	以欺骗、贿赂等不正当手段办理换领机动车号牌业务的	《机动车登记规定》第五十八条	《机动车登记规定》第五十八条第二款			200			
108	10885	以欺骗、贿赂等不正当手段办理补领机动车行驶证业务的	《机动车登记规定》第五十八条	《机动车登记规定》第五十八条第二款			200			
109	10886	以欺骗、贿赂等不正当手段办理换领机动车行驶证业务	《机动车登记规定》第五十八条	《机动车登记规定》第五十八条第二款			200			
110	10887	以欺骗、贿赂等不正当手段办理补领机动车检查合格标志业务的	《机动车登记规定》第五十八条	《机动车登记规定》第五十八条第二款			200			
111	10888	以欺骗、贿赂等不正当手段办理换领机动车检查合格标志业务的	《机动车登记规定》第五十八条	《机动车登记规定》第五十八条第二款			200			
112	1089	公路客运车辆违反规定载货的	道交法第四十九条、《条例》第五十四条第二款	道交法第九十二条第一款			1000			
113	1090	机动车违反警告标志指示的	道交法第三十八条	道交法第九十条、办法第九十三条第三项			100			
114	1091	机动车违反警告标线指示的	道交法第三十八条	道交法第九十条、办法第九十三条第三项			100			

续上表

序号	代码	违法行为	行为依据	处罚依据	记分(分)	警告	罚款(元)	暂扣(月)	拘留(日)	吊销
115	1092	公路客运车辆以外的载客汽车违反规定载货的	道交法第四十九条、《条例》第五十四条第二款	道交法第九十条、办法第九十五条第四项			100			
116	1093	驾驶时观看电视的	《条例》第六十二条第三项	道交法第九十条、办法第九十九条第一项			200			
117	10941	不按规定与前车保持必要的安全距离的	道交法第四十三条	道交法第九十条、办法第九十三条第五项			100			
118	10942	在高速公路中,不按规定与前车保持必要的安全距离的	道交法第四十三条、《条例》第八十条	道交法第九十条、办法第一百零四条第五项			200			
119	10943	在快速路上,不按规定与前车保持必要的安全距离的	道交法第四十三条、《条例》第八十条	道交法第九十条、办法第一百零四条第五项			200			
120	11021	不按规定使用灯光的	《条例》第三十五条第一款、第四十七条、四十八条第五项、五十一条第三项、五十七条、五十八条、五十九条第一款,办法第四十一条、第四十六条、第五十条第二项	道交法第九十条、办法第九十三条第十项	1		100			
121	11022	违反危险报警闪光灯使用规定使用灯光的	《条例》第三十五条第一款、五十八条,办法第四十六条、五十条第一项	道交法第九十条、办法第九十三条第十一项	1		100			

续上表

序号	代码	违法行为	行为依据	处罚依据	记分（分）	警告	罚款（元）	暂扣（月）	拘留（日）	吊销
122	1103	不按规定会车的	《条例》第四十八条	道交法第九十条、办法第九十八条第七项	1		200			
123	1108	上道路行驶的机动车未放置保险标志的	道交法第十一条第一款、办法第十五条第二项	道交法第九十条、第九十五条第一款、办法第九十七条第八项	1		200			
124	1109	未随车携带行驶证的	道交法第十一条第一款	道交法第九十条、第九十五条第一款、办法第九十二条第一项	1		100			
125	1110	未随车携带驾驶证的	道交法第十九条第四款	道交法第九十条、第九十五条、办法第九十二条第一项	1		100			
126	11111	机动车载货长度超过规定的	道交法第四十八条第一款，《条例》第五十四条第一款	道交法第九十条、办法第九十五条第五项	1		100			
127	11112	机动车载货宽度超过规定的	道交法第四十八条第一款、《条例》第五十四条第一款	道交法第九十条、办法第九十五条第五项	1		100			
128	11113	机动车载货高度超过规定的	道交法第四十八条第一款、《条例》第五十四条第一款	道交法第九十条、办法第九十五条第五项	1		100			
129	1115	上道路行驶的机动车未放置检验合格标志的	道交法第十一条第一款、办法第十五条第二项	道交法第九十条、办法第九十七条第八项	1		200			
130	12071	驾驶二轮摩托车时未按规定戴安全头盔的	道交法第五十一条	道交法第九十条、办法第九十一条第二项	2		50			

续上表

序号	代码	违法行为	行为依据	处罚依据	记分（分）	警告	罚款（元）	暂扣（月）	拘留（日）	吊销
131	1208	机动车通过有灯控路口时，不按所需行进方向驶入导向车道的	《条例》第五十一条第一项	道交法第九十条、办法第九十四条第一项	2		100			
132	1209	左转弯时，未靠路口中心点左侧转弯的	《条例》第五十一条第三项	道交法第九十条、办法第九十四条第一项	2		100			
133	1210	通过路口遇放行信号不依次通过的	《条例》第五十一条第四项	道交法第九十条、办法第九十四条第一项	2		100			
134	12111	通过路口遇停止信号时，停在停止线以内或路口内的	《条例》第五十一条第五项	道交法第九十条	2		100			
135	1212	通过路口向右转弯遇同车道内有车等候放行信号时，不依次停车等候的	《条例》第五十一条第六项	道交法第九十条、办法第九十四条第一项	2		100			
136	1223	驾驶时拨打接听手持电话的	《条例》第六十二条第三项	道交法第九十条、办法第九十九条第一项	2		200			
137	1225	驾车时有其他妨碍安全行车的	《条例》第六十二条第三项	道交法第九十条	2		200			
138	12281	遇前方道路受阻时，进入路口的	《条例》第五十三条第一款	道交法第九十条、办法第一百条第一项	2		200			
139	12282	遇前方车辆排队等候时，进入路口的	《条例》第五十三条第一款	道交法第九十条、办法第一百条第一项	2		200			
140	12283	遇前方车辆缓慢行驶时进入路口的	《条例》第五十三条第一款	道交法第九十条、办法第一百条第一项	2		200			

续上表

序号	代码	违法行为	行为依据	处罚依据	记分（分）	警告	罚款（元）	暂扣（月）	拘留（日）	吊销
141	12431	遇前方车辆排队等候时借道超车的	道交法第四十五条第一款、《条例》第五十三条第二款	道交法第九十条、办法第一百条第三项	2		200			
142	12432	遇前方车辆缓慢行驶时借道超车的	道交法第四十五条第一款、《条例》第五十三条第二款	道交法第九十条、办法第一百条第三项	2		200			
143	12433	遇前方车辆排队等候时占用对面车道的	道交法第四十五条第一款	道交法第九十条、办法第一百条第四项	2		200			
144	12434	遇前方车辆缓慢行驶时占用对面车道的	道交法第四十五条第一款	道交法第九十条、办法第一百条第四项	2		200			
145	12435	遇前方车辆排队等候时穿插等候车辆的	道交法第四十五条第一款、《条例》第五十三条第二款	道交法第九十条、办法第一百条第五项	2		200			
146	12436	遇前方车辆缓慢行驶时穿插等候车辆的	道交法第四十五条第一款、《条例》第五十三条第二款	道交法第九十条、办法第一百条第五项	2		200			
147	1244	在城市快速路上行驶时，驾驶人未按规定使用安全带的	道交法第五十一条	道交法第九十条、办法第九十一条第一项	2		50			
148	1245	不按照规定为校车配备安全设备的	《校车安全管理条例》第二十一条	《校车安全管理条例》第四十六条	2		3000			
149	1246	不按照规定对校车进行安全维护的	《校车安全管理条例》第二十二条第一款	《校车安全管理条例》第四十六条	2		3000			
150	1247	驾驶校车运载学生，不按照规定放置校车标牌的	《校车安全管理条例》第三十条第一款	《校车安全管理条例》第四十八条第一款第一项	2		200			

续上表

序号	代码	违法行为	行为依据	处罚依据	记分(分)	警告	罚款(元)	暂扣(月)	拘留(日)	吊销
151	1248	驾驶校车运载学生,不按照规定开启校车标志灯的	《校车安全管理条例》第三十条第一款	《校车安全管理条例》第四十八条第一款第一项	2		200			
152	1249	驾驶校车运载学生,不按照经审核确定线路行驶的	《校车安全管理条例》第三十条第二款	《校车安全管理条例》第四十八条第一款第一项	2		200			
153	1250	校车上下学生,不按照规定在校车停靠站点停靠的	《校车安全管理条例》第三十二条第一款	《校车安全管理条例》第四十八条第一款第二项	2		200			
154	1251	校车未运载学生上道路行驶,使用校车标牌的	《校车安全管理条例》第十七条第二款	《校车安全管理条例》第四十八条第一款第三项	2		200			
155	1252	校车未运载学生上道路行驶,使用校车标志灯的	《校车安全管理条例》第十七条第二款	《校车安全管理条例》第四十八条第一款第三项	2		200			
156	1253	校车未运载学生上道路行驶,使用停车指示标志的	《校车安全管理条例》第十七条第二款	《校车安全管理条例》第四十八条第一款第三项	2		200			
157	1254	驾驶校车上道路行驶前,未对校车车况是否符合安全技术要求进行检查的	《校车安全管理条例》第四十一条第一款	《校车安全管理条例》第四十八条第一款第四项	2		200			
158	1255	驾驶存在安全隐患的校车上道路行驶的	《校车安全管理条例》第四十一条第一款	《校车安全管理条例》第四十八条第一款第四项	2		200			

续上表

序号	代码	违法行为	行为依据	处罚依据	记分（分）	警告	罚款（元）	暂扣（月）	拘留（日）	吊销
159	1256	在校车载有学生时给车辆加油的	《校车安全管理条例》第四十一条第二款	《校车安全管理条例》第四十八条第一款第五项	2		200			
160	1257	在校车发动机引擎熄灭前离开驾驶座位的	《校车安全管理条例》第四十一条第二款	《校车安全管理条例》第四十八条第一款第五项	2		200			
161	1301	机动车逆向行驶的	道交法第三十五条	道交法第九十条、办法第九十八条第一项	3		200			
162	1304	从前车右侧超车的	《条例》第四十七条	道交法第九十条、办法第九十八条第五项	3		200			
163	1305	前车左转弯时超车的	道交法第四十三条第一项	道交法第九十条、办法第九十八条第五项	3		200			
164	1306	前车掉头时超车的	道交法第四十三条第一项	道交法第九十条、办法第九十八条第五项	3		200			
165	1307	前车超车时超车的	道交法第四十三条第一项	道交法第九十条、办法第九十八条第五项	3		200			
166	1308	与对面来车有会车可能时超车的	道交法第四十三条第二项	道交法第九十条、办法第九十八条第五项	3		200			
167	13091	超越执行紧急任务的警车的	道交法第四十三条第三项	道交法第九十条、办法第九十八条第五项	3		200			
168	13092	超越执行紧急任务的消防车的	道交法第四十三条第三项	道交法第九十条、办法第九十八条第五项	3		200			

续上表

序号	代码	违法行为	行为依据	处罚依据	记分（分）	警告	罚款（元）	暂扣（月）	拘留（日）	吊销
169	13093	超越执行紧急任务的救护车的	道交法第四十三条第三项	道交法第九十条、办法第九十八条第五项	3		200			
170	13094	超越执行紧急任务的工程救险车的	道交法第四十三条第三项	道交法第九十条、办法第九十八条第五项	3		200			
171	13101	在铁路道口超车的	道交法第四十三条第四项	道交法第九十条、办法第九十八条第五项	3		200			
172	13102	在路口超车的	道交法第四十三条第四项	道交法第九十条、办法第九十八条第五项	3		200			
173	13103	在窄桥超车的	道交法第四十三条第四项	道交法第九十条、办法第九十八条第五项	3		200			
174	13104	在弯道超车的	道交法第四十三条第四项	道交法第九十条、办法第九十八条第五项	3		200			
175	13105	在陡坡超车的	道交法第四十三条第四项	道交法第九十条、办法第九十八条第五项	3		200			
176	13106	在隧道超车的	道交法第四十三条第四项	道交法第九十条、办法第九十八条第五项	3		200			
177	13107	在人行横道点超车的	道交法第四十三条第四项	道交法第九十条、办法第九十八条第五项	3		200			
178	13108	在交通流量大的路段超车的	道交法第四十三条第四项	道交法第九十条、办法第九十八条第五项	3		200			
179	13111	车辆在道路上发生故障不按规定使用警示灯光的	道交法第五十二条、《条例》第六十条	道交法第九十条、办法第一百零二条第一项	3		200			

续上表

序号	代码	违法行为	行为依据	处罚依据	记分（分）	警告	罚款（元）	暂扣（月）	拘留（日）	吊销
180	13112	车辆在道路上发生事故不按规定使用警示灯光的	道交法第五十二条、《条例》第六十条	道交法第九十条、办法第一百零二条第一项	3		200			
181	13113	车辆在道路上发生故障不按规定设置警告标志的	道交法第五十二条、《条例》第六十条	道交法第九十条、办法第一百零二条第二项	3		200			
182	13114	车辆在道路上发生事故不按规定设置警告标志的	道交法第五十二条、《条例》第六十条	道交法第九十条、办法第一百零二条第二项	3		200			
183	1312	准备进入环形路口不让已在路口内的机动车先行的	《条例》第五十一条第二项、办法第四十三条第一款	道交法第九十条、办法第九十四条第一项	3		100			
184	13131	转弯的机动车未让直行的车辆先行的	《条例》第五十一条第七项、第五十二条第三项	道交法第九十条、办法第九十四条第一项	3		100			
185	13132	转弯的机动车未让行人先行的	《条例》第五十一条第七项	道交法第九十条、办法第九十四条第一项	3		100			
186	1314	相对方向行驶的右转弯机动车不让左转弯车辆先行的	《条例》第五十一条第七项、第五十二条第四项	道交法第九十条、办法第九十四条第一项	3		100			
187	13151	机动车通过无灯控或交警指挥的路口，不按交通标志指示优先通行的一方先行的	《条例》第五十二条第一项	道交法第九十条、办法第九十四条第一项	3		100			

续上表

序号	代码	违法行为	行为依据	处罚依据	记分(分)	警告	罚款(元)	暂扣(月)	拘留(日)	吊销
188	13152	机动车通过无灯控或交警指挥的路口,不按标线指示让优先通行的一方先行的	《条例》第五十二条第一项	道交法第九十条、办法第九十四条第一项	3		100			
189	1316	机动车通过无灯控、交警指挥、交通标志标线控制的路口,不让右方道路的来车先行的	《条例》第五十二条第二项	道交法第九十条、办法第九十四条第一项	3		100			
190	1317	载货汽车牵引多辆挂车的	《条例》第五十六条第一款第一项	道交法第九十条、办法第九十三条第七项	3		100			
191	1318	半挂牵引车牵引多辆挂车的	《条例》第五十六条第一款第一项	道交法第九十条、办法第九十三条第七项	3		100			
192	1320	小型载客汽车牵引旅居挂车以外的且总质量700千克以上挂车的	《条例》第五十六条第一款第二项	道交法第九十条、办法第九十三条第七项	3		100			
193	1323	大型载客汽车牵引挂车的	《条例》第五十六条第二款	道交法第九十条、办法第九十三条第七项	3		100			
194	1324	中型载客汽车牵引挂车的	《条例》第五十六条第二款	道交法第九十条、办法第九十三条第七项	3		100			
195	1325	低速载货汽车牵引挂车的	《条例》第五十六条第二款	道交法第九十条、办法第九十三条第七项	3		100			

续上表

序号	代码	违法行为	行为依据	处罚依据	记分（分）	警告	罚款（元）	暂扣（月）	拘留（日）	吊销
196	1326	三轮机动车汽车牵引挂车的	《条例》第五十六条第二款	道交法第九十条、办法第九十三条第七项	3		100			
197	13271	机动车在发生故障未开启示廓灯的	《条例》第六十条	道交法第九十条、办法第一百零二条第三项	3		200			
198	13272	机动车在发生事故未开启示廓灯的	《条例》第六十条	道交法第九十条、办法第一百零二条第三项	3		200			
199	13273	机动车在发生故障未开启后位灯的	《条例》第六十条	道交法第九十条、办法第一百零二条第三项	3		200			
200	13274	机动车在发生事故未开启后位灯的	《条例》第六十条	道交法第九十条、办法第一百零二条第三项	3		200			
201	1333	不避让执行任务的特种车辆的	道交法第五十三条第一款	道交法第九十条、办法第九十八条第十七项	3		200			
202	13401	上道路行驶的机动车未按规定定期进行安全技术检验的	道交法第十三条、《条例》第十六条	《机动车登记规定》第五十六条第四项、办法第九十七条第八项	3		200			
203	13441	机动车违反禁令标志指示的	道交法第三十八条	道交法第九十条、办法第九十三条第三项	3		100			

续上表

序号	代码	违法行为	行为依据	处罚依据	记分(分)	警告	罚款(元)	暂扣(月)	拘留(日)	吊销
204	13444	违反禁令标志指示停车的	道交法第三十八条、五十六条第一款、九十三条第二款,《条例》第六十三条,办法第四十九条、五十条	道交法第九十条	3		200			
205	13445	驾驶未办理进京通行证车辆进入禁令标志禁止驶入道路行驶的	道交法第三十八条	道交法第九十条、办法第九十三条第三项	3		100			
206	13451	机动车违反禁止标线指示的	道交法第三十八条	道交法第九十条、办法第九十三条第三项	3		100			
207	13454	违反禁止标线指示停车的	道交法第三十八条、五十六条第一款、九十三条第二款,《条例》第六十三条,办法第四十九条、五十条	道交法第九十条	3		200			
208	1348	驾驶营运客车(不包括公共汽车)、校车以外的载客汽车载人超过核定人数未达20%的	道交法第四十九条、《条例》第五十五条第一项	道交法第九十条、办法第九十五条第一项	3		100			
209	13491	驾驶中型以上载客汽车在高速公路、城市快速路以外的道路上行驶超过规定时速10%未达20%的	道交法第四十二条,《条例》第四十五条、四十六条,办法第三十九条	道交法第九十条、办法第九十八条第十一项	3		200			

续上表

序号	代码	违法行为	行为依据	处罚依据	记分(分)	警告	罚款(元)	暂扣(月)	拘留(日)	吊销
210	13501	驾驶中型以上载货汽车在高速公路、城市快速路以外的道路上行驶超过规定时速10%未达20%的	道交法第四十二条，《条例》第四十五条、四十六条，办法第三十九条	道交法第九十条、办法第九十八条第十一项	3		200			
211	13511	驾驶危险物品运输车辆在高速公路、城市快速路以外的道路上行驶超过规定时速10%未达20%的	道交法第四十二条，《条例》第四十五条、四十六条，办法第三十九条，《剧毒化学品购买和公路运输许可证件管理办法》（公安部令第77号）第十八条第二款	道交法第九十条、办法第九十八条第十一项	3		200			
212	13521	驾驶中型以上载客载货汽车、危险物品运输车辆以外的其他机动车行驶超过规定时速10%未达20%的	道交法第四十二条，《条例》第四十五条、四十六条，办法第三十九条	道交法第九十条、办法第九十八条第十一项	3		200			
213	1353	驾驶货车载物超过核定载质量未达30%的	道交法第四十八条第一款、《条例》第五十四条第一款	道交法第九十二条第二款	3		200			
214	1354	驾驶危险物品运输车辆载物超过核定载质量未达30%的	道交法第四十八条第一款、《条例》第五十四条第一款	道交法第九十二条第二款	3		500			
215	1355	驾驶机动车在城市快速路上不按规定车道行驶的	道交法第三十六条、《条例》第四十四条第一款、办法第三十四条第一、二、四项	道交法第九十条、办法第九十三条第二项	3		100			

续上表

序号	代码	违法行为	行为依据	处罚依据	记分（分）	警告	罚款（元）	暂扣（月）	拘留（日）	吊销
216	1356	行经人行横道，未减速行驶的	道交法第四十七条第一款	道交法第九十条	3		200			
217	1357	遇行人正在通过人行横道时未停车让行的	道交法第四十七条第一款	道交法第九十条、办法第九十八条第十项	3		200			
218	1358	行经没有交通信号的道路时，遇行人横过道路未避让的	道交法第四十七条第二款	道交法第九十条	3		100			
219	16101	在驾驶证暂扣期间仍驾驶机动车的	《条例》第二十八条	道交法第九十九条第一款第一项、第二款	6		1800		15日以下	
220	16102	在驾驶证暂扣期间仍驾驶机动车的	《条例》第二十八条	道交法第九十九条第一款第一项、第二款	6		500以上1000以下		1日以上10日以下	
221	16103	在驾驶证暂扣期间仍驾驶机动车的	《条例》第二十八条	道交法第九十九条第一款第一项、第二款	6		500		15日以下	
222	16104	在驾驶证暂扣期间仍驾驶机动车的	《条例》第二十八条	道交法第九十九条第一款第一项、第二款	6		200		15日以下	
223	16105	在驾驶证暂扣期间仍驾驶机动车的	《条例》第二十八条	道交法第九十九条第一款第一项、第二款	6		500以上1000以下			
224	16171	运载危险物品时不按规定的时间行驶的	道交法第四十八条第三款	道交法第九十条、办法第九十八条第十四项	6		200			
225	16172	运载危险物品时不按规定的路线行驶的	道交法第四十八条第三款	道交法第九十条、办法第九十八条第十四项	6		200			

续上表

序号	代码	违法行为	行为依据	处罚依据	记分（分）	警告	罚款（元）	暂扣（月）	拘留（日）	吊销
226	16173	运载危险物品时不按规定的速度行驶的	道交法第四十八条第三款	道交法第九十条、办法第九十八条第十四项	6		200			
227	1618	运载危险物品时未悬挂警示标志的	道交法第四十八条第三款	道交法第九十条、办法第九十八条第十四项	6		200			
228	1619	运载危险物品时未采取必要的安全措施的	道交法第四十八条第三款	道交法第九十条、办法第九十八条第十四项	6		200			
229	16221	非紧急情况时在城市快速路应急车道上行驶的	《条例》第八十二条第四项	道交法第九十条、办法第九十九条第五项	6		200			
230	1623	校车载人超过核定人数未达20%的	《校车安全管理条例》第三十四条第一款	《校车安全管理条例》第五十条、法第九十二条第一款	6		500			
231	1624	机动车驾驶人不按照规定避让校车的	《校车安全管理条例》第三十三条	《校车安全管理条例》第五十二条	6		200			
232	1625	驾驶机动车违反道路交通信号灯通行的	道交法第三十八条、《条例》第三十八、四十、四十一、四十二、四十三条	道交法第九十条、办法第九十八条第四项	6		200			
233	1626	驾驶营运客车(不包括公共汽车)载人超过核定人数未达20%的	道交法第四十九条,《条例》第五十五条第一项	道交法第九十二条第一款	6		200			

续上表

序号	代码	违法行为	行为依据	处罚依据	记分(分)	警告	罚款(元)	暂扣(月)	拘留(日)	吊销
234	1627	驾驶营运客车(不包括公共汽车)以外的其他载客汽车载人超过核定人数20%以上的	道交法第四十九条、《条例》第五十五条第一项	道交法第九十条、办法第九十八条第十二项	6		200			
235	1628	驾驶中型以上载客汽车在城市快速路上行驶超过规定时速未达20%的	道交法第四十二条,《条例》第四十五条、四十六条、七十八条,办法第三十九条	道交法第九十条、办法第九十八条第十一项	6		200			
236	1629	驾驶中型以上载货汽车在城市快速路上行驶超过规定时速未达20%的	道交法第四十二条,《条例》第四十五条、四十六条、七十八条,办法第三十九条	道交法第九十条、办法第九十八条第十一项	6		200			
237	1630	驾驶校车在城市快速路上行驶超过规定时速未达20%的	道交法第四十二条,《条例》第四十五条、四十六条、七十八条,办法第三十九条,《校车安全管理条例》第三十五条第一款、第二款	道交法第九十条、办法第九十八条第十一项	6		200			
238	1631	驾驶危险物品运输车辆在城市快速路上行驶超过规定时速未达20%的	道交法第四十二条,《条例》第四十五条、四十六条、七十八条,办法第三十九条,《剧毒化学品购买和公路运输许可证件管理办法》(公安部令第77号)第十八条第二款	道交法第九十条、办法第九十八条第十一项	6		200			

续上表

序号	代码	违法行为	行为依据	处罚依据	记分(分)	警告	罚款(元)	暂扣(月)	拘留(日)	吊销
239	1632	驾驶中型以上载客汽车在高速公路、城市快速路以外的道路上行驶超过规定时速20%以上未达到50%的	道交法第四十二条,《条例》第四十五条、四十六条、七十八条,办法第三十九条	道交法第九十条、办法第九十八条第十一项	6		200			
240	1633	驾驶中型以上载货汽车在高速公路、城市快速路以外的道路上行驶超过规定时速20%以上未达到50%的	道交法第四十二条,《条例》第四十五条、四十六条、七十八条,办法第三十九条	道交法第九十条、办法第九十八条第十一项	6		200			
241	1634	驾驶校车在高速公路、城市快速路以外的道路上行驶超过规定时速20%以上未达到50%的	道交法第四十二条,《条例》第四十五条、四十六条、七十八条,办法第三十九条、《校车安全管理条例》第三十五条第一款	道交法第九十条、办法第九十八条第十一项	6		200			
242	1635	驾驶危险物品运输车辆在高速公路、城市快速路以外的道路上行驶超过规定时速20%以上未达到50%的	道交法第四十二条,《条例》第四十五条、四十六条,办法第三十九条,《剧毒化学品购买和公路运输许可证件管理办法》(公安部令第77号)第十八条第二款	道交法第九十条、办法第九十八条第十一项	6		200			

续上表

序号	代码	违法行为	行为依据	处罚依据	记分（分）	警告	罚款（元）	暂扣（月）	拘留（日）	吊销
243	1636	驾驶中型以上载客载货汽车、校车、危险物品运输车辆以外的其他机动车行驶超过规定时速20%以上未达到50%的	道交法第四十二条,《条例》第四十五条、四十六条、七十八条,办法第三十九条	道交法第九十条、办法第九十八条第十一项	6		200			
244	1637	驾驶货车载物超过核定载质量30%以上	道交法第四十八条第一款、《条例》第五十四条第一款	道交法第九十二条第二款	6		1800			
245	1638	驾驶货车违反规定载客的	道交法第五十条第一款、《条例》第五十五条第二项	道交法第九十二条第二款	6		1000			
246	1639	危险物品运输车辆载物超过核定载质量30%以上的	道交法第四十八条第一款、《条例》第五十四条第一款	道交法第九十二条第二款	6		1800			
247	16401	运载超限物品时不按规定的时间行驶的	道交法第四十八条第二款	道交法第九十条、办法第九十五条第六项	6		100			
248	16402	运载超限物品时不按规定的路线行驶的	道交法第四十八条第二款	道交法第九十条、办法第九十五条第六项	6		100			
249	16403	运载超限物品时不按规定的速度行驶的	道交法第四十八条第二款	道交法第九十条、办法第九十五条第六项	6		100			
250	1641	驾驶机动车运载超限的不可解体的物品,未悬挂明显标志的	道交法第四十八条第二款	道交法第九十条、办法第九十五条第六项	6		100			

续上表

序号	代码	违法行为	行为依据	处罚依据	记分（分）	警告	罚款（元）	暂扣（月）	拘留（日）	吊销
251	16421	连续驾驶中型以上载客汽车、危险物品运输车辆以外的机动车超过4小时未停车休息的	道交法第二十二条第二款、《条例》第六十二条第七项	道交法第九十条、办法第九十九条第三项	6		200			
252	16422	连续驾驶中型以上载客汽车、危险物品运输车辆以外的机动车超过4小时停车休息时间少于20分钟的	道交法第二十二条第二款、《条例》第六十二条第七项	道交法第九十条、办法第九十九条第三项	6		200			
253	17051	驾驶机动车造成交通事故后逃逸，尚不构成犯罪，情节较轻的	道交法第七十条、《条例》第八十八条	道交法第九十九条第一款第三项	12		1800			
254	17052	驾驶机动车造成交通事故后逃逸，尚不构成犯罪，情节较重的	道交法第七十条、《条例》第八十八条	道交法第九十九条第一款第三项、第二款	12		1800		10日以上15日以下	
255	17091	驾驶与驾驶证载明的准驾车型不相符合的车辆的	道交法第十九条第四款	道交法第九十九条第一款第一项、第二款	12		500以上1000以下		1日以上10日以下	
256	17092	驾驶与驾驶证载明的准驾车型不相符合的车辆的	道交法第十九条第四款	道交法第九十九条第一款第一项、第二款	12		1800		15日以下	

续上表

序号	代码	违法行为	行为依据	处罚依据	记分（分）	警告	罚款（元）	暂扣（月）	拘留（日）	吊销
257	17093	驾驶与驾驶证载明的准驾车型不相符合的车辆的	道交法第十九条第四款	道交法第九十九条第一款第一项、第二款	12		200			
258	17094	驾驶与驾驶证载明的准驾车型不相符合的车辆的	道交法第十九条第四款	道交法第九十九条第一款第一项、第二款	12		500		15日以下	
259	17095	驾驶与驾驶证载明的准驾车型不相符合的车辆的	道交法第十九条第四款	道交法第九十九条第一款第一项、第二款	12		500以上1000以下			
260	17121	饮酒后驾驶机动车的	道交法第二十二条第二款	道交法第九十一条第一款	12		1500	6		
261	17122	饮酒后驾驶机动车的	道交法第二十二条第二款	道交法第九十一条第一款	12		2000	6		
262	1714	校车载人超过核定人数20%以上的	《校车安全管理条例》第三十四条第一款	《校车安全管理条例》第五十条、法第九十二条第一款	12		2000			
263	1715	驾驶人未取得校车驾驶资格驾驶校车的	《校车安全管理条例》第二十五条	《校车安全管理条例》第四十七条	12		3000			可以吊销
264	17161	驾驶营运客车(不包括公共汽车)载人超过核定人数20%以上50%以下的	道交法第四十九条,《条例》第五十五条第一项	道交法第九十二条第一款	12		1000			
265	17162	驾驶营运客车(不包括公共汽车)载人超过核定人数50%以上的	道交法第四十九条,《条例》第五十五条第一项	道交法第九十二条第一款	12		1800			

续上表

序号	代码	违法行为	行为依据	处罚依据	记分（分）	警告	罚款（元）	暂扣（月）	拘留（日）	吊销
266	1717	上道路行驶的机动车未悬挂机动车号牌的	道交法第十一条第一款	道交法第九十五条第一款、第九十条、办法第九十七条第一项	12		200			
267	1718	故意遮挡机动车号牌的	道交法第十一条第二款	道交法第九十五条第二款、第九十条、办法第九十七条第三项	12		200			
268	1719	故意污损机动车号牌的	道交法第十一条第二款	道交法第九十五条第二款、第九十条、办法第九十七条第三项	12		200			
269	1720	不按规定安装机动车号牌的	道交法第十一条第二款、《条例》第十三条第一款、办法第十五条第一项	道交法第九十五条第二款、第九十条、办法第九十七条第二项	12		200			
270	17211	驾驶中型以上载客载货汽车、校车、危险物品运输车辆以外的机动车行驶超过规定时速50%以上的	道交法第四十二条，《条例》第四十五条、四十六条、七十八条，办法第三十九条	道交法第九十九条第一款第四项、第二款	12		1000			可以吊销
271	17212	驾驶中型以上载客载货汽车、校车、危险物品运输车辆以外的机动车在高速公路上超过规定时速50%以上的	道交法第四十二条，《条例》第四十五条、四十六条、七十八条，办法第三十九条	道交法第九十九条第一款第四项、第二款	12		1800			可以吊销

续上表

序号	代码	违法行为	行为依据	处罚依据	记分(分)	警告	罚款(元)	暂扣(月)	拘留(日)	吊销
272	1722	驾驶中型以上载客汽车在城市快速路上行驶超过规定时速20%以上未达50%的	道交法第四十二条,《条例》第四十五条、四十六条、七十八条,办法第三十九条	道交法第九十条、办法第九十八条第十一项	12		200			
273	1723	驾驶中型以上载货汽车在城市快速路上行驶超过规定时速20%以上未达50%的	道交法第四十二条,《条例》第四十五条、四十六条、七十八条,办法第三十九条	道交法第九十条、办法第九十八条第十一项	12		200			
274	1724	驾驶校车在城市快速路上行驶超过规定时速20%以上未达50%的	道交法第四十二条,《条例》第四十五条、四十六条、七十八条,办法第三十九条,《校车安全管理条例》第三十五条第一款、第二款	道交法第九十条、办法第九十八条第十一项	12		200			
275	1725	驾驶危险物品运输车辆在城市快速路上行驶超过规定时速20%以上未达50%的	道交法第四十二条、《条例》第四十五条、四十六条、《剧毒化学品购买和公路运输许可证件管理办法》(公安部令第77号)第十八条第二款	法第九十条、办法第九十八条第十一项	12		200			
276	1726	驾驶中型以上载客汽车在高速公路以外的道路上行驶超过规定时速50%的	道交法第四十二条,《条例》第四十五条、四十六条,办法第三十九条	道交法第九十九条第一款第四项、第二款	12		1000			可以吊销

续上表

序号	代码	违法行为	行为依据	处罚依据	记分(分)	警告	罚款(元)	暂扣(月)	拘留(日)	吊销
277	1727	驾驶中型以上载货汽车在高速公路以外的道路上行驶超过规定时速50%的	道交法第四十二条,《条例》第四十五条、四十六条,办法第三十九条	道交法第九十九条第一款第四项、第二款	12		1000			可以吊销
278	1728	驾驶校车在高速公路以外的道路上行驶超过规定时速50%的	道交法第四十二条,《条例》第四十五条、四十六条,办法第三十九条、《校车安全管理条例》第三十五条第一款、第二款	道交法第九十九条第一款第四项、第二款	12		1000			可以吊销
279	1729	驾驶危险物品运输车辆在高速公路以外的道路上行驶超过规定时速50%的	道交法第四十二条,《条例》第四十五条、四十六条,办法第三十九条,《剧毒化学品购买和公路运输许可证件管理办法》(公安部令第77号)第十八条第二款	道交法第九十九条第一款第四项、第二款	12		1000			可以吊销
280	1730	连续驾驶中型以上载客汽车超过4小时未停车休息或者停车休息时间少于20分钟的	道交法第二十二条第二款,《条例》第六十二条第七项	道交法第九十条、办法第九十九条第三项	12		200			
281	1731	连续驾驶危险物品运输车辆超过4小时未停车休息或者停车休息时间少于20分钟的	道交法第二十二条第二款,《条例》第六十二条第七项	道交法第九十条、办法第九十九条第三项	12		200			

续上表

序号	代码	违法行为	行为依据	处罚依据	记分（分）	警告	罚款（元）	暂扣（月）	拘留（日）	吊销
282	20011	非机动车造成交通事故后逃逸，尚不构成犯罪，情节较轻的	道交法第七十条、《条例》第八十八条	道交法第九十九条第一款第三项			200			
283	20012	非机动车造成交通事故后逃逸，尚不构成犯罪，情节较重的	道交法第七十条、《条例》第八十八条	道交法第九十九条第一款第三项、第二款			200		5日以上10日以下	
284	2002	非机动车违反交通管制的规定强行通行，不听劝阻的	道交法第九十九条第一款第六项	道交法第九十九条第一款第六项、第二款			200		1日以上10日以下	
285	20031	非机动车未依法登记，上道路行驶的	道交法第十八条第一款	道交法第八十九条、办法第八十七条第一项			20			
286	20032	驾驶未经登记的电动自行车上道路行驶的	道交法第十八条第一款、《北京市非机动车管理条例》第十条	道交法第八十九条、办法第八十七条第一项、《北京市非机动车管理条例》第二十八条第一款第一项			20			
287	20041	非机动车逆向行驶的	道交法第三十五条、三十六条、三十七条、五十七条，办法第五十五条第一项，《北京市非机动车管理条例》第十四条第三项	道交法第八十九条、办法第八十六条第三项、《北京市非机动车管理条例》第二十九条			20			

续上表

序号	代码	违法行为	行为依据	处罚依据	记分(分)	警告	罚款(元)	暂扣(月)	拘留(日)	吊销
288	20042	非机动车在机动车道行驶的	道交法第三十五条、三十六条、三十七条、五十七条，办法第五十五条第一、五项，《北京市非机动车管理条例》第十四条第二项	道交法第八十九条、办法第八十六条第三项、《北京市非机动车管理条例》第二十九条			20			
289	20043	驾驶非机动车在机动车道上停车滞留的	道交法第三十五条、三十六条、三十七条、五十七条，办法第五十五条第一、五项	道交法第八十九条、办法第八十六条第三项			20			
290	2007	非机动车不按照交通信号规定通行的	道交法第三十八条，《条例》第三十八条、四十条、四十一条、四十二条、四十三条、办法第五十四条	道交法第八十九条、办法第八十六条第一项			20			
291	20091	驾驶非机动车在人行道上骑行的	道交法第五十七条，办法第五十五条第十项，《北京市非机动车管理条例》第十四条第二项	道交法第八十九条、办法第八十六条第五项、《北京市非机动车管理条例》第二十九条			20			
292	20092	驾驶非机动车在人行横道上骑行的	道交法第五十七条，办法第五十五条第十项，《北京市非机动车管理条例》第十四条第二项	道交法第八十九条、办法第八十六条第五项、《北京市非机动车管理条例》第二十九条			20			

续上表

序号	代码	违法行为	行为依据	处罚依据	记分(分)	警告	罚款(元)	暂扣(月)	拘留(日)	吊销
293	2010	醉酒驾驶、驾驭非机动车、畜力车的	《条例》第七十二条第三项、第七十三条第一项	道交法第八十九条、办法第八十九条第二项			50			
294	2011	驾驶残疾人机动轮椅车超速行驶的	道交法第五十八条	道交法第八十九条、办法第八十九条第三项			50			
295	2012	驾驶电动自行车超速行驶的	道交法第五十八条、《北京市非机动车管理条例》第十六条第一款第三项	道交法第八十九条、办法第八十九条第三项、《北京市非机动车管理条例》第二十九条			50			
296	2013	非机动车不按规定载物的	《条例》第七十一条	道交法第八十九条、办法第八十七条第二项			20			
297	2014	非机动车不在规定地点停放的	道交法第五十九条、《北京市非机动车管理条例》第二十四条第二款	道交法第八十九条、《北京市非机动车管理条例》第三十三条第一款			50			
298	2016	非机动车通过路口,转弯的非机动车不让直行的车辆、行人优先通行的	《条例》第六十八条、六十九条,办法第五十四条第一、二项,《北京市非机动车管理条例》第十四条第五项	道交法第八十九条、办法第八十六条第四项、《北京市非机动车管理条例》第二十九条			20			

续上表

序号	代码	违法行为	行为依据	处罚依据	记分（分）	警告	罚款（元）	暂扣（月）	拘留（日）	吊销
299	2024	驾驶自行车、电动自行车、三轮车在路段上横过机动车道时不下车推行的	《条例》第七十条第一款	道交法第八十九条、办法第八十六条第六项			20			
300	20281	驾驶非机动车突然猛拐的	《条例》第七十二条第四项	道交法第八十九条、办法第八十六条第八项			20			
301	20282	驾驶非机动车在车辆之间穿行的	《条例》第七十二条第四项	道交法第八十九条、办法第八十六条第八项			20			
302	2030	驾驶非机动车牵引车辆的	《条例》第七十二条第五项	道交法第八十九条、办法第八十六条第十项			20			
303	2031	驾驶非机动车攀扶车辆的	《条例》第七十二条第五项	道交法第八十九条、办法第八十六条第十项			20			
304	2032	非机动车被其他车辆牵引的	《条例》第七十二条第五项	道交法第八十九条、办法第八十六条第十项			20			
305	2033	驾驶非机动车时双手离把的	《条例》第七十二条第五项、《北京市非机动车管理条例》第十四条第一项	道交法第八十九条、办法第八十六条第十项、《北京市非机动车管理条例》第二十九条			20			

续上表

序号	代码	违法行为	行为依据	处罚依据	记分(分)	警告	罚款(元)	暂扣(月)	拘留(日)	吊销
306	2034	驾驶非机动车时手中持物的	《条例》第七十二条第五项	道交法第八十九条、办法第八十六条第十项			20			
307	2035	驾驶非机动车时扶身并行的	《条例》第七十二条第六项	道交法第八十九条、办法第八十六条第九项			20			
308	2036	驾驶非机动车时互相追逐的	《条例》第七十二条第六项	道交法第八十九条、办法第八十六条第九项			20			
309	2037	驾驶非机动车时曲折竞驶的	《条例》第七十二条第六项	道交法第八十九条、办法第八十六条第九项			20			
310	2038	在道路上骑独轮自行车的	《条例》第七十二条第七项	道交法第八十九条、办法第八十七条第四项			20			
311	2039	在道路上骑2人以上骑行的自行车的	《条例》第七十二条第七项	道交法第八十九条、办法第八十七条第四项			20			
312	2040	非下肢残疾的人驾驶残疾人机动轮椅车的	《条例》第七十二条第八项	道交法第八十九条、办法第八十九条第四项			50			
313	2041	自行车加装动力装置的	《条例》第七十二条第九项	道交法第八十九条、办法第八十九条第八项			50			

续上表

序号	代码	违法行为	行为依据	处罚依据	记分（分）	警告	罚款（元）	暂扣（月）	拘留（日）	吊销
314	2042	三轮车加装动力装置的	《条例》第七十二条第九项	道交法第八十九条、办法第八十九条第八项			50			
315	2043	在道路上学习驾驶非机动车的	《条例》第七十二条第十项	道交法第八十九条、办法第八十七条第五项			20			
316	2046	畜力车并行的	《条例》第七十三条第二项	道交法第八十九条、办法第八十八条第四项			20			
317	2047	驾驶畜力车时驾驭人离开车辆的	《条例》第七十三条第二项	道交法第八十九条、办法第八十八条第四项			20			
318	2048	驾驶畜力车时在容易发生危险的路段超车的	《条例》第七十三条第三项	道交法第八十九条、办法第八十八条第三项			20			
319	2049	驾驶两轮畜力车不下车牵引牲畜的	《条例》第七十三条第三项	道交法第八十九条、办法第八十八条第二项			20			
320	2050	使用未经驯服的牲畜驾车的	《条例》第七十三条第四项	道交法第八十九条、办法第八十八条第五项			20			
321	2051	随车幼畜未拴系的	《条例》第七十三条第四项	道交法第八十九条、办法第八十八条第五项			20			

续上表

序号	代码	违法行为	行为依据	处罚依据	记分(分)	警告	罚款(元)	暂扣(月)	拘留(日)	吊销
322	2052	停放畜力车时未拉紧车闸的	《条例》第七十三条第五项	道交法第八十九条、办法第八十八条第六项			20			
323	2053	停放畜力车时未拴系牲畜的	《条例》第七十三条第五项	道交法第八十九条、办法第八十八条第六项			20			
324	20551	未满16周岁驾驶畜力车的	《条例》第七十三条	道交法第八十九条、办法第八十五条			10			
325	20552	未满16周岁驾驶电动自行车的	《条例》第七十二条第二项、《北京市非机动车管理条例》第十六条第一款第一项	道交法第八十九条、办法第八十五条、《北京市非机动车管理条例》第二十九条			10			
326	20553	未满16周岁驾驶残疾人机动轮椅车的	《条例》第七十二条第二项	道交法第八十九条、办法第八十五条			10			
327	3001	行人违反交通信号通行的	道交法第三十八条、第六十二条、《条例》第三十八条第二款、三十九条、四十三条	道交法第八十九条、办法第八十二条第一项			10			
328	3002	行人不服从交警指挥的	道交法第三十八条	道交法第八十九条、办法第八十二条第一项			10			
329	3003	行人不在人行道内行走的	道交法第六十一条、办法第五十七条第一项	道交法第八十九条、办法第八十二条第一项			10			

续上表

序号	代码	违法行为	行为依据	处罚依据	记分(分)	警告	罚款(元)	暂扣(月)	拘留(日)	吊销
330	3004	行人在没有划分机动车道、非机动车道和人行道的道路上，不靠路边行走的	道交法第三十六条、六十一条、办法第五十七条第一项	道交法第八十九条、办法第八十二条第一项			10			
331	30051	行人横过道路未走人行横道的	道交法第六十二条，《条例》第七十五条	道交法第八十九条、办法第八十二条第二项			10			
332	30052	行人横过道路未走过街设施的	道交法第六十二条，《条例》第七十五条	道交法第八十九条、办法第八十二条第二项			10			
333	30053	行人通过路口未走人行横道的	道交法第六十二条，《条例》第七十五条	道交法第八十九条、办法第八十二条第二项			10			
334	30054	行人通过路口未走过街设施的	道交法第六十二条，《条例》第七十五条	道交法第八十九条、办法第八十二条第二项			10			
335	3006	行人跨越道路隔离设施的	道交法第六十三条	道交法第八十九条、办法第八十二条第七项			10			
336	3007	行人倚坐道路隔离设施的	道交法第六十三条	道交法第八十九条、办法第八十二条第七项			10			
337	3008	行人扒车的	道交法第六十三条	道交法第八十九条、办法第八十二条第七项			10			
338	3009	行人强行拦车的	道交法第六十三条	道交法第八十九条、办法第八十二条第七项			10			

续上表

序号	代码	违法行为	行为依据	处罚依据	记分(分)	警告	罚款(元)	暂扣(月)	拘留(日)	吊销
339	3013	行人不按规定通过铁路道口的	道交法第六十五条	道交法第八十九条、办法第八十二条第八项			10			
340	3014	在道路上使用滑行工具的	《条例》第七十四条第一项	道交法第八十九条、办法第八十二条第三项			10			
341	30151	行人在车行道内坐卧的	《条例》第七十四条第二项	道交法第八十九条、办法第八十二条第四项			10			
342	30152	行人在车行道内停留的	《条例》第七十四条第二项	道交法第八十九条、办法第八十二条第四项			10			
343	30153	行人在车行道内嬉闹的	《条例》第七十四条第二项	道交法第八十九条、办法第八十二条第四项			10			
344	30161	行人有追车妨碍道路交通安全的行为的	《条例》第七十四条第三项	道交法第八十九条、办法第八十二条第五项			10			
345	30162	行人抛物击车等妨碍道路交通安全的行为的	《条例》第七十四条第三项	道交法第八十九条、办法第八十二条第五项			10			
346	3019	机动车行驶时,乘坐人员未按规定使用安全带的	道交法第五十一条	道交法第八十九条、办法第八十四条第四项			20			

续上表

序号	代码	违法行为	行为依据	处罚依据	记分(分)	警告	罚款(元)	暂扣(月)	拘留(日)	吊销
347	3020	乘坐摩托车不戴安全头盔的	道交法第五十一条	道交法第八十九条、办法第八十九条第五项			50			
348	3021	乘车人携带易燃、易爆等危险物品的	道交法第六十六条	道交法第八十九条、办法第八十九条第六项			50			
349	3022	乘车人向车外抛洒物品的	道交法第六十六条	道交法第八十九条、办法第八十四条第二项			20			
350	3023	乘车人有影响驾驶人安全驾驶的行为的	道交法第六十六条、办法第五十七条第七项	道交法第八十九条、办法第八十四条第三项			20			
351	3024	在机动车道上拦乘机动车的	《条例》第七十七条第一项、办法第五十七条第四项	道交法第八十九条、办法第八十二条第六项			10			
352	3025	在机动车道上从机动车左侧上下车的	《条例》第七十七条第二项	道交法第八十九条、办法第八十三条第一项			10			
353	30261	开关车门妨碍其他车辆通行的	《条例》第七十七条第三项	道交法第八十九条、办法第八十三条第二项			10			
354	30262	开关车门妨碍其他行人通行的	《条例》第七十七条第三项	道交法第八十九条、办法第八十三条第二项			10			

续上表

序号	代码	违法行为	行为依据	处罚依据	记分（分）	警告	罚款（元）	暂扣（月）	拘留（日）	吊销
355	3028	机动车行驶中乘坐人员将身体任何部分伸出车外的	《条例》第七十七条第四项	道交法第八十九条、办法第八十三条第三项			10			
356	3029	乘车人在机动车行驶中跳车的	《条例》第七十七条第四项	道交法第八十九条、办法第八十三条第三项			10			
357	3030	乘坐两轮摩托车未正向骑坐的	《条例》第七十七条第五项	道交法第八十九条、办法第八十三条第四项			10			
358	40011	行人进入高速公路的	道交法第六十七条、办法第五十七条第二项	道交法第八十九条、办法第八十九条第一项			50			
359	40012	行人进入城市快速公路的	道交法第六十七条、办法第五十七条第二项	道交法第八十九条、办法第八十九条第一项			50			
360	40013	行人进入封闭的机动车专用道的	道交法第六十七条、办法第五十七条第二项	道交法第八十九条、办法第八十九条第一项			50			
361	4002	拖拉机驶入高速公路的	道交法第六十七条	道交法第九十条、办法第一百零四条第一项			200			
362	40031	非机动车驶入高速公路	道交法第六十七条,办法第五十五条第二项,《北京市非机动车管理条例》第十四条第八项	道交法第八十九条、办法第八十九条第一项、《北京市非机动车管理条例》第二十九条			50			

续上表

序号	代码	违法行为	行为依据	处罚依据	记分（分）	警告	罚款（元）	暂扣（月）	拘留（日）	吊销
363	40032	非机动车驶入城市快速公路	道交法第六十七条,办法第五十五条第二项,《北京市非机动车管理条例》第十四条第八项	道交法第八十九条、办法第八十九条第一项、《北京市非机动车管理条例》第二十九条			50			
364	40033	非机动车驶入封闭的机动车专用道的	道交法第六十七条,办法第五十五条第二项,《北京市非机动车管理条例》第十四条第八项	道交法第八十九条、办法第八十九条第一项、《北京市非机动车管理条例》第二十九条			50			
365	4005	机动车从匝道进入或驶离高速公路时不按规定使用灯光的	《条例》第七十九条	道交法第九十条			200			
366	40071	在高速公路的路肩上行驶的	《条例》第八十二条第三项	道交法第九十条、办法第一百零四条第九项			200			
367	40072	在快速路的路肩上行驶的	《条例》第八十二条第三项	道交法第九十条、办法第一百零四条第九项			200			
368	4009	机动车在高速公路上通过施工作业路段,不减速行驶的	《条例》第八十四条	道交法第九十条			200			
369	40101	在高速公路上骑轧车行道分界线的	《条例》第八十二条第三项	道交法第九十条、办法第一百零四条第九项			200			

续上表

序号	代码	违法行为	行为依据	处罚依据	记分（分）	警告	罚款（元）	暂扣（月）	拘留（日）	吊销
370	40102	在快速公路上骑轧车行道分界线的	《条例》第八十二条第三项	道交法第九十条、办法第一百零四条第九项			200			
371	40111	在高速公路上学习驾驶机动车的	《条例》第八十二条第五项	道交法第九十条、办法第一百零四条第十项			200			
372	40112	在高速公路上试车的	《条例》第八十二条第五项	道交法第九十条、办法第一百零四条第十项			200			
373	40113	在快速路上学习驾驶机动车的	《条例》第八十二条第五项	道交法第九十条、办法第一百零四条第十项			200			
374	4012	在高速公路上违反规定拖曳故障车、肇事车的	道交法第六十八条第二款	道交法第九十条、办法第一百零四条第二项			200			
375	40141	在高速公路上行驶的载货汽车车厢载人的	《条例》第八十三条	道交法第九十条、办法第一百零四条第十一项			200			
376	40142	在快速路上行驶的载货汽车车厢载人的	《条例》第八十三条	道交法第九十条、办法第一百零四条第十一项			200			
377	40151	在高速公路上行驶的两轮摩托车载人的	《条例》第八十三条	道交法第九十条、办法第一百零四条第十二项			200			

续上表

序号	代码	违法行为	行为依据	处罚依据	记分(分)	警告	罚款(元)	暂扣(月)	拘留(日)	吊销
378	40152	在快速路上行驶的两轮摩托车载人的	《条例》第八十三条	道交法第九十条、办法第一百零四条第十二项			200			
379	4016	驾驶机动车在高速公路上行驶低于规定时速20%以下的	《条例》第七十八条	道交法第九十条		警告				
380	4204	在高速公路上行驶时，驾驶人未按规定使用安全带的	道交法第五十一条	道交法第九十条、办法第九十一条第一项	2		50			
381	4301	驾驶设计最高时速低于70公里的机动车进入高速公路的	道交法第六十七条	道交法第九十条、办法第一百零四条第一项	3		200			
382	4302	机动车在高速公路上发生故障或交通事故后，驾驶人不按规定使用危险报警闪光灯的	道交法第五十二条、第六十八条第一款	道交法第九十条	3		200			
383	4303	高速公路上车辆发生故障或交通事故后，不按规定设置警告标志的	道交法第六十八条第一款	道交法第九十条	3		200			

续上表

序号	代码	违法行为	行为依据	处罚依据	记分（分）	警告	罚款（元）	暂扣（月）	拘留（日）	吊销
384	43061	驾驶机动车在高速公路上正常情况下行驶速度低于规定最低时速20%以上的	《条例》第七十八条	道交法第九十条、办法第一百零四条第四项	3		200			
385	43111	在高速公路匝道上超车的	《条例》第八十二条第二项	道交法第九十条、办法第一百零四条第八项	3		200			
386	43112	在快速公路匝道上超车的	《条例》第八十二条第二项	道交法第九十条、办法第一百零四条第八项	3		200			
387	43113	在高速公路上加速车道超车的	《条例》第八十二条第二项	道交法第九十条、办法第一百零四条第八项	3		200			
388	43114	在快速路上加速车道超车的	《条例》第八十二条第二项	道交法第九十条、办法第一百零四条第八项	3		200			
389	43115	在高速公路上减速车道超车的	《条例》第八十二条第二项	道交法第九十条、办法第一百零四条第八项	3		200			
390	43116	在快速路上减速车道超车的	《条例》第八十二条第二项	道交法第九十条、办法第一百零四条第八项	3		200			
391	4312	驾驶机动车在高速公路上不按规定车道行驶的	道交法第三十六条，《条例》第四十四条第一款，办法第三十四条第一、二、四项	道交法第九十条、办法第九十三条第二项	3		100			

续上表

序号	代码	违法行为	行为依据	处罚依据	记分(分)	警告	罚款(元)	暂扣(月)	拘留(日)	吊销
392	46081	非紧急情况时在高速公路应急车道上行驶的	《条例》第八十二条第四项	道交法第九十条、办法第九十九条第五项	6		200			
393	4609	驾驶中型以上载客汽车在高速公路上行驶超过规定时速未达20%的	道交法第四十二条,《条例》第四十五条、四十六条、七十八条,办法第三十九条	道交法第九十条、办法第九十八条第十一项	6		200			
394	4610	驾驶中型以上载货汽车在高速公路上行驶超过规定时速未达20%的	道交法第四十二条,《条例》第四十五条、四十六条、七十八条,办法第三十九条	道交法第九十条、办法第九十八条第十一项	6		200			
395	4611	驾驶校车在高速公路上行驶超过规定时速未达20%的	道交法第四十二条,《条例》第四十五条、四十六条、七十八条,办法第三十九条,《校车安全管理《条例》》第三十五条第一款、第二款	道交法第九十条、办法第九十八条第十一项	6		200			
396	4612	驾驶危险物品运输车辆在高速公路上行驶超过规定时速未达20%的	道交法第四十二条,《条例》第四十五条、四十六条、七十八条,办法第三十九条,《剧毒化学品购买和公路运输许可证件管理办法》(公安部令第77号)第十八条第二款	道交法第九十条、办法第九十八条第十一项	6		200			

续上表

序号	代码	违法行为	行为依据	处罚依据	记分(分)	警告	罚款(元)	暂扣(月)	拘留(日)	吊销
397	4613	驾驶营运客车以外的机动车在高速公路行车道上停车的	《条例》第八十二条第一项	道交法第九十条	6		200			
398	4614	驾驶营运客车以外的机动车非紧急情况下在高速公路应急车道上停车的	《条例》第八十二条第四项，办法第五十三条第二款	道交法第九十条、办法第九十九条第五项	6		200			
399	4615	低能见度气象条件下，驾驶机动车在高速公路上不按规定行驶的	《条例》第八十一条	道交法第九十条、办法第一百零四条第六项	6	200				
400	47011	在高速公路上倒车的	《条例》第八十二条第一项	道交法第九十条、办法第一百零四条第七项	12		200			
401	47021	在高速公路上逆行的	《条例》第八十二条第一项	道交法第九十条、办法第一百零四条第七项	12		200			
402	4703	在高速公路上穿越中央分隔带掉头的	《条例》第八十二条第一项	道交法第九十条、办法第一百零四条第七项	12		200			
403	4704	驾驶营运客车在高速公路行车道上停车的	《条例》第八十二条第一项	道交法第九十条、办法第一百零四条第七项	12		200			

续上表

序号	代码	违法行为	行为依据	处罚依据	记分（分）	警告	罚款（元）	暂扣（月）	拘留（日）	吊销
404	4705	驾驶营运客车非紧急情况下在高速公路应急车道上停车的	《条例》第八十二条第四项，办法第五十三条第二款	道交法第九十条、办法第九十九条第五项	12		200			
405	4706	驾驶中型以上载客汽车在高速公路上行驶超过规定时速20%以上未达50%的	道交法第四十二条、《条例》第七十八条	道交法第九十条、办法第九十八条第十一项	12		200			
406	4707	驾驶中型以上载货汽车在高速公路上行驶超过规定时速20%以上未达50%的	道交法第四十二条、《条例》第七十八条	道交法第九十条、办法第九十八条第十一项	12		200			
407	4708	驾驶校车在高速公路上行驶超过规定时速20%以上未达50%的	道交法第四十二条、《条例》第七十八条、《校车安全管理条例》第三十五条第一款、第二款	道交法第九十条、办法第九十八条第十一项	12		200			
408	4709	驾驶危险物品运输车辆在高速公路上行驶超过规定时速20%以上未达50%的	道交法第四十二条、《条例》第七十八条、《剧毒化学品购买和公路运输许可证件管理办法》（公安部令第77号）第十八条第二款	道交法第九十条、办法第九十八条第十一项	12		200			

续上表

序号	代码	违法行为	行为依据	处罚依据	记分（分）	警告	罚款（元）	暂扣（月）	拘留（日）	吊销
409	4710	驾驶中型以上载客汽车在高速公路上行驶超过规定时速50%的	道交法第四十二条，《条例》第四十五条、四十六条、七十八条，办法第三十九条	道交法第九十九条第一款第四项、第二款	12		1800			可以吊销
410	4711	驾驶中型以上载货汽车在高速公路上行驶超过规定时速50%的	道交法第四十二条，《条例》第四十五条、四十六条、七十八条，办法第三十九条	道交法第九十九条第一款第四项、第二款	12		1800			可以吊销
411	4712	驾驶校车在高速公路上行驶超过规定时速50%的	道交法第四十二条，《条例》第四十五条、四十六条、七十八条，办法第三十九条，《校车安全管理条例》第三十五条第一款、第二款	道交法第九十九条第一款第四项、第二款	12		1800			可以吊销
412	4713	驾驶危险物品运输车辆在高速公路上行驶超过规定时速50%的	道交法第四十二条，《条例》第四十五条、四十六条、七十八条，办法第三十九条，《剧毒化学品购买和公路运输许可证件管理办法》（公安部令第77号）第十八条第二款	道交法第九十九条第一款第四项、第二款	12		1800			可以吊销
413	50011	伪造机动车登记证书的	道交法第十六条第三项	道交法第九十六条第一款			5000		5日以上15日以下	

续上表

序号	代码	违法行为	行为依据	处罚依据	记分(分)	警告	罚款(元)	暂扣(月)	拘留(日)	吊销
414	50012	变造机动车登记证书的	道交法第十六条第三项	道交法第九十六条第一款			5000		5日以上15日以下	
415	50021	伪造机动车号牌的	道交法第十六条第三项	道交法第九十六条第一款			5000		5日以上15日以下	
416	50022	变造机动车号牌的	道交法第十六条第三项	道交法第九十六条第一款			5000		5日以上15日以下	
417	50031	伪造机动车行驶证的	道交法第十六条第三项	道交法第九十六条第一款			5000		5日以上15日以下	
418	50032	变造机动车行驶证的	道交法第十六条第三项	道交法第九十六条第一款			5000		5日以上15日以下	
419	50041	伪造机动车检验合格标志的	道交法第十六条第三项	道交法第九十六条第二款			3000		1日以上10日以下	
420	50042	变造机动车检验合格标志的	道交法第十六条第三项	道交法第九十六条第二款			3000		1日以上10日以下	
421	50051	伪造机动车保险标志的	道交法第十六条第三项	道交法第九十六条第二款			3000		1日以上10日以下	
422	50052	变造机动车保险标志的	道交法第十六条第三项	道交法第九十六条第二款			3000		1日以上10日以下	
423	50061	伪造机动车驾驶证的	道交法第十九条第二款	道交法第九十六条第一款			5000		5日以上15日以下	
424	50062	变造机动车驾驶证的	道交法第十九条第二款	道交法第九十六条第一款			5000		5日以上15日以下	
425	50071	使用伪造的机动车登记证书的	道交法第十六条第三项	道交法第九十六条第一款			5000		5日以上15日以下	
426	50072	使用变造的机动车登记证书的	道交法第十六条第三项	道交法第九十六条第一款			5000		5日以上15日以下	
427	50101	使用伪造的机动车检验合格标志的	道交法第十六条第三项	道交法第九十六条第二款			3000		1日以上10日以下	

续上表

序号	代码	违法行为	行为依据	处罚依据	记分(分)	警告	罚款(元)	暂扣(月)	拘留(日)	吊销
428	50102	使用变造的机动车检验合格标志的	道交法第十六条第三项	道交法第九十六条第二款			3000		1日以上10日以下	
429	50111	使用伪造的机动车保险标志的	道交法第十六条第三项	道交法第九十六条第二款			3000		1日以上10日以下	
430	50112	使用变造的机动车保险标志的	道交法第十六条第三项	道交法第九十六条第二款			3000		1日以上10日以下	
431	5013	使用其他车辆的机动车登记证书的	道交法第十六条第四项	道交法第九十六条第三款			5000			
432	5016	使用其他车辆的机动车检验合格标志的	道交法第十六条第四项	道交法第九十六条第三款			5000			
433	5017	使用其他车辆的机动车保险标志的	道交法第十六条第四项	道交法第九十六条第三款			5000			
434	5018	强迫驾驶人违反交通安全法律、法规和安全驾驶要求驾驶机动车，造成交通事故但尚不构成犯罪的	道交法第九十九条第一款第五项	道交法第九十九条第一款第五项、第二款			1800		5日以上15日以下	
435	5019	故意损毁交通设施，造成危害后果，尚不构成犯罪的	道交法第九十九条第一款第七项	道交法第九十九条第一款第七项、第二款			1800		5日以上15日以下	
436	5020	故意移动交通设施，造成危害后果，尚不构成犯罪的	道交法第九十九条第一款第七项	道交法第九十九条第一款第七项、第二款			1800		5日以上15日以下	

续上表

序号	代码	违法行为	行为依据	处罚依据	记分（分）	警告	罚款（元）	暂扣（月）	拘留（日）	吊销
437	5021	故意涂改交通设施，造成危害后果，尚不构成犯罪的	道交法第九十九条第一款第七项	道交法第九十九条第一款第七项、第二款			1800		5日以上15日以下	
438	50221	非法拦截机动车，不听劝阻，造成交通严重阻塞的	道交法第九十九条第一款第八项	道交法第九十九条第一款第八项、第二款			1800		5日以上15日以下	
439	50222	非法拦截机动车，不听劝阻，造成较大财产损失的	道交法第九十九条第一款第八项	道交法第九十九条第一款第八项、第二款			1800		15日以下	
440	50231	非法扣留机动车辆，不听劝阻，造成交通严重阻塞的	道交法第九十九条第一款第八项	道交法第九十九条第一款第八项、第二款			1800		5日以上15日以下	
441	50232	非法扣留机动车辆，不听劝阻，造成较大财产损失的	道交法第九十九条第一款第八项	道交法第九十九条第一款第八项、第二款			1800		15日以下	
442	5024	道路两侧及隔离带上种植物或设置广告牌、管线等，遮挡路灯、交通信号灯、交通标志，妨碍安全视距拒不排除障碍的	道交法第二十八条第二款	道交法第一百零六条			2000			
443	5029	出售已达到报废标准的机动车的	道交法第一百条第三款	道交法第一百条第三款			没收违法所得，处销售金额等额罚款			

续上表

序号	代码	违法行为	行为依据	处罚依据	记分(分)	警告	罚款(元)	暂扣(月)	拘留(日)	吊销
444	5030	其他机动车喷涂特种车特定标志图案的	道交法第十五条第一款	道交法第九十条			200			
445	50351	服用国家管制的精神药品仍继续驾驶的	道交法第二十二条第二款	道交法第九十条、办法第九十六条第三项			200			
446	50352	服用国家管制的麻醉药品仍继续驾驶的	道交法第二十二条第二款	道交法第九十条、办法第九十六条第三项			200			
447	50353	患有妨碍安全驾驶机动车的疾病仍继续驾驶的	道交法第二十二条第二款	道交法第九十条、办法第九十六条第四项			200			
448	5037	过度疲劳仍继续驾驶的	道交法第二十二条第二款	道交法第九十条			200			
449	50381	货运机动车未按规定喷涂放大的牌号的	《条例》第十三条第一款、办法第十五条第三项	《机动车登记规定》第五十六条第一项、办法第九十七条第六项			200			
450	50382	货运机动车挂车未按规定喷涂放大的牌号的	《条例》第十三条第一款、办法第十五条第三项	《机动车登记规定》第五十六条第一项、办法第九十七条第六项			200			
451	50383	货运机动车喷涂放大的牌号不清楚的	《条例》第十三条第一款、办法第十五条第三项	《机动车登记规定》第五十六条第一项、办法第九十七条第六项		警告	200			

续上表

序号	代码	违法行为	行为依据	处罚依据	记分(分)	警告	罚款(元)	暂扣(月)	拘留(日)	吊销
452	50384	货运机动车挂车喷涂放大的牌号不清楚的	《条例》第十三条第一款、办法第十五条第三项	《机动车登记规定》第五十六条第一项、办法第九十七条第六项		警告	200			
453	5039	对符合暂扣和吊销机动车驾驶证情形，机动车驾驶证被扣留后驾驶人无正当理由逾期未接受处理的	道交法第一百一十条第二款	道交法第一百一十条第二款						吊销
454	50441	机动车安全技术检验机构出具虚假检验结果的	《条例》第十五条第一款	道交法第九十四条第二款			处检验费10倍罚款			
455	50442	机动车安全技术检验机构不按规定检验的	《条例》第十五条第一款	道交法第九十四条第二款			处检验费10倍罚款			
456	50461	公路客运车辆载客超过额定乘员，经处罚不改的	道交法第九十二条第四款	道交法第九十二条第四款			2000			
457	50462	公路客运车辆载客超过额定乘员，经处罚不改的	道交法第九十二条第四款	道交法第九十二条第四款			5000			
458	50463	公路客运车辆违反规定载货，经处罚不改的	道交法第九十二条第四款	道交法第九十二条第四款			2000			

续上表

序号	代码	违法行为	行为依据	处罚依据	记分(分)	警告	罚款(元)	暂扣(月)	拘留(日)	吊销
459	50464	公路客运车辆违反规定载货,经处罚不改的	道交法第九十二条第四款	道交法第九十二条第四款			5000			
460	50465	货运机动车超过核定载质量,经处罚不改的	道交法第九十二条第四款	道交法第九十二条第四款			2000			
461	50466	货运机动车超过核定载质量,经处罚不改的	道交法第九十二条第四款	道交法第九十二条第四款			5000			
462	50467	货运机动车违反规定载客,经处罚不改的	道交法第九十二条第四款	道交法第九十二条第四款			2000			
463	50468	货运机动车违反规定载客,经处罚不改的	道交法第九十二条第四款	道交法第九十二条第四款			5000			
464	5050	车辆所有人使用拼装的机动车接送学生的	《校车安全管理条例》第四十四条	《校车安全管理条例》第四十四条			100000,(没收违法所得)			
465	5051	车辆所有人使用达到报废标准的机动车接送学生的	《校车安全管理条例》第四十四条	《校车安全管理条例》第四十四条			100000,(没收违法所得)			
466	5052	使用未取得校车标牌的车辆提供校车服务的	《校车安全管理条例》第十八条	《校车安全管理条例》第四十五条第一款			20000,(没收违法所得)			
467	5053	使用未取得校车驾驶资格的人员驾驶校车的	《校车安全管理条例》第二十五条	《校车安全管理条例》第四十五条第一款			20000,(没收违法所得)			

续上表

序号	代码	违法行为	行为依据	处罚依据	记分(分)	警告	罚款(元)	暂扣(月)	拘留(日)	吊销
468	5054	伪造、变造校车标牌的	《校车安全管理条例》第四十五条第三款	《校车安全管理条例》第四十五条第三款			5000			
469	5055	未按照规定指派照管人员随校车全程照管乘车学生的	《校车安全管理条例》第三十八条第一款	《校车安全管理条例》第五十三条第一款			500			
470	56031	以隐瞒、欺骗手段补领机动车驾驶证的	《机动车驾驶证申领和使用规定》第九十五条第一款第一项	《机动车驾驶证申领和使用规定》第九十五条第一款第一项	6		500			
471	57011	使用伪造的机动车号牌的	道交法第十六条第三项	道交法第九十六条第一款	12		5000		5日以上15日以下	
472	57012	使用变造的机动车号牌的	道交法第十六条第三项	道交法第九十六条第一款	12		5000		5日以上15日以下	
473	57021	使用伪造的机动车行驶证的	道交法第十六条第三项	道交法第九十六条第一款	12		5000		5日以上15日以下	
474	57022	使用变造的机动车行驶证的	道交法第十六条第三项	道交法第九十六条第一款	12		5000		5日以上15日以下	
475	57031	使用伪造的机动车驾驶证的	道交法第十九条第一款	道交法第九十六条第一款	12		5000		5日以上15日以下	
476	57032	使用变造的机动车驾驶证的	道交法第十九条第一款	道交法第九十六条第一款	12		5000		5日以上15日以下	
477	5704	使用其他车辆的机动车号牌的	道交法第十六条第四项	道交法第九十六条第三款	12		5000			

续上表

序号	代码	违法行为	行为依据	处罚依据	记分(分)	警告	罚款(元)	暂扣(月)	拘留(日)	吊销
478	5705	使用其他车辆的机动车行驶证的	道交法第十六条第四项	道交法第九十六条第三款	12		5000			
479	5706	使用伪造、变造的校车标牌的	《校车安全管理条例》第四十五条第三款	《校车安全管理条例》第四十五条第三款	12		5000			
480	6001	牵引故障机动车时，被牵引的机动车除驾驶人外载人的	《条例》第六十一条第一款第一项	道交法第九十条、办法第九十三条第十二项			100			
481	6002	牵引故障机动车时，被牵引的机动车拖带挂车的	《条例》第六十一条第一款第一项	道交法第九十条、办法第九十三条第十二项			100			
482	6003	牵引故障机动车时，被牵引的机动车宽度大于牵引的机动车的	《条例》第六十一条第一款第二项	道交法第九十条、办法第九十三条第十二项			100			
483	6004	使用软连接装置牵引故障机动车时，牵引车与被牵引车之间未保持安全距离的	《条例》第六十一条第一款第三项	道交法第九十条、办法第九十三条第十二项			100			
484	6005	牵引制动失效的被牵引车，未使用硬连接牵引装置的	《条例》第六十一条第一款第四项	道交法第九十条、办法第九十三条第十二项			100			
485	6006	使用汽车吊车牵引车辆的	《条例》第六十一条第二款	道交法第九十条、办法第九十三条第十二项			100			

续上表

序号	代码	违法行为	行为依据	处罚依据	记分(分)	警告	罚款(元)	暂扣(月)	拘留(日)	吊销
486	6007	使用轮式专用机械牵引车辆的	《条例》第六十一条第二款	道交法第九十条、办法第九十三条第十二项			100			
487	6008	使用摩托车牵引车辆的	《条例》第六十一条第二款	道交法第九十条、办法第九十三条第十二项			100			
488	6009	牵引摩托车的	《条例》第六十一条第二款	道交法第九十条、办法第九十三条第十二项			100			
489	6010	未使用专用清障车拖曳转向或照明、信号装置失效的机动车的	《条例》第六十一条第三款	道交法第九十条、办法第九十三条第十二项			100			
490	6011	在高速公路或城市快速路以外的道路上行驶时,驾驶人未按规定使用安全带的	道交法第五十一条法	道交法第九十条、办法第九十一条第一项			50			
491	6012	摩托车后座乘坐不满十二周岁未成年人的	《条例》第五十五条第三项	道交法第九十条、办法第九十五条第二项			100			
492	6013	驾驶轻便摩托车载人的	《条例》第五十五条第三项	道交法第九十条、办法第九十五条第二项			100			
493	60141	机动车载物行驶时遗洒载运物的	道交法第四十八条第一款	道交法第九十条			100			

续上表

序号	代码	违法行为	行为依据	处罚依据	记分（分）	警告	罚款（元）	暂扣（月）	拘留（日）	吊销
494	60142	机动车载物行驶时飘散载运物的	道交法第四十八条第一款	道交法第九十条			100			
495	6017	驾驶载客汽车以外的其他机动车载人超过核定人数的	道交法第四十九条	道交法第九十条			200			
496	60181	补领机动车驾驶证后，继续使用原机动车驾驶证的	《机动车驾驶证申领和使用规定》第六十三条第三款	《机动车驾驶证申领和使用规定》第九十四条第一款第一项			200			
497	6019	发生交通事故后，应当自行撤离现场而未撤离，造成交通堵塞的	道交法第七十条第三款，《条例》第八十九条，《道路交通事故处理程序规定》第十九条	道交法第九十条、办法第一百零二条第四项、《道路交通事故处理程序规定》第十九条第三款			200			
498	6020	驾驶拼装的机动车接送学生的	《校车安全管理条例》第四十四条	《校车安全管理条例》第四十四条			5000			吊销
499	6021	驾驶达到报废标准的机动车接送学生的	《校车安全管理条例》第四十四条	《校车安全管理条例》第四十四条			5000			吊销
500	60221	饮酒后驾驶机动车发生重大交通事故，构成犯罪的	道交法第九十一条第五款	道交法第九十一条第五款						吊销（终生）
501	60222	醉酒驾驶机动车发生重大交通事故，构成犯罪的	道交法第九十一条第五款	道交法第九十一条第五款						吊销（终生）

续上表

序号	代码	违法行为	行为依据	处罚依据	记分（分）	警告	罚款（元）	暂扣（月）	拘留（日）	吊销
502	6023	驾驶机动车在高速公路、城市快速路以外的道路上不按规定车道行驶的	道交法第三十六条,《条例》第四十四条第一款,办法第三十四条	道交法第九十条、办法第九十三条第二项			100			
503	60245	实习期内驾驶公共汽车的	《条例》第二十二条第三款、《机动车驾驶证申领和使用规定》第七十五条第一款	道交法第九十条、办法第一百零三条第二项、《机动车驾驶证申领和使用规定》第九十四条第一款第二项			200			
504	60246	实习期内驾驶营运客车的	《条例》第二十二条第三款、《机动车驾驶证申领和使用规定》第七十五条第一款	道交法第九十条、办法第一百零三条第二项、《机动车驾驶证申领和使用规定》第九十四条第一款第二项			200			
505	60247	实习期内驾驶执行任务的特种车辆的	《条例》第二十二条第三款、《机动车驾驶证申领和使用规定》第七十五条第一款	道交法第九十条、办法第一百零三条第二项、《机动车驾驶证申领和使用规定》第九十四条第一款第二项			200			
506	60248	实习期内驾驶载有危险物品的机动车的	《条例》第二十二条第三款、《机动车驾驶证申领和使用规定》第七十五条第一款	道交法第九十条、办法第一百零三条第二项、《机动车驾驶证申领和使用规定》第九十四条第一款第二项			200			

续上表

序号	代码	违法行为	行为依据	处罚依据	记分(分)	警告	罚款(元)	暂扣(月)	拘留(日)	吊销
507	60251	实习期内驾驶的机动车牵引挂车的	《条例》第二十二条第三款、办法第四十八条第一项、《机动车驾驶证申领和使用规定》第七十五条第一款	道交法第九十条、办法第一百零三条第二项、《机动车驾驶证申领和使用规定》第九十四条第一款第二项			200			
508	60252	实习期间驾驶牵引机动车的	《条例》第二十二条第三款、办法第四十八条第一项、《机动车驾驶证申领和使用规定》第七十五条第一款	道交法第九十条、办法第一百零三条第二项、《机动车驾驶证申领和使用规定》第九十四条第一款第二项			200			
509	60253	机动车驾驶人在实习期内驾驶牵引挂车的	《条例》第二十二条第三款、办法第四十八条第一项、《机动车驾驶证申领和使用规定》第七十五条第一款	道交法第九十条、办法第一百零三条第二项、《机动车驾驶证申领和使用规定》第九十四条第一款第二项			200			
510	60261	机动车驾驶人在实习期内驾驶机动车上高速公路行驶，无相应或者更高准驾车型驾驶证三年以上的驾驶人陪同的	《机动车驾驶证申领和使用规定》第七十五条第二款	《机动车驾驶证申领和使用规定》第九十四条第一款第二项			200			

续上表

序号	代码	违法行为	行为依据	处罚依据	记分(分)	警告	罚款(元)	暂扣(月)	拘留(日)	吊销
511	60271	驾驶机动车未按规定粘贴、悬挂实习标志的	《条例》第二十二条第二款、《机动车驾驶证申领和使用规定》第七十四条第三款	道交法第九十条、办法第九十二条第六项、《机动车驾驶证申领和使用规定》第九十四条第一款第三项			100			
512	60281	驾驶机动车未按规定粘贴、悬挂残疾人机动车专用标志的	《机动车驾驶证申领和使用规定》第七十六条第一款	《机动车驾驶证申领和使用规定》第九十四条第一款第三项			100			
513	60291	持有大型客车、牵引车、城市公交车、中型客车、大型货车驾驶证的驾驶人,未按照规定申报变更信息的	《机动车驾驶证申领和使用规定》第八十条	《机动车驾驶证申领和使用规定》第九十四条第一款第四项			200			
514	60301	机动车驾驶人身体条件发生变化不适合驾驶机动车,仍驾驶机动车的	《机动车驾驶证申领和使用规定》第六十一条	《机动车驾驶证申领和使用规定》第九十五条第一款第二项			200			
515	60311	逾期不参加审验仍驾驶机动车的	《机动车驾驶证申领和使用规定》第七十条、第八十五条	《机动车驾驶证申领和使用规定》第九十五条第一款第三项			200			
516	6032	醉酒后驾驶机动车的	道交法第二十二条第二款	道交法第九十一条第二款						吊销(5年)

续上表

序号	代码	违法行为	行为依据	处罚依据	记分（分）	警告	罚款（元）	暂扣（月）	拘留（日）	吊销
517	6033	醉酒后驾驶营运机动车的	道交法第二十二条第二款	道交法第九十一条第四款						吊销（10年）
518	6034	饮酒后驾驶营运机动车的	道交法第二十二条第二款	道交法第九十一条第三款			5000		15	吊销（5年）
519	6035	因饮酒后驾驶机动车被处罚，再次饮酒后驾驶机动车的	道交法第二十二条第二款	道交法第九十一条第一款			2000		1日以上10日以下	吊销
520	6036	挂车的灯光信号、制动、连接、安全防护等装置不符合国家标准的	《条例》第五十六条第一款第一项	道交法第九十条			200			
521	6037	挂车载人的	《条例》第五十六条第一款第二项	道交法第九十条			200			
522	6038	货运机动车驾驶室载人超过核定人数的	道交法四十九条	道交法第九十条			200			
523	6039	因号牌被盗、丢失等原因未悬挂机动车号牌的，且当事人能够出具报警记录或者受案回执单等相关证明的	道交法第十一条第一款	道交法第九十条		警告				
524	6040	因交通事故导致车辆号牌损坏、残缺或号牌老化、褪色等非人为因素影响号牌清晰、完整的	道交法第十一条第二款	道交法第九十条		警告				

续上表

序号	代码	违法行为	行为依据	处罚依据	记分（分）	警告	罚款（元）	暂扣（月）	拘留（日）	吊销
525	6041	未按规定粘贴有效临时行驶车号牌的	道交法第十一条第二款、《条例》第十三条第一款、办法第十五条第一项	道交法第九十条		警告				
526	6042	使用的号牌架内侧边缘距离号牌上汉字、字母或者数字边缘不足5mm且影响号牌识认的	道交法第十一条第二款、《条例》第十三条第一款、办法第十五条第一项	道交法第九十条		警告				
527	6043	机动车已安装号牌但未使用号牌专用固封装置的	道交法第十一条第二款、《条例》第十三条第一款、办法第十五条第一项	道交法第九十条		警告				
528	6044	外地驾驶人因不熟悉道路，违反载货汽车禁令标志指示通行的，经交通警察当场指出后立即终止违法行为的	道交法第三十八条	道交法第九十条		警告				
529	60451	号牌不清晰的	道交法第十一条第二款	道交法第九十条、办法第九十七条第四项		警告	200			
530	60452	号牌不完整的	道交法第十一条第二款	道交法第九十条、办法第九十七条第四项		警告	200			
531	6046	驾驶机动车在限速低于60公里/小时的公路上超过规定车速50%以下的	道交法第四十二条、《条例》第四十五条、四十六条	道交法第九十条		警告				

续上表

序号	代码	违法行为	行为依据	处罚依据	记分(分)	警告	罚款(元)	暂扣(月)	拘留(日)	吊销
532	6047	驾驶中型以上载客汽车在高速公路、城市快速路以外的道路上超过规定时速10%以下的	道交法第四十二条、《条例》第四十五条、四十六条	道交法第九十条		警告				
533	6048	驾驶中型以上载货汽车在高速公路、城市快速路以外的道路上超过规定时速10%以下的	道交法第四十二条、《条例》第四十五条、四十六条	道交法第九十条		警告				
534	6049	驾驶危险物品运输车辆在高速公路、城市快速路以外的道路上超过规定时速10%以下的	道交法第四十二条、《条例》第四十五条、四十六条	道交法第九十条		警告				
535	6050	驾驶中型以上载客载货汽车、危险物品运输车辆以外的机动车超过规定时速10%以下的	道交法第四十二条、《条例》第四十五条、四十六条	道交法第九十条		警告				
536	6051	申请人在道路上学习驾驶时,未按照规定随身携带学习驾驶证明的	《机动车驾驶证申领和使用规定》第三十九条	《机动车驾驶证申领和使用规定》第九十条			100			

续上表

序号	代码	违法行为	行为依据	处罚依据	记分(分)	警告	罚款(元)	暂扣(月)	拘留(日)	吊销
537	6052	申请人在道路上学习驾驶时,未按照规定放置、粘贴学车专用标识的	《机动车驾驶证申领和使用规定》第三十九条	《机动车驾驶证申领和使用规定》第九十一条第二项			100			
538	6053	申请人在道路上学习驾驶时,自学用车搭载随车指导人员以外的其他人员的	《机动车驾驶证申领和使用规定》第三十九条	《机动车驾驶证申领和使用规定》第九十二条第二项			200			
539	6054	申请人在道路上学习驾驶时,未取得学习驾驶证明的	《机动车驾驶证申领和使用规定》第三十八条	道交法第九十九条第一款第一项,《机动车驾驶证申领和使用规定》第九十三条第一款第一项			1800			
540	6055	申请人在道路上学习驾驶时,学习驾驶证明超过有效期的	《机动车驾驶证申领和使用规定》第三十八条	道交法第九十九条第一款第一项,《机动车驾驶证申领和使用规定》第九十三条第一款第二项			1800			
541	6056	申请人在道路上学习驾驶时,由不符合规定的人员随车指导的	《机动车驾驶证申领和使用规定》第三十九条	道交法第九十九条第一款第一项,《机动车驾驶证申领和使用规定》第九十三条第一款第四项			1800			
542	6057	将机动车交由申请人驾驶,申请人未取得学习驾驶证明的	《机动车驾驶证申领和使用规定》第三十八条	道交法第九十九条第一款第二项,《机动车驾驶证申领和使用规定》第九十三条第二款			1800			

续上表

序号	代码	违法行为	行为依据	处罚依据	记分（分）	警告	罚款（元）	暂扣（月）	拘留（日）	吊销
543	6058	将机动车交由申请人驾驶，申请人学习驾驶证明过期的	《机动车驾驶证申领和使用规定》第三十八条	道交法第九十九条第一款第二项，《机动车驾驶证申领和使用规定》第九十三条第二款			1800			
544	6059	将机动车交由申请人驾驶，没有教练员或随车指导人员的	《机动车驾驶证申领和使用规定》第三十九条	道交法第九十九条第一款第二项，《机动车驾驶证申领和使用规定》第九十三条第二款			1800			
545	6060	将机动车交由申请人驾驶，由不符合规定的人员随车指导的	《机动车驾驶证申领和使用规定》第三十九条	道交法第九十九条第一款第二项，《机动车驾驶证申领和使用规定》第九十三条第二款			1800			
546	60611	驾驶三轮摩托车时未按规定戴安全头盔的	道交法第五十一条	道交法第九十条、办法第九十一条第二项			50			
547	6062	非紧急情况时在城市快速路应急车道停车的	《条例》第八十二条第四项	道交法第九十条、办法第九十九条第五项			200			
548	6063	驾驶排放检验不合格的机动车上道路行驶的	《大气污染防治法》第一百一十三条	道交法第九十条、《大气污染防治法》第一百一十三条			200			
549	70011	未配备有效的灭火器具的	办法第十五条第六项	办法第九十一条第四项			50			

续上表

序号	代码	违法行为	行为依据	处罚依据	记分(分)	警告	罚款(元)	暂扣(月)	拘留(日)	吊销
550	70012	未配备反光的故障车警告标志的	办法第十五条第六项	办法第九十一条第四项			50			
551	70021	进出停车场妨碍其他车辆正常通行的	办法第四十九条第三项	办法第九十一条第五项			50			
552	70022	进出停车场妨碍其他行人正常通行的	办法第四十九条第三项	办法第九十一条第五项			50			
553	70023	进出道路停车泊位妨碍车辆正常通行的	办法第四十九条第三项	办法第九十一条第五项			50			
554	70024	进出道路停车泊位妨碍行人正常通行的	办法第四十九条第三项	办法第九十一条第五项			50			
555	70041	未按照规定安装行驶记录仪的	《条例》第十四条、办法第十五条第九项	办法第九十二条第五项			100			
556	70042	未按照规定使用行驶记录仪的	《条例》第十四条、办法第十五条第九项	办法第九十二条第五项			100			
557	7005	专业作业车辆不符合安全标准的	办法第十五条第八项	办法第九十二条第七项			100			
558	70061	违反限制通行规定的	办法第九十三条第四项	办法第九十三条第四项			100			
559	70064	未按尾号限制通行的	办法第九十三条第四项	办法第九十三条第四项			100			
560	70066	违反机动车排放标准限制通行规定的	办法第九十三条第四项	办法第九十三条第四项			100			
561	7007	违反试车规定的	办法第五十二条	办法第九十三条第九项			100			

续上表

序号	代码	违法行为	行为依据	处罚依据	记分(分)	警告	罚款(元)	暂扣(月)	拘留(日)	吊销
562	7008	向道路上抛洒物品的	《条例》第六十二条第五项	办法第九十三条第十三项			100			
563	7009	机动车发生故障未按规定报警的	道交法第五十二条	办法第九十三条第十五项			100			
564	70131	驾驶改变车身颜色未办理变更登记的机动车的	《条例》第六条	办法第九十七条第五项			200			
565	70132	驾驶更换发动机未办理变更登记的机动车的	《条例》第六条	办法第九十七条第五项			200			
566	70133	驾驶更换车身未办理变更登记的机动车的	《条例》第六条	办法第九十七条第五项			200			
567	70134	驾驶更换车架未办理变更登记的机动车的	《条例》第六条	办法第九十七条第五项			200			
568	70141	大、中型客运机动车未按规定喷涂准乘人数的	办法第十五条第四项	办法第九十七条第七项			200			
569	70142	从事营运的大、中型客运机动车未按规定喷涂经营单位名称的	办法第十五条第四项	办法第九十七条第七项			200			
570	7017	在划设公交专用车道的道路上,公交车违反规定在其他车道内通行的	办法第三十六条第二款	办法第九十八条第三项			200			

续上表

序号	代码	违法行为	行为依据	处罚依据	记分(分)	警告	罚款(元)	暂扣(月)	拘留(日)	吊销
571	7018	违反规定变更车道的	办法第三十五条	办法第九十八条第六项			200			
572	70191	遇前方车辆排队等候时进入非机动车道行驶的	办法第四十五条	办法第一百条第六项			200			
573	70192	遇前方车辆缓慢行驶时进入非机动车道的	办法第四十五条	办法第一百条第六项			200			
574	70193	遇前方车辆排队等候时进入人行道行驶的	办法第四十五条	办法第一百条第六项			200			
575	70194	遇前方车辆缓慢行驶时进入人行道行驶的	办法第四十五条	办法第一百条第六项			200			
576	7020	出租汽车违反规定停车上、下乘客的	办法第三十七条	办法第一百零一条第三项			200			
577	70211	出租汽车违反规定在道路上停车待客的	办法第三十七条	办法第一百零一条第四项			200			
578	70212	出租汽车违反规定在道路上停车揽客的	办法第三十七条	办法第一百零一条第四项			200			
579	7022	公交车违反驶入停靠站规定的	办法第五十一条	办法第一百零一条第五项			200			
580	7024	实习期内驾驶机动车在快速车道内行驶的	办法第三十四条第三项	办法第一百零三条第三项			200			

续上表

序号	代码	违法行为	行为依据	处罚依据	记分（分）	警告	罚款（元）	暂扣（月）	拘留（日）	吊销
581	70251	救援车、清障车在高速公路上执行救援、清障任务时，未开启示警灯的	办法第五十九条	办法第一百零四条第三项			200			
582	70252	救援车、清障车在高速公路上执行救援、清障任务时，未开启危险报警闪光灯的	办法第五十九条	办法第一百零四条第三项			200			
583	70261	在车行道内行走的	办法第五十七条第三项	办法第八十二条第九项			10			
584	70262	在车行道内兜售物品的	办法第五十七条第三项	办法第八十二条第九项			10			
585	70263	在车行道内发送物品的	办法第五十七条第三项	办法第八十二条第九项			10			
586	70281	乘坐货运机动车时站立的	办法第五十七条第九项	办法第八十三条第五项			10			
587	70282	乘坐货运机动车时坐在车厢栏板上的	办法第五十七条第九项	办法第八十三条第五项			10			
588	70291	违反规定搭乘自行车的	办法第五十七条第十一项	办法第八十三条第六项			10			
589	70292	违反规定搭乘电动自行车的	办法第五十七条第十一项	办法第八十三条第六项			10			
590	70293	违反规定搭乘人力货运三轮车的	办法第五十七条第十一项	办法第八十三条第六项			10			
591	70294	违反规定搭乘残疾人机动轮椅车的	办法第五十七条第十一项	办法第八十三条第六项			10			

续上表

序号	代码	违法行为	行为依据	处罚依据	记分(分)	警告	罚款(元)	暂扣(月)	拘留(日)	吊销
592	70295	违反规定搭乘轻便摩托车的	办法第五十七条第十一项	办法第八十三条第六项			10			
593	7030	行人违反限制通行规定的	办法第八十四条第一项	办法第八十四条第一项			20			
594	7031	驾驶非机动车违反限制通行规定的	办法第八十六条第二项	办法第八十六条第二项			20			
595	7032	驾驶非机动车行经人行横道未避让行人的	办法第五十五条第四项、《北京市非机动车管理条例》第十四条第六项	办法第八十六条第七项、《北京市非机动车管理条例》第二十九条			20			
596	7034	驾驶制动器失效的非机动车在道路上骑行的	办法第五十五条第七项	办法第八十六条第十二项			20			
597	70351	驾驶非机动车违反载人规定的	办法第五十五条第八、第九项、五十六条第二项	办法第八十七条第三项			20			
598	70352	驾驶电动自行车违反载人规定的	《北京市非机动车管理条例》第十六条第一款第二项	办法第八十七条第三项、《北京市非机动车管理条例》第二十九条			20			
599	7036	驾驶残疾人机动轮椅车未携带行驶证的	办法第五十六条第一项	办法第八十七条第六项			20			

续上表

序号	代码	违法行为	行为依据	处罚依据	记分（分）	警告	罚款（元）	暂扣（月）	拘留（日）	吊销
600	7037	驾驶畜力车违反限制通行规定的	办法第八十八条第一项	办法第八十八条第一项			20			
601	70381	明知驾驶人无驾驶证驾驶机动车而乘坐的	办法第五十七条第八项	办法第八十九条第七项			50			
602	70382	明知驾驶人饮酒后驾驶机动车而乘坐的	办法第五十七条第八项	办法第八十九条第七项			50			
603	70383	明知驾驶人身体疲劳不宜驾驶机动车而乘坐的	办法第五十七条第八项	办法第八十九条第七项			50			
604	70392	实习期间驾驶被牵引车的	办法第四十八条第一项	办法第一百零三条第二项			200			
605	7040	夜间使用软连接牵引机动车时，牵引装置上未设置反光标识物的	办法第四十八条第二项	办法第九十三条第十二项			100			
606	7041	牵引机动车未在慢速车道内行驶的	办法第四十八条第三项	办法第九十三条第十二项			100			
607	7042	在设有主辅路的道路，牵引机动车未在辅路上行驶的	办法第四十八条第四项	办法第九十三条第十二项			100			
608	70431	驾驶全挂拖斗车牵引机动车的	办法第四十八条第五项	办法第九十三条第十二项			100			

续上表

序号	代码	违法行为	行为依据	处罚依据	记分（分）	警告	罚款（元）	暂扣（月）	拘留（日）	吊销
609	70432	驾驶运载危险化学品的车辆牵引机动车的	办法第四十八条第五项	办法第九十三条第十二项			100			
610	7044	牵引轮式专用机械车及其他轮式机械的	办法第四十八条第六项	办法第九十三条第十二项			100			
611	70511	在驾驶室前后窗范围内粘贴妨碍安全驾驶的文字图案的	《条例》第六十二条第二项、办法第十五条第七项	办法第九十二条第四项			100			
612	70512	在驾驶室前后窗范围内喷涂妨碍安全驾驶的文字图案的	《条例》第六十二条第二项、办法第十五条第七项	办法第九十二条第四项			100			
613	70521	未按照指示交通标志指示行驶的	道交法第三十八条	办法第九十三条第三项			100			
614	70522	未按照指示交通标线指示行驶的	道交法第三十八条	办法第九十三条第三项			100			
615	70531	遇前方机动车停车排队等候时鸣喇叭催促的	办法第四十五条	办法第九十三条第十四项			100			
616	70532	遇前方机动车缓慢行驶时鸣喇叭催促的	办法第四十五条	办法第九十三条第十四项			100			
617	70541	进入环形路口未让出环形路口的机动车先行的	办法第四十三条第一款	办法第九十四条第一项			100			

续上表

序号	代码	违法行为	行为依据	处罚依据	记分（分）	警告	罚款（元）	暂扣（月）	拘留（日）	吊销
618	70542	遇放行信号时，未让先于本放行信号放行的车辆先行的	办法第四十三条第二款	办法第九十四条第一项			100			
619	70543	进出道路未让正常行驶的车辆先行的	办法第四十四条	办法第九十四条第一项			100			
620	70544	进出道路未让正常行驶的行人先行的	办法第四十四条	办法第九十四条第一项			100			
621	70545	穿越道路未让正常行驶的车辆先行的	办法第四十四条	办法第九十四条第一项			100			
622	70546	穿越道路未让正常行驶的行人先行的	办法第四十四条	办法第九十四条第一项			100			
623	70547	进主路未让主路上行驶的机动车先行的	办法第四十四条	办法第九十四条第一项			100			
624	70548	进主路未让出主路的机动车先行的	办法第四十四条	办法第九十四条第一项			100			
625	70549	辅路上行驶的机动车未让出主路的机动车先行的	办法第四十四条	办法第九十四条第一项			100			
626	7055	通过无交通信号控制路口未减速让行的	办法第四十四条	办法第九十四条第二项			100			
627	7056	机动车通过无灯控、交警指挥、交通标志标线控制的路口，未停车瞭望的	《条例》第五十二条第二项	道交法第九十条			100			

续上表

序号	代码	违法行为	行为依据	处罚依据	记分(分)	警告	罚款(元)	暂扣(月)	拘留(日)	吊销
628	7057	掉头时未按规定驶入最左侧车道的	办法第四十二条办	办法第九十八条第八项			200			
629	70581	擅自改变机动车已登记的结构的	道交法第十六条第一项	道交法第九十条			200			
630	70582	擅自改变机动车已登记的构造的	道交法第十六条第一项	道交法第九十条			200			
631	70583	擅自改变机动车已登记的特征的	道交法第十六条第一项	道交法第九十条			200			
632	70591	非紧急情况在应急车道行驶的	办法第五十三条	办法第九十九条第五项			200			
633	70592	非紧急情况在应急车道停车的	办法第五十三条	办法第九十九条第五项			200			
634	70601	从事非法客运经营被执法部门处罚两次的	《北京市查处非法客运若干规定》第六条	《北京市查处非法客运若干规定》第六条				3		
635	70602	从事非法客运经营被执法部门处罚三次以上的	《北京市查处非法客运若干规定》第六条	《北京市查处非法客运若干规定》第六条				6		
636	7061	在道路上使用平衡车等动力装置驱动的器械的	办法第九十条	办法第九十条			200			

续上表

序号	代码	违法行为	行为依据	处罚依据	记分(分)	警告	罚款(元)	暂扣(月)	拘留(日)	吊销
637	70621	未履行道路交通安全防范责任制度,逾期不改正的	办法第七十六条	办法第一百零八条			10000～20000			
638	70622	未履行道路交通安全防范责任制度,逾期不改正的	办法第七十六条	办法第一百零八条			20000～30000			
639	70623	未履行道路交通安全防范责任制度,逾期不改正的	办法第七十六条	办法第一百零八条			30000～50000			
640	7063	未在规定期限内申领临时标识上道路行驶的	《北京市非机动车管理条例》第十三条	《北京市非机动车管理条例》第二十七条第一款第一项			1000			
641	7064	过渡期满后上道路行驶的	《北京市非机动车管理条例》第十三条	《北京市非机动车管理条例》第二十七条第一款第二项			1000			
642	70651	已经登记的电动自行车未悬挂号牌上道路行驶的	《北京市非机动车管理条例》第十五条第一项	《北京市非机动车管理条例》第二十八条第一款第二项			20			
643	70652	已经登记的电动自行车未悬挂临时标识上道路行驶的	《北京市非机动车管理条例》第十五条第一项	《北京市非机动车管理条例》第二十八条第一款第二项			20			

续上表

序号	代码	违法行为	行为依据	处罚依据	记分（分）	警告	罚款（元）	暂扣（月）	拘留（日）	吊销
644	70661	使用伪造电动自行车行驶证的	《北京市非机动车管理条例》第十五条第二项	《北京市非机动车管理条例》第二十八条第一款第三项			1000			
645	70662	使用伪造电动自行车号牌的	《北京市非机动车管理条例》第十五条第二项	《北京市非机动车管理条例》第二十八条第一款第三项			1000			
646	70663	使用伪造电动自行车临时标识的	《北京市非机动车管理条例》第十五条第二项	《北京市非机动车管理条例》第二十八条第一款第三项			1000			
647	70664	使用变造电动自行车行驶证的	《北京市非机动车管理条例》第十五条第二项	《北京市非机动车管理条例》第二十八条第一款第三项			1000			
648	70665	使用变造电动自行车号牌的	《北京市非机动车管理条例》第十五条第二项	《北京市非机动车管理条例》第二十八条第一款第三项			1000			
649	70666	使用变造电动自行车临时标识的	《北京市非机动车管理条例》第十五条第二项	《北京市非机动车管理条例》第二十八条第一款第三项			1000			

续上表

序号	代码	违法行为	行为依据	处罚依据	记分(分)	警告	罚款(元)	暂扣(月)	拘留(日)	吊销
650	70667	使用其他电动自行车行驶证的	《北京市非机动车管理条例》第十五条第二项	《北京市非机动车管理条例》第二十八条第一款第三项			1000			
651	70668	使用其他电动自行车号牌的	《北京市非机动车管理条例》第十五条第二项	《北京市非机动车管理条例》第二十八条第一款第三项			1000			
652	70669	使用其他电动自行车临时标识的	《北京市非机动车管理条例》第十五条第二项	《北京市非机动车管理条例》第二十八条第一款第三项			1000			
653	70671	驾驶拼改装的电动自行车上道路行驶的	《北京市非机动车管理条例》第十八条第二款	《北京市非机动车管理条例》第二十八条第一款第四项			500			
654	70672	驾驶拼改装的电动自行车上道路行驶的	《北京市非机动车管理条例》第十八条第二款	《北京市非机动车管理条例》第二十八条第一款第四项			1000			
655	70681	驾驶非机动车上道路行驶有分散注意力、妨碍安全驾驶的行为的	《北京市非机动车管理条例》第十四条第一项	《北京市非机动车管理条例》第二十九条			50			

续上表

序号	代码	违法行为	行为依据	处罚依据	记分（分）	警告	罚款（元）	暂扣（月）	拘留（日）	吊销
656	70682	驾驶非机动车等待信号灯时，未在非机动车停止线或者待驶（转）区内顺序等候的	《北京市非机动车管理条例》第十四条第四项	《北京市非机动车管理条例》第二十九条			50			
657	70683	驾驶非机动车违反转弯规定的	《条例》第七十二条第四项、《北京市非机动车管理条例》第十四条第五项	《北京市非机动车管理条例》第二十九条			20			
658	70684	驾驶非机动车通过人行横道、过街天桥、地下通道时，不下车推行的	《北京市非机动车管理条例》第十四条第七项	《北京市非机动车管理条例》第二十九条			50			
659	70685	驾驶非机动车牵引动物的	《北京市非机动车管理条例》第十四条第九项	《北京市非机动车管理条例》第二十九条			50			
660	70686	驾驶非机动车拖拽、牵挂载人载物装置的	《北京市非机动车管理条例》第十四条第九项	《北京市非机动车管理条例》第二十九条			50			
661	70691	互联网租赁自行车停放影响行人和车辆正常通行，情节严重，且不及时采取措施的	《北京市非机动车管理条例》第三十三条第二款	《北京市非机动车管理条例》第三十三条第二款			10000			
662	70692	互联网租赁自行车停放影响行人和车辆正常通行，情节严重，且不及时采取措施的	《北京市非机动车管理条例》第三十三条第二款	《北京市非机动车管理条例》第三十三条第二款			20000			

续上表

序号	代码	违法行为	行为依据	处罚依据	记分(分)	警告	罚款(元)	暂扣(月)	拘留(日)	吊销
663	70693	互联网租赁自行车停放影响行人和车辆正常通行,情节严重,且不及时采取措施的	《北京市非机动车管理条例》第三十三条第二款	《北京市非机动车管理条例》第三十三条第二款			30000			
664	70694	互联网租赁自行车停放影响行人和车辆正常通行,情节严重,且不及时采取措施的	《北京市非机动车管理条例》第三十三条第二款	《北京市非机动车管理条例》第三十三条第二款			10000 ~ 30000			

第7章 协同办案系统

对城市交通执法办案系统按部、省要求进行整合优化，主要实现“采、查、办、作、支、管”六大功能，实现各种类型案件全过程网上办理及流转，为办案人员提供一个完善的案件信息管理平台，让案件的处理流程更简捷，提高办案效率。

“采”：涉嫌违法信息采集和接收、证据材料电子化采集。

“查”：监管对象的信息查验、“双随机”抽查和违法行为的立案查处。

“办”：执法案件办理全过程记录和电子化办理，跨地区、跨部门执法案件的协同办理。

“作”：执法文书电子化制作。

“支”：金钱缴纳义务的电子支付。

“管”：涉案财物管理、电子案卷归档管理、法律法规和自由裁量基准等维护管理。

第7.1节 监管对象信息查验

通过数据共享、服务接口调用等方式，自动查验经营业户、营运车辆（船舶）、从业人员等监管对象信息，并对重点监管对象违法行为实现在线可回溯监管。

第7.2节 监管对象在线监管

对重点监管对象违法行为关联的涉嫌违法线索、音视频等电子化证据材料和案卷文书等进行调阅查看和可视化展现，实现在线可回溯监管。

利用已经建成的治超非现场执法系统、运行监测与分析预警模块等采集的车辆违法违章证据，以接口方式将数据传送到执法协同办案模块，自动生成预警信息并人工进行案件信息审核，对违法违章证据确凿的证据信息进行立案，后续开展非现场执法处罚模式。

按照“双随机”抽查机制，依托随机抽取检查对象和执法检查人员名录库，实现“双随机”信息化抽查功能，实现对重点监管对象违法行为实现在线可回溯监管。

对接运政系统等数据资源，抽取道路运输经营业户、水路运输经营业户等企业基本信息，经审核无误后，建立监管对象名录库。

从省级执法信息系统中抽取市各执法门类的执法人员基本信息，经审核无误后，建立执法检查人员名录库。

1）检查名单随机抽取

从监管对象名录库和执法检查人员名录库中随机抽取当次被抽查的检查对象和执行检查任务的执法人员，并进行随机配对，形成“双随机”抽查任务分工表。

2）检查情况记录与汇总

按照“双随机”抽查机制的要求，执法检查人员填写录入检查情况，并进行汇总、打印。

3）违法线索记录

对于检查中发现的违法行为进行如实登记，采集违法线索，并按照执法程序规范，转入立案登记、调查取证等程序进一步处理。

4）黑名单管理

对1年之内运输企业、从业人员、运输车辆的违章运输行为和交通运输执法人员的违规违纪行为，实行“一次提醒、两次警示、三次列入黑名单”的办法进行动态管理，并与公安、交警等外单位数据实时共享，建立联合惩戒机制。

第7.3节　证据材料电子化采集和管理

通过各类智能化执法终端，实现对证据材料的电子化采集和快速录入；通过系统接口对电子化证据材料实现调取、传输和共享；接收运行监测与分析预警应用推送的非现场违法行为信息；对电子化证据材料实现备份保存和分类管理。

（1）证据材料采集主要通过音视频采集设备实现书证、物证、证人证言、当事人陈述等证据材料的快速录入、拍照、录音、录像等；通过设备传输接口实现从监控设备直接调用照片、录音、录像等视听证据资料；通过系统接口共享获取违法行为的监测数据、照片、录像等。

（2）按照统一的标准通信协议，对各类智能化执法终端传输回来的涉嫌违法信息进行解析存储，按照监管对象、违法行为等进行分类管理，对采集的书证、物证、视听资料、电子数据、证人证言、当事人陈述等证据材料进行登记、审核，并建立索引目录进行分类管理。自动生成证据材料取证记录表，对采集的电子化证据材料进行自动备份保存；并将涉嫌违法信息推送给违法线索审核与处理模块处理。

（3）对外省市、其他部门抄告的涉嫌违法信息进行录入登记，按照监管对象、违法行为等进行分类管理，并将涉嫌违法信息推送给违法线索审核与处理模块处理。

（4）接收12328交通运输服务监督电话系统转送的投诉举报信息，治超系统监测的超限超载车辆照片、载重数据等信息，高速公路收费系统转交的车辆照片、计重收费等信息，运行监测与分析预警模块推送的非现场违法行为信息等按照监管对象、违法行为等进行分类管理，并将涉嫌违法信息推送给违法线索审核与处理模块处理。

第7.4节　违法线索审核与处理

执法人员对违法线索进行信息审核与调查，对审核确认构成违法行为的，转入立案登记，按照执法程序规范通知违法当事人到指定地点接受处理；对经核实不构成违法事实的违法线索进行信息记录备查。

第7.5节　执法案件办理

按照制定的执法程序规范实现案件立案登记、调查取证、案件预处理、案件审核、行政强制措施、听证、回避、处罚决定、送达执行、结案处理等执法环节全过程记录和电子化办理。下文就部分主要环节进行介绍。

1)立案登记

立案登记是指对现场检查、投诉举报、抄告移交等多种来源的违法线索进行审核,对审核确认构成违法行为的,登记录入执法机构、执法人员、案件来源、当事人、违法事实、违法车(船)等信息。

2)调查取证

对于决定立案的,执法人员进行调查取证,主要证据材料包括书证、物证、视听资料、证人证言、当事人陈述等。实现调查取证环节的询问笔录、勘验(检查)笔录等文书的信息录入与审核。

3)案件预处理

案件预处理是指对违章证据清晰、对应处罚条例明晰的案件提供预生成案件通知书功能,以便现场办案执法人员直接向案件当事人下发案件通知书,待完成立案审核后再打印案件决定书,并提供错误案件撤销功能。

违法行为通知书文书包括违法行为通知书、陈述申辩书、放弃陈述申辩或听证权利声明、行政强制执行笔录、催告书、扣押车辆领域催告书等;案件撤销文书包括不予立案审批表、解除暂扣决定书等。

4)案件审核

案件审核环节主要实现立案、案件回避、案件调查、案件终结等关键节点的申请审核与审批。对于需要审核的案件,及时通过手机短信、系统消息、电子邮件等手段,及时通知审核相关部门及责任人。

案件审核的部门审核流程为:法制员初步审查→法制处审批→大队分管领导审批。

5)处罚决定

处罚决定是指对于违法事实成立已通过案件审批的,给予行政处罚,作出行政执法决定。该环节主要实现违法行为通知书及行政处罚决定书等文书的信息生成与审核。

行政处罚决定书文书包括行政处罚决定书、不予行政处罚决定书、责令改正通知书、文书送达回证、行政强制执行笔录、催告书、扣押车辆领取催告书等。

6)送达执行

自动生成文书送达地址、送达方式确认书。当事人接收《交通行政处罚决定书》,在《交通行政处罚文书送达回证》上签字确认后,登记记录送达情况备查。

记录、查询当事人缴纳罚款情况,设置延期缴纳罚款提醒、分期缴纳罚款提醒等。

7)结案处理

填写制作《交通行政处罚结案报告》,并将全部案件材料立卷归档,由交通行政执法机关的档案管理机构统一登记保存。

第7.6节　执法文书制作和管理

按照规定的执法文书式样和制作规范，自动抓取文书要素生成执法文书和案件卷宗。实现执法文书制作、核验、打印、归档等功能；部分执法文书实现电子送达。按照国务院办公厅《电子公文传输管理办法》（国办函〔2003〕65号）和《电子文件归档与电子档案管理规范》（GB/T 18894—2016）的要求，实现电子卷宗的形成、积累、归档、保管、利用、统计等全过程管理。

1）执法文书制作

按照规定的执法文书式样和制作规范，自动抓取违法案由当事人信息、违反的法律法规等文书要素生成执法文书和案件卷宗，经审核无误后，进行保存。部分执法文书式样见附件。

2）执法文书打印

对经审核后的执法文书，按照规定的执法文书式样，实现预览、打印、批量打印。依据不同使用场景的要求，实现执法文书套打（在事先印制好的执法文书空白栏处打印填充内容）和整版打印（在空白纸上打印）。

3）电子卷宗管理

按照《电子公文传输管理办法》（国办函〔2003〕65号）和《电子文件归档与电子档案管理规范》（GB/T 18894—2016）的要求，实现执法案件办理过程和案件办理结果的文字、图表、声像等电子化文件材料的归档和分类管理。其主要包括电子卷宗目录维护、电子卷宗制作、附件上传、卷宗浏览、卷宗打印、卷宗导入导出、电子卷宗移送和接收等。

第7.7节　涉案财物管理

1）涉案财物全过程管理

对依法扣押、查封、抽样取证的财物以及由执法机构负责保管的、先行登记保存的财物建立电子台账，实现从涉案财物接收、登记、入库到出库、移交、处置等全过程管理，保存所有交接证据和记录。查看涉案财物操作请求记录，对逾期未还的物证进行信息提醒，对保存期超期的物证进行信息提醒。

2）涉案财物流转追溯

根据各类查询条件对涉案财物进行快速索引，查看涉案财物详细信息、存放情况等；对涉案财物所有历史操作记录和流转记录进行追溯。

3）涉案财物盘点统计

对在库涉案财物定时进行盘点，并对所有在库、出库等所有状态的物证进行统计，对所有涉案财物历史出入库情况进行统计。

第7.8节　执法案件协同办理

实现跨地区、跨部门执法案件的电子化移送和执法文书的远程调阅。在联合、协作执法过程中，实现案件相关信息的自动抄告和共享转化，实现与刑事司法机关的相关案件信息电子化对接。

1）案件移送

依托智慧执法数据分中心，实现执法案件的信息共享，实现跨地区、跨部门执法案件的移送登记和记录。

2）远程调阅

依托智慧执法数据分中心，通过远程调用查询接口，实现跨地区、跨部门执法案件文书等信息的调阅查看。

3）自动抄告

依托智慧执法数据分中心，根据联合、协作执法的工作需要，实现执法案件的相关信息的自动抄告和共享转化。

第7.9节　电子支付

通过电子支付平台、智能终端、微信公众号等方式，根据《罚款决定与罚款收缴分离实施办法》（国务院令第235号）的规定，实现电子支付。

1）支付信息推送

根据《罚款决定与罚款收缴分离实施办法》（国务院令第235号）的规定，依据行政处罚决定信息，生成案件编号、当事人、处罚金额、缴纳账号等支付信息，并按照银行系统、电子支付平台或支付终端的标准接口，推送相关支付信息。

2）支付与提醒

在支付前，系统通过短信等方式提醒、告知当事人应缴纳的罚款金额；当事人完成支付后，系统自动获取第三方支付接口反馈的支付成功信息，同步更新相应案件的罚款缴纳情况，并通过短信等方式提醒当事人。

第7.10节　执法风险预警

1）执法风险清单管理

将执法主体、执法依据、执法时限、执法流程、执法结果等风险点整理成风险清单，在系统中实现对执法风险清单录入与管理。

2）执法风险提醒

在系统中设定办案流转环节、法律依据、自由裁量基准、法定办结时限等方面执法风险的预警提示功能，实时提示办案人员依法办理，防范执法风险。

第 7.11 节　法律法规和自由裁量基准查询和管理

实现办案人员及相关监督人员对办案过程中涉及的法律法规和自由裁量基准的在线查询、选取适用、更新管理等功能。

1)采集录入与管理

将国家层面的法律法规、条例、部门规章,以及省、市出台的地方法律法规、条例、部门规章等进行电子化录入,并将违法行为代码、自由裁量基准等数字化入库,实现可回溯的版本化管理。建立目录索引,以便分类浏览、按需查阅和调取。

2)在线查询

实现对法律法规、自由裁量基准、违法行为代码等的浏览检索,可根据违法行为名称、法规名称等实现模糊查询与调阅。同时,提供查询接口,便于办案过程中直接调取引用。

3)更新维护

动态跟踪交通运输行政执法相关法律法规的制定与修订情况,及时更新法律法规变化情况,并同步更新执法行为代码和自由裁量基准数据。

第 7.12 节　执法案件查询展示

基于地图提供分类型、分大队、分区域、分阶段或分案件来源展示和查询案件位置及状态等功能。

1)地图展示

打开案件一张图,一线执法人员利用一体化移动执法终端现场录入案件功能,实时显示当前已发案件的位置,通过点击可以进一步查看案件类型、违法处理阶段等状态信息。

2)案件查询

通过指定案件类型、案件被发现大队、案件所属区域、案件所处阶段等信息,查询目标案件当前位置和实时状态,并随时更新,辅助监控执法和开展重点打击。

第8章 运行监测和分析预警系统

运行监测与分析预警包含监测和预警两大模块。系统既可实现交通运输非现场综合行政执法所需各类违法相关数据的统一接入管理，又可实现对非现场执法实时运行情况的监测及预警，为后续违法发现和执法提供数据支撑。

运行监测和分析预警如图 8-1 所示。

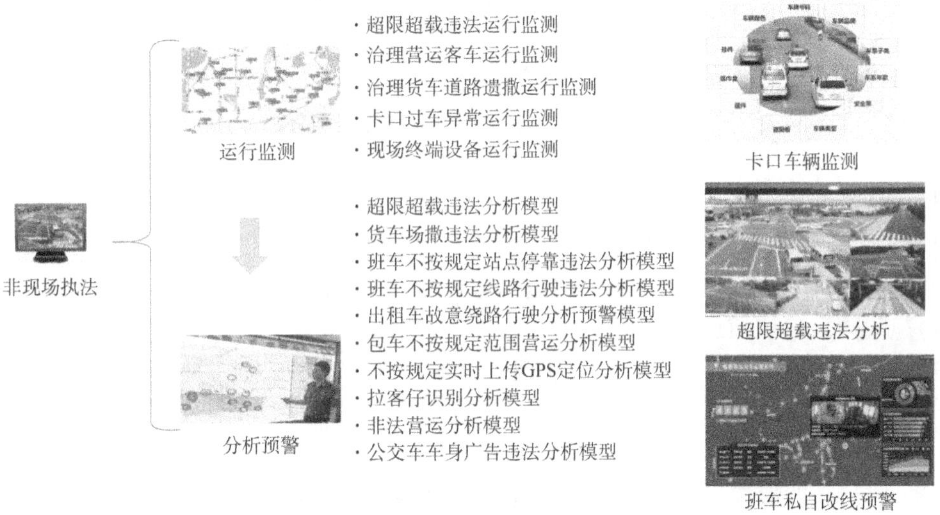

图 8-1　运行监测和分析预警

第 8.1 节　运 行 监 测

运行监测包括超载超限违法运行监测、货车道路遗撒运行监测、营运客车运行监测、出租车运行监测、卡口过车异常运行监测、现场终端设备运行监测。

运行监测系统功能架构图如图 8-2 所示。

8.1.1　超限超载违法运行监测

1)固定治超站信息接入

按照相关接口标准，系统实现固定治超站、源头站的称重设备数据实时接入，实现称重监测数据在省级层面的汇聚。接入的具体信息内容包括车牌号、监测时间、轴数、轴重、车货长宽高、超限量等。

对于因设备故障无法自动采集称重信息、设备无法自动采集车辆尺寸信息等情况，由治超管理人员手工录入车辆重量、车货尺寸等信息，并统一上传。

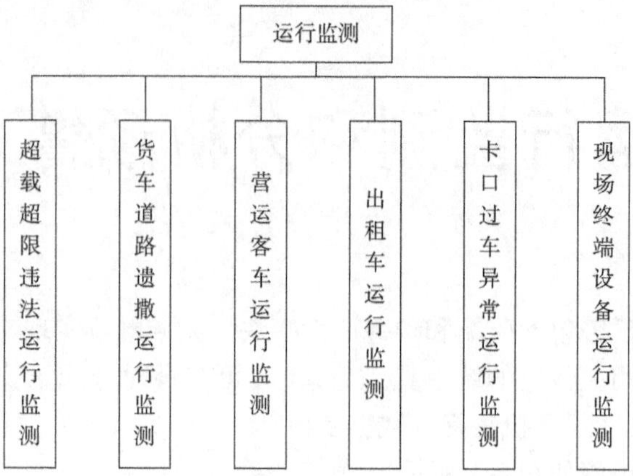

图 8-2　运行监测系统功能架构图

2)计重收费站信息接入

系统与高速公路收费系统对接，按照《道路交通安全违法行为图像取证技术规范》(GA/T 832—2014)，接入高速公路计重收费数据，将计重收费数据作为治超非现场执法和运行监管的数据来源。

3)非现场执法设备信息接入

按照《道路交通安全违法行为图像取证技术规范》(GA/T 832—2014)，接入非现场执法设备监测信息，作为治超非现场执法和运行监管的数据来源。

4)超限超载违法信息查询统计

基于接入的固定治超站、源头站、非现场设备等信息，实现对实时信息的查询，以及历史信息的统计等功能。

(1)设备信息查询。

系统以列表的形式展示所有固定治超站、源头站、非现场设备等信息，支持以名称、行政区划、路线等为关键字进行条件查询，支持基于GIS地图的设备位置展示，支持列表与地图的联动。

(2)实时数据查询。

通过选择单个站点，系统实现实时查看某个站的监测情况，以列表的形式显示最近的监测数据，包括车牌号码、重量、监测时间、超限量、超限幅度等，并实时更新。

此外，系统以列表的形式实现大件运输许可信息的查询。

(3)历史数据查询。

系统支持通过输入车牌号等信息，查询该车辆的监测记录，包括通过时间、站点、车辆重量、超限幅度、后续处理情况等。

系统支持指定时间段、超限幅度、超载重量等关键字段，查询所有符合条件的超限监测记录。

(4)统计分析。

系统实现按照行政区划、管理机构等空间维度，按照月/季度/年等时间维度，对监测车辆数、超限车辆数、卸载车辆数、受检率、卸载率等指标进行统计。支持按照超限比例(10%以下、10% ~ 60%、60%以上等划段)、超限重量(5t以下、5 ~ 20t、20 ~ 50t、50t以上等划段)等,对超限车辆数量进行统计。上述统计结果以图表的形式展示。

8.1.2　货车道路遗撒运行监测

1)货车道路遗撒信息接入

接入具备货物遗撒物自动判别的监测设备,对货物遗撒情况进行监测。监测设备通过视频交通事件监测仪器的画面帧差算法,识别路面上的遗留物变化,对监测遗撒物的区域、停留时间、布防时间相关进行分析,并上传遗撒物监测信息。

接入信息内容包括遗撒物嫌疑、监测时间、现场图片、遗撒过程视频等信息。

2)货车道路遗撒信息查询统计

基于接入的货物遗撒监测终端信息,实现对实时信息的查询以及历史信息的统计等功能。

(1)设备信息查询。

系统以列表的形式展示所有货物遗撒监测终端,支持以名称、行政区划、路线等为关键字进行条件查询,支持基于GIS地图的设备位置展示,支持列表与地图的联动。

(2)实时数据查询。

通过选择单个终端,系统实现实时查看数据情况,以列表的形式显示最近的监测数据,包括时间、截图、遗撒过程视频等,并实时更新。

(3)历史数据查询。

系统支持通过输入时间、地点等信息,查询某次遗撒记录,包括时间、地点、后续处理情况、责任车辆等。

系统支持指定时间段、抓拍次数、责任车辆车籍地等关键字段,查询所有符合条件的记录。

(4)统计分析。

系统实现按照行政区划、管理机构等空间维度,按照月/季度/年等时间维度,对发生数量、涉案本省车数量、涉案外籍车数量等指标进行统计。上述统计结果以图表的形式展示。

8.1.3　营运客车运行监测

1)营运客车信息接入

接入具备客车违停自动抓拍功能终端采集的违停信息,包括图片、录像、相关记录信息等。具体接入信息内容包括车牌号、车牌颜色、车型、现场图片、违停过程录像、监测时间等。

2)营运客车信息查询统计

基于接入的客车违停自动抓拍终端信息,实现对实时信息的查询以及历史信息的统计等功能。

(1)设备信息查询。

系统以列表的形式展示所有营运客车违停自动抓拍终端,支持以名称、行政区划、路线等为关键字进行条件查询，支持基于 GIS 地图的设备位置展示，支持列表与地图的联动。

（2）实时数据查询。

通过选择单个终端，系统实现实时查看数据情况，以列表的形式显示最近的抓拍数据，包括车牌号码、抓拍时间、抓拍截图等，并实时更新。

（3）历史数据查询。

系统支持通过输入车牌号等信息，查询某车辆的抓拍记录，包括抓拍时间、地点、设备、后续处理情况等。

系统支持指定时间段、抓拍次数、车籍地等关键字段，查询所有符合条件的抓拍记录。

（4）统计分析。

系统实现按照行政区划、管理机构等空间维度，按照月/季度/年等时间维度，对抓拍数量、涉案本省车数量、涉案外籍车数量等指标进行统计。上述统计结果以图表的形式展示。

8.1.4 出租车运行监测

1）出租车信息接入

接入出租车 GPS 信息、视频信息、计价器信息，包括但不限于出租车的车牌号、车牌颜色、车型、出租车公司等。

2）出租车信息查询统计

基于接入的出租车的各类信息，实现对实时信息的查询以及历史信息的统计等功能。

（1）车辆信息查询。

系统以列表的形式展示所有出租车信息，支持以名称、行政区划、路线等为关键字进行条件查询，支持基于 GIS 地图的设备位置展示，支持列表与地图的联动。

（2）实时数据查询。

通过选择单个出租车，系统不仅可以实现实时查看数据情况，以图形的形式显示视频数据、车牌号码、出租车公司，实载率、出租车总数、在线车辆数、GPS 上线率、实载均速，而且可以实时查询出租车的热力图变化。

（3）历史数据查询。

系统支持通过输入车牌号等信息，查询某辆出租车的 GPS 历史轨迹、空载率、自定义区域密度计算。

各类数据均可以拼装图、柱状图查询展示。

（4）统计分析。

系统实现按照行政区划、管理机构等空间维度，按照月/季度/年等时间维度，对出租车的各项指标维度，如实载率、GPS 上线率、实载均速等进行统计，上述统计结果以图表的形式展示。

8.1.5 卡口过车异常运行监测

1）卡口过车异常信息接入

接入卡口过车异常监测点的信息。通过高清卡口对干道上的车辆进行无差别监测，识别车牌号码与车型的信息，为后面进一步挖掘违法线索提供数据支持。

接入的卡口监测信息包括车牌号、车牌颜色、车型、车辆图片、监测视频、违法类型、监测时间。

2)卡口过车异常信息查询统计

基于接入的卡口过车信息,实现对实时信息的查询以及历史信息的统计等功能。

(1)设备信息查询。

系统以列表的形式展示所有卡口终端,支持以名称、行政区划、路线等为关键字进行条件查询,支持基于 GIS 地图的设备位置展示,支持列表与地图的联动。

(2)实时数据查询。

通过选择单个终端,系统实现实时查看数据情况,以列表的形式显示最近的监测数据,包括通过时间、车牌等,并实时更新。

(3)历史数据查询。

系统支持通过输入车牌等信息,查询某车辆通过卡口的历史记录,包括通过时间、卡口名称等。

系统支持通过选定卡口、时间段,查询该卡口在时间范围内的所有历史记录,包括通过时间、车牌等。

(4)统计分析。

系统实现按照行政区划、管理机构等空间维度,按照月/季度/年等时间维度,对通过卡口的车辆数量、重点车辆数量等指标进行统计。上述统计结果以图表的形式展示。

8.1.6 现场终端设备运行监测

现场终端设备运行监测功能架构图如图 8-3 所示。

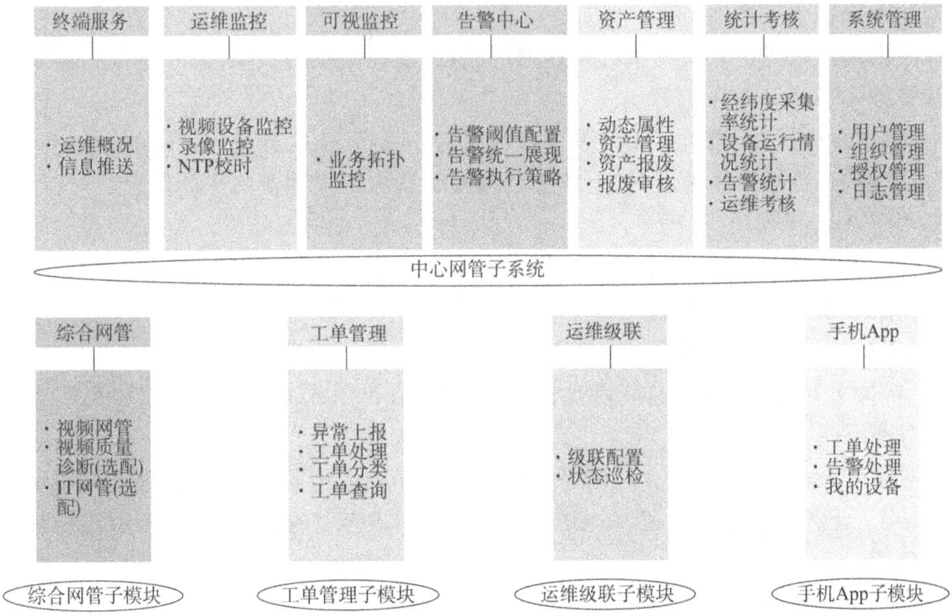

图 8-3 现场终端设备运行监测功能架构图

现场终端设备运行监测主要围绕状态监控、状态管理、状态统计等维度,对视频网内设备的状态数据、图像质量数据、录像数据、告警数据进行汇总、分析、整理,并不定期地生成在线率、视频完好率、录像完好率、告警修复率等图形化统计报表。对外提供的应用主要通过中心网管子模块、综合网管子模块、工单管理子模块、运维级联子模块、手机 App 子模块来实现。

1）中心网管子模块

中心网管子模块作为设备运行监测的重要组成部分，支持组织机构定义及其管理、权限管理、巡检计划管理、统计考核等。此外，它是实现运维管理的核心，主要包括运维监控、资源管理、报警管理等。

2）综合网管子模块

综合网管子模块采用国际领先的图形处理算法和模式识别技术，对视频丢失、模糊、偏色、干扰等十多项视频问题，建立一套完善的视频诊断标准规划体系，并以 Web 页面的形式展现诊断结果；综合网管子模块能够通过 SDK、ONVIF、SNMP、国标等主流协议采集前端设备的运行状态。

（1）综合网管子模块能够支持网管采集器的新增、修改、删除操作，配置项包括采集器名称、采集器类型、IP 地址、端口号。

（2）综合网管子模块能够对网管组件的自身健康情况进行监测，包括子网掩码、CPU 使用率、线程数、设备数量、已使用物理内存（M）。

（3）综合网管子模块能够将资源一键添加到巡检计划。

（4）综合网管子模块支持按照资源类型、资源进行巡检。

3）工单管理子模块

工单管理子模块可为相关人员提供设备报修情况录入、跟踪、问题流转、结果反馈等流程管理功能。系统支持对出故障的设备进行报修管理。

4）运维级联子模块

运维级联子系统主要应用于分布式部署，通过该模块应用实现分布式部署，集中式管理的运维管理体系。

上级平台可通过该模块订阅下级平台点位的在线状态、录像情况、图像诊断结果。当下级平台上述状态数据发生更新时，上级平台将及时获取下级相关的更新信息。

5）手机 App 子模块

作为一名运维人员，在日常工作中经常会碰到以下问题：

（1）附近明明有工单，但总是安排给别人。

（2）无处上传故障现场照片。

（3）故障处理完，需要先记录到纸上，回监控中心再录入系统，造成维修反馈信息不全，维修及时率下降。

针对运维人员日常工作中经常碰到的问题，提供了移动运维 App，实现随时随地监控资源运行状态、任务选择自主决定、现场图片一键上传、维修完成及时反馈、故障点位视频实时预览等功能。

6）运行监测查询展示

在 GIS 地图上，可将运行监测中设计的超载超限违法运行、货车道路遗撒运行、营运客车运行、出租车运行、卡口过车异常运行等监测信息分图层进行展示，可通过点击监测事件直接定位事件发生地点、车辆实时位置信息等。

系统支持按照事件类型、时间段、区域等查询条件，实现运行监测事件的查询。

第8.2节　分析预警

8.2.1　分析预警的违法模型

分析预警包含11个违法模型,分别是超限超载违法识别分析预警、货车道路遗撒行为识别分析预警、班车不按规定站点停靠识别分析预警、班车不按规定线路行驶识别分析预警、包车不按规定范围营运识别分析预警、出租车故意绕路行驶识别分析预警、不按规定实时上传GPS定位分析预警、非法拉客人员识别分析预警、非法营运车辆识别分析预警、公交车车身广告违法识别分析预警、巡游出租车未按规定使用计价器识别分析预警。

分析预警系统功能架构图如图8-4所示。

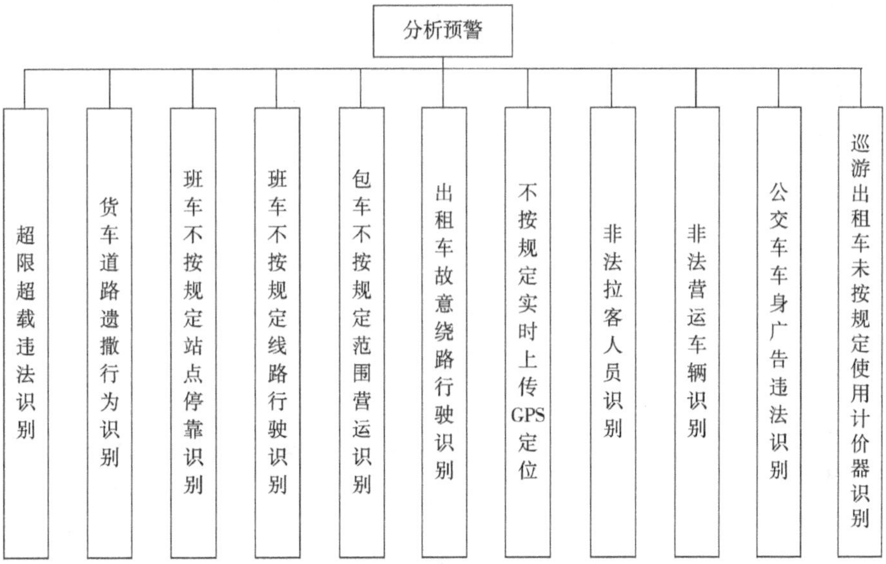

图8-4　分析预警系统功能架构图

1)超限超载违法识别分析预警

系统针对运行监测的数据,由数据中心进行数据清洗、数据比对、数据碰撞以及研判规则的制定,并形成规则。

超载超限违法识别模型流程图如图8-5所示。

功能要点:接入治理超限超载运行监测设备数据,如固定治超站、计重收费站、不停车称重监测设备,通过超限超载违法分析、超限许可分析模型识别出属于超限超载违法的行为,并予以提示报警。

(1)同一运输行为分析判断。

(2)异常数据筛除,如车牌号码缺失、数据延迟、标定超期等。

(3)同一运输行为内多条疑似超限超载违法行为归并。

(4)特种车辆、白名单车辆筛除。

(5)照片分析识别,筛除照片不清晰以及车牌号、车轴数识别错误的数据。

(6)推送超限超载违法预警到监控指挥系统。

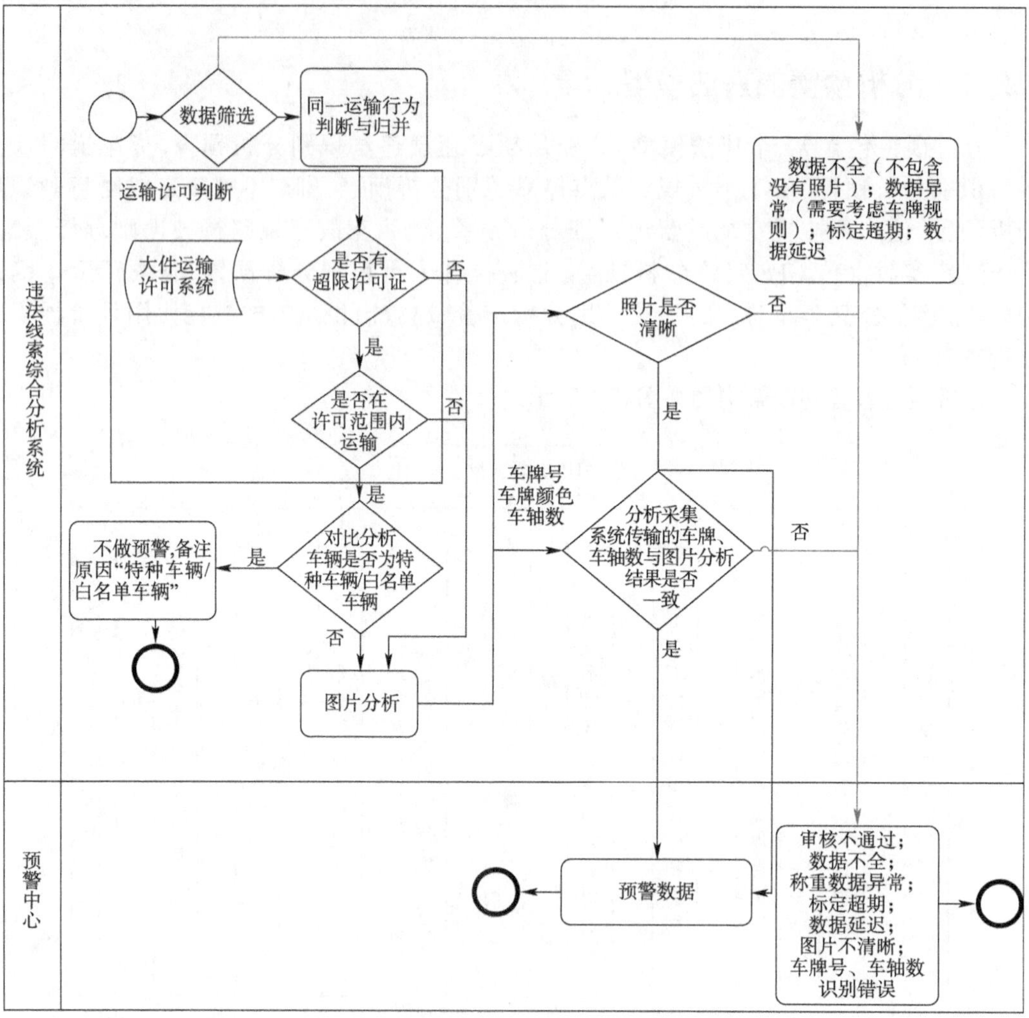

图 8-5 超载超限违法识别模型流程图

2)货车道路遗撒行为识别分析预警

系统通过前端高清相机,针对实时视频进行分析,针对遗撒进行事件的识别,并关联视频录像,提取货车外观、车牌等信息,再与运作系统进行实时比对,制定出货车遗撒研判模型。货车道路遗撒行为识别模型流程图,如图 8-6 所示。

功能要点:接入道路高清视频监控的实时视频流,通过货车道路遗撒违法研判模型识别出货车道路遗撒违法,并予以提示报警。

(1)对图像中的目标对象类型进行识别。

(2)通过前端相机控制操作接口,实时控制镜头自动追踪目标对象,对目标对象车牌号码进行识别。

(3)对货车道路遗撒行为进行图像研判,提取视频片段作为电子证据。

(4)推送货车道路遗撒违法预警到监控指挥系统。

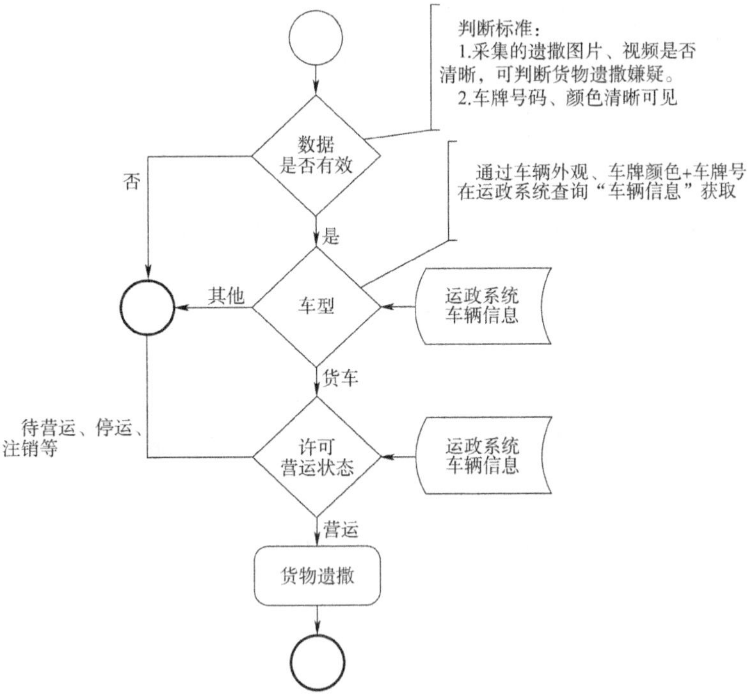

图 8-6　货车道路遗撒行为识别模型流程图

3）班车不按规定站点停靠识别分析预警

班车不按规定站点停靠识别模型流程图如图 8-7 所示。

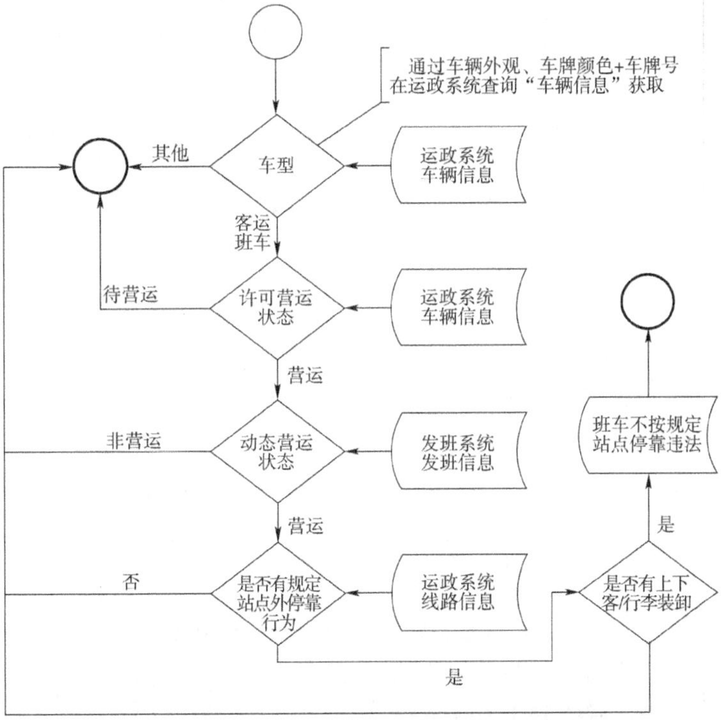

图 8-7　班车不按规定站点停靠识别模型流程图

功能要点：接入道路高清视频监控的实时视频流，通过班车不按规定站点停靠违法分析模型识别出班车不按规定站点停靠违法，并予以提示报警。

(1)对图像中的目标对象类型进行识别。

(2)通过前端球机云镜操作接口，实时控制镜头自动追踪目标对象，对目标对象车牌号码进行识别。

(3)对班车违法停靠、上下客行为进行图像研判，提取视频片段作为电子证据。

(4)推送班车不按规定站点停靠违法预警到监控指挥系统。

4)班车不按规定线路行驶识别分析预警

班车不按规定线路行驶识别模型流程图如图8-8所示。

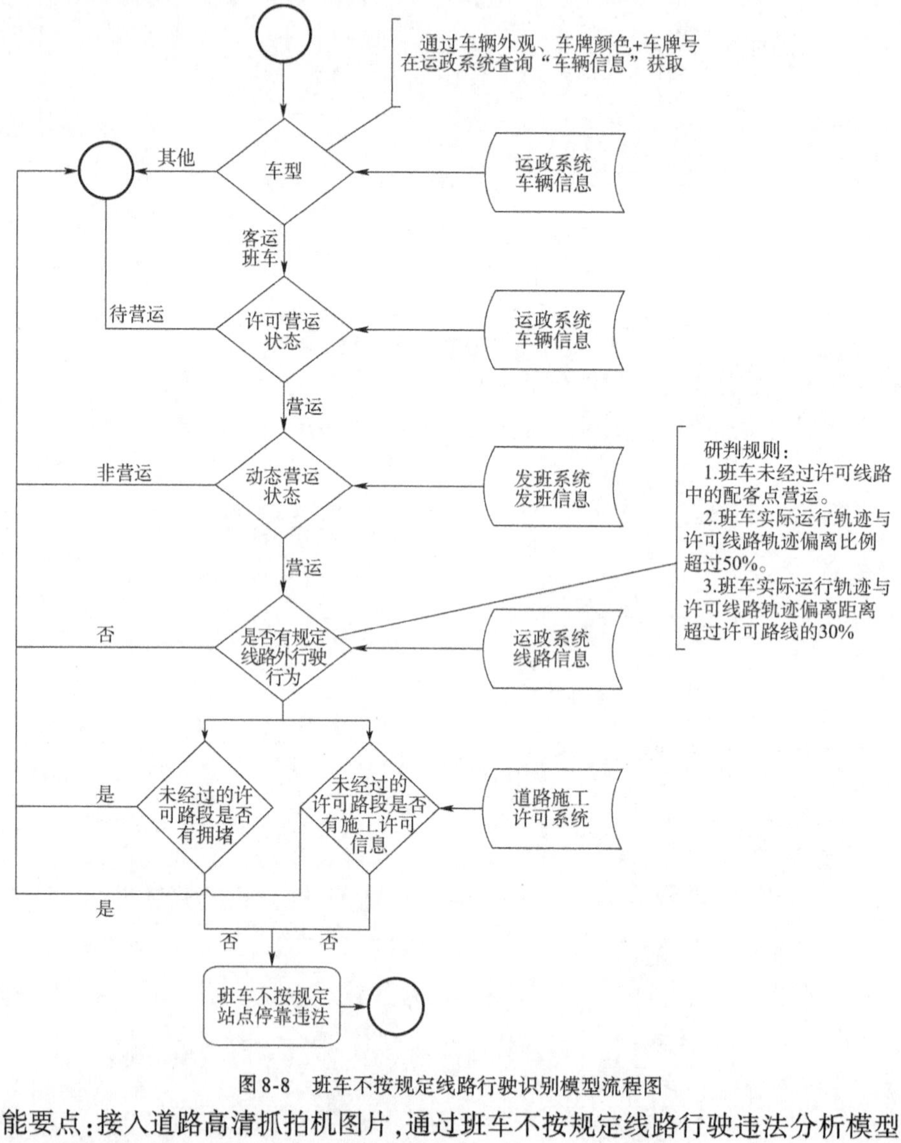

图8-8　班车不按规定线路行驶识别模型流程图

功能要点：接入道路高清抓拍机图片，通过班车不按规定线路行驶违法分析模型识别出班车不按规定线路行驶违法，并予以提示报警。

(1)通过前端抓拍机接口，实时抓拍目标对象，对目标对象车牌号码进行识别。

(2)通过车牌号 + 车牌颜色获取运政系统的“客运线路”。

(3)通过城市 GPS 管理系统获取车辆实际运行轨迹,与客运线路对比分析。

(4)推送班车不按规定线路行驶违法预警到监控指挥系统。

5)包车不按规定范围营运识别分析预警

包车不按规定范围营运识别模型流程图如图 8-9 所示。

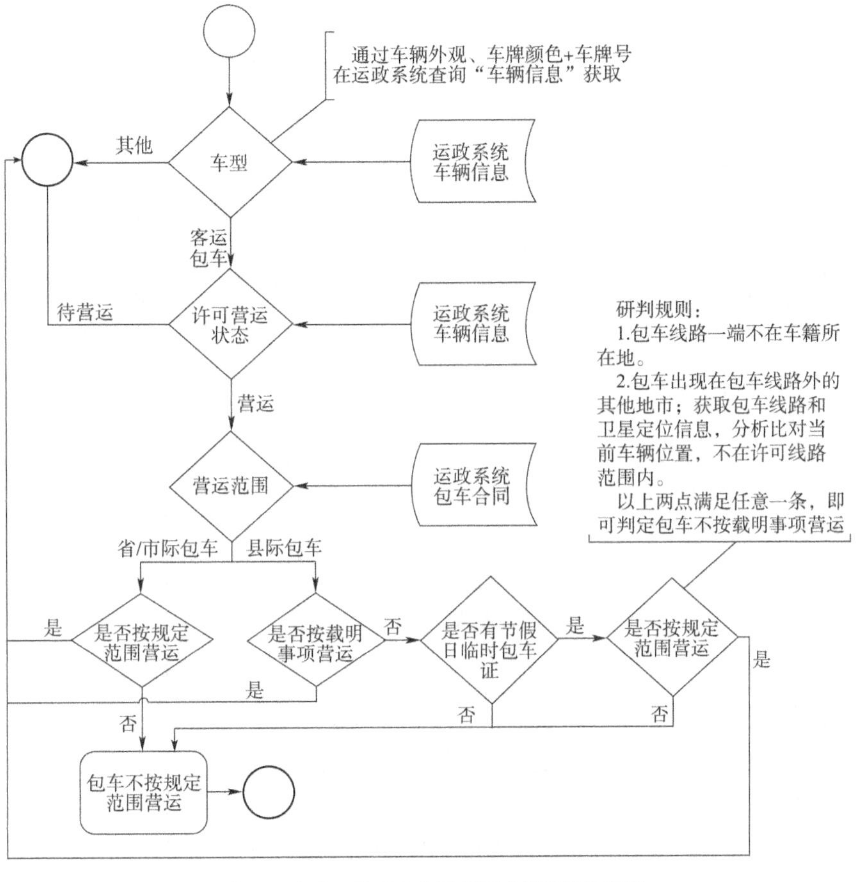

图 8-9 包车不按规定范围营运识别模型流程图

功能要点:接入道路高清视频监控的实时视频流,通过包车不按规定范围营运违法分析模型识别出包车不按规定范围营运违法,并予以提示报警。

(1)通过前端抓拍机接口,实时抓拍目标对象,对目标对象车牌号码进行识别。

(2)通过车牌号 + 车牌颜色 + 车辆外观,获取运政系统的经营范围、包车合同。

(3)通过 GPS 管理系统获取车辆实际运行轨迹,与经营范围对比分析。

(4)推送包车不按规定范围营运违法预警到监控指挥系统。

6)出租车故意绕路行驶识别分析预警

出租车故意绕路行驶识别模型流程图如图 8-10 所示。

功能要点:通过输入出租车的车牌号、出发时间、到达时间,结合出租车 GPS 定位历史轨迹数据,根据出租车故意绕路的违法行为分析模型,分析其违法的可能性。

(1)输入出租车车牌号、出发时间、到达时间,查看出租车 GPS 定位历史轨迹数据。

(2)对比起止地点推荐的路线里程,根据出租车故意绕路的违法行为分析模型,分析其违法的可能性。

(3)人工确认是否推送出租车故意绕路行驶违法预警到监控指挥系统。

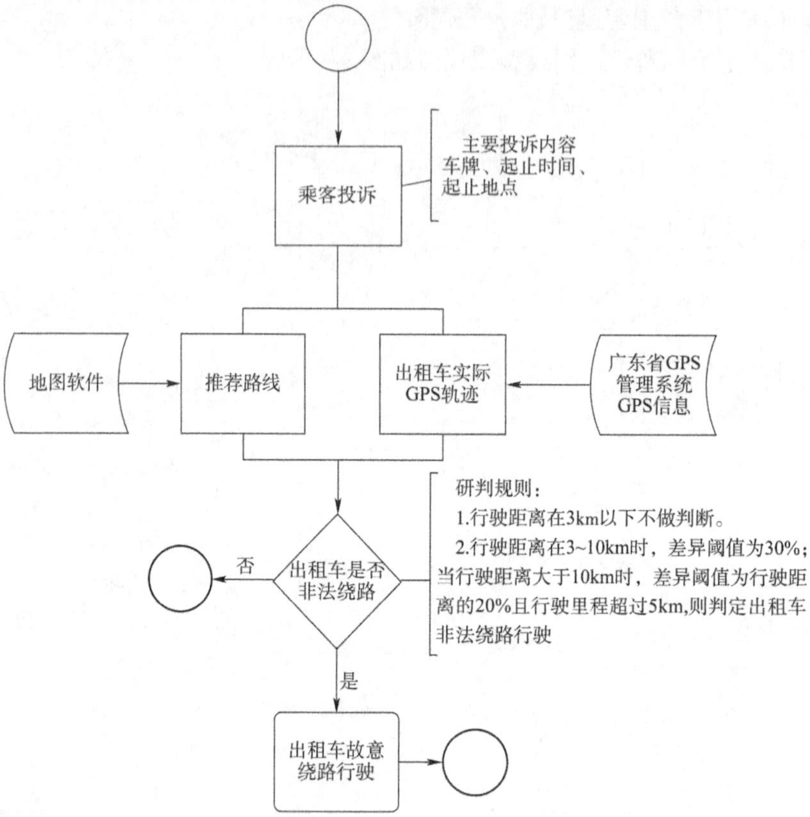

图 8-10 出租车故意绕路行驶识别模型流程图

7)不按规定实时上传 GPS 定位分析预警

不按规定实时上传 GPS 定位识别模型流程图如图 8-11 所示。

功能要点:接入道路高清视频监控的实时视频流,通过不按规定实时上传 GPS 违法分析模型识别出不按规定实时上传 GPS 违法,并予以提示报警。

(1)通过前端抓拍机接口,实时抓拍目标对象,对目标对象车牌号码进行识别。

(2)通过车牌号 + 车牌颜色获取运政系统的经营范围。

(3)通过城市 GPS 管理系统获取车辆实时 GPS 信息。

(4)推送不按规定实时上传 GPS 违法预警到监控指挥系统。

8)非法拉客人员识别分析预警

系统针对排队候车区进行人脸识别,并与运政系统提供前期收集到的非法拉客人员黑名单进行比对,识别比对成功后,在移动执法站拦截。

功能要点:接入排队候车区高清视频监控的实时人脸图片,和黑名单进行比对,比对成功并予以提示报警。

(1)通过前端抓拍机接口,实时抓拍目标对象,对目标对象人脸进行识别。

(2)运政系统提供黑名单进行实时比对。

(3)比对成功后上传人脸违法预警到监控指挥系统,并前端接收报警信息进行拦截。

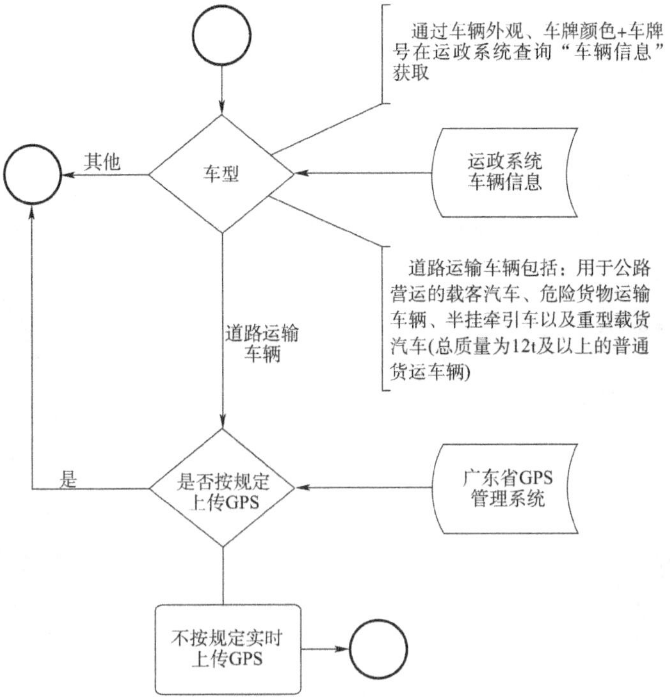

图8-11　不按规定实时上传GPS定位识别模型流程图

9)非法营运车辆识别分析预警

非法营运车辆识别模型流程图如图8-12所示。

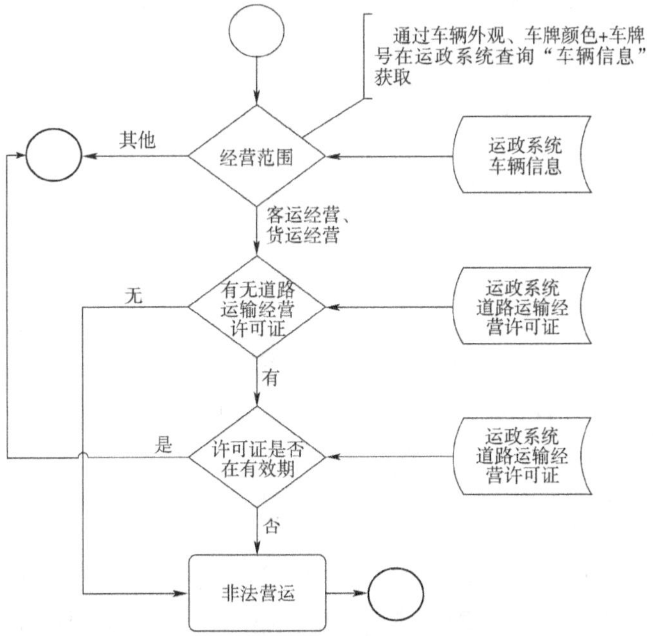

图8-12　非法营运车辆识别模型流程图

功能要点：接入道路高清抓拍机图片，通过非法营运分析模型识别非法营运，并予以提示报警。

(1)通过前端抓拍机接口，实时抓拍目标对象，对目标对象车牌号码进行识别。

(2)通过车牌号+车牌颜色获取运政系统的“车辆信息”，查看营运状态、道路运输经营许可证状态及有效期。

(3)推送非法营运预警到监控指挥系统和移动执法系统。

例如，非法营运车辆识别预期效果如图8-13所示。

图8-13　非法营运车辆识别预期效果

(1)通过前端抓拍机实时抓拍的目标对象的车牌号码，车辆图片可传递给移动执法系统，辅助一线执法人员实施布控拦截。

(2)非法营运嫌疑车辆的预警信息可同步传递给监控指挥系统，在指挥中心进行实时报警。

10)公交车车身广告违法识别分析预警

利用深度学习、人工智能等手段，并通过前端高清摄像机，在公交站场，公交专用道等公交车密集地区，对公交车车身进行图片抓拍或视频识别，抓拍到的图片或视频的内容与报备公交车身图片进行比对，当发现有所区别时，进行违法识别，并将信息推送到相关执法部门，由执法部门进行处罚。

11)巡游出租车未按规定使用计价器识别分析预警

通过前端高清抓拍机在车站、口岸等巡游出租车专用候车排队通道载客营运的出租车进行实时过车图片抓拍，利用深度学习、人工智能等技术，对图片进行二次识别，发现其载客之后不按规定叠表、叠牌的违法行为进行抓拍1~3张照片进行备案，并保留全过程录像，后续由执法部门通报出租车公司进行相关处罚。

8.2.2　分析预警查询展示

支持按照上述11类分析预警类型，在GIS地图上分图层展示预警发生的地点和事件信息；支持点击查看预警详情；支持按照预警类型、时间段、区域等查询条件，实现预警事件的查询。

第9章 移动执法终端系统

移动执法的主要用户包括一线执法人员和管理人员两类。通过建设移动执法终端应用程序,创建巡查助手、预警信息实时报送、音视频通话、个人绩效统计等路面巡查功能,创建证据采集、证据上传等案件办理功能,为一线执法人员提供更高效的移动执法体验;创建案件审批、统计报表查看、预警信息实时推送、执法一张图查看、现场可视化、音视频通话指挥调度等功能,便于管理人员随时随地了解执法动态,进行应急调度。

第9.1节 路面巡查

移动执法终端可提供巡查助手、违法行为自动预警、融合通信和录像拍照功能。

(1)巡查助手可提供位置打卡、值班表查看、巡查日志登记汇总、维修厂巡查登记等日常勤务功能。

(2)违法行为自动预警可通过运行监测与分析预警应用和指挥调度应用对接,实时接收预警信息。

(3)融合通信可提供语音通话、视频通话、短信通话、群组通话功能。

录像和拍照功能可实时通过移动端采集信息并推送给指挥调度应用平台。

第9.2节 移动案件办理

通过移动执法终端,实现对监管对象的信息采集、信息查验比对;法律法规规章和自由裁量基准查询使用;立案登记、现场取证、制作笔录、制作处罚通知书、即时通信、远程传输、文书推送打印。

1)证据采集

调用移动执法终端音视频采集功能接口,实现对监管对象违法行为的快速录入、拍照、录音、录像等。

2)信息查验对比

通过移动执法终端手动输入或识别提取监管对象的名称、证件号码等关键信息,自动查验经营业户、营运车辆(船舶)、从业人员等监管对象信息。

3)法律法规查询

实现对法律法规、违法行为代码的浏览检索,可根据违法行为名称、法规名称等实现模糊查询与调阅。

4)自由裁量基准查询

实现对自由裁量基准的浏览检索,可根据违法行为名称、违法行为代码等实现模糊查询与调阅。

5)立案登记

对在现场执法检查过程中发现的违法线索进行甄别审核,对审核确认构成违法行为的,登记录入执法机构、执法人员、案件来源、当事人、违法事实、违法车(船)等信息。

6)制作笔录

在执法现场采集视频、照片、音频等证据材料信息,并对采集的书证、物证、视听资料、电子数据、证人证言、当事人陈述等证据材料进行分类登记和记录。

7)制作处罚通知书

根据执法现场采集的证据和笔录,现场制作处罚通知书,包括以下内容:

(1)当事人的姓名或者名称、地址。

(2)违反法律、法规或者规章的事实和证据。

(3)行政处罚的种类和依据。

(4)行政处罚的履行方式和期限。

(5)不服行政处罚决定,申请行政复议或者提起行政诉讼的途径和期限。

(6)作出行政处罚决定的行政机关名称和作出决定的日期。

8)案件现场录入

案件现场录入是指将立案信息、处罚通知书等信息,会同现场采集到的证据材料等信息通过移动执法终端直接录入到协同办案应用中。

9)在线即时通信

实现执法人员的在线即时通信、案件讨论和沟通交流。

第9.3节　移动案件管理

通过移动执法终端,实现执法机构管理人员对执法案件的办案督导、过程审批、案件抽查、统计分析、信息推送与提醒。

1)办案督导

办案督导是指通过自定义条件筛查案件信息,对重大执法案件进行重点关注和备案登记,并对案件办理进行督导,适时提出督办意见。

2)过程审批

过程审批是指调阅执法案件的办理信息,对需要审批的信息进行查看,实现移动在线审批。

3)案件抽查

案件抽查是指随机抽查或定制抽查各地、各门类行政执法案件,根据案件目录调阅执法文书等信息。对于案件情况异常的,进行督导并提出督办意见案。

4)统计分析

统计分析是指实现各地、各门类行政执法案件的简明统计汇总,生成反映执法人员、执法案件的规模总量、分类构成等统计分析报表。

5）信息推送与提醒

信息推送与提醒是指接收推送的通知通告、提醒与预警等信息。

第9.4节　移动执法查询展示

基于移动端GIS支持，实现在移动端基于地图的信息展示和查询，查询的内容包括相关人员位置、目标车辆位置等。

1）地图展示

打开移动执法查询展示，利用设备的定位功能可以显示当前用户所在的位置。

系统支持在地图上显示附近卡口设备、视频监控设备、非现场执法设备等位置，通过点击可以查看设备信息，并进一步查看该设备相关的预警信息、视频图像等。

2）车辆人员定位

具备权限的执法人员不仅可以查看附近其他队员、车辆的位置信息，还可以通过输入名称、编号等，对某个执法人员、某辆执法车辆等进行搜索定位。

3）经营业户分布展示

具备权限的执法人员不仅可以查看附近经营业户的位置信息，还可以通过输入名称，对某个经营业户或场所进行搜索定位。

4）目标车辆查询

通过指定车牌号等信息，系统可以查询目标车辆当前实时位置，并随时更新，辅助开展重点打击。

第9.5节　移动现场可视化

系统提供客运站、货运站、国省道出入口、高清卡口、重要路段、执法记录仪、执法车辆等监控视频，执法人员可以通过单个视频查看现场情况，也可以同时开启多个视频从不同角度观察现场情况。视频监控功能包括以下几方面。

1）监控端视频人工追踪

系统提供移动端监控中心的视频人工追踪操作功能，移动端监控员可以通过触摸屏或手机键盘实现操控云镜方向，通过触摸屏放大或缩小焦距，通过键盘自定义按键进行截屏取证和开启/停止录像取证。经过优化的人工操控，可以让移动端监控员在极短时间内，轻松地对客车违停上下客、泥头车不按规定防护覆盖等违法情形进行人工识别和捕捉取证。

2）快照自动车牌识别

当移动端监控员启动快照对视频中车辆进行照相时，系统自动分析照片数据，识别车牌信息，并调用违法线索分析服务，获取该车辆可能存在的违法预警信息。

3）证据关联管理

系统提供证据关联功能，所有取得的证据由系统自动进行保存，自动关联为同一个车牌号事件中的证据。移动端监控员可以在系统上进行翻查和删除管理，省去了直接操作文件的麻烦。

4)证据筛查复核

对于预警信息中采集的证据信息,移动端监控员对证据的完整性、准确性、清晰度等进行审核,认为证据确凿、可作为后续处罚依据的证据信息点击通过审核,相关证据信息存入证据库。

5)资源目录展示

系统实现以列表的形式,提供对已联网视频监控的选择。对于选中的视频监控,实现对实时监控图像的查看。

6)视频检索

系统提供按照关键字对视频监控进行检索的功能。系统支持列表与电子地图的联动。

7)视频回放

系统支持历史图像的远程回放。

第9.6节　移动培训

通过移动执法终端,实现执法人员在线培训和在线考试。

1)培训内容

交通综合法律知识:《中华人民共和国行政处罚法》《中华人民共和国行政许可法》《中华人民共和国行政诉讼法》《行政执法基本规范》《行政处罚听证程序规定》《行政执法责任制条例》《交通行政处罚程序规定》《交通行政执法五个规范》《交通行政执法监督规定》《交通行政处罚案卷归档标准》《交通行政执法职业道德基本规范》等与交通行政执法有关的综合性法律、法规和规章。

专业法律知识:运管、路政、海事本部门实施的法律法规和规章。

2)培训方式

坚持法律基础理论教育与专业法律教育相结合、理论教育与执法实践相结合、集中培训与自学相结合、学习与考试相结合,多形式地开展法制培训工作。

第10章 监控指挥系统

监控指挥是智慧交通执法管理平台的中枢,是各类信息化系统的综合应用。依托交通行业内部和外部的各类数据资源,纵向贯通支队、大队,横向联通行业内部多部门,以及跨行业的交警、工商、保险等多个领域,打造集指挥、情报、勤务于一体的监控指挥作战平台。

第10.1节 监控指挥查询展示

监控指挥一张图,可以对所辖区域的执法人员、执法车辆进行统一管理,实时了解执法人员、执法车辆的分布,当发生紧急案件,可把案件推送给附近的执法人员,由执法人员快速行动;当执法人员身上的执法设备因故掉线、不在执法区域时或离开相应岗位,可实时进行告警提醒。

除此之外,监控指挥可对固定经营场所(如客运站、维修厂等经营场所)进行实景地图标注,对辖区经营场所的信息可通过视频实时掌握。

10.1.1 执勤人员定位与分布

执勤人员定位是指将携带GPS定位设备的执法人员、执法车辆在地图上面实时显示,方便进行执法资源的部署和指挥调度。

执勤资源定位如图10-1所示。

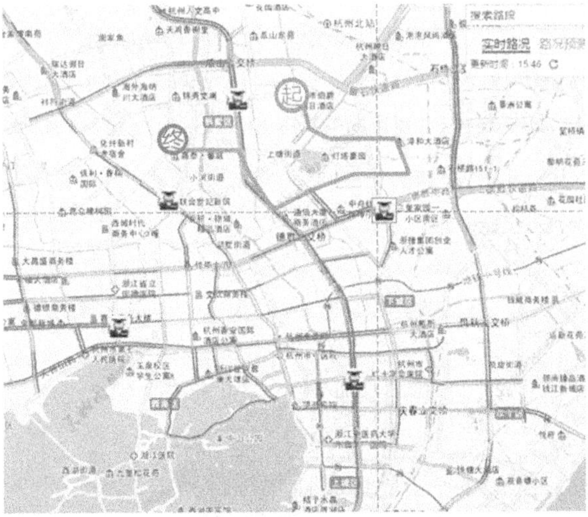

图10-1 执勤资源定位

基于地图提供执勤人员一张图,展示和查询人员定位、轨迹、状态、执法记录仪监控画面等信息。

(1)地图展示。打开执勤人员一张图,通过一体化移动执法终端设备的定位功能可以显示当前执勤人员所在的位置,通过点击可以进一步查看执勤人员轨迹、状态、执法记录仪监控画面等信息。

(2)执勤人员定位和查询。通过指定执勤人员的编号、名称等信息,对某个执勤人员进行搜索定位和查询其状态信息,并随时更新,辅助监控执法和开展重点打击。

(3)关注功能。用户不在该模块时依旧能查看关注的 GPS 设备在地图上的位置。

(4)GPS 跟踪。当跟踪的目标不在视野范围内时,地图将其自动移动在可视范围内。

10.1.2 执勤车辆定位与分布

基于地图提供执勤车辆一张图,展示和查询车辆定位、轨迹、状态、监控画面等信息。

(1)地图展示。打开执勤车辆一张图,通过车辆定位功能可以显示当前执勤车辆所在的位置,通过点击可以进一步查看执勤车辆的轨迹、状态、监控画面等信息。

(2)车辆定位和查询。通过指定执勤车辆编号、名称、所属大队等信息,对某个执勤车辆进行搜索定位和查询其状态信息,并随时更新,辅助监控执法和开展重点打击。

(3)关注功能。用户不在该模块时依旧能查看关注的 GPS 设备在地图上的位置。

(4)GPS 跟踪。当跟踪的设备不在视野范围内时,地图将其自动移动在可视范围内。

(5)视频功能。支持 GPS 关联的视频预览、上墙等操作。

(6)GPS 状态监测。支持 GPS 在线、离线等状态的展示。

10.1.3 固定经营场所定位与分布

基于地图提供维修厂、驾培企业、移动执法室一张图,展示和查询固定经营场所定位、执法检查情况等信息。

(1)地图展示。打开固定经营场所分布一张图,可以显示固定经营场所所在的位置,通过点击可以进一步查看固定经营场所执法检查详细状况等信息。

(2)辅助固定经营场所执法检查。通过指定固定经营场所名称等信息,对某个固定经营场所进行搜索定位及查询其是否已通过执法检查和通过检查详细情况,并提供执法人员前往未通过检查场所最优路径等导航功能。

10.1.4 非现场设备定位与分布

基于地图提供治超设备、视频监控设备、卡口设备、营运车辆 GPS 设备分布一张图,展示和查询设备定位、状态、监控画面等信息。

(1)地图展示。打开非现场设备分布一张图,通过设备定位功能可以显示当前非现场设备所在的位置,通过点击可以进一步查看设备状态、监控画面等信息。

(2)非现场设备定位和查询。通过指定非现场设备的编号、名称等信息,对某个非现场设备进行搜索定位和查询其状态信息,并随时更新,辅助监控执法和开展重点打击。

10.1.5 疑似案件推送预警

疑似案件推送预警包括预警规则设置、预警权限管理、预警信息完整性审核筛查、预警列表、预警信息查询统计功能。

(1)预警规则设置。系统可实现对预警规则的管理,包括:制定符合什么条件下进行预警;用什么预警手段;向监控端还是移动端预警;向哪些用户预警;等等。

(2)预警权限管理。在监控端分配监控任务时,需要对不同的执法监控人员按地域片区或按执法门类来分配。因此,系统需要定义哪些监控员或一线执法人员拥有哪些监测点或哪类违法类型的违法预警接收和处理权限,以防止预警接收和处理出现跨越职责范围的情况,避免监控任务的无序和混乱。

(3)预警信息完整性审核筛查。系统对各类违法类型所需的证据完整性进行筛查。对证据信息不完整的(如没有图片、称重信息或轴数等),则进行舍弃;对证据信息完整的,则进入预警信息列表。

(4)预警列表。系统以列表的形式,实现对自动预警信息的统一展示,便于监控人员全面查看预警情况,并根据情况分别处理。系统支持为每种违法行为提供一个独立的预警列表,以便监控员分类管理预警信息。

(5)预警信息查询统计。系统实现对所有预警信息的查询、简单统计等功能。系统保存所有产生过的预警信息,并提供按照预警时间、行政区划、违法行为类型、处理状态、是否本市车辆等字段进行条件查询的功能。通过点击可以对预警事件信息进行详细浏览或处置。系统支持指定时间段后,按照行政区划、违法行为类型、处理状态等关键字段,对预警信息数量进行统计的功能,并支持图表等形式展示变化情况。

10.1.6 执法人员掉线提醒

对现场执法人员进行位置信息跟踪,实时掌握执法力量所在位置,对执法人员的移动终端设备的当前状态进行实时监控,包括是否登录、是否在线、是否掉线等。当正在执勤的执法人员的移动终端设备出现异常掉线时,可通过指挥中心大屏进行告警提醒。

10.1.7 电子围栏管理(图10-2)

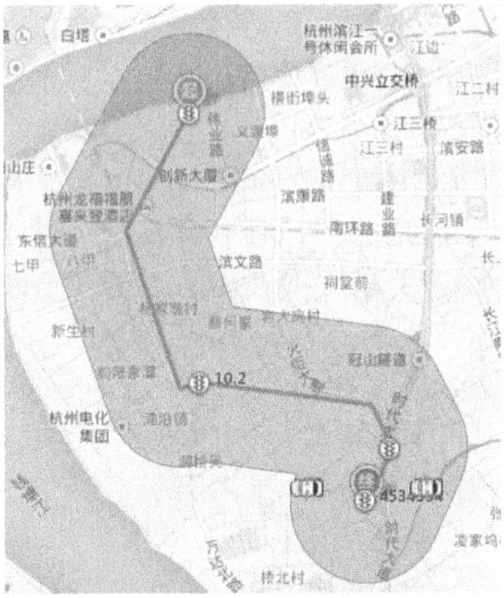

图10-2 电子围栏管理

(1)可根据实际的执勤路线,在地图上绘制相应的执勤范围。

(2)可同时对执勤路线周边的资源进行关联。

(3)当出现执勤中的执法人员或执法车辆超出执勤范围时,可通过指挥中心大屏进行报警提醒。

(4)报警信息可通过移动执法App同步传递给超出执勤范围的执勤人员和执勤车辆,便于相应执勤人员或执勤车辆及时调整执勤路线。

第10.2节　现场可视化

利用领先的增强现实、3D定位、人工智能(如模式识别、事件监测、车辆跟踪等)等技术,通过高点全景摄像机获取监控点全景视频,与视野范围内低点摄像机联动,可以轻而易举地实现既关注整体又兼顾局部的大范围立体监控与视频联动,能够以画中画展示低点摄像机视频,做到可查询、可搜索、可定位、可描述、可报警、可联动,大大改善了监控系统的应用模式,提高监管效率。

通过在全景画面中添加虚拟标签的方式进行相关数据的关联。按照类型标签可分为定点标签、矢量标签、区域标签。其中,定点标签主要针对关注的点进行标注,如全景视频场景中的监控点、卡口抓拍点、人脸抓拍点、建筑物信息等;矢量标签主要用于带有明显方向特征的场景,如国、省道每个方向及进出城卡口等;区域标签则主要关注重点管控区域、重点关注区域,如客运站、货运站国省道出入口、高清卡口、重要路段、执法记录仪、执法车辆等。

现场可视化系统支持接入移动终端设备(如车载、单兵、执法记录仪等),移动终端设备上报GPS信息,系统会自动进行GPS信息与视频坐标信息的转换,从而将移动终端设备在全景视频画面中以标签的形式展示出来。标签会随着移动终端设备的移动而移动;点击移动标签,可以打开对应移动终端设备关联的视频以及相关信息。

第10.3节　指挥调度

指挥调度最常用的手段就是语音调度,即通过中心与现场执法人员移动终端进行语音通话,完成调度工作。即时通信功能是基于传统的语音对讲进行功能升级,通过集成图片传输、文字传输、群组对讲、单点对讲以及视频调阅等功能,丰富指挥调度语音对讲模式,构成完整的即时通信信息传输模块。

1)语音对讲

语音对讲示意图如图10-3所示。

在中心和现场的执法人员,可以通过单兵和中心软件的语音对讲功能直接发起对讲、喊话功能。通过音频传输,实现中心和现场执法人员的实时对讲功能。即时通信功能兼容主叫与被叫,支持群组交互通信。

2)文字互传

当现场或中心不方便执法人员进行语音对讲时,可以通过文字信息进行沟通,类似短信或微信的文字聊天功能。

3)图片互传

当现场或中心有图片信息可以更好地传达信息时,可以通过图片互传功能,选取本地图片发送给对方,让对方能结合语音、文字信息更准确地理解,从而达到信息的深度互通。

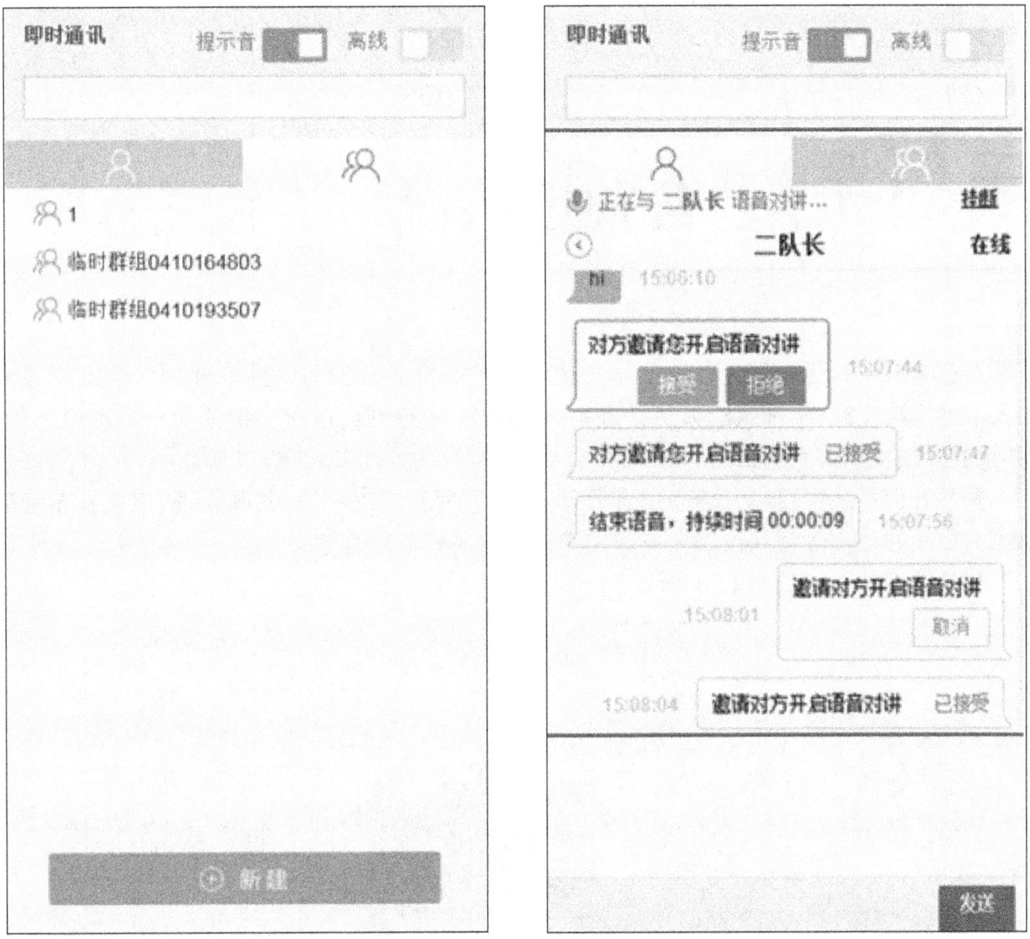
即时通讯
提示音
离线
1
临时群组0410164803
临时群组0410193507
新建
即时通讯
提示音
离线
正在与 二队长 语音对讲…
挂断
二队长
在线
hi
15:06:10
对方邀请您开启语音对讲
接受
拒绝
15:07:44
对方邀请您开启语音对讲 已接受
15:07:47
结束语音，持续时间 00:00:09
15:07:56
邀请对方开启语音对讲
取消
15:08:01
15:08:04
邀请对方开启语音对讲 已接受
发送

图 10-3 语音对讲示意

第11章 勤务管理系统

勤务管理系统是专门为各单位日常执法勤务安排而开发的。勤务管理系统通过采集、录入本地执法资源,实现执法人员排班和执法出勤考核功能,进而为指挥中心实现扁平化指挥、快速执法资源调度提供有力保障。

勤务管理系统主要包含静态信息管理、考勤管理和绩效考核、制服管理、信息发布管理、执法人员联网培训管理和执法人员联网考试管理等模块功能。

勤务管理功能图如图11-1所示。

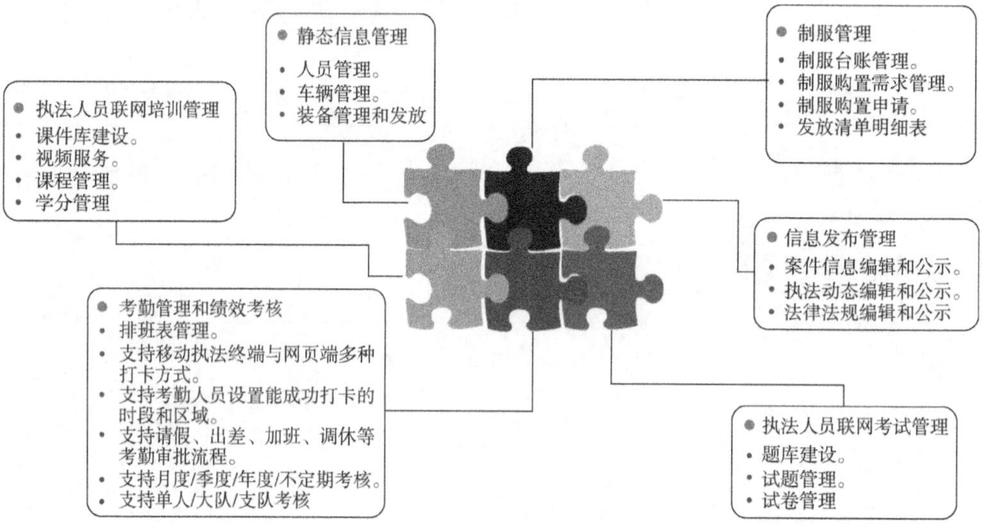

图11-1 勤务管理功能

第11.1节 静态信息管理

静态信息管理的功能包括:实现对各类执法相关信息的管理,包括执法人员、执法车辆、执法装备、执法对象等基础信息;实现法律法规、权利清单、责任清单等制度类信息的管理;实现人员工作情况及事件处理情况等工作信息的查询功能。具体如下:

(1)执法人员管理:实现对执法人员及协管人员进行管理;要求能基于地图进行可视化展现。

(2)执法车辆管理:实现对执法车辆等工具进行管理;要求能基于地图进行可视化展现。

(3)执法装备管理:实现对执法记录仪、一体化执法终端等进行管理;要求能基于地图进行可视化展现。

(4)执法对象管理:实现对执法对象进行管理。

(5)行政执法主体管理:与相关系统对接,实现对行政执法主体的信息管理。

(6)制度信息管理:实现对法律法规、权利清单、责任清单等制度类信息的管理。

(7)执法证管理:对执法证申领、审核、发证等过程信息进行查询;可对证件的有效期进行判断,到期进行自动提醒;可将执法证与执法人员进行比对,对于未办证人员进行提醒等。

(8)消息管理:实现对历史消息发送记录的查询和导出功能。

(9)日志管理:实现巡查日志列表查询,可对巡查日志进行增加、修改、删除、查询等操作。

第11.2节 考勤管理和绩效考核

考勤管理。系统支持依据执法人员提交的工作日志和执勤监控跟踪,对不同执勤模式的执法人员出勤考核。

绩效考核:通过信息化手段对各大队交通运输执法工作进行绩效考核,提高考核工作的时效性、准确性。

该模块功能包括我的工作台、移动考勤管理、出勤统计报表、案件统计报表、绩效考核规则管理、系统管理等功能。

(1)我的工作台:个人出勤统计和执勤案件统计,支持个人请假、出差、加班、调休等申请。

(2)移动考勤管理:支持移动执法终端与网页端多种打卡方式,支持考勤人员设置能成功打卡的时段和区域。

(3)出勤统计报表:提供所有人员上下班出勤统计分析,支持单人、大队、支队、月度、季度、年度、不定期出勤报表统计和打印。

(4)案件统计报表:提供各大队、队员执法各门类案件发现、处理台账统计分析,支持单人、大队、支队、月度、季度、年度、不定期出勤案件发现、处理报表统计和打印。

(5)绩效考核规则管理:支持绩效考核评价标准设置和管理。

(6)系统管理:系统用户设置和操作权限管理、系统安全机制设置等。

第11.3节 制服管理

该模块通过信息化手段对交通运输执法制服的申请和发放进行统筹管理,提高执法制服发放的便捷性和准确率,为执法人员提供良好的后勤保障。

该模块功能包括制服台账管理、制服购置需求管理、制服购置申领、发放清单明细表等功能。

(1)制服台账管理。建立所有人员执法制服台账。

(2)制服购置需求管理。提供执法人员制服在线需求填报,结合填报需求和执法制服发放规定自动统计执法制服购置需求。

(3)制服发放管理。根据执法人员填报需求和执法制服发放规定提供制服在线发放功能。

(4)发放清单明细表。结合实际发放量自动生成执法制服发放明细表。

第11.4节　信息发布管理

该模块提供案件信息、执法动态、法律法规等信息的编辑和公示,并定期通过交通局网站、微信公众号和各大队办事处触摸屏进行公示。

该模块功能包括案件信息编辑和公示、执法动态编辑和公示、法律法规编辑和公示等功能。

(1)案件信息编辑和公示。各门类案件发现和处理情况编辑和公示。

(2)执法动态编辑和公示。执法动态信息编辑和公示。

(3)法律法规编辑和公示。执法法律法规编制和公示。

第11.5节　执法人员联网培训管理

该模块包括课件库建设、视频服务、课程管理、学分管理等。

(1)课件库建设。根据省、市情况建设市级电子课件库,课件格式包括视频、PPT、文档等。

(2)视频服务。架设专业视频服务,实现视频格式自动转换,并支持断点续传、多点缓冲等功能,确保培训视频流畅度。

(3)课程管理。实现培训教师和参训人员对课程的双向管理。培训教师可以对培训内容进行选择、维护。参训人员可以通过课程列表进行培训课程选择。

(4)学分管理。建立学分管理与激励体系。参训人员可以通过学习课程、参与考试、完成学习任务等途径获得学分,并将学分与年审、评议考核关联,促进参训人员将日常学习变成一种常态。

第11.6节　执法人员联网考试管理

该模块包括题库建设、试题管理、试卷管理。

(1)题库建设。建设符合省、市现行法律法规的电子题库,题库包括单选、多选、判断、语音、图片等题型。通过随机抽取题库内题目组卷,提高试卷的保密程度,从而进一步提高考试的效果,充分体现考试的严肃性和公平性。

(2)试题管理。实现对电子题库的新增、修改、删除等功能;实现对已建题库的充分利用。

(3)试卷管理。可根据试卷模板,实现灵活组卷,并满足多门类同一试卷考试。

第12章 评议考核系统

通过评议考核系统对接省级行政执法综合管理信息平台，实现重大案件的上报和意见反馈；对执法案件进行抽查，并实现对重大案件的督办跟进。

第12.1节 执法评议考核

市级交通运输主管部门按照其确定的定期或不定期评议考核规则，实现创建考评批次、配置考评对象信息、考评对象抽取、考评材料信息化报送、网上评查和打分、考评结果反馈和发布等功能。

（1）创建考评批次。依据开展评议考核工作的要求，完成评议考核批次的创建。

（2）配置考评对象信息。配置执法机构考评规则、执法案卷评查规则、参加执法考试人员数量等信息，为网上考评提供依据。

（3）考评对象抽取。依据考评要求，实现考评人员对考评对象（执法机构、执法人员、执法案件）的随机抽取。

（4）考评材料信息化报送。实现对被考评机构的机构材料报送、被抽查案卷的案卷相关材料报送。

（5）网上评查和打分。依据相应的考评规则和考评材料，实现评查工作人员进行考核对象（执法机构、执法人员、执法案件）的网上评查与打分。

（6）考核结果反馈和发布。根据综合评分，生成“交通运输行政执法评议考核得分表”，并将评分结果与评查意见进行内部发布。

第12.2节 案件抽查

随机抽查或定期抽查各门类行政执法案件，根据案件目录调阅执法案卷等信息，给出评查意见。对于案卷制作不符合要求的，下达整改意见。

第12.3节 个人执法档案

通过对执法数据的统计分析，以直观的图表形式对执法人员的各项指标进行总体的统计展示。个人执法档案包括考勤情况、最近执法统计、历史执法统计、执法趋势走向、投诉统计等。

1)执法明细记录

执法明细记录按照案件分类、案件状态、现场询问及取证信息等类别进行展示,包括具体的当事人、车牌号、时间、地点等必要信息,形成以个人执法过程为核心的执法行为档案。

2)执法轨迹

(1)分析执法人员的 GPS 移动信息数据,形成每天的个人执法轨迹路线并通过地图进行展示。

(2)通过执法记录与执法轨迹相结合,实现执法人员在执法过程中有据有迹。

(3)支持执法轨迹以天为单位进行计算并展现,当某执法人员出现异常执法记录时(如投诉、未及时到岗等),可在平台调阅其当前的移动轨迹路线进行参照分析,判断是否存在不当执法的情况。

3)执法关联数据

(1)执法人员在工作过程中会产生很多关联数据,如通过执法记录仪摄录的大量执法视频。系统支持通过执法人员的姓名、编号、时间、地点等条件查询和某个执法行为相关的视音频文件。

(2)支持关联音视频数据的在线播放。

第13章 综合查询展示系统

通过建设综合查询展示业务应用板块，实现一张图展示，包括案件一张图、执勤人员一张图、执勤车辆一张图、非现场设备分布一张图、固定经营场所分布一张图等。综合查询展示如图13-1所示。

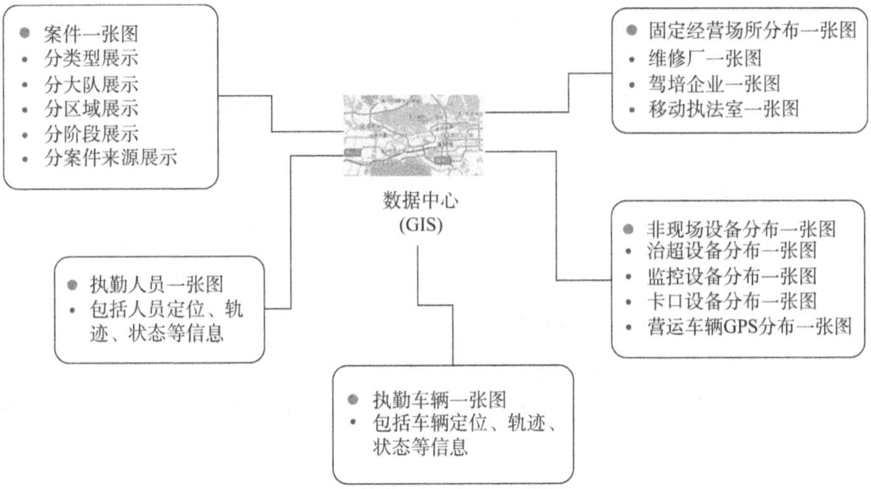

图13-1　综合查询展示

第13.1节　一张图展示

1）案件一张图

基于地图提供分类型、分大队、分区域、分阶段或分案件来源展示和查询案件位置和状态功能。

（1）地图展示。打开案件一张图，一线执法人员可利用一体化移动执法终端现场录入案件功能，实时显示当前已发现案件的位置，通过点击可以进一步查看案件类型、违法处理阶段等状态信息。

（2）案件查询。根据指定案件类型、案件被发现大队、案件所属区域、案件所处阶段等信息，查询目标案件当前实时位置和状态，并随时更新，辅助监控执法和开展重点打击。

2）执勤人员一张图

基于地图提供执勤人员一张图，展示和查询人员定位、轨迹、状态、执法记录仪监控画面等信息。

(1)地图展示。打开执勤人员一张图,通过一体化移动执法终端设备的定位功能可以显示当前执法人员所在的位置,通过点击可以进一步查看执法人员轨迹、状态、执法记录仪监控画面等信息。

(2)人员定位和查询。通过指定执勤人员编号、名称等信息,对某个执勤人员进行搜索定位和查询其状态信息,并随时更新,辅助监控执法和开展重点打击。

3)执勤车辆一张图

基于地图提供执勤车辆一张图,展示和查询车辆定位、轨迹、状态、监控画面等信息。

(1)地图展示。打开执勤车辆一张图,通过车辆定位功能可以显示当前执勤车辆所在的位置,通过点击可以进一步查看执勤车辆轨迹、状态、监控画面等信息。

(2)人员定位和查询。通过指定执勤车辆的编号、名称、所属大队等信息,对某个执勤车辆进行搜索定位和查询其状态信息,并随时更新,辅助监控执法和开展重点打击。

4)非现场设备分布一张图

基于地图提供治超设备、视频监控设备、卡口设备、营运车辆 GPS 设备分布一张图,展示和查询设备定位、状态、监控画面等信息。

(1)地图展示。打开非现场设备分布一张图,通过设备定位功能可以显示当前非现场设备所在的位置,通过点击可以进一步查看设备状态、监控画面等信息。

(2)非现场设备定位和查询。通过指定非现场设备的编号、名称等信息,对某个设备进行搜索定位和查询其状态信息,并随时更新,辅助监控执法和开展重点打击。

5)固定经营场所分布一张图

基于地图提供维修厂、驾培企业、移动执法室一张图,展示和查询固定经营场所定位、执法检查情况等信息。

(1)地图展示。打开固定经营场所分布一张图,可以显示固定经营场所所在的位置,通过点击可以进一步查看固定经营场所执法检查详细状况等信息。

(2)辅助固定经营场所执法检查。通过指定固定经营场所名称等信息,对某个场所进行搜索定位,查询其是否已通过执法检查以及通过检查的详细情况,并提供执法人员前往未通过检查场所最优路径等导航功能。

第 13.2 节　指 标 展 示

综合查询指标包括人员专题指标、车辆专题指标、案件专题指标、非现场执法专题指标、固定经营场所专题指标等。综合查询指标体系如图 13-2 所示。

1)人员专题指标展示

人员专题指标展示模块可展示人员总体情况查询、人员排班和出勤情况查询、人员案件办理情况查询、人员绩效情况查询等指标信息。人员专题指标包括日出勤人数、平均出勤时长、处理案件数、执勤率、执勤人员排班表和未打卡情况、考勤排行榜和被投诉人员、人员超时停留分布、人员脱岗报警分布等。

人员专题指标展示如图 13-3 所示。

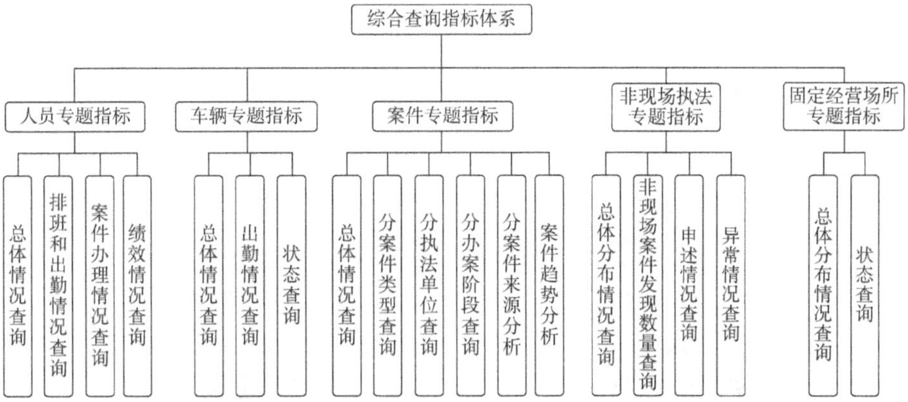

图 13-2　综合查询指标体系

图 13-3　人员专题指标展示

2) 车辆专题指标展示

车辆专题指标展示模块可展示车辆总体情况查询、车辆出勤情况查询、车辆状态查询等指标信息。车辆专题指标包括日车辆出勤数和出勤时间、车辆执勤排班表、车辆脱岗分布图、车辆监控视频、指定车辆通信助手模块可提供与执勤车辆音频、视频通话，并支持文本、图片传输等。

车辆专题指标展示如图 13-4 所示。

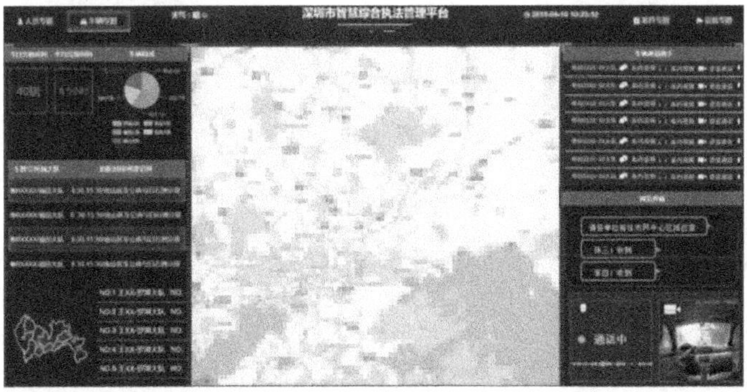

图 13-4　车辆专题指标展示

3)案件专题指标展示

案件专题指标展示模块可展示案件总体情况查询、分案件类型查询、分执法单位查询、分办案阶段查询、分案件来源查询、案件趋势分析等指标信息。案件专题指标包括日/周/月案件办理总数、办理完成度、各类型/各大队案件进度对比、本周案件之星和案件办理数量排名、行业违法发展趋势、重点违法企业、重点违法行为、高发时段、高发区域并予以针对性监管、执法空白区域等。

案件专题指标展示如图 13-5 所示。

图 13-5　案件专题指标展示

4)非现场执法专题指标展示

非现场执法专题指标展示模块可展示总体分布情况查询、非现场案件发现数量查询、申述情况查询、异常情况查询等指标信息。非现场执法专题指标包括设备点位总数和分类情况、监控点位发现案件排名情况、投申诉监控点位列表、监控视频、货车超载范围趋势、异常监控点位分布、案件常发区域与现有监控点位匹配性、非现场执法误报警率分析、非现场执法案件占比分析、重点车辆拦截效率分析、主动接受处罚率分析、重点车辆统计分析、违法对象趋势分析、违法案件趋势分析、严重违法行为趋势分析等。

非现场执法专题指标展示如图 13-6 所示。

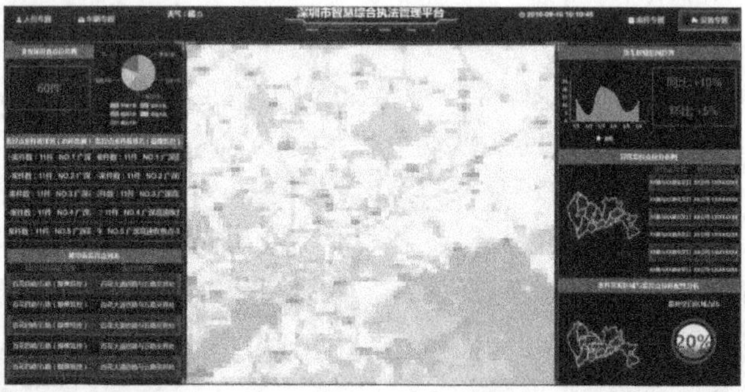

图 13-6　非现场执法专题指标展示

5)固定经营场所专题展示

固定经营专题指标展示模块可展示总体分布情况查询、状态查询等指标信息。固定经营专题指标包括固定经营场所位置、经营状态、被查处违法情况排名、重点查处场所列表等。

第14章 信息公示与服务系统

信息公示与服务系统依托交通运输管理部门和执法部门已建立的门户网站、微信公众号、触摸屏等渠道，实现社会公众对执法机构和执法人员等公示信息的在线查询监督，实现相对人对执法案件办理过程和结果信息的在线查询，实现社会公众对法律法规政策等信息的在线查询和咨询互动，以提升交通运输行政执法公众服务公开化、透明化水平。

信息公示与服务如图14-1所示。

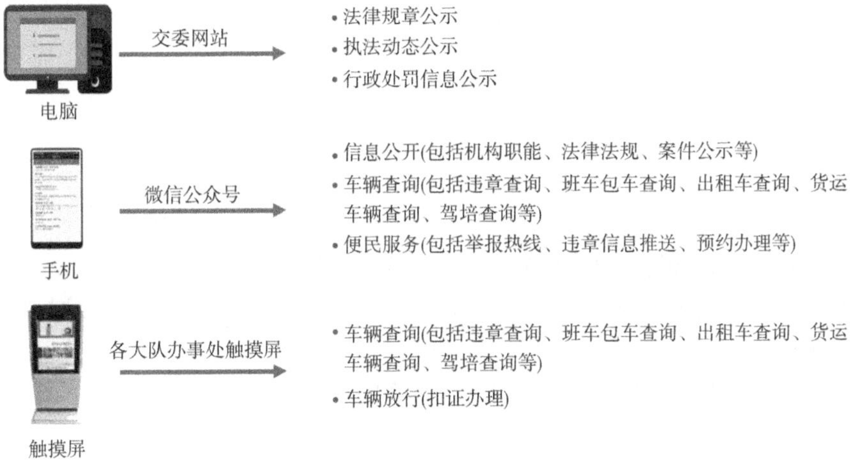

图14-1　信息公示与服务

第14.1节　案件公示

案件公示是指依托市交通局门户网站，提供法律规章公示、执法动态公示、行政处罚信息公示功能。案件公示包括法律规章公式、执法动态公示、行政处罚信息公示。

(1)法律规章公示。公示的信息包括交通运输道路路政(含治超)行政处罚裁量标准、交通运输港航行政处罚裁量标准、《交通运输行政处罚裁量标准轨道交通分册》、《交通运输行政处罚裁量标准运政分册》、《交通运输行业安全生产行政处罚裁量标准》执法手册等。

(2)执法动态公示。公示的信息包括执法动态通稿、执法工作汇报、执法监督检查通稿等。

(3)行政处罚信息公示。公示的信息包括决定文书号、处罚名称、行政相对人名称、处罚决定日期、处罚类别、处罚事由、处罚依据、处罚结果等详细信息。

第 14.2 节　微信公众号

依托执法支队微信公众号,可提供信息公开、车辆查询、便民服务等功能。

执法支队微信公众号模块如图 14-2 所示。

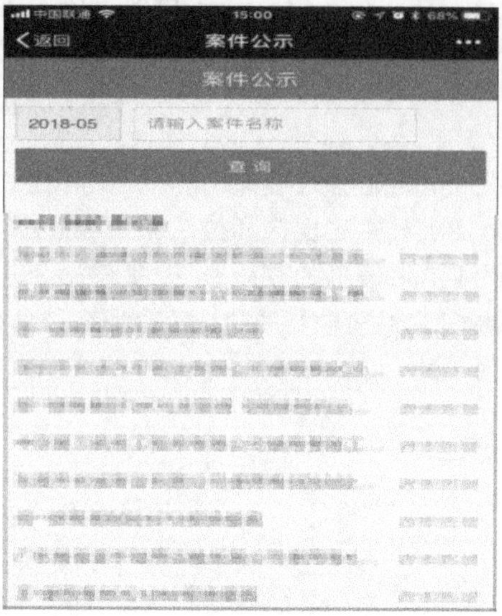

图 14-2　执法支队微信公众号模块

(1)信息公开:包括机构职能、法律法规、案件公示等信息公开。

(2)车辆查询:包括违章查询、班车包车查询、出租车查询、货运车辆查询、驾培查询等功能。

(3)便民服务:包括举报热线、违章处理、违章处理预约等功能。

第 14.3 节　触摸屏查询

依托各大队办事处触摸屏,可提供车辆查询、车辆放行等功能。

(1)车辆查询:包括违章查询、班车包车查询、出租车查询、货运车辆查询、驾培查询等功能。

(2)车辆放行:包括扣证办理等。

第15章 指挥分中心环境工程

第15.1节 监控大厅

监控大厅包括原场所拆除部分、地面工程、天花工程、墙面工程、消防改造工程、照明整改工程等六部分。

15.1.1 原场所拆除部分

(1)对原有机房墙体编织物面、吊顶、门、踢脚线等进行拆除。

(2)对指挥大厅原静电地板、支架等进行拆除及垃圾清运。

15.1.2 地面工程

对机房地面做防尘处理,指挥大厅采用瓷砖面防静电地板。地板样式如瓷砖面防静电地板(图15-1)等。

图15-1 瓷砖面防静电地板

15.1.3 天花工程

(1)机房天花重新安装600mm×600mm铝扣板天花。

(2)指挥大厅天花上所有筒灯及灯带全部更换为LED节能型灯。

15.1.4 墙面工程

(1)机房拆除墙面用埃特板进行重新制作、部分刷白处理。

(2)值班室做隔墙处理,对值班功能进行区域划分。

(3)机房门更换为防火门。

(4)增加相应门禁系统及活动背景墙。

(5)指挥大厅增加消防通道出入口。

15.1.5 消防改造

根据消防要求,将原喷淋式消防做相应改造,如机房更换为气体灭火消防系统。

15.1.6 照明整改工程

重新增加相应强电线缆布放、灯具、开关、插座等照明相关工程。

第15.2节 大屏显示系统

大屏幕作为监控中心的核心显示载体，为了更好地满足信息数据共享，实现视频信息资源协调统一，快速掌握精准信息，操作响应快速上墙和及时启用系统预案的目的，需要建设一套符合趋势和业务需求的超高分可视化大屏幕显示系统。通过超高分可视化大屏幕显示系统，可以轻松、直观、实时、全方位、集中地显示各个系统的信息，各系统信息在大屏幕上根据业务逻辑分布显示，并且对显示信息进行智能化管理，以便于指挥中枢准确、实时、全面地观看和掌握各方面的信息并作出正确的决策，大大提高指挥调度决策（尤其在紧急情况处置时）的效率，增强了各方面信息显示的直观性和可操作性。

15.2.1 技术比选

当前大屏幕拼接屏主流有DLP（数字光处理）、LCD（液晶显示器）、LED三种拼接技术。项目中采用最先进的LED显示技术，有效地避免了LCD和DLP拼接技术的拼缝大、亮度低、色差明显等问题。项目设计采用的LED P1.2采用16:9的箱体，可完美匹配前端监控、业务电脑的高清信号显示不拉伸、不变形。大屏幕控制器采用视频综合平台，有效地解决了平台解码和拼控拼接2台设备多次操作的问题。

显示屏如图15-2所示。

图15-2 显示屏

1）拼接模式选型建议

大屏幕优先选择一种显示屏：

显示屏的亮度不同、对比度不同，会导致屏幕之间有一定的色彩差异影响效果。

两套显示屏不能形成一套逻辑屏，在显示内容上一般相对独立，划分不同功能区。

2）点间距选型建议

人眼分辨率是指人类能分辨两个点的最小视角，若有两个点引起的视角小于该值，人眼看到的也只是略长一些的一个点，分辨不清。此视角因人而异，约在1.0′（1°=60′）。距离比最小距离近了,就能够分辨出显示屏的一个个的像素点,颗粒感比较强。

点间距选型建议见表 15-1 所示。

点间距选型建议　　表 15-1

选型	P1.2	P1.4	P1.6	P1.9	P2.5
推荐最小观看距离	3.6m	4.2m	4.8m	5.7m	7.5m

3)指挥调度业务设计建议

为了解决视频监控系统、高清 GIS 地图系统分区显示以及视频会议系统等数据不共享问题,将建设一套基于地图的指挥方案,把视频监控、GPS 等系统对接到高清 GIS 地图系统中。

4)大屏幕控制器选型建议

指挥中心大屏幕控制器需要具备解码和拼控 2 个功能,传统方式需要 2 台设备去实现。综合视频平台可实现大容量计算机信号和 IP 视频监控信号接入和大屏幕拼接控制。将指挥中心机房设备精简和高度集成,将现有视频监控系统中的视频矩阵、视频编码器、拼接控制器等设备功能集成到系统中,便于统一管理,起到了一机全集成(ALL IN ONE)的效果,减少故障点。

15.2.2　桌面控制设计

指挥中心控制台用传统的 PC 机运行各种业务,但 PC 机始终存在一些我们难以解决的问题。例如,硬盘损坏导致数据丢失,机密文件/敏感录像随意拷贝导致泄密,随意安装软件,系统开机和运行越来越缓慢,等等。

整个桌面 PC 采用云终端解决方案,对所有 PC 的用户权限、IT 资产、IT 运维进行云管理,减少 IT 管理的工作;不仅可将重要资料存储在云端,保护数据安全,还可以异地访问;云终端具有较高的性能,9 路 1080P 解码/4k 输出,能同时满足办公和视频监控的需求。

15.2.3　大屏幕显示系统构架

大屏幕显示系统构架如图 15-3 所示。

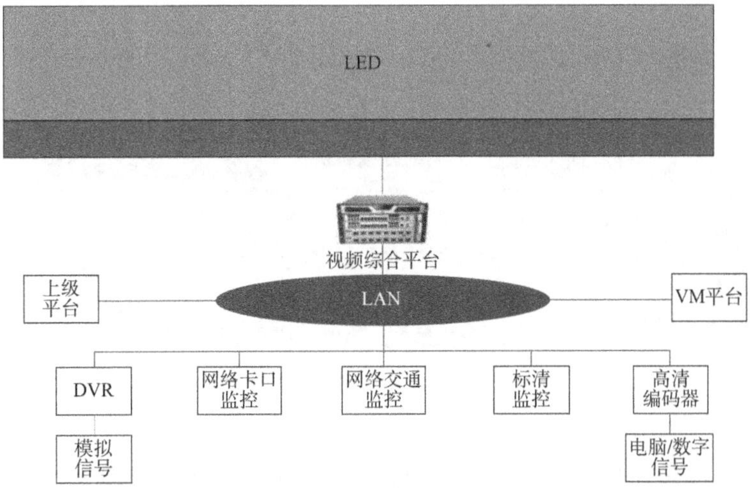

图 15-3　大屏幕显示系统构架

1)组网方案优势

(1)大屏可以完成组屏、分割、漫游等显示效果。

(2)视频综合平台设备本身具备强解码性能,无须外置解码器。

(3)国标天然完成接入和解码;国标协议前端只需一步操作即可完成上屏显示。

(4)系统采用全 IP 交换架构,方便后续维护,扩容。

(5)操作灵活、简便,快速进行(1)(2)步操作即可调出视频图像或者电脑/数字信号。

2)大屏细化尺寸图

大屏细化尺寸图如图 15-4 所示。

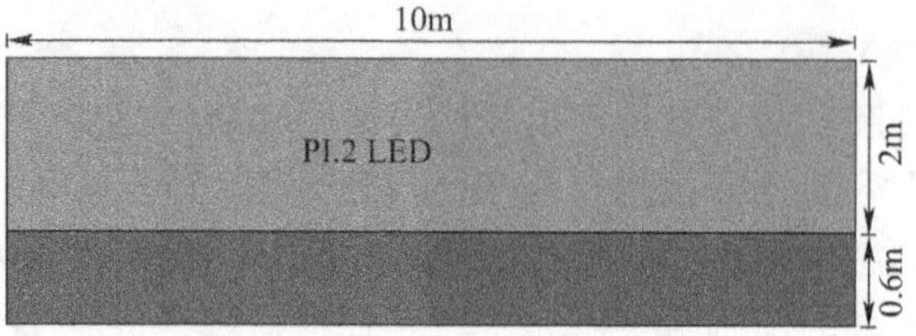

图 15-4　大屏细化尺寸图

(1)整体采用点间距 1.2mm 小间距 LED 产品。

(2)LED 屏面积:$10m \times 2m = 20m^2$。

(3)P1.2 LED 整屏分辨率:$3840px \times 1080px = 2$ 个 1080px 分辨率。

3)大屏幕显控系统

大屏幕显控系统的组成部分包括如下三方面:

(1)大屏幕控制系统。

综合视频平台可以接入本地计算机信号、视频会议信号、IP 视频监控信号等输入,所有信号可在大屏上显示。

综合视频平台是整套解决方案的核心设备,是参考 ATCA(高级电信计算架构)标准设计,支持多种视频信号接入、视频矩阵切换、大屏拼控、音视频编解码、网络实时预览等功能,是一款集图像处理、网络功能、日志管理、设备维护、系统管理于一体的视频监控系统综合应用平台。

综合视频平台如图 15-5 所示。

图 15-5　综合视频平台

(2)高分地图同步显示。

超高分辨率通常用于产生一个超大分辨率的实时动态图像数据,如可以显示超大城市停车诱导系统(Parking Guidance Intormation System,PGIS)地图,同时在地图上显示动态的

GPS 定位车辆信息和行驶轨迹;在 PGIS 上可显示实时警力分布等信息;在超高分辨率地图服务上,可以看到更大尺寸的地图信息和更多的图载资源信息,并确保所显示的图像和文字在推送到拼接墙上时是清晰的、同比例的,而不会出现图像等信息的模糊和拼接物理分辨率的不匹配造成的变形。

现在众多视频监控图像是作为各行业管理的重要方式之一,不论是在建筑物体内还是在基于城市化的无边界范围,如何能通过一个超大的拼接显示系统,将所有地图(如 GIS、PGIS、3DGIS 等)及图载资源(如监控视频、定位及轨迹、交通及卡口、警力分布、重要场所等资源信息)实时、快速地整合和管理是需要重点考虑的主要问题。建立一套基于超大分辨率的地图引擎之上将相应的区域视频图像快速、科学、高效呈现,是目前智慧安防的可视化重要手段和管理方式。

GIS 矢量地图和网络高清解码叠加显示如图 15-6 所示。

图 15-6 GIS 矢量地图和网络高清解码叠加显示

(3)桌面控制。

①云终端。

云终端解决方案的终端机其体积、功耗远低于普通台式机,采用 Core™ i5 4 核 CPU、4G 内存,满足一般办公需求,同时具有 GPU 高速解码多路视频功能,具有高性价比。

②云管理功能示例。

云管理功能示例如图 15-7 所示。

15.2.4 方案特色

1)出色的显示效果

小间距高清 LED 显示技术,是采用高密度、小间距表贴封装 LED 作为显示面板,支持整屏无缝拼接,组成一个高分辨率的数字显示系统。可全面满足指挥中心、视频监控、会议显示等多领域的、广泛的、高清晰度的应用需求,代表了当今室内显示技术的最新方向,以其卓越性能,引领了室内显示技术的发展趋势。

(1)标准单元设计,支持整屏任意尺寸“真正无缝拼接”。

(2)逐点亮度、色度校正,确保整屏亮度与色彩具备高度还原性与一致性。

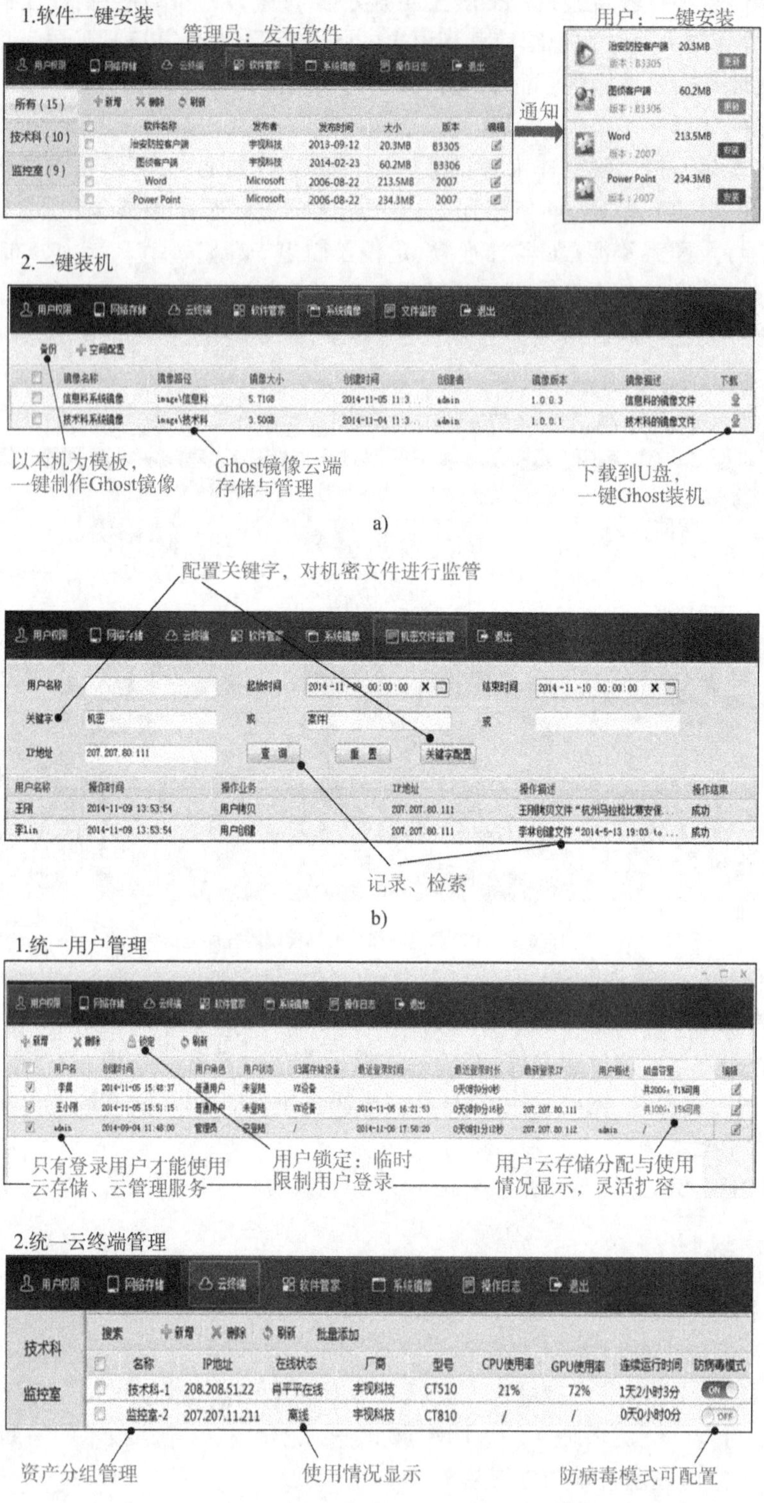

图 15-7　云管理功能示例

(3)高对比度、更快的响应速度、高刷新频率,满足高速运动图像显示。

(4)整屏亮度可无级调节,支持从200~1500cd/m^{2}调节,全面适应各种室内显示环境对亮度的需求,使得画面更加亮丽,细节完美呈现。

(5)从2500~10000K色温宽域调节,满足不同应用领域的需求,特别适用于一些在色彩有特殊要求的应用,如演播室、虚拟仿真、视频会议、医疗显示等应用。

(6)高效散热,无风扇设计,零噪声。

(7)10万小时超长使用寿命,生命周期内无须更换光源,节省了运营维护成本。

2)强大的综合视频平台

A8平台可实现大容量计算机信号和IP视频监控信号接入及大屏幕拼接控制。将指挥中心机房设备精简和高度集成,将现有视频监控系统中的视频矩阵、视频编码器、拼接控制器机等设备功能集成到系统中,便于统一管理,起到了ALL IN ONE的效果,减少故障点。

3)安全桌面显控系统

指挥中心控制台用传统的PC机运行生产系统的管理软件,但PC机始终存在一些我们难以解决的问题。例如,硬盘损坏,数据丢失,随意安装软件,系统开机和运行速度越来越缓慢。

云终端打破传统的PC机,创新提出云终端解决方案,具备以下三项创新。

(1)云存储:确保数据不丢失;灵活分配、节省存储资源;所有存储资源的访问不受地域的限制。

(2)运用云管理机制:所有分控终端100%防病毒,免维护;用户统一管理,登录需服务器认证;机密文件进行统一的监管。

(3)云终端:具备高性价比,绿色节能,其耗电量是普通台式PC机的十分之一,其体积仅为普通PC的50分之一,并支持一机双屏显示。

4)高效的平台系统连接和解码

指挥中心大屏幕显控管理平台本身支持《公共安全视频监控联网系统信息传输、交换、控制技术要求》(GB/T 28181—2016)及其扩展协议等,对前端/平台的国标连接和解码上具有天然的优势。在目前全国国标大联网的趋势下,任何符合国标的系统和前端的都能快速完成解码和接入。

5)强大的超高分地图数据显示

在超高分辨率地图服务上,系统可以显示超大地图,同时在地图上显示动态的GPS定位车辆信息和行驶轨迹;显示实时警力分布、定位及轨迹、监控视频等信息;可以看到更大尺寸的地图信息和更多的图载资源信息,并确保所显示的图像和文字在推送到拼接墙上时是清晰的、同比例的,而不会出现图像等信息的模糊和拼接物理分辨率的不匹配造成的变形。

6)灵活的电脑/数字信号整合显示

系统不仅能灵活地通过编码卡或者编码器快速地将电脑、视频会议终端信号等其他信号快速整合接入上墙,响应应急指挥的协调指挥需要,而且能将其他楼层/异地的资源信息进行整合接入上墙,便于协同分析和响应。

第15.3节　会议及音响系统

随着社会的发展,办事、办公效率的提升,一个传统的政企视频会议室,除满足会议要求

图 15-8 视频会议

外,还应具有高雅格调、优美音质、清晰图像演示和可以远程视频会议系统以及一键快捷电话拨号系统。

视频会议如图 15-8 所示。

15.3.1 视频会议系统

1)视频会议系统概述

此次的设计是根据现代会议室所提出来有关系统的声光像系统具体应用需求,依据现有的国家标准、规范,并参照国际上通用标准规范进行的。在系统设计过程中,按以下的思路进行设计:

(1)突出先进性、实用性、可靠性等系统特点。

(2)数字化的高集成度可控制能力。

(3)多功能的应用性。

(4)极易伸张的扩展性。

(5)完善的售后服务保证体系。

2)视频会议系统功能

视频会议系统功能包括如下:

(1)可以便捷地上网或调用资料。

(2)可以随意切换音视频源。

(3)高品质音响还原,确保语音质量。

(4)数字会议系统控制会议发言。

(5)大屏显示系统进行会议显示。

(6)远程会议系统进行异地内外部演示与会议。

(7)中控系统进行集中控制管理。

(8)兼容市局和区政府视频会议系统。

(9)预留与职能局的视频会议需求。

15.3.2 电话会议

1)电话会议系统架构及原理

电话会议系统由数字音频处理器(具备电话耦合功能)、集中控制系统主机、无线路由器、Ipad 平板触摸屏、电脑等组成,用户只需提供一根接入电话线即可。

2)电话会议系统分析

原有系统已经具备常规的视频会议系统、音响扩声系统、会议发言系统;通过增加电话会议系统与原有的音视频系统相互对接后可实现电话会议系统,会议发言系统与音响扩声系统可共用,既满足了用户增加电话会议的需求,又节省了增加多一套发言和扩声系统的费用。

3)电话会议系统连接图

电话会议系统连接图如图 15-9 所示。

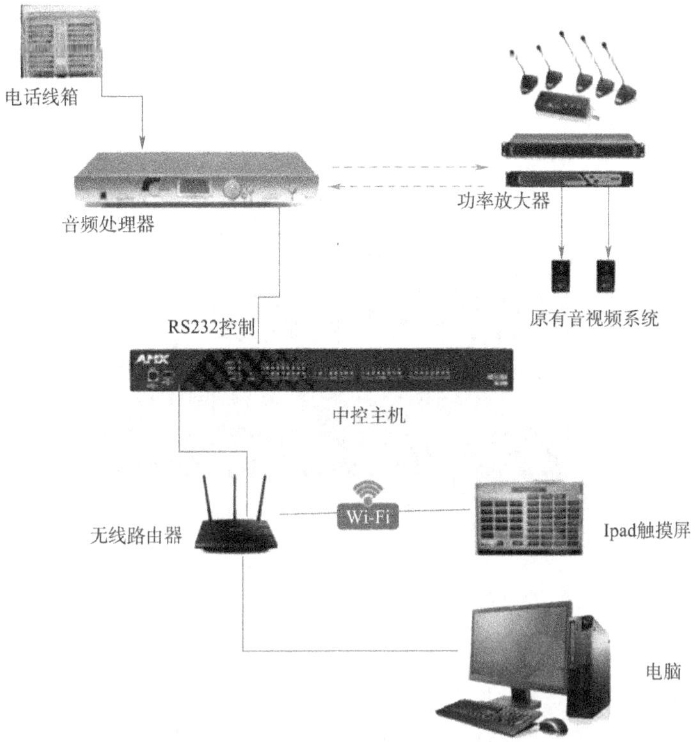

图 15-9　电话会议系统连接图

4)电话会议系统实现原理

音频处理器具备回声消除和 1 路电话耦合功能,通过与原有音视频系统输入/输出的对接,实现调用到原系统所有音源系统的资源,以通过虚拟矩阵的方式将所有信号源送至电话的远端。另外,接收到的电话线路声音通过音频处理器的输出端口送至原系统的音频输入,以实现将声音通过音响回放出来,达到多人可同时听的效果。该音频处理器具备回声消除功能,实现了将远程会议原本可能存在的回声尽可能消除,以达到最优良的交互效果。同时,音频处理器支持 RS232 控制、网络控制等,以便于中控系统对其发送命令调用各种使用的功能。

中控系统通过 RS232 控制的方式对数字音频处理器进行命令控制及其调用,以实现无须控制软件即可通过中控控制的方式对其进行各种控制及其调用模式。

中控系统通过与无线路由器、Ipad 触摸屏的完美结合,以实现用户完全可以利用一个拿在手上的 Ipad 触摸屏,通过网络控制的方式对中控进行操作控制,以达到简便、快速的操作。当然这些控制是基于一个专业工程师提前做好的编程。

关于一键快捷拨号的原理是:把需要拨打的电话号码提前预设在中控系统的程序中,并增加相应的一连串控制指令,通过 Ipad 触摸屏的一个按钮,按一下按钮,则实现了一连串十几个命令顺序地发送到音频处理器,音频处理器立刻会接收到中控派来的指令,按照要求拨打号码。

此外,系统还设置了音量大小的调节,如静音按键,也是同样的道理,把相应的控制命令编程在中控主机上面,通过 Ipad 无线网络控制的方式控制音频处理器。这几个按钮也满足了会议的相关需求。因电话线路的不同,可能不同的会场声音大小不尽相同,若遇到相应的情况可通过音量大小的调节来处理好声音的平衡。电脑上一键快捷拨号跟 Ipad 触摸屏一样。

5）操作控制界面

操作控制界面如图 15-10 所示。

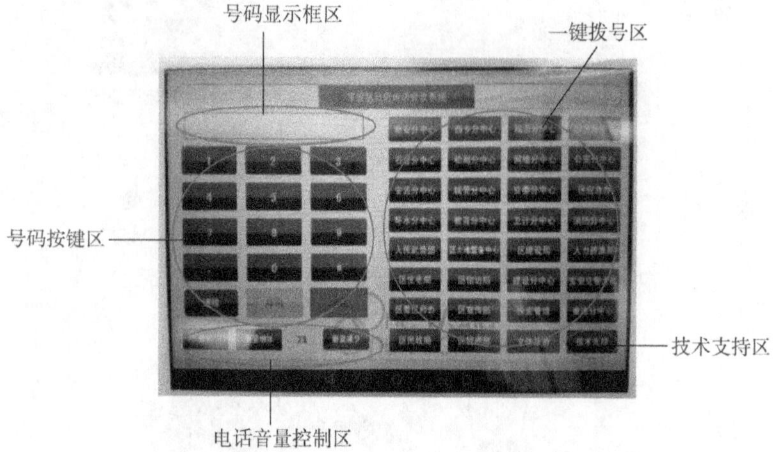

图 15-10 操作控制界面

15.3.3 音响系统

1）音响系统概述

为指挥大厅安装音响系统，主要用于人声的扩音及部分音源的声音播放，系统具有音频信号放大和处理功能，能够达到扩散性良好、声场分布均匀、响度合适、自然度好等要求，能够提供清晰、自然的扩声，满足日常会议扩声、报告演示、教学演示的功能需求。

整个系统的设计着重考虑了系统的科学性、设备的先进性、功能的实用性以及使用的可靠性，采用先进的音响扩声设备，使得扩声系统达到国家一级标准。

音响系统示意图如图 15-11 所示。

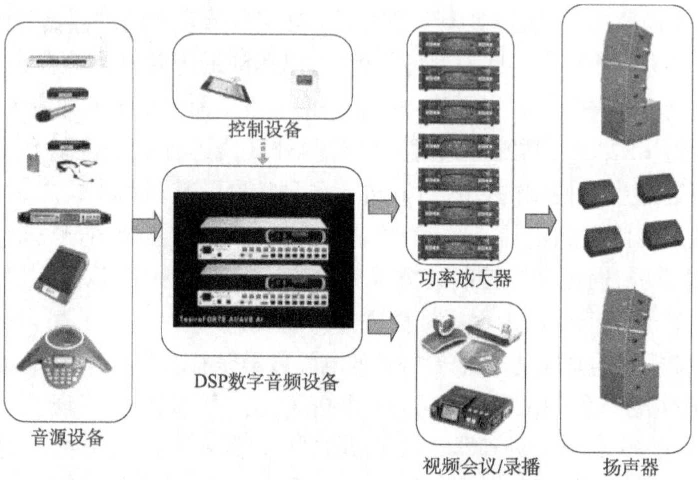

图 15-11 音响系统示意图

2）音响系统指标

音响系统的设计按照国家有关标准，达到中华人民共和国广电部《厅堂扩声系统声学特性指标》（GYJ 25—1986）厅堂扩声系统声学特性指标中对语言和音乐兼用扩声系统的二级指标，具体如下：

(1)0.125～4kHz 范围内平均声压级≥98dB。

(2)传输频率特性：630～8kHz，以 125～4kHz 的平均声压级为 0dB，允许 +4～－12dB，且在 125～4kHz 内允许≤±4dB。

(3)传声增益：125～4kHz 的平均值≥－8dB。

(4)声场不均匀度：1K、4kHz≤－8dB。

(5)总噪声级：≤NR30。

15.3.4　无纸化会议及决策系统

1)决策控制操作部分

决策控制操作部分主要包括决策控制操作台、表决台和决策操作终端等。

考虑到决策控制操作台的功能需要定制，每个位放置 1 台移动控制操作终端(12.3 英寸)，以及参会时实时调度大屏和音响等设备。

(1)决策控制操作台(图 15-12)。

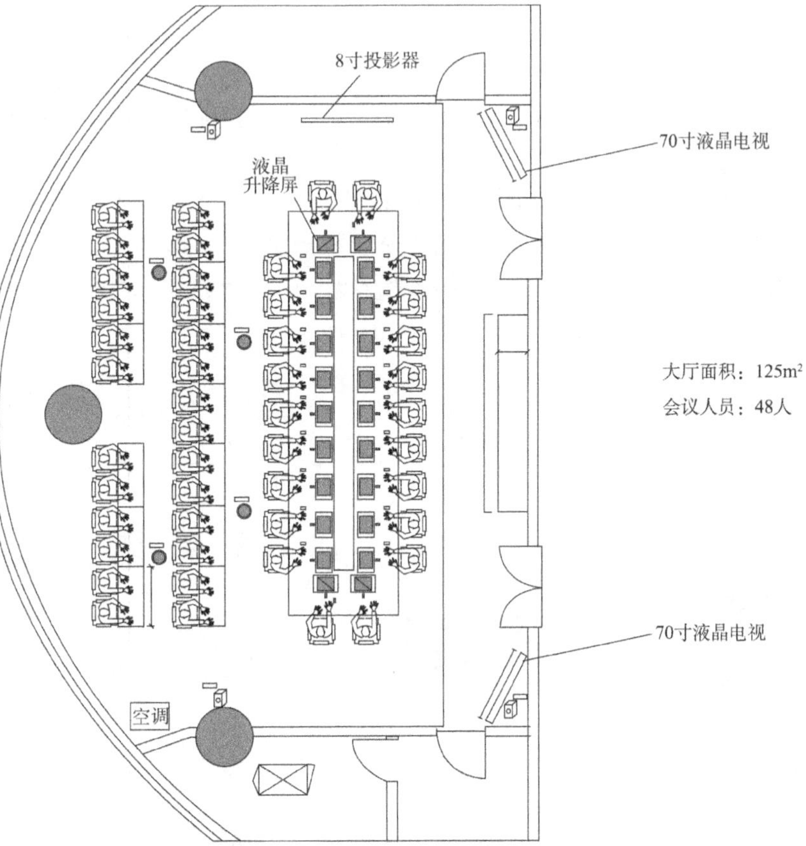

图 15-12　决策控制操作台

(2)决策控制操作台尺寸(长×高×宽)：暂定 8000mm×2200mm×760mm。

(3)控制操作台材质配色。

材质为生态原生板材。以 E_1 级高密度板为基材，经过耐酸碱、防虫、防腐等的特殊处理，采用木皮贴面，纹理清晰、自然，表面平整、光滑，耐磨性好，采用聚酯面漆，经9道磨退工艺精心处理，全封闭涂装工艺，漆面光泽度高，无颗粒、无气泡，优质五金配件。

控制操作台材质配色如图15-13所示。

图15-13　控制操作台材质配色

2)无纸化会议及决策系统部分

(1)系统连接拓扑图。

无纸化会议系统采用标准的网线进行连接及扩展，对各种规格的会议室均具有良好的适应性，施工难度低。

系统拓扑结构简单，所有同步数据、文稿、视频统一走局域网，实现了纯数字纯无网线的组网连接，极大地降低了施工复杂度，提高了系统的稳定性和可维护性。另外，控制主机还可以输出一路RS232用于控制所有升降器的统一升降。系统连接拓扑图如图15-14所示。

图15-14　系统连接拓扑图

(2)产品功能要求。

无纸化智能会议系统以智能触控显示终端为中心,按会前准备(设置主席机与代表机、添加参会人员、设置欢迎词、设置会议主题、安排参会人员座位、上传会议资料并设置文件权限、添加投票并选择参与投票人员)、会中控制(支持签到、文件智能分发、会议同屏互动演示、外部信号到终端显示、终端任意画面上大屏幕、异步浏览、会议服务、会议投票、会议交流、交互式电子白板)与会后保存功能,形成一个"以人为本"的智能化会议体验,其最大限度地在智能触控显示终端上集成会议室的设备和功能,并以模拟仿真的UI形式提供给用户最自然的人机交互界面,不仅实现了对整个会议室系统的一屏控制,还实现了与会议室各种信号的互联互通。

(3)无纸化数字会议控制主机(图15-15)。

图15-15　无纸化数字会议控制主机

无纸化会议系统是运行在PC、平板电脑上的新一代数字化会议系统。该系统采用全新的会议模式,将传统会议过程中的各环节虚拟化、主体信息和承载介质数字化,将多种信息化技术融入会议的各环节、贯穿会议全过程,将频繁召开的会议全部"搬"进多媒体平台,管理者能在更短时间内完成多于以往的任务,在增加工作效率的同时,降低了纸质会议成本。

无纸化会议系统提供签到管理、会议议程、会议投票、会议同屏、资料查阅等多种功能,为政府单位以及企业提供一个极为实用的会议平台。通过这个平台,各部门单位可进行实时的会商和有效的信息沟通,改变了传统会议模式的效率低、操作复杂、形式单一、资源浪费、保密隐患等问题,实现新型会议的全程无纸化概念。

①会议管理。创建会议,并对会议概况信息、参会人员、座位编排、会议流程、会议文件、会议投票和会议权限等进行设置和管理。

②保密会议。可将会议性质设置为保密级别,仅设定的与会人员可查看、参与会议。

③权限设置。对与会人员设置相应的账号权限,增加会议的安全性能;分设主持人、主讲人、参会者、听众,方便随时添加参会人员并控制权限实现会议保密性。

④资料保密。所有会议资料不允许保存、下载,会议结束后,所有资料自动删除。

⑤会议签到。实现所有参会人员电子签到,自动记录、统计会议出席情况,根据相应的需求可提供参会人员原笔迹签到记录,并同时更新会议文件。

⑥人员编排。会务人员在后台对参会人员的座位进行编排、调整,使每个终端可实现桌牌显示功能;参会人员在会中可以浏览其他参会人员的情况;会议秘书输入对应的姓名后,电子桌牌自动更新。

⑦参会人员。显示参会人员信息列表、签到时间、签到笔记,并支持下载打印。

⑧同步演示。实现发言人与每位参会人员的终端同步共享。同步演示时,支持手写批注、圈画。

⑨电子白板。电子白板用于会议讨论;参会人员可同时在电子白板上进行圈画、书写、标注;支持在白板上打开图片和设计图纸;参会人员实时共享白板上书写的内容。

⑩会议文件。本次会议文件的列表、分类，以供参会者查阅、讨论；支持修改文件上传、分发，自动生成会签文件，会后选择性授权下载。

⑪会议服务。各终端都能在会上向会议服务人员发起呼叫服务，服务内容包括笔、纸、茶水及其他方面，会议服务人员可实时查看具体服务状态，进行跟踪和处理。

⑫短信交流。短信交流分一对一、一对多的交流方式。方便参会人员在会议进行中的临时通知、提醒、小范围交流等。

⑬会议公告。会议主持人或会议秘书向所有参会人员发送的通知、注意事项等信息；会议公告以滚动字幕形式循环显示。

⑭个人资料。参会人员会前准备的个人发言资料，发言时可以共享，有效提升了会议效率，节约了会议时间。

⑮会议纪要。用于记载和传达领导的办公会议决定和决议事项，如其中涉及有关部门的工作，可将会议纪要发给他们，并要求其执行。该功能可由秘书端设置权限，特殊部门会议内容可设置成禁止下载。

⑯会议存档。实现所有会议资料的存储，包括带有批改内容的文件；可单独保存或选择性打包下载，支持文件发送至指定邮箱、本地下载至电脑或 U 盘。

⑰会议投票。会议现场表决功能，支持无记名投票、说明性投票、投票倒计时提示等；快速统计投票结果，以数字和示意图形式显示。

⑱支持终端多样化。根据客户多样化需求，系统支持平板、电脑作为无纸化会议终端，可同屏显示内容、参与会议。

3)决策及表决终端

(1)支持强大的无纸化会议控制应用功能包括：首页编辑、会议签到、视频播放、个性化呼叫服务、会议信息及与会者信息查看、会议记录、会议投票、上网服务、文件分发、文档资料导入导出、同步演示(支持多台客户端同步演示过程中分别批注、保存，支持同步至投影幕或其他终端)、PC 桌面共享模式(外置 PC 电脑桌面或视频文件可以同步至投影幕或其他终端)、中控功能(集控制升降器升降、关闭与暂停，文档同步等功能)等高级会议模式，支持功能自定义；终端的控制信号、文档、视频、同步桌面等所有数据共用一条网线。

(2)可预置多场参会人员。不同的会议，有不同的参会人员，相同的参会人员下次位置也不相同。本功能可以一次性预置 2000 多场人员清单，可以一键启动下次会议，完成所有参会者信息瞬间更新。

(3)支持生成模拟布局：根据参会人员名字与座位安排，以电子图片式显示出实际会场模拟图。

(4)支持缺席机制：在设置完成座位安排后，系统支持缺席后所有后面的名字自动向上移动，填补缺席座位并瞬间显示。

(5)支持增加机制：在设置完成座位安排后，系统支持在增加名字后，本座位包括后面所有名字自动下移。

(6)支持座位互换机制：在设置完成座位安排后，系统支持座位拖动后前端桌牌自动显示放到本座位的名字。

①人员座位电子式显示。

②自定义背景。

③显示参会人员名册、单位、职位、标志。

④可以调整显示铭牌布局。

⑤支持模拟排位功能，支持增加、缺席机制。

⑥支持图像界面模拟显示实际会场，所见即所得。

技术参数见表 15-2。

技术参数 表 15-2

项　目	参　数	项　目	参　数
最大功耗	80W	供电	AC 220V ±10% 50Hz
通信方式	100M Ethemet	工作环境温度	0 ~ 50℃
屏幕尺寸	15.6″,16:9;10.1″,16:9	贮存环境温度	-20 ~ 70℃
屏幕分辨率	1920px × 1080px	工作和贮存环境湿度	0 ~ 95%（无凝霜）
色彩	56 万色	外部端口	USB ×1、RJ45 ×1、供电口 ×1、RS232 口 ×2
对比度	500:1	安装方式	安装在专用超薄升降器上
触摸屏	多点电容触摸屏		

4）表决系统部分

（1）编辑会议投票标题、选项、说明、类型。

（2）主持人控制投票的开始与结束。

（3）支持投票终端将实时投票结果输出到大屏幕。

表决系统部分如图 15-16 所示。

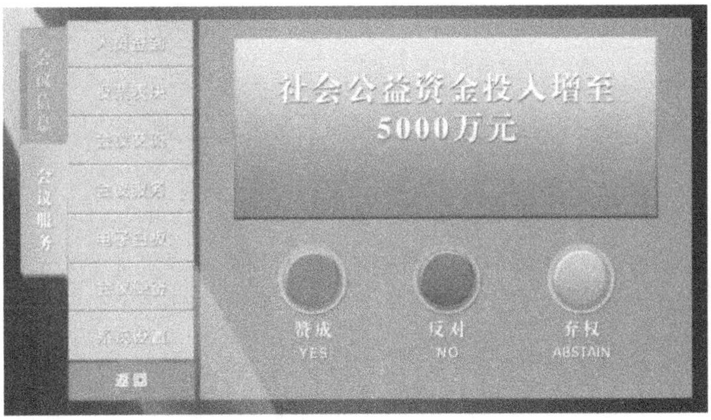

图 15-16　表决系统部分

15.3.5　应急值守系统

1）控制操作部分

控制操作部分主要包括控制操作台和控制操作终端等。

考虑到控制操作台的功能,需要定制,放置两台控制操作终端显示器,以及参会时实时调度大屏和音响等设备。需要强调的是控制操作台宽敞,造型富有科技感。设计1排共7个位操作台和一个控制台。其中U形操作台不在此设计范围内。

(1)控制操作台(图15-17)。

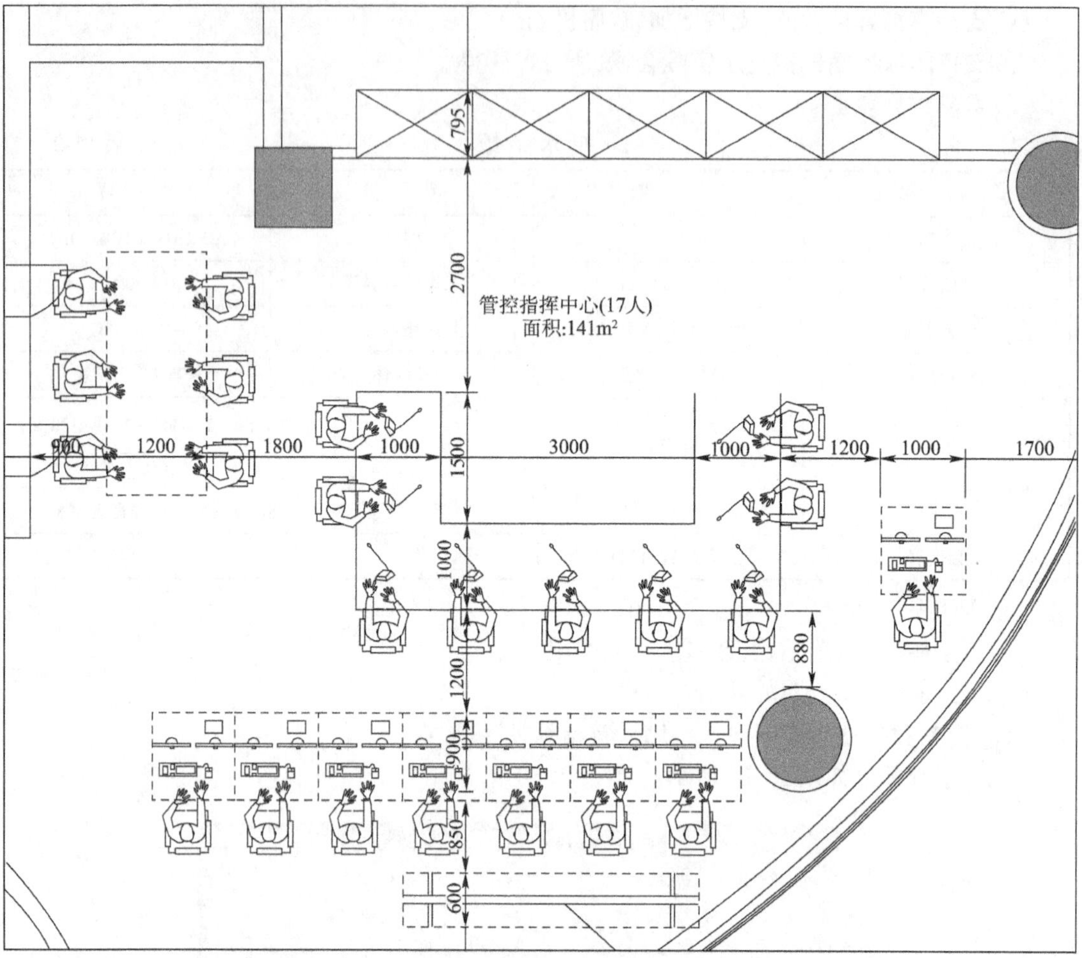

图15-17　控制操作台(尺寸单位:mm)

①控制操作台尺寸。

暂定尺寸(长×高×宽)1000mm×800mm×760mm。

②控制操作台材质配色(图15-18)。

a. 台板:高级抗倍特板其余不锈钢金属材质。

b. 颜色:霭灰色。

c. 散热设计(图15-19)。

d. 强弱电走线设计(图15-20)。

(2)U形操作台。

①U形操作台尺寸(国产定制)。

a. U形桌:采用一体式设计,9个位。

图 15-18　控制操作台材质配色

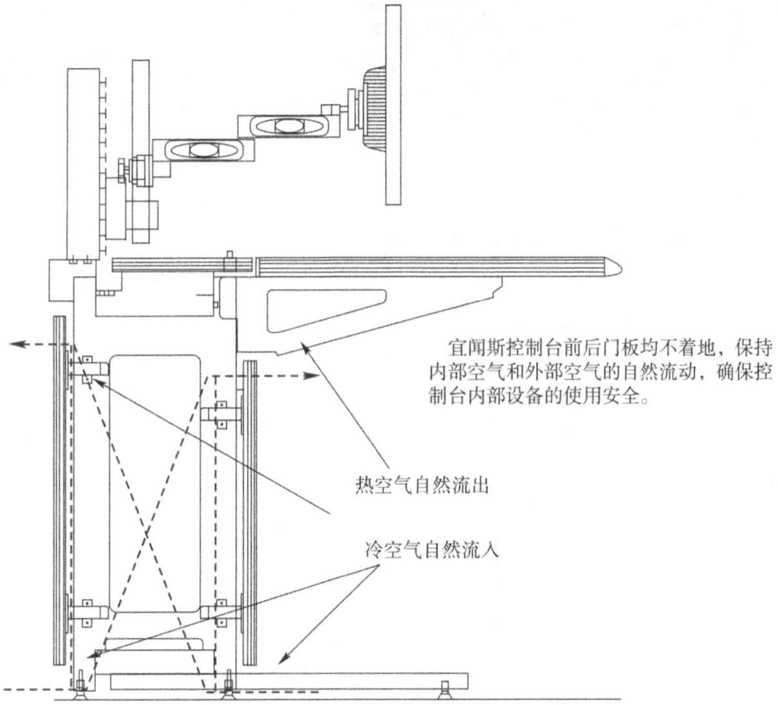

图 15-19　散热设计

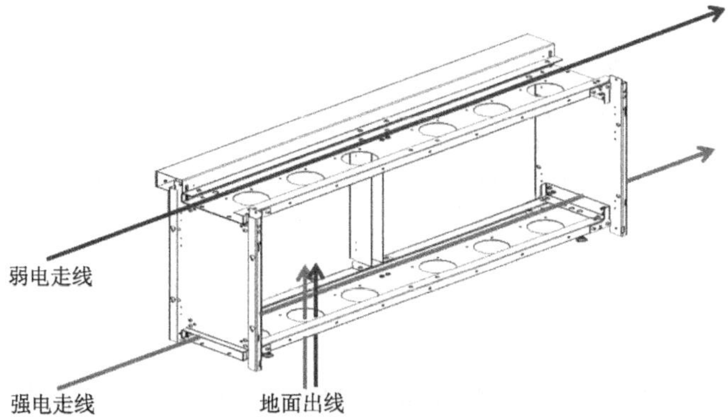

图 15-20　强弱电走线设计

b. 尺寸(长×高×宽):暂定5000mm×2500mm×760mm。

②U形操作台材质配色。

材质:生态原生板材。

以E_1级高密度板为基材,经过耐酸碱、防虫、防腐特殊处理,采用木皮贴面,纹理清晰自然,表面平整光滑、耐磨性好,采用聚酯面漆,经9道磨退工艺精心处理,全封闭涂装工艺,漆面光泽度高,无颗粒、无气泡,优质五金配件。U形操作台材质配色如图15-21所示。

③控制台。

a. 控制台尺寸(国产定制):采用一体式设计,1个位。

b. 尺寸(长×高×宽):暂定1000mm×800mm×760mm。

2)影像输出终端部分(图15-22)

图15-21 U形操作台材质配色

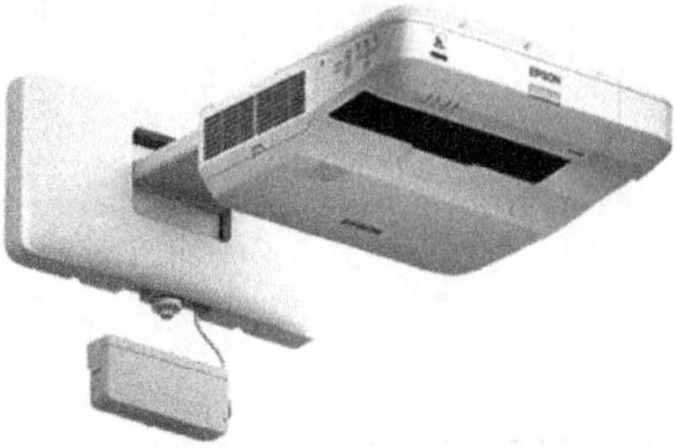

图15-22 影像输出终端部

其性能不低于表15-3中所列要求。

性 能 表 表15-3

相关参数	性能要求
主要参数	投影机特性互动; 投影技术3LCD; 显示芯片3×0.67英寸芯片; 亮度4400流明; 对比度16000:1; 标准分辨率WUXGA(1920×1200px); 扫描频率水平:15~92kHz; 垂直:50~85Hz
灯泡参数	光源类型超高压汞灯; 灯泡功率300W; 灯泡寿命正常模式:5000h; 经济模式:10000h
投影参数	变焦方式:固定(定焦); 聚焦方式:手动聚焦; 变焦比:1.35X; 光圈范围:$F=1.6$; 实际焦距:$f=4.2$mm; 投影比:0.27:1(广角),0.37:1(长焦); 投影距离:0.405~0.593m;

续上表

相关参数	性能要求
投影参数	投影尺寸:70～100英寸; 屏幕比例:16:10; 色彩数目:10.7亿色; 梯形校正水平:-3°～3°; 垂直:-3°～3°
接口参数	输入接口1×视频输入:D-sub 15针; 1×视频输入:Video; 2×HDMI(HDMI 1兼容MHL); 2×音频输入:迷你立体声; 1×麦克风输入:立体声迷你插口; 输出接口1×视频输出:D-sub 15针(输出信号:仅Computer 1); 1×视频输出:DVI-D; 1×音频输出:迷你立体声; 控制接口1×RS232C:D-sub 9针; 1×Remote(Stereo mini); 1×Interactive Sync(Stereo mini); 1×Touch Unit Control(Min DIN 8针); 2×USB-A(仅用于USB存储、打印机、USB截屏、固件更新、复印扫描设定); 1×USB-B(仅用于USB显示、鼠标、键盘、遥控器、互动组件、电脑存储连接线); 1×有线LAN:RJ-45; 1×无线LAN:USB Type A(连接EPSON无线网卡ELPAP10); 无线性能Wi-Fi

15.3.6　机房建设

系统集成项目共需要集成如下六个子系统:电气工程子系统(包括配电及UPS系统)、防雷接地子系统、精密空调子系统、消防子系统、动环监测子系统、综合布线子系统。

1)电气工程子系统

(1)机房电气设计说明。

①进线电源采用三相五线制。

②机房内用电设备供电电源均为三相五线制及单相三线制。

③用电设备设过载保护,同时配电系统各级之间有选择性地配合,配电以放射式向用电设备供电。

④配电系统所用线缆均为阻燃聚氯乙烯绝缘导线及电缆,敷设镀锌铁线槽、镀锌电线管及金属软管。

(2)设备配电系统。

①机房供配系统要求按一级负荷供电。按照《数据中心设计规范》(GB 50174—2017)和《计算机场地通用规范》(GB/T 2887—2011),在项目中按供电方式设计、施工。

②机房总输入电源采用2路大楼接入;机房电源室采用上进线方式;各功能区配电采用下走线方式敷设。

③机房总用电功率：机房用电设备主要为精密空调、机柜内设备、照明、辅助用电等；总的用电功率约为30kVA。

④总输入线缆配置：为满足机房满负荷配置时的用电（设计时已考虑一定的扩容余量），采用2路（双电源切换在机房完成）。

⑤配电柜配置：机房内设置动力配电柜1台、UPS输入输出柜1台。

⑥本次机房配电系统包括市电系统的制作安装、UPS供配电系统及UPS和电池供应及安装。

⑦从机房UPS配电柜引出专用电缆至各个机柜内。

⑧主要供给照明、维修系统、精密空调、机柜内设备等用电。

⑨机房计算机设备包括计算机主机、服务器、存储设备、网络设备、通信设备等，由于这些设备进行数据的实时处理与实时传递，关系重大，所以对电源的质量与可靠性的要求最高。

(3)消防联动部分。

当火灾发生时，感烟探测器报警后，火灾控制器发出火警预警声、光报警信号，但此时不启动灭火程序。当同一防护区的感温探测器与感烟探测器同时报警时，控制器发出声光报警信号。在手动或自动启动灭火程序喷气前，总控制台发出指令，通知人员撤离，并发出联动控制信号，切断机房非消防用电设备的电源供电，如空调机、排风机、照明、等设备供电电源。上述设备供电与消防系统的联动过程是采用电源配电柜内相关断路器的分离脱扣做远距离分断，配电柜内相关断路器均装有分离脱扣器和辅助接点。

(4)不间断电源(UPS)。

机房采用1台80kVA UPS（单机满负载后备时间30min），2N系统结构，分别连接UPS输出配电柜AP2组成一套独立配电母线系统，负责整个机房服务器机柜、网络机柜、电信接入设备、监控设备、消防、应急照明、大屏幕、大厅设备等供电。UPS主机放置在机房。

2)防雷接地子系统

(1)防雷接地概述。

防雷接地子系统如图15-23所示。

图15-23　防雷接地子系统

随着现代电子技术的不断发展，精密电子设备被广泛应用在各行业的计算机、通信网络的运行系统中。这些高精度的微电子计算机设备内置大量的CMOS半导体集成模块,其抗过压、过流保护能力极其脆弱。据美国通用研究公司提供:磁场脉冲超过0.07高斯,就可以引起计算机误动作;磁场脉冲超过2.4高斯,就可以引起集成电路永久性损坏。

机房网络系统是一个集多种精密电子设备于一体的智能综合信息系统,如遇雷击情况、雷电电磁波或操作过电压而导致设备的损坏或运行瘫痪,都会直接带来不可估量的损失。因此,科学、合理地对整个雷达站系统进行防雷保护配置,确保系统及人员的安全是本文的出发点和落脚点。

根据国际及国内最新防雷规范要求,且基于该系统已有良好的外设防直击雷设施,本文设计采用国内领先地位的电涌保护器,以最大限度地降低雷击所带来的灾害。

(2)接地设计。

①接地方案。

接地系统是机房环境的重要组成部分,它不仅直接影响机房通信设备的通信质量和机房电源系统的正常运行,还起到保护人身安全和设备安全的作用。

接地系统是由接地体、接地引入线、地线盘或接地汇接排和接地配线组成。接地系统的电阻主要由接地体附近的土壤电阻所决定。如果土壤电阻率较高,无法达到接地电阻小于1Ω的要求,就必须采用人工降低接地电阻的方法。

②接地的种类。

a.工作接地:利用大地作为工作回路的一条导线。

b.保护接地:利用大地建立统一的参考电位或起屏蔽作用,以使电路工作稳定、质量良好,特别是保证设备和工作人员的安全。

c.重复接地:将中性线上的多点与大地多次作金属性连接。

d.静电接地:设备移动或物体在管道中移动,因摩擦产生静电,它聚集在管道、容器和贮藏或加工设备上,形成很高电位,对人身安全及对设备和建筑物都有危险。只要做了静电接地,静电一旦产生,就导入地中,以消除其聚集的可能。

e.直流工作接地(也称逻辑接地、信号接地):计算机以及微电子设备,大部分采用CMOS集成电路,工作于较低的直流电压条件下,为使同一系统的计算机、微电子设备的工作电路具有同一"电位"参考点,将所有设备的"零"电位点接于同一接地装置,它可以稳定电路的电位,防止外来的干扰。

f.防雷接地:为使雷电浪涌电流泄入大地,使被保护物免遭直击雷或感应雷等浪涌过电压、过电流的危害,所有建筑物、电气设备、线路、网络等不带电金属部分、金属护套、避雷器以及一切水、气管道等均应与防雷接地装置作金属性连接。

③接地施工。

机房采用综合接地方案,机房内用紫铜排做成环形的接地汇流排,机房内的所接形式为S形或M形。防雷器要保持良好接地,接地电阻要在4Ω以下。

3)精密空调子系统

机房空调系统在于提供机房设备合适的工作环境,应配合机房的规划,在各监控机房内保持良好的室温和温度。

本机房空调系统采用大功率机房专用精密空调。

4)消防子系统

(1)机房消防概述。

机房消防采用无管网七氟丙烷气体消防系统,应设置独立消防主机,应与办公楼消防中心联动。

消防系统应满足下列要求:

①采用七氟丙烷气体灭火系统。

②具有温感、烟感探测报警、气体灭火功能。

③具备自动、电气手动、机械应急等控制方式。

④与空调、配电系统联动控制。

⑤早期预警、延时、紧急停止功能。

⑥小型化,薄型,紧靠墙壁。

⑦灭火瓶置于钢质灭火柜里。

⑧消防联动系统。

a. 遵循国家现行消防法规的规定,由中标方负责组织并通过消防管理部门的验收。

b. 消防系统设备是经消防主管部门检验合格的产品。

c. 严格按照《气体灭火系统设计规范》(GB 50370—2005)、《气体灭火系统施工及验收规范》(GB 50263—2007)、《火灾自动报警系统设计规范》(GB 50116—2013)等现行相关规范进行设计和施工。见表15-4。

设计规范　　表15-4

功能房	面积(m^3)	描述
机房	20~30	1套柜式七氟丙烷灭火装置

七氟丙烷组合分配灭火系统特点包括:灭火力强,灭火时间短,能灭A、B、C型火灾;灭火后无污染、无腐蚀作用,不导电,没有残留物,对臭氧层无破坏;低浓度灭火,液态储存,药剂占地面积小;毒性低,可以应用于有人值守场所;系统具有扩展性。

(2)自动报警装置说明。

本消防系统配置以下自动报警装置:

①火灾报警控制器(联动型)。

②气体灭火控制盘。

③光电感烟火灾探测器。

④点型感温火灾探测器。

⑤火灾声光警报器。

⑥气体喷洒指示灯。

⑦紧急启停按钮。

机房/配电间保护区的火灾探测器安装在天花板向室内的一侧。机房智能灭火控制器放置在本层过道,在各保护区均设二路独立探测回路:一路为感烟探测器;另一路为感温探测器,用于监测被保护区域的火情。

当第一路探测器发出火灾信号时,报警控制盘和气体灭火单元上的相关分区的指示灯将亮,但气体不会喷出。

当第二路探测器也发出火灾信号后，则声光报警器鸣响，自动灭火控制器开始工作，进入延时阶段（通常为30s），此延时阶段用于疏散人员和联动必要设备的动作（关闭空调等），延时过后，电磁阀打开，开始放气。

报警控制器接收压力开关的反馈信号，控制面板放气指示灯亮。当报警控制器处于手动状态，报警控制器只发出报警信号，不输出动作信号，由值班人员确认后，按下报警控制面板上的“应急启动”按钮，即可启动系统喷放七氟丙烷气体灭火剂。

遇有人员在机房工作时，应将门前安装的自动开关自由状态转为手动操作，避免机房内有人工作时喷气。另外，门侧还须安装手动放气开关。当发生火灾紧急情况时，打开开关盖板，按下红色按钮，立刻喷出气体以紧急灭火。

5）动环监测子系统（图15-24）

随着计算机技术的发展和普及，计算机系统数量与日俱增，其配套的环境设备也日益增多，计算机房已成为各大单位的重要组成部分，因此机房的环境设备或子系统（如市电、UPS、空调、消防、水浸等）必须时时刻刻为计算机系统提供正常的运行环境。一旦机房环境设备出现故障，就会影响计算机系统的运行，对数据传输、存储以及整个系统运行的可靠性构成威胁，若事故严重又没有得到及时的处理，就可能损坏硬件设备，造成严重后果；尤其对于需要实时交换数据的单位的机房，机房管理显得更为重要，一旦系统发生故障，造成的经济损失更是不可估量。

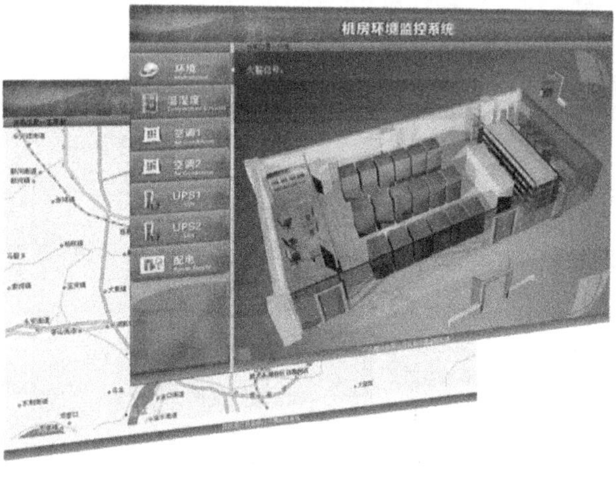

图15-24　动环监控子系统

（1）动环监控特点。

①环境监控系统采用多用户分级管理模式，分级部署的能力。嵌入式集中监控主机集中监控和管理整个机房的环境设备；通过权限分级管理，监控中心可直接采集、监控、处理相关信息；各管理人员可通过授权监控区内的机房状况；同时该系统具备集中联网功能。

②监控硬件平台，内建稳定的数据通信网关，可集成空调、UPS、门禁、通信电源、市电监测、环境温湿度、消防、防盗入侵、视频安防系统等标准协议设备，真正做到一体化无缝集成。这样不仅避免了市面上其他机房监控系统采用工控机加通信协议转换模块的冗余设计，使中控与前端采集传感器、智能设备的连线更加清晰，检查、维护简单，还降低了系统的成本，

更方便用户的日常管理。

③系统适应监控数字化、网络化发展趋势，不落后，不重复投资；采用企业内部局域网或广域网通信和管理，稳定安全；采用 TCP/IP 方式，各个被监控机房可以很容易地与监控管理中心及数据库建立起联系，用较低的成本对被监控机房的动力设备、机房环境、安全保卫消防、视频图像等信息实施统一平台下的监控。

④监控主机采用采集、解析、传输和报警一体化设计，报警迅速，数据显示及时，数据记录完整，数据分析直观；系统以模块化设计，具有开放性，能灵活地组建各种规模的监控系统，与企业内部网络系统连接，不管是何种网络传输方式都能有机地融合成一个整体。

⑤多种报警手段（声光、手机短信、电话报警）结合使用，灵活方便，并具备管理功能。其中，电话报警方式可选，也可分支不报警，报警信息传到总部进行统一报警处理。

⑥嵌入式网络型监控主机设备安装在机房，与各种传感器、空调等相连；内建完善的 Web 服务器及 TCP/IP 网络功能模块，支持远程 Web 直接访问和上位机软件集中管理、配置系统、查看各监控参量数据信息等。

⑦集中监控管理软件具有界面简洁直观、快速报警、自动纪录、多级协同浏览和操作简单方便等优点。

⑧该系统设计能完全满足 24h、365d 长时间正常运行。

⑨监控现场通过监控系统的任意报警，为突发事件提供准确的事实依据。

⑩监控系统客户端支持多种操作系统，并能实现内建软件的平滑升级。

（2）动环监控范围。

①市电监控子系统。

②UPS 监控子系统。

③空调监控子系统。

④温湿度监测子系统。

⑤烟雾监测子系统。

⑥水浸监测子系统。

⑦视频监测子系统。

⑧门禁监测子系统。

⑨消防监测子系统。

（3）设备通信监控。

①设备通信状态监控。

实时监测各设备状态，当有设备通信中断，监测系统以直观的画面显示报警信息并报警通知。

②系统监控图（图 15-25）。

（4）供配电监测。

①三相电量仪。

a. 一次电流 5 ~ 5000A，二次电流 5A，规格齐全，全面覆盖 0.2S、0.5S、0.2、0.5、1.0 五个准确度等级。

b. 所用铁芯经过高真空热处理，性能优良，精度稳定。

c. 外壳采用高抗冲阻燃 ABS 材料制成,具有良好的安全性能,造型美观。

d. 安装方便,可采用弯片固定,压盘固定。

e. 结构:穿孔式(圆、方孔)以及弯片、单片压盘安装方式。

f. 性能符合《互感器 第2部分:电流互感器的补充技术要求》(GB 20840.2—2014)技术标准。

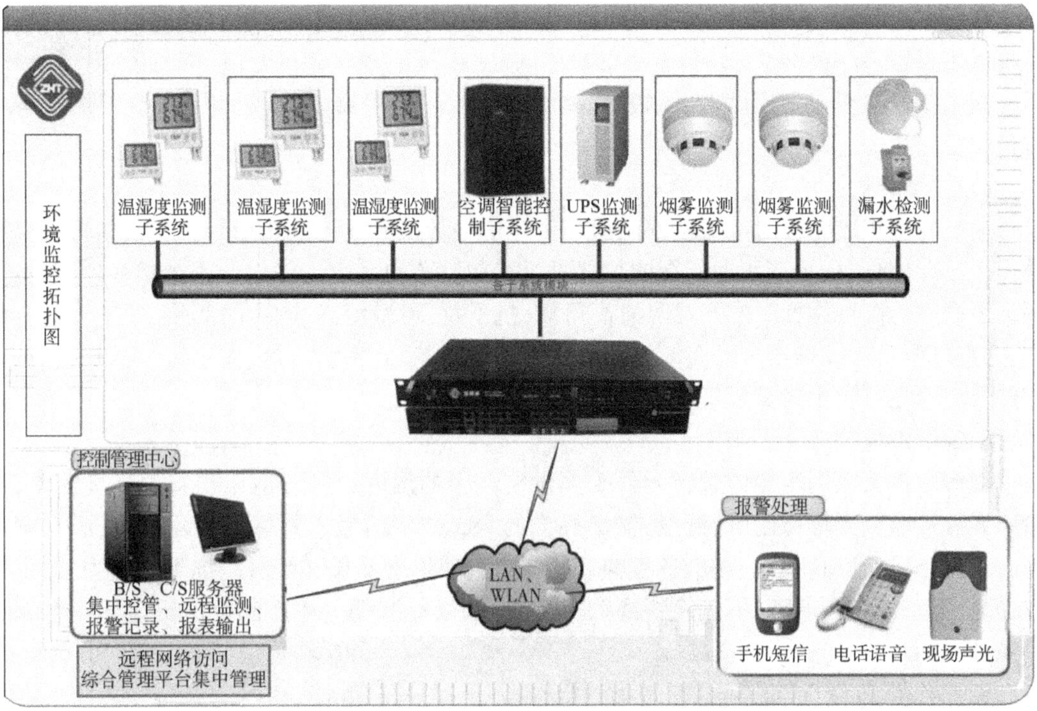

图 15-25 系统监控图

②供配电监测。

监测机房内交流配电柜的主回路和各分回路的各种参数,如电压、电流、频率、有功功率、功率因数、无功功率、视在功率、有功电度、无功电度等;监视各级开关的开关状态;显示和记录各种参数的变化曲线,并对各种报警状态进行记录和报警处理。

a. UPS 监测。采用 RS232 通信方式,通过 UPS 厂家提供的通信协议及通信接口对 UPS 进行全面系统的监测与诊断。

监测参数包括电压(输入电压、旁路电压、输出电压、整流器电压、逆变器电压)、电流(输入电流、旁路电流、输出电流、逆变器电流)、频率(输入频率、旁路频率、输出频率、逆变器频率)、功率(各相有功功率、标称功率、功率因素)、电池(电池备份时间、负载率、电池温度)。

监视状态包括整流器、逆变器、充电器、电池、自动旁路的运行状态。

报警条件包括:输入电压、频率越限报警;输出电压越限报警;整流器电压越限报警;过载报警;电池电压低报警;电池后备时间超低报警;电池温度超高报警;逆变器关闭报警;自动旁路开报警;整流器、逆变器、充电器、电池、自动旁路故障报警。

b. 精密空调监测。采用 RS485 总线通信方式,通过精密空调厂家提供的通信协议及通信接口对空调运行状态及参数进行监控。一旦有故障发生,自动弹出报警画面,通过多媒体语音和电话语音报警,告之相关人员。

监视参数主要包括:送风温度、湿度;回风温度、湿度;房间温度、湿度;压缩机运行时间;风系统运行时间。

监视状态包括压缩机、风机、冷凝器、加湿器、去湿器、加热器、传感器、控制器的运行状态和漏水监测状态。

报警主要包括:送风温度、湿度越限报警;回风温度、湿度越限报警;压缩机高压报警;压缩机低压报警。

漏水报警主要包括压缩机、风机、冷凝器、加湿器、去湿器、加热器、传感器、控制器等的故障报警。

c. 水浸监测。

通过专用集成芯片对电极浸水阻值的变化信号转换成电流电压信号,放大、整形、比较,输出干接点信号,指示探测器所在的位置是否有水。结构采用一体化全密封塑料外壳设计,保证了产品的高可靠性。本产品具有高可靠、抗干扰、灵敏度高、响应时间快、便于安装等特点,实现电源、输入/输出全隔离。本产品适用于通信基站、精密机房、图书馆、宾馆、饭店、仓库以及其他在有积水时需要报警的场所。

d. 温湿度监测。

温湿度探头利用半导体敏感元件来测量空气中的温度、湿度,适用于室内环境测量,当敏感元件被监测到环境温度、湿度,输出标准的485数字信号。其特点是测量范围广、精度高、传输距离远、LCD显示、响应速度快、性能稳定、使用寿命长、低漂移、抗干扰能力强、安装方便、上下盖可完全分离、下盖接线缆简单而直观、操作方便。本产品可广泛应用于各领域的温度控制。

e. 视频监控。

本产品采用H.264、H.265硬件压缩技术,可以在LAN/WAN上以最大25帧/每秒传输高质量的实时视频图像;采用TCP/IP标准协议,内置有Web服务器,支持Web浏览(不需要安装控件),操作简单;支持VGA、QVGA、QQVGA三种分辨率,支持视频质量等级、亮度等级、视频显示方式、使用环境等多种视频参数设置;自带红外灯,当外界光线变暗时,自动开启红外灯照明;外接探测器,可用于监测外界告警;支持多画面观看、长时间录像、报警监测等。

6)综合布线子系统

(1)综合布线系统概述。

综合布线系统(Premises Distribution System,PDS)是针对计算机与通信的配线系统而设计的,它可满足各种不同的计算机与通信的要求。

对于机房来说,综合布线系统如同体内的神经,应采用一系列高质量的标准材料,以模块化的组合方式,把语音、数据、图像和部分控制信号系统用统一的传输媒介进行综合,经过统一的规划,综合在一套标准的布线系统中。

(2)设计需求分析及产品选型。

本次综合布线系统为机房内综合布线。本次综合布线的内容包括:配置交换机;布放信息点位;配置各种光纤跨接线;配置各种双绞线跨接线;安装各种配线架;机房静电地板布设;安装1000×600 42U机柜。

①交换机(图 15-26)。其性能特点见表 15-5。

图 15-26　交换机

交换机性能特点　　表 15-5

项　目	特　点
主要参数	产品类型:千兆以太网交换机; 应用层级:三层; 传输速率:10/100/1000Mbps; 交换方式:存储-转发; 背板带宽:256Gbps; 包转发率:132Mpps; MAC 地址表 16K
端口参数	端口结构:非模块化; 端口数量:28 个; 端口描述:24 个 10/100/1000Base-T 端口,4 个 1000Base-X SFP 端口; 扩展模块:2 个扩展插槽
功能特性	堆叠功能:可堆叠; VLAN 支持 4000 个 VLAN; 支持 Guest VLAN、Voice VLAN; 支持基于 MAC/协议/IP 子网/策略/端口的 VLAN; 支持 1:1 和 N:1 VLAN 交换功能; QOS 支持对端口接收和发送报文的速率进行限制; 支持报文重定向; 支持基于端口的流量监管,支持双速三色 CAR 功能; 每端口支持 8 个队列; 支持 WRR、DRR、SP、WRR + SP、DRR + SP 队列调度算法; 支持报文的 802.1p 和 DSCP 优先级重新标记; 支持 L2(Layer 2)-L4(Layer 4)包过滤功能,提供基于源 MAC; 地址、目的 MAC 地址、源 IP 地址、目的 IP 地址、端口、协议、VLAN 的非法帧过滤功能; 支持基于队列限速和端口 Shapping 功能; 组播管理支持 IGMP V1/V2/V3 Snooping 和快速离开机制; 支持 VLAN 内组播转发和组播多 VLAN 复制; 支持捆绑端口的组播负载分担; 支持可控组播; 基于端口的组播流量统计; IGMP V1/V2/V3、PIM-SM、PIM-DM、PIM-SSM; 网络管理支持堆叠; 支持 MFF; 支持虚拟电缆监测(Virtual Cable Test); 支持端口镜像和 RSPAN(远程端口镜像);

续上表

项　　目	特　　点
功能特性	支持 Telnet 远程配置、维护； 支持 SNMPV1/V2/V3； 支持 RMON； 支持网管系统、支持 Web 网管特性； 支持集群管理 HGMP； 支持系统日志、分级告警； 支持 GVRP 协议； 支持 MUX VLAN 功能； 安全管理用户分级管理和口令保护； 支持防止 DOS、ARP 攻击功能、ICMP 防攻击； 支持 IP、MAC、端口、VLAN 的组合绑定； 支持端口隔离、端口安全、Sticky MAC； 支持黑洞 MAC 地址； 支持 MAC 地址学习数目限制； 支持 IEEE 802.1X 认证，支持单端口最大用户数限制； 支持 AAA 认证，支持 Radius、TACACS +、NAC 等多种方式； 支持 SSH V2.0； 支持 HTTPS； 支持 CPU 保护功能； 支持黑名单和白名单

②静电地板。

在机房工程的技术施工中，机房地面工程是一个很重要的组成部分。机房地板采用架空措施，为使水泥砂浆地面达到不起尘、不产尘，以保证空调送风系统的空气洁净度，地面需要先涮防尘漆做防尘处理，通常地板都采用抗静电活动地板。

活动地板的种类较多，根据板基材料可分为铝合金、全钢、中密度刨花板。它们的表面都是粘贴 PVC（聚氯乙烯）抗静电贴面。我们为本机房选用高档防静活动地板，可与地面装饰效果协调。地板安装高度为 350mm。地板与墙体交界处用不锈钢踢脚板封边。机房静电地板平面图如图 15-27 所示。

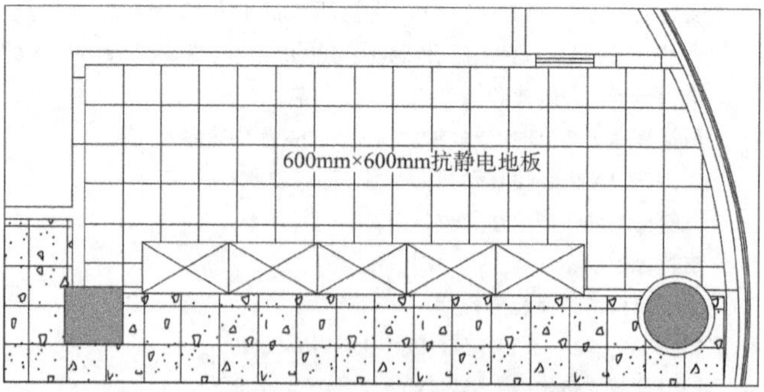

图 15-27　机房静电地板平面图

机房全区域室内全部采用 600mm × 600mm × 35mm 全钢抗静电地板铺设，铺设区域高 300 ~ 350mm。地板的强度：均匀载荷大于 1200kg，集中载荷大于 400kg，滚动载荷大于

150kg，弯曲度应小于2mm，并无永久变形。抗静电地板下作为各类管线铺设空间。

若活动地板下空间作为机房空调送风风库，活动地板下地面还需做地台保温处理，保证在送冷风的过程中地表面不会因地面和冷风的温差而结露。

活动地板的抗静电技术指标及地板的质量好坏将直接影响计算机系统的运行安全。在机房升级改造中，活动地板是一个很重要的结构组成。活动地板的正确使用，可以提高计算机及其微电子设备的运行可靠和延长设备的使用寿命。活动地板已成为现代智能机房必不可少的构件之一，可使机房地板下组建成一个地下空间，在活动地板上可安装各类计算机等设备，而在地板下的空间则可用来敷设联结各设备的电源、网络线、集成监控信号线管等设施，并可作为中央空调的送风静压风库。通过带气流分布风口的活动地板将机房空调送出的冷风利用静压复得法送入室内及发热设备的机柜内，保障计算机的安全运行。

活动地板因其具有可拆性，且对网络的升级改造、设备的检修及更换都很方便，所有连接电缆都从地板下进入设备，既便于设备的布局调整，又减少了因设备扩充或更新而带来的建筑设施的升级改造。

图15-28　交换机

③标准机柜（图15-28）。其性能特点见表15-6。

交换机参数表　　表15-6

项　目	主要参数
主要规格	类型：设备机柜； 容量：42U； 标准：符合ANSI/EIA RS310-D、IEC297-2、DIN41491；PART1、DIN41494；PART7、GB/T3047.2-92标准，兼容ETSI标准； 门及门锁：高密度六角网孔前后门； 材料及工艺：SPCC优质冷轧钢板制作； 厚度：方孔条2.0mm，安装梁1.5mm，其他1.2mm； 表面处理：方孔条镀蓝锌；其余：脱脂、磷化、静电喷塑； 附加功能：前后为圆形通风孔的上下框； 外观设计（专利）高贵典雅，工艺精湛，尺寸精密，极富时代气息，为您的工程增添价值；最大静载达800kg（带支脚）； 可关闭的上部、下部多处走线通道，底部大走线孔尺寸可按需调整
外观参数	高：2000mm； 宽：600mm； 深：1000mm
产品特性	可选配安装底座，达到固定机柜、底部过线、底部送冷风、防鼠的要求； 高效坚固的并柜连接； 前后门配高级弹力锁； 齐全的可选配件； 承载：静载800kg（带支架）； 防护等级：IP20

第16章 IT基础设施支撑系统

第16.1节 计算机网络环境

16.1.1 网络安全系统

1)网络安全系统架构

网络安全系统架构图如图16-1所示。

系统复用交通运输一体化智慧管控平台的全部网络设备,包括出口路由器、出口交换机、负载均衡、核心交换机、流量控制设备等,无须新增网络设备。

根据安全等级不同网络安全系统架构可分为出口区、发布区和应用区,不同安全域间通过防火墙隔离,关键网络、安全设备冗余配置,保证系统的高可靠性。

2)VLAN及IP地址

系统中VLAN技术的应用主要考虑以下三个方面:

(1)限制广播风暴。

(2)更好的实施网络安全策略。

(3)灵活配置并利于管理。

划分不同的逻辑层次,设置适合网站设计的三层结构。通过网络规划,划分不同的层次,使不同层次规划在不同的VLAN内,保证网站设计层次清晰,设计合理。

在进行网络管理的时候,合理地划分VLAN,既降低了开销,又增加了灵活性。

本次网络系统建设中,VLAN的划分原则如下:

(1)网络系统统一分配VLAN资源,并作相应预留,不仅保证了VLAN ID使用的连续性,还避免VLAN ID的使用浪费。

(2)根据不同的使用需求划分VLAN,主要包括服务器VLAN、设备互联VLAN、设备管理VLAN等。

在本次网络系统建设中,遵循如下的IP地址划分原则:

(1)采用VLSM和CIDR等先进网络技术,按照连续比特分割法,以一定的层次和规则,将整个地址空间划分为大小不同、用途各异的规范化IP地址空间。

(2)设备的互联地址单独成段。

(3)设备的管理地址单独成段。

(4)服务器的地址单独成段。

(5)每个 VLAN 对应一段 IP 地址,VLAN 号和 IP 地址有一定的对应关系,方便维护及管理。

系统中所有的设备类型可分为对外发布和内部应用两部分。VLAN 划分时,首先应考虑到为这几部分划分几个大的 VLAN 区域。

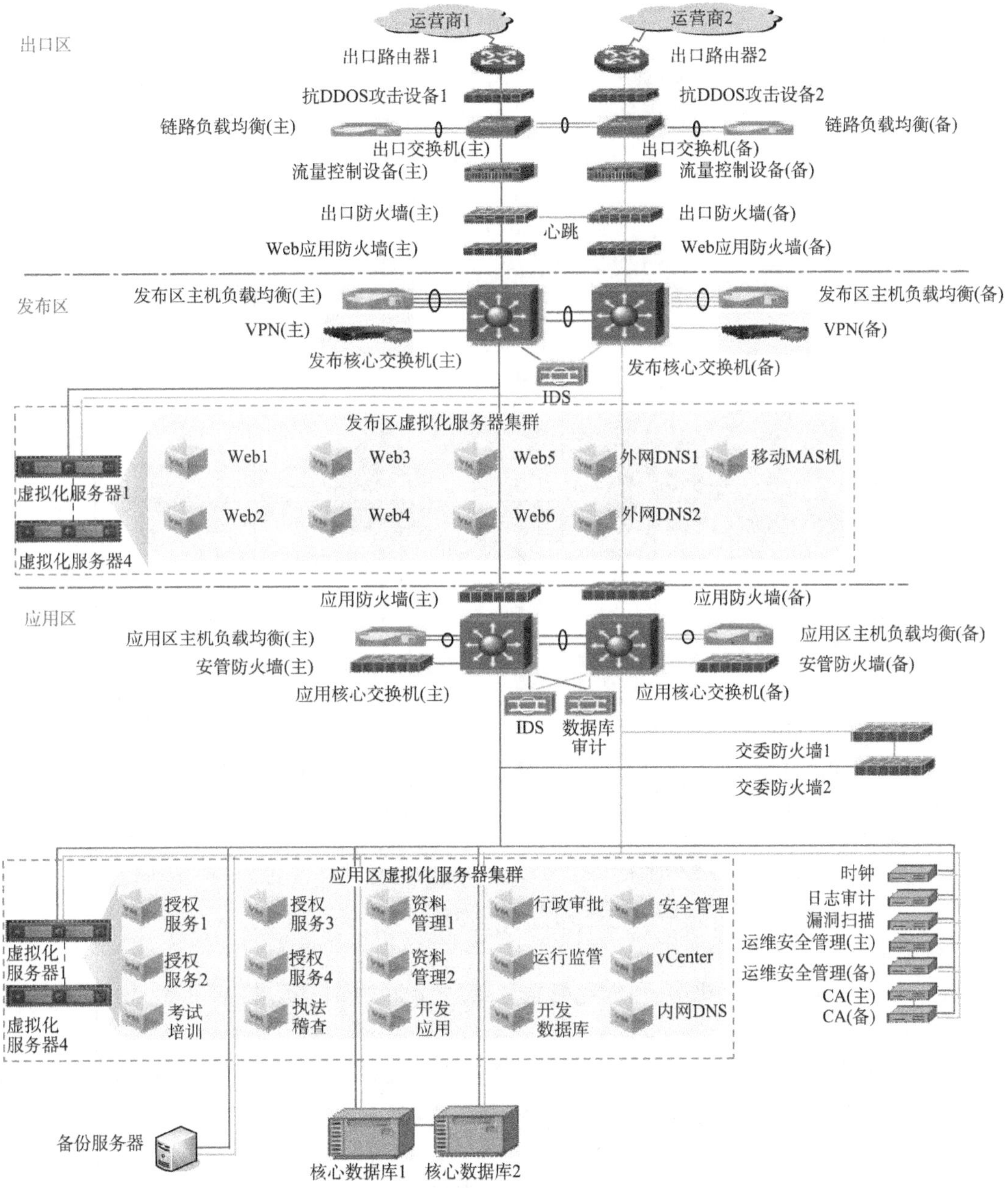

图 16-1 网络安全系统架构图

3)设备 IP 分配

系统中,设备 IP 地址的分配遵循相应的 IP 地址设计原则,为所有发布区服务器、应用区服务器分配 IP 地址。

4)路由总体设计

出口以及发布区部分由于结构和数据流确定,不能随着结构的变化而改变数据走向,因此需要使用静态路由。数据流的总体路由规划如图 16-2 所示。

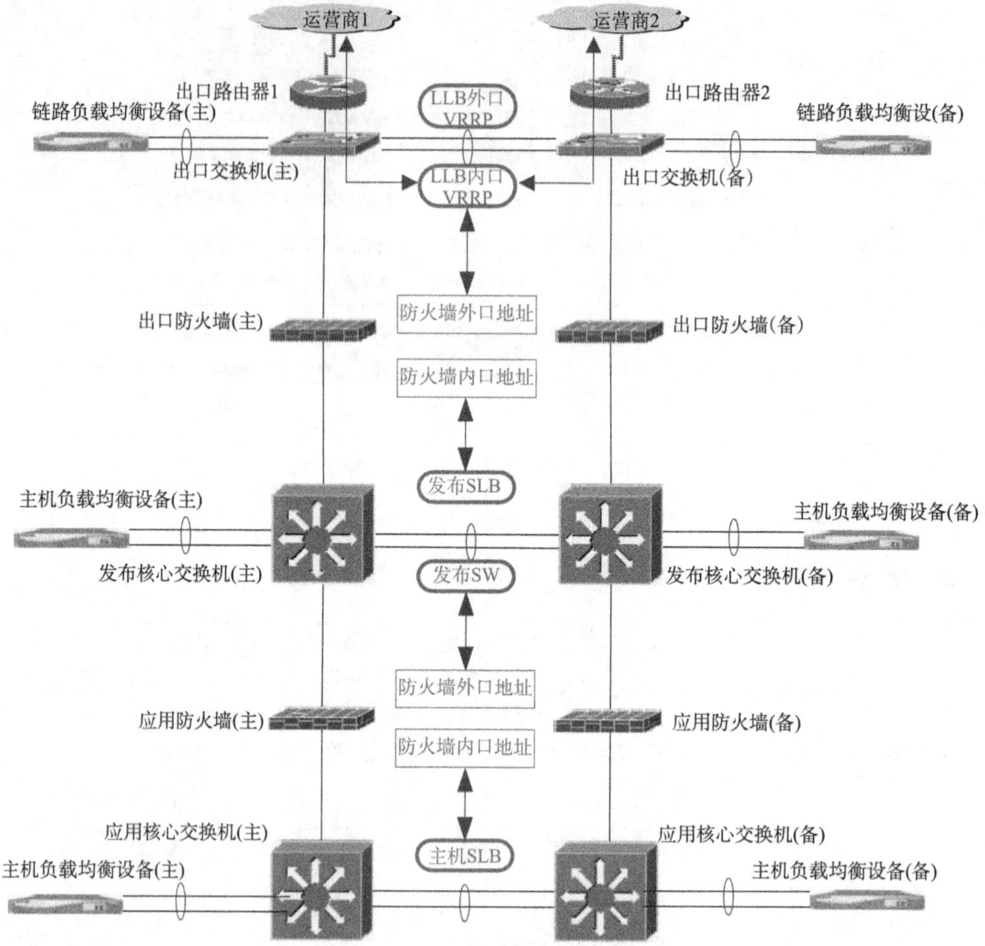

图 16-2　数据流总体路由规划

5)链路设计

(1)系统主站:设置于机房,目前电信链路带宽为 200Mb,移动链路为 100Mb 互联网出口链路。

(2)异地容灾系统:设置于电子政务资源中心梅林灾备机房,复用裸光纤通信链路、一条 200M 互联网出口链路,另复用电子政务资源中心 1000M 互联网出口。

通信链路设计示意图如图 16-3 所示。

6)链路负载及智能 DNS 设计交通运输管理部门

通常在进行信息化系统结构设计图时产生许多关于链路方面的问题:

(1)单点故障。

在系统原有系统结构中,采用单条链路接入,一个或多个 DNS(域名系统)服务器,这些服务器对于同一个域名均解析为同一个地址。在该种网络结构之中，无论主机系统、网络系统的规划有多么完美，完全排除了应用瓶颈，都还存在一个非常明显的单点故障，就是网络接入部分的方案不够完整。一旦网络接入部分出现中断就直接意味着所有应用中断。为了保证互联网接入的稳定性，现在绝大多数的用户采用一条互联网接入，也就是说使用一个ISP(互联网服务提供商)的链路。显然，一个ISP无法保证它提供的互联网链路的持续可用性，从而可能导致用户互联网接入的中断。

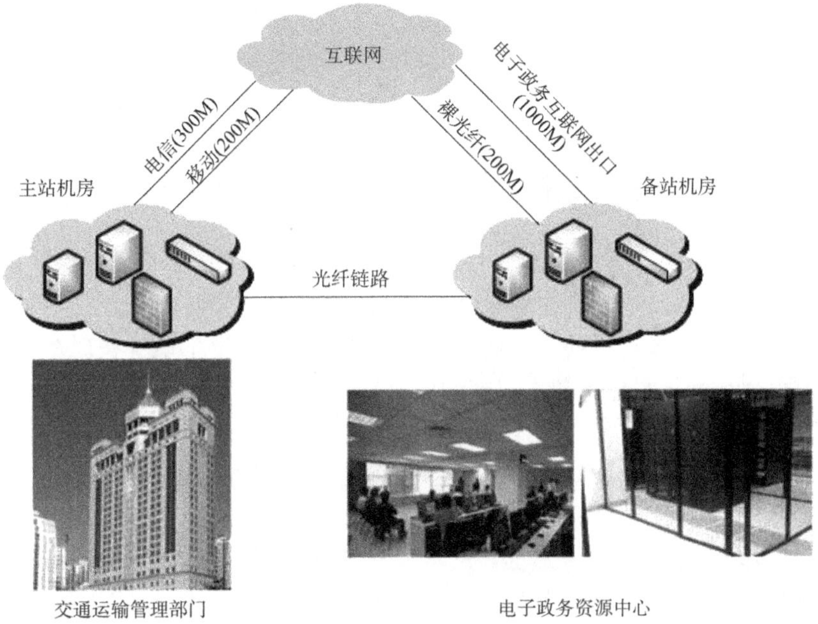

图16-3　通信链路设计示意图

(2)不同运营商之间互访。

随着国内最大的互联网接入提供商Chinanet被拆分为北方China Unicom和南方China Telecom之后，两方资源的互访受到了很大程度地影响。其出现的根本原因为南北网络的互通互连接点拥塞，造成用户丢包、延迟较大，从而导致访问缓慢，甚至对于一些应用根本无法访问。

(3)其他问题。

信息系统建设可以采用多链路的解决方案来避免互联网接入中断所造成的损失。多链路通常指同时使用不同ISP提供的多条互联网接入链路，由于多链路解决方案能够提供更好的可用性和性能，因此用户较多。此外，可用性的提高来自多条链路的使用，而性能提高则是因为同时使用多条链路增加了带宽。多链路方案能够提高用户业务的可用性和性能，但这种方案也面临着特殊的问题和挑战。

为保证互联网接入的稳定性和连续可用性，通常采用接入多个不同ISP提供的链路，但存在如下问题：每个ISP分配给不同的IP地址段，而内网使用同一个子网地址，带来IP地址管理问题，并且链路没有更好地进行负载分担。有的系统采用了BGP协议的解决方案，但需要管理员熟练掌握BGP专业技术，需要完成如路由表更新等重复、耗时的工作，同时多个链路的流量控制不能很好地解决。多链路网络解决方案仅仅是“共享”式，而不是真正的负载均衡；由于各个运营商之间存在互联互通的问题，没有实现根据网络就近性的路径判断；对流入的流量，没有很好地解决根据网络的就近性来导向用户的访问请求，使外部的用户访问能最快地进入机构的对外服务；对流出的流量，没有解决根据最快到达目标资源的访问策略；对于链路的健康状况既不能实时监测，也解决不了链路容灾，即当某一条链路出现故障后，将其流量导向另外链路的策略，进而没有真正实现链路的负载。

链路负载均衡设备具有以下的功能和优点：

①智能管理不同 ISP 提供的 IP 地址网段。

②保证优化所有的 ISP 提供的链路，即通过智能负载均衡所有通过可用链路的流量。

③使用负载均衡的 Smart NAT 和 Smart DNS，选择用于流入/流出流量的最佳 ISP，保证了每个用户都可以最快速地访问分部的服务器，而不必受到多运营商互联互通问题的影响。

④在某条链路失效时，所有流量仍可以经过另一条链路正常进出，以保证系统的提供服务的不间断性。

链路负载均衡设备本身具有多个运营商地址段的数据库。当有外网数据进入到负载均衡设备的时，设备是本身会对其源地址进行监测，查看这个源地址对应哪个数据里的网段，并建立一张对应表，最后得出这个数据来自哪个运营商。当这个地址返回负载均衡设备时，设备根据之前建立的表来发送数据流到相应的运营商。

7）核心交换机集群设计

随着系统数据访问量的逐渐增大以及网络可靠性要求越来越高，单台交换机已经无法满足需求，而通过交换机的堆叠能够实现数据中心大数据量转发和网络高可靠性。如图 16-4 所示，集群交换机系统（Cluster Switch System，CSS）将两台支持集群特性的交换机设备组合在一起，从逻辑上组合成一台交换设备。核心交换机 CSS 集群设计如图 16-4 所示。

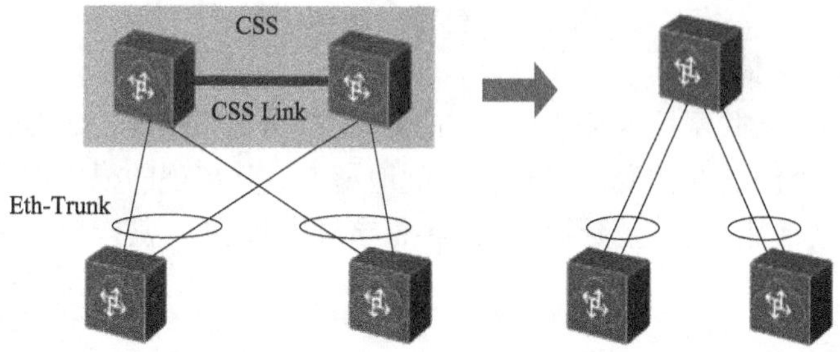

图 16-4　核心交换机集群设计

通过交换机集群，可以实现网络高可靠性和网络大数据量转发，同时简化网络管理。集群设计主要有以下特性：

（1）高可靠性。集群系统两台成员交换机之间冗余备份，同时利用链路聚合功能实现跨设备的链路冗余备份。

（2）强大的网络扩展能力。通过组建集群增加交换机，从而轻松地扩展端口数、带宽和处理能力。

（3）简化配置和管理。集群建立后，两台物理设备虚拟成为一台设备，用户只需登录一台成员交换机即可对集群系统所有成员交换机进行统一配置和管理。

集群中的单台交换机称为集群成员交换机。按照功能不同，它可以分为角色主交换机和备交换机两种。其中,主交换机(Master)负责管理整个集群,集群中只有一台主交换机。备交换机(Standby)是主交换机的备份交换机。当主交换机发生故障时,备交换机会接替原主交换机的所有业务。

8)服务器负载均衡设计

服务器负载均衡技术在现有网络结构之上提供了一种廉价、有效、透明的方法,来扩展网络设备和服务器的带宽,增加吞吐量,加强网络数据处理能力,提高网络的灵活性和可用性。它有两方面的含义:一方面,大量的并发访问或数据流量分担到多台节点设备上分别处理,减少用户等待响应的时间;另一方面,单个重负载的运算分担到多台节点设备上做并行处理,每个节点设备处理结束后,将结果汇总,返回给用户,系统处理能力得到大幅度提高。

服务器负载均衡设备利用定义在其上面的虚拟 IP 地址来为用户的一个或多个应用服务器提供服务。因此,它能够为大量的基于 TCP/IP 的网络应用提供服务器负载均衡服务。服务器负载均衡设备连续地对目标服务器进行 L4 到 L7 的合理性检查,当用户通过 VIP 请求目标服务器服务时,服务器负载均衡设备根据目标服务器之间性能和网络健康情况,选择性能最佳的服务器响应用户的请求。智能 DNS 图为一个服务器负载均衡设备如何对来至 Internet 的流量进行负载分担的,如图 16-5 所示。

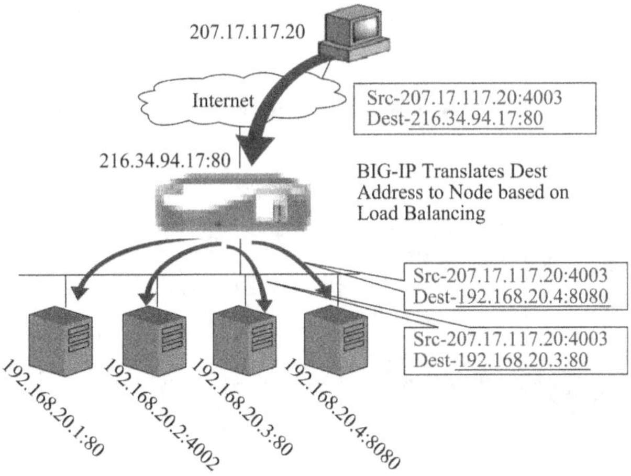

图 16-5 智能 DNS 图

(1)客户发出服务请求到 VIP。

(2)服务器负载均衡设备接收到请求,将数据包中目的 IP 地址改为选中的后台服务器 IP 地址,然后将数据包发出到后台选定的服务器。

(3)后台服务器收到后,将应答包按照其路由发回到 BIGIP。

(4)服务器负载均衡设备收到应答包后将其中的源地址改回成 VIP 的地址,发回客户端,由此就完成了一个标准的服务器负载平衡的流程。

可以看到,在服务器负载均衡设备上通过设置 VIP 来截获需要进行负载平衡的流量,这个 VIP 地址可以是一个独立的主机地址和端口的组合,也可以是一个网络地址和端口的组合。当流量经过 BIG IP 的时候,凡是命中 VIP 的流量都将被截获并按照规则进行负载平衡。

9)出口带宽计算

未来交通运输一体化智慧管控平台通过两条公网链路对外提供服务,支持电信链路带宽至少为200Mb,移动链路至少为100Mb的要求,能满足60万用户网站登录及230万日均浏览量,完全满足项目出口带宽要求。

10)流量控制系统设计

(1)需求分析。

考虑到本次网站庞大的访问量,需要在网站的网络系统中部署流量控制工具,针对不同应用和不同网段等进行流量管理。

流量控制的主要功能需求包括:

①实时监测网络状况,能实时获得网络的当前运行状况,能在网络出现故障或拥塞时自动告警,在网络即将出现瓶颈前给出分析和预测。

②流量监视功能,对符合条件的所有TCP流进行流量监视,统计TCP的重传流量和异常终止等数据进行实时和历史分析,获得流量统计、流量分布、用户数据分布、业务质量等指标。

③能够基于协议和应用分析流量,并能自定义各种协议流量和应用的优先级。

④流量控制功能,基于业务区分有效限制低优先级业务的带宽占用率,即使在网络拥塞的情况下也能保证高优先级业务的服务质量。

⑤支持建立完善的监控系统,支持同时从多个网关获取流量数据,实现分布式流量监控系统。

⑥高安全可靠,系统本身不影响原有数据的正常传输。

(2)设计部署。

流量控制系统部署位置示意图如图16-6所示。

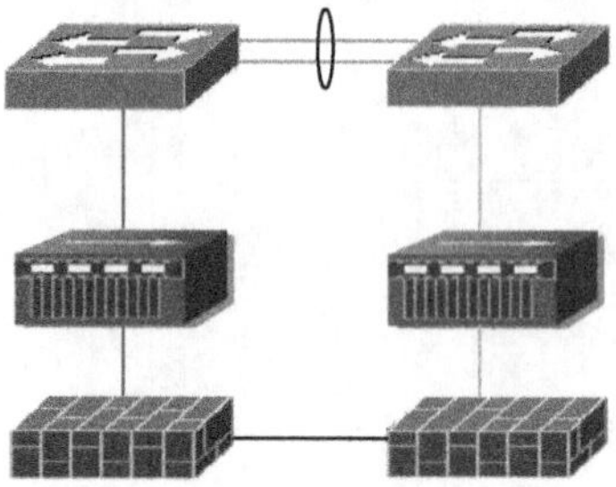

图16-6　流量控制系统部署位置示意图

两台流量控制设备均透明部署在出口交换机与出口防火墙之间,不会对现有网络结构造成影响。同时,流量控制设备的管理口也要连接到内网交换机,以方便远程管理。

由于流量控制系统是针对特定网络的特定应用进行管理的设备,与传统的路由器和交换机不一样,没有固定的策略使用方法,往往是根据对用户网络的实际情况(如带宽大小、应用类别等)进行分析后才能制订最终的策略方案,不同的网络之间的策略方法不能完全照搬。因此,此方案中在部署完成后进行24h的网络流量分析,然后根据分析的结果进行策略方案的制订。

由于流量控制系统是透明传输的设备,不涉及任何链路的路由或者交换信息的配置,因此在线进行策略配置不会对网络造成任何影响,并且配置的策略即时生效。

16.1.2　主机系统设计

项目中主机系统分为虚拟化平台、大数据平台和系统软件平台。系统全部复用交通运输一体化智慧管控平台的虚拟化平台、系统软件平台,包括虚拟化服务器、数据库服务器等物理设备以及Linux、Oracle等商用软件;在虚拟化平台,搭建发布区和应用区高可用集群支撑系统应用运行;数据库系统采用小型机搭建数据库集群;各辖区局前置机等服务器用于系统与各辖区局数据的交互;大数据平台复用交通运输管理部门建设的大数据平台。

1)服务器虚拟化平台设计

(1)服务器虚拟化系统总体设计。

①总体设计思路。

a. 服务器虚拟化系统设计思路。

通过对新建业务系统的需求进行分析和整理,结合先进成熟技术,提供合理的建设方案,主机系统设计思路如图16-7所示。

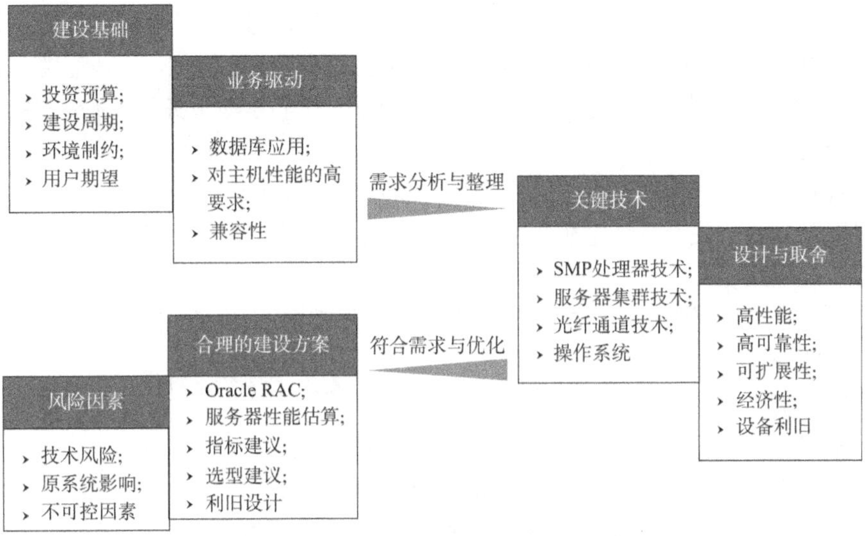

图16-7　主机系统设计思路

b. 主机系统设计内容。

根据以上建设目标,确定项目主机系统设计内容包括:针对解决大型网站的Web大并发访问量,通过采用内容管理、发布服务平台和Web平台架构,结合Apache + Tomcat技术,并且采用应用负载均衡设备来彻底解决Web的大并发问题和上线后的性能隐患;使用服务器集群等技术实现系统的高可靠性和应用的高性能;根据应用的平台和访问需求,在虚拟化平台为系统应用服务器合理配置资源;虚拟化平台有很好的可扩展性,便于后续根据实际需求进行系统扩容。

②服务器虚拟化系统架构设计。

主机系统的建设采用三层物理架构:数据库层、应用层、Web层。三层物理架构能够有效地提高服务器使用效率和可扩展性。

针对该系统的Web服务器、应用服务器和数据库服务器等核心应用的部署设计应该具有如下特点:

a. Web服务器:中端服务器配置,支持群集,构建虚拟化服务器池,减少服务器数量、提高资源利用率,有效提高防故障的能力,减少成本,增加维护的灵活性。

b. 应用服务器:中高端服务器配置,按实际应用情况,业务需要部署在Linux平台,实现负载均衡,支持群集。

c. 大数据平台服务器：高端服务器配置，以 Unix 平台为主，构建大数据集群池。

主机系统主要由 Web 服务器集群、应用服务器集群、协同办案服务器、勤务管理服务器、移动执法服务器、非现场执法服务器、监控指挥服务器、综合查询展示服务器、信息公示服务器、接口服务器、资料管理中心服务器、内容管理服务器、数据交换服务器、访问统计服务器、防病毒服务器、安全管理服务器、流量控制服务器等组成。

应用主机系统的部署有以下特点：

a. 分区部署 Web 服务器集群、应用服务器集群等直接对外提供服务的服务器部署在前端服务器区；协同办案服务器、勤务管理服务器、移动执法服务器、非现场执法服务器、监控指挥服务器、综合查询展示服务器、信息公示服务器、接口服务器、资料管理中心服务器、内容管理服务器、数据交换服务器、开发数据库服务器、核心数据库服务器等部署在内部核心应用区；访问统计服务器、防病毒服务器、网管服务器、安全管理服务器、流量控制服务器等部署在安全管理区；

b. 部署 4 台 Web 虚拟机，通过负载均衡方式分担 Web 请求。

c. 应用服务器及关键系统主机采用硬件负载均衡设备实现应用级别的负载均衡，对外提供高可靠的应用。

通过对以上主机系统的特点的分析和系统建设的需求，本次系统主机架构做如下设计。

③详细部署设计。

a. 发布系统详细设计。

发布系统包括 4 套 Web 发布虚拟机、7 套应用虚拟机。

表 16-1 为发布系统服务器操作系统及应用软件。

发布系统服务器操作系统及应用软件 表 16-1

虚拟机用途	操作系统	软件	数量
Web 发布	Linux Redhat7	Apache	4
应用服务器	Linux Redhat 7	Tomcat	7

i）服务器操作系统及应用软件。

ii）Linux 操作系统安装包。

表 16-2 为发布系统服务器操作系统安装包。

发布系统服务器操作系统安装包 表 16-2

Desktop	Gnome，KDE
Applications	Editors，Graphical Internet，Text - based Internet
Servers	DNS，FTP，Legacy Network Server，Network Servers，Server Configuration Tools
Development	Development Libraries，Development Tools，Gnome Software Development，Java Development，KDE Software Development，Legacy Software Development，X Software Development
Base System	Administration Tools，Base，Java Support，Legacy Software Support，OpenFabrics Enterprise Distribute，System Tools，X Window System
Languages	Chinese Support

表 16-3 为设备相关技术指标要求。

设备相关技术指标要求　　表 16-3

应用名称	Web 发布	应用服务器
主机名	Web1 ~4	App01-App07
配置	CPU:8C 内存:32G 磁盘:300G	CPU:8C 内存:32G 磁盘:300G
本地分区	/　70G Swap　16G Boot　500M	/　70G Swap　16G Boot　500M
备注		

表 16-4 为发布系统服务器系统服务。

发布系统服务器系统服务　　表 16-4

Acpid	Arpt ables_jf	Auditd	Cpuspeed	Crond	Irqbalance
Kudzu	Lvm2_Monitor	Mcstrans	Netfs	Network	Nfslock
Portmap	Rpcidmapd	Setroubleshoot	Smartd	Sshd	Syslog
Ysstat					

iii)系统服务:保留如下系统服务。

iv)Web 服务器详细设计及性能估算。

Web 服务器是直接向互联网用户提供 HTTP 浏览服务的服务器,是整个网站对外服务的窗口。Web 服务器设计是否得当直接关系到整个网站是否可以满足系统要求的大流量并发用户访问的指标要求。

b. 应用系统详细设计。

为保证关键系统的安全可靠,本次设计服务器运行在虚拟化平台,对于协同办案模块、勤务管理模块、移动执法模块、非现场执法模块、监控指挥模块、综合查询展示模块、信息公示模块采用主机负载均衡集群方式部署;其他几个模块主机运行在虚拟化平台,受到 vSphere HA 的保护。

i)服务器操作系统及应用软件。协同办案服务器、勤务管理服务器、移动执法服务器、非现场执法服务器、监控指挥服务器、综合查询展示服务器、信息公示服务器。

表 16-5 为应用系统服务器操作系统及应用软件、表 16-6 为应用系统服务器操作系统安装包。

应用系统服务器操作系统及应用软件　　表 16-5

服务器类型	操作系统	软件	数量
协同办案	Linux Redhat 7	Apache、Tomcat	1
勤务管理	Linux Redhat 7	Apache、Tomcat	1
移动执法	Linux Redhat 7	Apache、Tomcat	1
非现场执法	Linux Redhat 7	Apache、Tomcat	1
监控指挥	Linux Redhat 7	Apache、Tomcat	1
综合查询展示	Linux Redhat 7	Apache、Tomcat	1
信息公示	Linux Redhat 7	Apache、Tomcat	1

续上表

服务器类型	操作系统	软件	数量
接口	Linux Redhat 7	Apache、Tomcat	1
资料管理中心	Linux Redhat 7	Apache、Tomcat	1
内容管理	Linux Redhat 7	Apache、Tomcat	1
数据交换	Linux Redhat 7	Apache、Tomcat	1
业务预留	—	—	5

应用系统服务器操作系统安装包 表 16-6

Desktop	Gnome,KDE
Applications	Editors,Graphical Internet,Text - based Internet
Servers	DNS,FTP,Legacy Network Server,Network Servers,Server Configuration Tools
Development	Development Libraries,Development Tools,Gnome Software Development,Java Development,KDE Software Development,Legacy Software Development,X Software Development
Base System	Administration Tools,Base,Java Support,Legacy Software Support,OpenFabrics Enterprise Distribute,System Tools,X Window System
Languages	Chinese Support

ii)Linux 操作系统安装包。

表 16-7 为应用系统服务器配置及部署(一)、表 16-8 为应用系统服务器配置及部署(二)、表 16-9 为应用系统服务器配置及部署(三)。

应用系统服务器配置及部署(一) 表 16-7

应用名称	协同办案	勤务管理	移动执法	非现场执法
主机名	Xtba	Qwgl	Ydzf	Fxczf
配置	CPU:8C 内存:32G 磁盘:300G	CPU:8C 内存:32G 磁盘:300G	CPU:8C 内存:32G 磁盘:300G	CPU:8C 内存:32G 磁盘:300G
本地分区	/ 200G Swap 32G Boot 500M	/ 200G Swap 32G Boot 500M	/ 200G Swap 32G Boot 500M	/ 200G Swap 32G Boot 500M
备注				

应用系统服务器配置及部署(二) 表 16-8

应用名称	监控指挥	综合查询展示	信息公示	接口
主机名	Jkzh	Zhcxzs	Xxgs	Jiekou
配置	CPU:8C 内存:32G 磁盘:300G	CPU:8C 内存:32G 磁盘:300G	CPU:8C 内存:32G 磁盘:300G	CPU:8C 内存:32G 磁盘:300G
本地分区	/ 200G Swap 32G Boot 500M	/ 200G Swap 32G Boot 500M	/ 200G Swap 32G Boot 500M	/ 200G Swap 32G Boot 500M
备注				

应用系统服务器配置及部署(三)　　表 16-9

应用名称	资料管理中心	内容管理	数据交换	业务预留
主机名	Zlglzx	Nrgl	Sjjh	
配置	CPU:8C 内存:32G 磁盘:300G	CPU:8C 内存:32G 磁盘:300G	CPU:8C 内存:32G 磁盘:300G	
本地分区	/ 200G Swap 32G Boot 500M	/ 200G Swap 32G Boot 500M	/ 200G Swap 32G Boot 500M	
备注				

iii)系统服务:保留如下系统服务。

表 16-10 为应用系统服务器系统服务。

应用系统服务器系统服务　　表 16-10

Acpid	Arptables_jf	Auditd	Cpuspeed	Crond	Irqbalance
Kudzu	Lvm2_Monitor	Mcstrans	Netfs	Network	Nfslock
Portmap	Rpcidmapd	Setroubleshoot	Smartd	Sshd	Syslog
Ysstat					

(2)服务器虚拟化详细设计。

VMware vSphere 是业界领先且最可靠的虚拟化平台。vSphere 将应用程序和操作系统从底层硬件分离出来,从而简化了 IT 操作。借助 vSphere 可以最大限度地提高效率和确保服务级别,降低资金成本和运营成本,并增强对 IT 基础架构的控制能力;同时保留选择任何操作系统、应用程序和硬件的灵活性,更能充分地利用现有 IT 资产,大幅降低电力、散热和占地空间需求。

系统建设使用 vSphere 搭建一个虚拟化平台,包含 12 个高性能 PC 服务器,各业务系统均以虚拟机的形式整合到该物理集群中,虚拟机的本地存储空间均来自后端的磁盘阵列,如此可充分利用 VMware 集群的 VMotion、DRS、HA 等功能,确保各业务虚拟机在当前物理宿主机故障时向其他物理宿主机进行切换。除此之外,该集群提供的其他高级功能也充分地保证了业务连续 7 × 24h 的高可靠性、可用性以及业务部署的灵活性

根据网络安全架构,在发布区、应用区及备份站点各部署 4 台高性能 PC 服务器,部署 VMware vSphere 虚拟化软件并由 vCenter 来统一管理,创建两个数据中心和三个高可用集群。一个数据中心包含发布区和应用区两个集群,在发布区创建 Web 服务器、DNS 服务器、移动 MAS 服务器等虚拟机;在应用区包含协同办案、勤务管理、移动执法、非现场执法等虚拟机;在备份站点创建另一个数据中心,创建一个集群,包含能够支撑起完整业务系统的虚拟机。

在虚拟化平台的存储系统中,所有虚拟化服务器采用光纤网络统一连接到磁盘阵列上。每台服务器配置 2 块光纤卡,通过光交换机连接到磁盘阵列的两个控制器,组成冗余架构的 SAN 网络。

虚拟化平台总体架构图如图 16-8 所示。

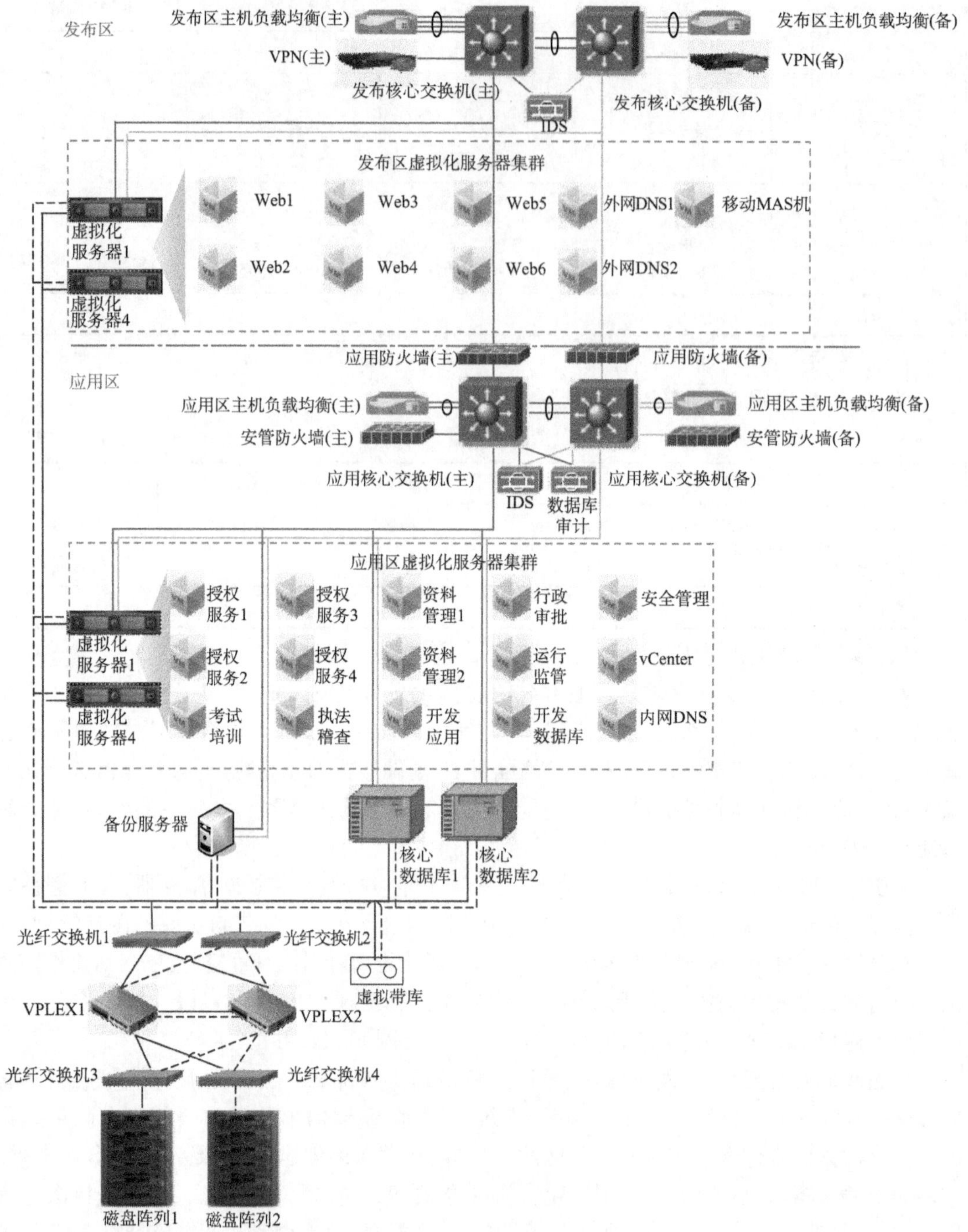

图 16-8　虚拟化平台架构图

(3)服务器虚拟化平台性能分析。

根据业务系统的需求,分析发布系统、应用系统及其他必需的业务系统对 CPU、内存资源配置的要求。业务系统资源需求见表 16-11。

业务系统资源需求表 表 16-11

系统类别	CPU 资源(MHz)	内存资源(G)
发布系统	138240	1143
应用系统	172800	1095
合计	311040	2238

此外,虚拟化平台用于自身管理需要使用一部分资源,虚拟化平台管理机大约 8 台,每台平均 CPU 需求 500MHz 左右,CPU 资源需求量:500 × 8 = 4000MHz。每台平均内存需求 16GB 左右,内存资源需求量:16GB × 8 = 128GB。虚拟化平台管理机部署在应用区(该资源开销相对较小,在各区域虚拟化平台资源中均有预留)。

在主站发布区和应用区各部署 4 台高性能 PC 服务器:单台服务器配置 4 颗 Xeon E5-4650 v2-10Core 2. 4GHz 处理器,32 × DDR3RDIMM-16GB-240pin-1. 25ns-1600000kHz-1. 35V-ECC-2Rank(1G × 4bit)-Height 30mm 内存,3 × 300GB-SAS 6Gb/s-15000rpm-2. 5″硬盘。

目前,计划配置 8 台高性能华为 RH2485 V2 PC 服务器,服务器虚拟化平台资源配置需求见表 16-12。

服务器虚拟化平台资源配置需求 表 16-12

应用区域	VM 应用名称	数量	CPU(核)	MEM(GB)	SUM(CPU/核)	SUM(MEM/GB)	CPU 总量(MHz)	内存总量(GB)
高性能服务器(台)		8	40	512	320	4096	786432	4096

2)大数据平台设计

(1)数据量计算。

根据系统设计,系统支持图片和视频两大类数据存储,年存储量约为 2. 1PB,10 年存储量约为 3. 7PB。图片和案件存储周期为永久,视频监控存储周期为 3 个月。

为保证数据安全,本次项目建设对数据进行冗余备份 2 套数据,因此,大数据平台存储量约为 8PB。

大数据平台需要对以上数据进行存储、管理、查询、分析、报表,既要支持定期生成统计报表,也要支持实时查询功能。

(2)大数据服务器初步设计。

因数据量过大,考虑到大数据平台部署的可行性、安全性、可靠性,决定使用大数据平台。

3)系统软件平台设计

软件开发使用 J2EE 的技术结构,中间件采用 Apache Tomcat。本套系统软件平台设计在其他类似项目中有成功的实施案例。

采用目前国际流行的且代表未来技术发展方向的基于 J2EE 技术架构,实现负载均衡、内容表现与逻辑实现的独立,并实现以该技术架构为基础的各系统的功能集成。同时,结合系统的合理资源配置,支持大容量的并发用户访问,以及高效的信息发布和检索。

基于 J2EE 架构的多层体系结构设计,作为一个被业界广泛采用的中间件标准,J2EE 是开发可伸缩的、具有负载平衡能力的多层分布式跨平台企业应用的理想平台。J2EE 的首要任务在于提供一个中间件标准的基础架构,由此基础架构负责处理企业开发中所涉及的所有系统级问题,从而使得开发人员可以集中精力重视商业逻辑的设计和应用的表示,提高开发工作的效率。

16.1.3 存储备份系统设计

1)存储备份系统整体设计

存储备份系统物理结构图如图16-9所示。

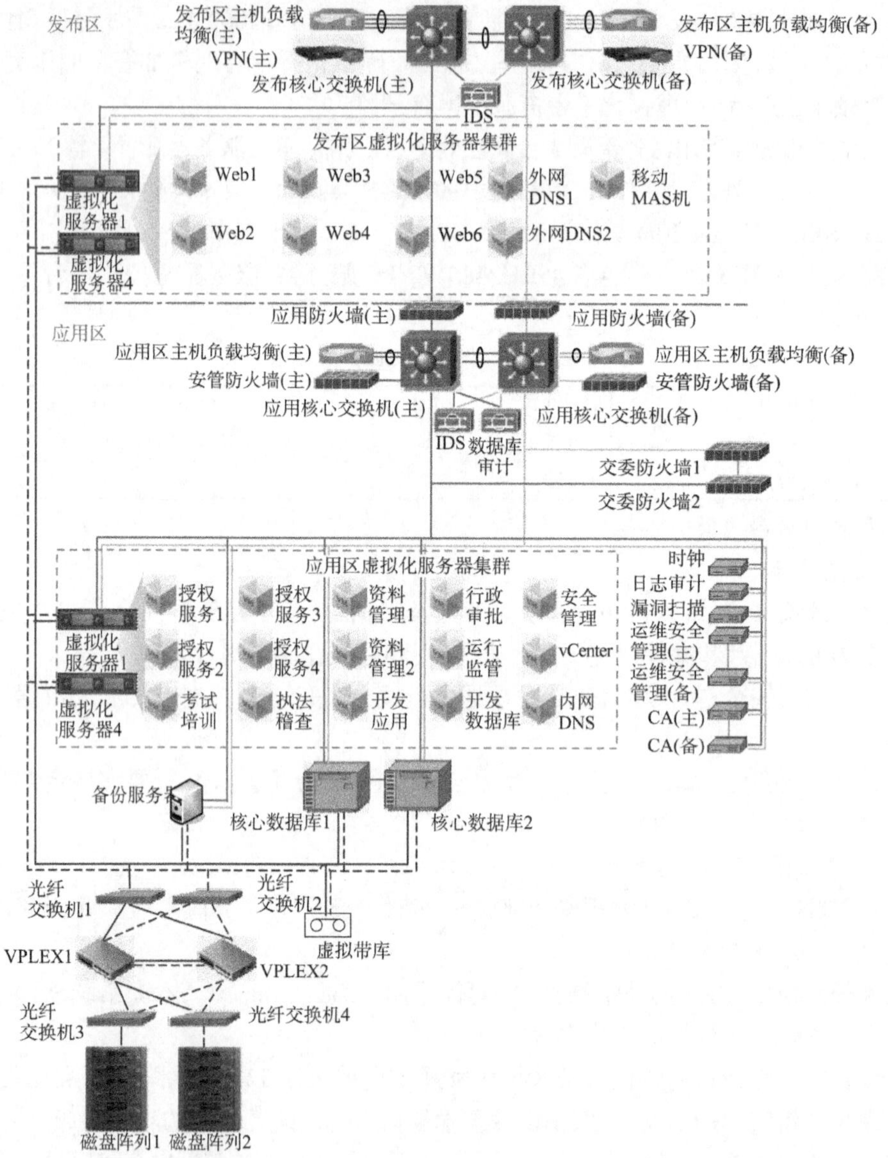

图16-9 存储备份系统物理结构图

主站的虚拟化服务器、核心数据库服务器、备份服务器、磁盘阵列和虚拟磁带库都通过两台光纤交换机接入主站SAN网络,实现业务数据和备份数据的高速传输。备站的虚拟化服务器和磁盘阵列也通过光纤交换机接入备站SAN网络,实现业务数据的高速传输。

2)SAN 存储系统详细设计

(1)SAN 存储系统架构。

SAN 网络总体物理结构图如图 16-10 所示。

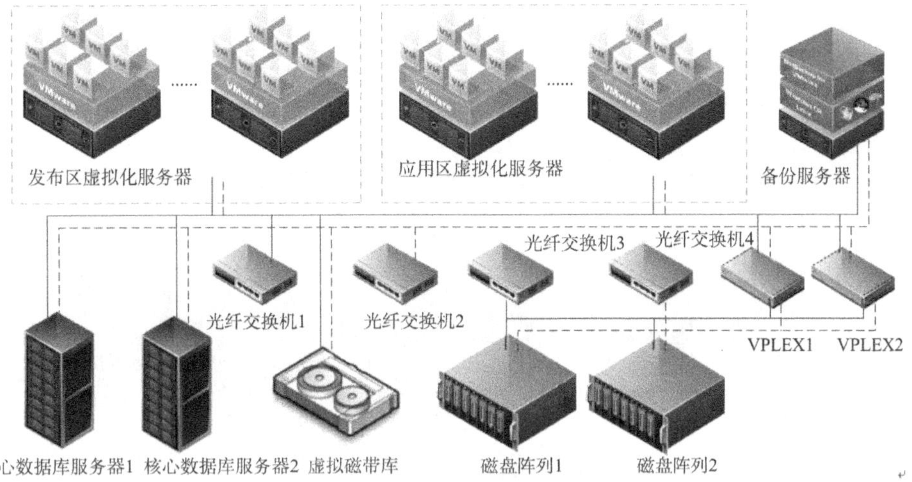

图 16-10 SAN 网络总体物理结构图

从图 16-10 可知,磁盘阵列通过 VPLEX 实现存储虚拟化,作为共享存储给核心数据库和虚拟化平台提供共享存储空间,同时在后端部署相应的虚拟磁带备份设备,满足关键业务数据和虚拟机备份的需求。

(2)VPLEX 存储虚拟化设计。

使用 EMC GeoSynchrony 操作系统的 EMC VPLEX 系列是一个基于 SAN 的联合解决方案,它可消除单个虚拟化数据中心内和多个虚拟化数据中心之间的物理壁垒。EMC VPLEX 是世界上第一个同时提供本地联合和分布式联合的平台。本地联合提供了站点内物理存储元素的透明协作,而分布式联合将这一概念扩展到了跨远距离的两个位置之间。分布式联合是通过随 VPLEX 提供的 Access Any Where 这一突破性技术实现的,此技术支持跨远距离共享、访问和移置单个数据拷贝。

VPLEX 是一个可联合 EMC 和非 EMC 存储的解决方案。VPLEX 驻留在服务器和异构存储之间,并引入了一个具有以下独特特征的新体系结构:

①横向扩展群集硬件,允许客户从小配置开始,并以可预知的服务级别逐步扩展。

②高级数据缓存,它利用大规模 SDRAM 缓存提高性能并减少 I/O 延迟和阵列争用。

③分布式缓存吻合性,可跨整个群集自动执行 I/O 的共享、平衡和故障切换。

④一个统一视图显示跨 VPLEX 群集的一个或多个 LUN[这些群集可以是在同一数据中心内相距几英尺(1 英尺 = 30.48cm),也可以是跨同步距离],从而实现新的高可用性和工作负载移置模式。

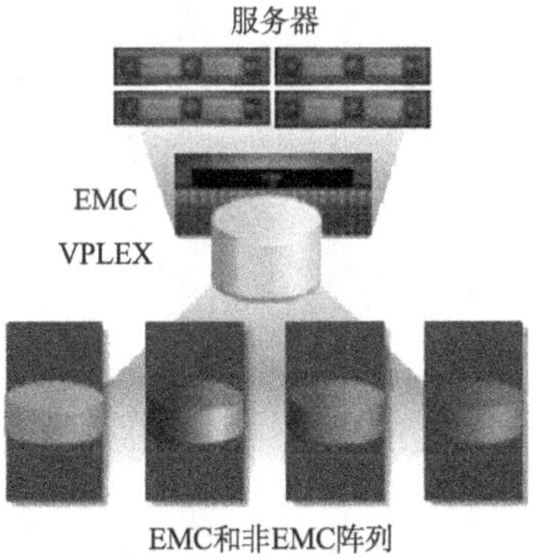

图 16-11 EMC VPLEX 存储解决方案示意图

EMC VPLEX 存储解决方案示意图如图 16-11 所示。

EMC VPLEX 系列包括两个产品：

①VPLEX Local。此解决方案适用于希望联合数据中心内的同构或异构存储系统的客户，并适用于管理物理数据存储实体间的数据移动。

②VPLEX Metro。此解决方案面向需要跨同步距离的两个位置实现并发访问和数据移动的客户。此外，VPLEX Metro 解决方案还包括这样一种独特的能力，远程 VPLEX Metro 站点可以呈现 LUN，而不需要让这些 LUN 的物理存储位于远程站点。

EMC VPLEX 系列产品示意图如图 16-12 所示。

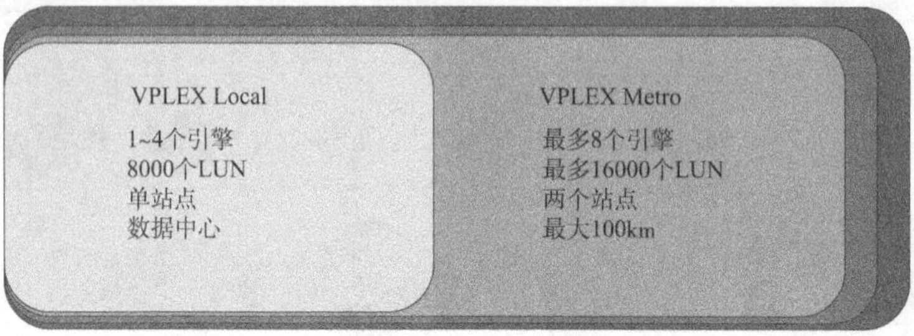

图 16-12　EMC VPLEX 系列产品示意图

VPLEX 使用一个独特的群集体系结构，让客户可以打破数据中心的物理界限，并允许多个数据中心的服务器具有对共享块存储设备的并发读/写访问权限。VPLEX 群集(图 16-13)可通过添加更多引擎进行纵向扩展，并通过将多个群集连接起来构成一个 VPLEX Metro 配置进行横向扩展。在最初版本中，VPLEX Metro 支持最多两个群集，这两个群集可以位于同一数据中心中，或者位于两个在同步距离(大约相距 100km)内的不同站点。VPLEX Metro 配置可帮助用户透明地移动和共享工作负载，整合数据中心和跨数据中心，优化资源利用率。此外，VPLEX 群集提供了无中断数据移动、异构存储管理和改进的应用程序可用性。

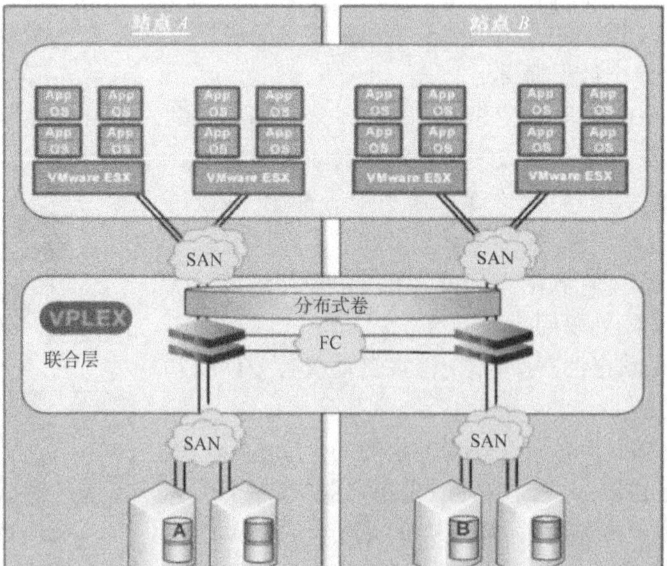

图 16-13　EMC VPLEX 群集示意图

VPLEX 群集由一个、两个或四个引擎构成。引擎负责联合 I/O 流,并使用光纤通道连接连到主机和存储以进行数据传输。

项目中使用两个引擎构成的 VPLEX Local 集群,将后端两台 VNX 5400 存储的 LUN 做镜像卷后再映射给核心数据库和虚拟化平台作为共享存储空间,任意一台后端存储的故障均不影响前端的数据库和虚拟化平台,实现了磁盘阵列的虚拟化和高可用。

(3)SAN 交换机详细设计。

光纤交换机作为共享存储和服务器之间的互联设备,为小型机、虚拟化服务器及存储的数据传输提供高速、稳定和可靠的互联环境。

光纤交换机基本信息机配置实例见表 16-13 ~ 表 16-16。其中,表 16-13 为 SAN 交换机基本信息配置表、表 16-14 为 SAN 交换机端口规划表(一),表 16-15 为 SAN 交换机端口规划表(二),表 16-16 为 SAN 交换机 ZONE 规划表。

SAN 交换机基本信息配置表 表 16-13

名　　称	光线交换机 1	光线交换机 2
IP Address	192.168.116.35	192.168.116.36
Subnetmask	255.255.255.0	255.255.255.0
Domain	10	11
Effective configration	ZONE_CONFIG	ZONE_CONFIG
User Name: admin Password: password		
名　　称	光线交换机 3	光线交换机 4
IP Address	192.168.116.37	192.168.116.38
Subnetmask	255.255.255.0	255.255.255.0
Domain	12	13
Effective configration	ZONE_CONFIG	ZONE_CONFIG
User Name: admin Password: password		

SAN 交换机端口规划表(一) 表 16-14

端　口　号	新增光纤交换机 1	新增光纤交换机 2
0	磁盘阵列 1-A 控端口 1	磁盘阵列 1-A 控端口 2
1	磁盘阵列 1-A 控端口 3	磁盘阵列 1-A 控端口 4
2	磁盘阵列 1-B 控端口 1	磁盘阵列 1-B 控端口 2
3	磁盘阵列 1-B 控端口 3	磁盘阵列 1-B 控端口 4
4	磁盘阵列 2-A 控端口 1	磁盘阵列 2-A 控端口 2
5	磁盘阵列 2-A 控端口 3	磁盘阵列 2-A 控端口 4
6	磁盘阵列 2-B 控端口 1	磁盘阵列 2-B 控端口 2
7	磁盘阵列 2-B 控端口 3	磁盘阵列 2-B 控端口 4

续上表

端　口　号	新增光纤交换机1	新增光纤交换机2
8	VPLEX1-内端口1	VPLEX1-内端口2
9	VPLEX1-内端口3	VPLEX1-内端口4
10	VPLEX1-内端口5	VPLEX1-内端口6
11	VPLEX1-内端口7	VPLEX1-内端口8
12	VPLEX2-内端口1	VPLEX2-内端口2
13	VPLEX2-内端口3	VPLEX2-内端口4
14	VPLEX2-内端口5	VPLEX2-内端口6
15	VPLEX2-内端口7	VPLEX2-内端口8
16	空闲	空闲
……	……	……
23	空闲	空闲
使用端口总数	16个	16个
空余端口总数	8个	8个

SAN交换机端口规划表(二)　表16-15

端　口　号	新增光纤交换机3	新增光纤交换机4
0	虚拟化服务器1-HBA1	虚拟化服务器1-HBA2
1	虚拟化服务器2-HBA1	虚拟化服务器2-HBA2
2	虚拟化服务器3-HBA1	虚拟化服务器3-HBA2
3	虚拟化服务器4-HBA1	虚拟化服务器4-HBA2
4	虚拟化服务器5-HBA1	虚拟化服务器5-HBA2
5	虚拟化服务器6-HBA1	虚拟化服务器6-HBA2
6	虚拟化服务器7-HBA1	虚拟化服务器7-HBA2
7	虚拟化服务器8-HBA1	虚拟化服务器8-HBA2
8	空闲	空闲
9	空闲	空闲
10	空闲	空闲
11	空闲	空闲
12	空闲	空闲
13	空闲	空闲
14	空闲	空闲
15	空闲	空闲
16	核心数据库1-HBA1	核心数据库1-HBA2
17	核心数据库2-HBA1	核心数据库2-HBA2

续上表

端 口 号	新增光纤交换机 3	新增光纤交换机 4
18	备份服务器-HBA1	备份服务器-HBA2
19	虚拟磁带库-HBA1	虚拟磁带库-HBA2
20	VPLEX1-外端口 1	VPLEX1-外端口 2
21	VPLEX2-外端口 1	VPLEX2-外端口 2
22	VPLEX3-外端口 1	VPLEX3-外端口 2
23	VPLEX4-外端口 1	VPLEX4-外端口 2
使用端口总数	16 个	16 个
空余端口总数	8 个	8 个

SAN 交换机 ZONE 规划表 表 16-16

ZONE NAME	ZONE RPRT
SAN SWITCH 1 ZONE	
coredb1_storage	COREDB1-1,VPLEX1-1,VPLEX1-3,VPLEX2-1,VPLEX2-3
coredb2_storage	COREDB2-1,VPLEX1-1,VPLEX1-3,VPLEX2-1,VPLEX2-3
esxi1_storage	ESXi1-1,VPLEXH,VPLEX1-3,VPLEX2-1,VPLEX2-3
……	……
esxi8_storage	ESXi8-1,VPLEX1-1,VPLEX1-3,VPLEX2-1,VPLEX2-3
coredb1_VTL	COREDB1-1,VTL-1,VTL-2
coredb2_VTL	COREDB2-1,VTL-1,VTL-2
esxil_VTL	ESXi1-1,VTL-1,VTL-2
……	……
esxi8_VTL	ESXi8-1,VTL-1,VTL-2
backup_VTL	BACKUP-1,VTL-1,VTL-2
SAN SWITCH 2 ZONE	
coredb1_storage	COREDB1-2,VPLEX1-1,VPLEX1-3,VPLEX2-1,VPLEX2-3
coredb2_storage	COREDB2-2,VPLEX1-1,VPLEX1-3,VPLEX2-1,VPLEX2-3
esxil_storage	ESXi1-2,VPLEX1-1,VPLEX1-3,VPLEX2-1,VPLEX2-3
……	……
esxi8_storage	ESXi8-2,VPlEX1-1,VPLEX1-3,VPLEX2-1,VPLEX2-3
coredb1_VTL	COREDB1-2,VTL-1,VTL-2
corebd2_VTL	COREDB2-2,VTL-1,VTL-2
esxil_VTL	ESXIL-2,VTL-1,VTL-2
……	……
esxi8 + VTL	ESXi8-2,VTL-1,VTL-2
backup_VTL	BACKUP-2,VTL-1,VTL-2

续上表

ZONE NAME	ZONE PORT
SAN SWITCH 3 ZONE	
vnx5k4_1_vplex1	VNX5K4-1-A1,VNX5K4-1-A3,VNX5K4-1-B1,VNX5K4-1-B3,VPLEX1-1,VPLEX1-3
vnx5k4_1_vplex2	VNX5K4-1-A1,VNX5K4-1-A3,KVNX5K4-1-B1,VNX5K4-1-B3,VPLEX2-1,VPLEX2-3
vnx5k4_2_vplex1	VNX5K4-2-A1,VNX5K4-2-A3,VNX5K4-2-B1,VNX5K4-2-B3,VPLEX1-1,VPLEX1-3
vnx5k4_2_vplex2	VNX5K4-2-A1,VNX5K4-2-A3,VNX5K4-2-B1,VNX5K4-2-B3,VPLEX1-1,VPLEX1-3
SAN SWITCH 4ZONE	
vnx5k4_1_vplex1	VNX5K4-1-A2,KVNX5K4-1-A4,VNX5K4-1-B2,VNX5K4-1-B4,VPLEX1-2,VPLEX1-4
vnx5k4_1_vplex2	VNX5K4-1-A2,VNX5K4-1-A4,VNX5K4-1-B2,VNX5K4-1-B4,VPLEX2-2,VPLEX2-4
vnx5k4_2_vplex1	VNX5K4-2-A2,VNX5K4-2-A4,VNX5K4-2-B2,VNX5K4-2-B4,VPLEX1-2,VPLEX1-2,VPLEX1-4
vnx5k4_2_vplex2	VNX5K4-2-A2,VNX5K4-2-A4,VNX5K4-2-B2,VNX5K4-2-B4,VPLEX1-2,VPLEX1-4

(4)SAN 存储详细设计。

①SAN 存储信息。

SAN 存储信息配置规划见表 16-17。

SAN 存储信息配置表 表 16-17

VNX5400-1 控制器	管 理 地 址	子 网
SPA ip	192.168.116.31	255.255.255.0
SPB ip	192.168.116.31	2255.255.255.0
Username/password	sysadmin/ sysadmin	
SPA ip	192.168.116.33	255.255.255.0
SPB ip	192.168.116.34	255.255.255.0
Username/password	sysadmin/ sysadmin	

②SAN 存储规划。

存储磁盘空间及 RAID 规划情况如图 16-14 所示。

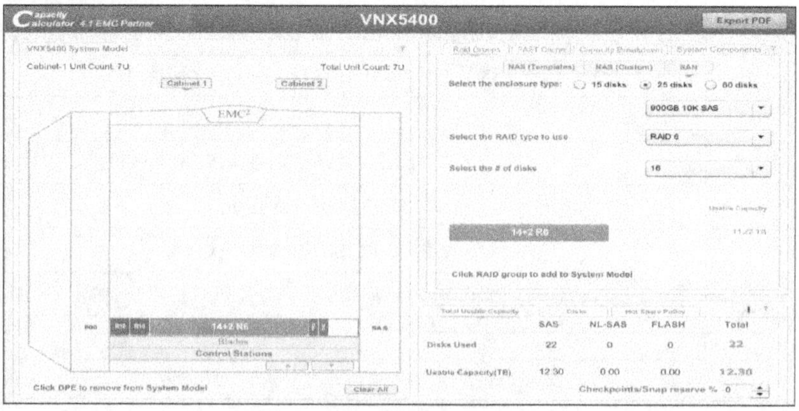

图 16-14 存储磁盘空间及 RAID 规划情况

在信息量预测中,对于系统 10 年后的数据存储量约为 3.7PB 需求。

项目一共配置 4 块 600GB 10K SAS 盘和 18 块 900GB 10K SAS 盘。其中,4 块 600GB 10K SAS 盘作为系统盘;18 块 900GB 10K SAS 盘分成 14 +2 的 RAID6 存储池供核心数据库和虚拟化服务器使用,存储池容量约 12.3TB,剩余 2 块 900GB 10K SAS 盘作为热备盘。

存储空间分配情况见表 16-18。

存储空间分配情况 表 16-18

主站-SAN 存储空间规划								
连接主机	RAID Type	Storage Pool#	Storage Pool	LUN#	LUN Name	LUN Size (GB)	SPAassigned	Storage Group
Coredb1 Coredb2	6	1	PrimaryPool	1	Ocr_vote1	15	A	COREDB
				2	Ora_arch1	350	B	
				3	Ora_data1	600	A	
Fabu-ESXi1 Fabu-ESXi2 Fabu-ESXi3 Fabu-ESXi4 Fabu-ESXi5 Fabu-ESXi6	6	1	PrimaryPool	4	Fabu-vm-lun1	1000	B	Fabu-ESXi-Cluster
				5	Fabu-vm-lun2	1000	A	
				6	Fabu-ios-lun1	500	B	
App-ESXi1 App-ESXi2 App-ESXi3 App-ESXi4 App-ESXi5 App-ESXi6	6	1	PrimaryPool	7	App-vm-lun1	1000	A	App-ESXi-Cluster
				8	App-vm-lun2	1000	B	
				9	App-iso-lun1	500	A	
				10	App-bak-lun1	2200	B	
				11	App-mgt-lun1	1000	A	
				12	App-mgt-lun1	1000	B	
所需空间合计						10165		

3)备份系统详细设计

(1)虚拟磁带库设备选型。

本次项目中虚拟磁带库设备相关技术指标要求如下。

①NetStor® VTL150G3 重复数据删除 8Gb 光纤虚拟磁带库系统,3U 机架式,16 个磁盘槽位,含 1TB 重复数据删除功能模块,支持重复数据删除功能模块按 1TB 单位线性扩展,去重率支持 20:1。

②支持 SATA/SAS 磁盘,2 个千兆 iSCSI 接口(可扩展、支持万兆)和 2 个 8Gb FC 接口(可扩展),16GB 缓存,最大可扩展至 1024TB 非压缩备份容量。

③标配可虚拟 128 个磁带库,1024 个磁带驱动器,6400 个虚拟磁带;支持 CommVault、Veritas BackupExec、Veritas NetBackup、Legato Networker、CA ArcServe、CA BrightStor、IBM TSM、BakBone Netvault、HP Openview DP 等备份软件。

④冗余电源,支持物理磁带导出功能,支持硬件级别压缩,提供基于 Web 的设备监控界面,支持自动磁带缓冲、重复数据删除功能。

⑤支持远程数据复制功能和备份数据加密功能,保证备份数据安全,全中文管理界面。

(2)备份软件选型。

项目选用 NetBackup 7.6 作为核心数据和虚拟化平台的备份软件。NetBackup7.6 是一款专门为企业级用户而设计的备份产品,能够为数十万虚拟机以及 PB 级别数据提供保护,并且为用户提供比标准恢复快 400 倍的虚拟机恢复速度。因此,IT 部门可以利用 NetBackup 7.6 对大规模的、复杂的物理环境进行简化和自动化,为虚拟化和云环境提供保护,成为现代数据中心的基石。NetBackup 7.6 包含以下几个新特性:

①NetBackup Accelerator(适用于 VMware)。

a. 此功能使用 Accelerator 技术加快虚拟化备份速度,在完成增量备份期间还提供完全备份映像。借助 VMware 更改数据块跟踪(CBT)和 NetBackup Accelerator,仅将发生变化的数据块从客户端传输至介质服务器。

b. 备份速度增加高达 35 倍,可更好地满足服务级别协议要求而不影响恢复。

c. 减少了数据传输量,缓解了基础架构承受的压力。

②NetBackup Replication Director(适用于 VMware)。

a. 此功能对于基于阵列的快照和复制快照的管理和恢复,实现了端到端的统一控制。在 NetApp 文件管理器上进行数据存储的客户现可利用 NetApp 快照技术保护其虚拟环境,无须退出 NetBackup 环境或舍弃标准粒度恢复功能。

b. 保护 300 个虚拟机只需 300s。

c. 提高了快照恢复点目标(RPO)以及 NetBackup 和粒度还原功能的恢复时间目标(RTO)。

d. 统一策略管理功能贯穿整个数据生命周期。

e. 简化的单一管理平台实现了监控、警报和报告。

③NetBackup Instant Recovery(适用于 VMware)。

a. 此功能可即时实现从备份存储还原任何受保护的虚拟机,使其 100% 可用而不会出现服务中断。

b. 虚拟机还原速度提高了 400 倍。

c. 显著提高恢复时间目标(RTO)。

d. 支持赛门铁克所有基于磁盘的解决方案。

④VMware vCloud Director 支持。

a. 通过 vCloud Director 备份 API 集成,自动发现和保护公共和私有 vCloud Director 部署中新置备的虚拟机。利用 NetBackup 获奖的 V-Ray 技术提升恢复能力,还原整个 vApps。

b. 实现数据中心转型,且不必担心数据或系统得不到保护。

⑤NetBackup 7.6 的 Oracle 策略框架。

a. NetBackup 7.6 可自动发现需要备份的 Oracle 实例并为其部署相应保护策略。

b. 简化了备份计划。

c. 无须管理脚本。

⑥定向的自动映像复制(AIR)。

a. 提高了灾难恢复(DR)灵活性,方法为选择要复制到的目标域并继承域的保留特性。

b. 无须再保持源域的保留级别。

c. 提高了可用资源的效率。

d. 可自定义灾难恢复(DR)计划,以更好地满足需求和要求。

⑦集成了 BMR 的物理到虚拟(P2V)转换。

a. 只需单击一次,即可将物理服务器恢复到虚拟机。这些服务器仍可用作虚拟机,也可根据需要使用 BMR 转换回物理服务器。

b. 提高了恢复时间目标(RTO)。

c. 可满足严苛的灾难恢复(DR)SLA 要求。

d. 通过在虚拟环境上进行灾难恢复(DR),减少 OPEX。

(3)备份系统架构。

备份系统规划图如图 16-15 所示。

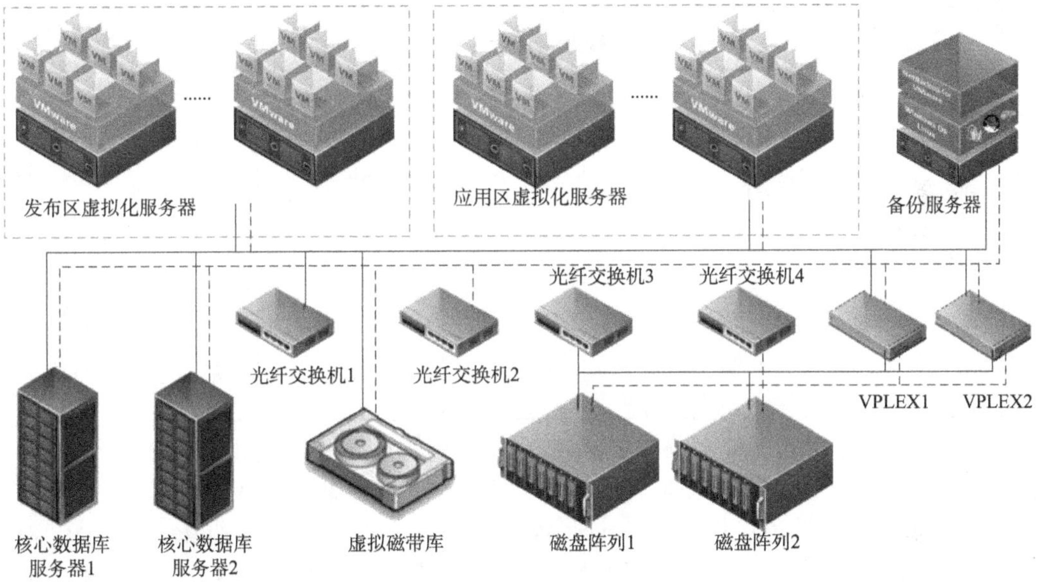

图 16-15 备份系统规划图

虚拟磁带库、备份服务器和需要备份的核心数据库平台及虚拟化平台均介入高速冗余的 FC-SAN 网络。通过部署在备份服务器上的 NetBackup 7.6 备份软件,对核心数据库服务器上的 Oracle 数据库和虚拟化平台上的虚拟机按设定的备份策略进行在线实时备份。

虚拟磁带库可用空间约 11TB,对所需备份业务要求分析,分配相应的存储空间。其分配原则如下:

①核心数据库服务。核心应用数据、预计数据日增长量较大,分配 5TB,根据后期情况酌情添加备份空间;数据库备份通过备份软件的数据库代理组件备份,可保证稳定高效备份。

②虚拟化平台的虚拟机也通过备份软件调用 vSphere 的 VADP 接口进行备份,分配 5TB 空间。

(4)备份策略设计。

备份磁带分配见表 16-19。

备份磁带分配　　表 16-19

业务名称	磁盘空间(TB)
核心数据库	5
虚拟机	18
小计	23

需要备份的系统采用 Agent + LANFree 在线备份方式,虚拟化平台采用 VADP 接口进行备份。

为了避免对业务系统的影响,数据备份时间安排在晚上 11 点至次日凌晨 5 点之间对数据进行备份。因为全备份所需要的时间较长和系统消耗较大等特点,所以各系统的全备份时间尽量错开,具体的备份调度安排见表 16-20。

备份调度安排　　表 16-20

App Server	Backup Type	Backup Pool	Retention Policy	Backup Frequency	Backup Content	Backup Time
coredb1 coredb2	RMAN-Full	corerac	1 year	1 day	datafile controlfile spfile	0:00—2:00
coredb1 coredb2	RMAN-Arch	corerac	1 month	1 day	archivelog	2:00—2:30
vSphere-ESXi-Cluster	VM-Full	vSphere	1 month	1 week	vm	3:00—5:00

备份策略的制定需要根据数据总量、数据变化频繁程度、单位时间的数据增量等方面进行全面考虑再制定,备份策略同样随时间的推移和业务系统的开展进行变化,对于同一套系统,适合于今天的备份策略不一定永远适用于任意时间,随着数据量、数据关键程度等因素的不断变化,备份策略也应不断变化,这样才能更好地提高数据备份的效果。在实施过程中,根据项目应用系统的使用情况,及时调整备份策略,最终达到最佳的备份策略方式。

16.1.4 异地容灾系统设计

1)异地容灾系统整体设计

(1)异地容灾系统建设的必要性。

异地容灾系统是主站点的简化系统,具备主站点的关键功能,当主站点因意外停止工作时(如存储宕机、主站点数据库异常等情况),主站点的关键功能可以快速地切换到异地容灾系统,使得关键功能可以继续正常工作。异地容灾系统的建设是系统的高可用性技术的一个组成部分,特别是对重大系统故障的处理,提供节点级别的系统恢复功能。异地容灾系统的必要性主要体现在可以保证数据安全以及业务的快速恢复。

(2)异地容灾系统建设的基本要求。

随着 IT 技术的发展,各种业务对 IT 系统依赖程度的加深,对 IT 系统提供连续服务的要求也越来越高,异地容灾系统的建设主要包括以下三个方面的要求:

①高可用性(High Availability)。

在主用系统发生故障情况下,能继续访问应用。无论这个故障是业务流程、物理设施,还是IT软硬件故障。

②连续操作(Continuous Operations)能力。

当所有设备无故障时,保持业务连续运行。用户不需要仅仅因为正常的备份或维护而停止应用的能力。

③重大故障恢复(Disaster Recovery)。

当重大故障破坏主站点时,在异地容灾系统快速恢复数据和应用系统。

实际上,上述三个方面的要求是有所重叠的。总体来说,就是要求系统应具有应对风险的能力,当发生软硬件故障和重大故障时,在允许的时间范围内,继续提供相应水平的业务服务。

(3)异地容灾系统的总体设计。

异地容灾系统的设计主要考虑到本地系统关键性业务故障时的快速恢复以及数据安全问题,因此异地容灾系统设计时包括基本业务系统和数据库系统。其中,基本业务系统部署在异地容灾系统发布服务器和应用服务器上,数据库服务器连接异地容灾系统存储,通过数据库级数据同步来保障数据安全。

异地容灾系统架构图如图16-16所示。

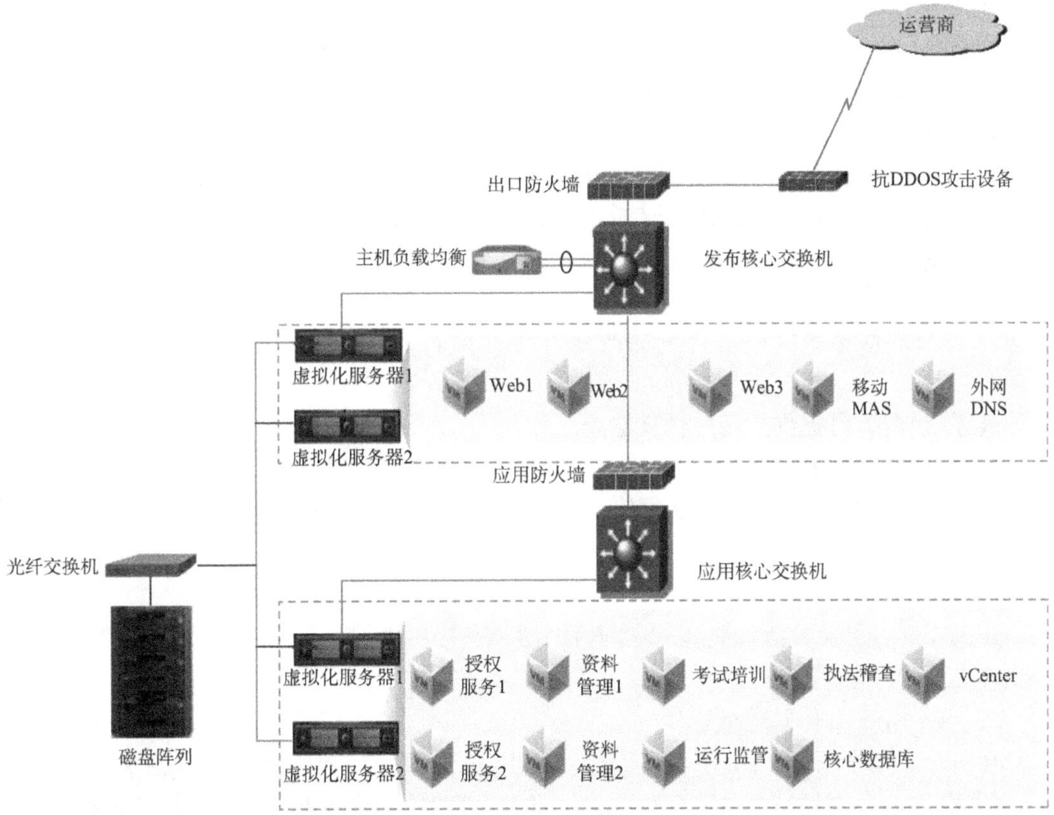

图16-16 异地容灾系统架构图

2)异地容灾系统主机系统设计

异地容灾系统同样采用虚拟化平台支撑主机系统,异地容灾系统虚拟化设计参考《服务器虚拟化平台设计》。

3)异地容灾系统数据库灾备设计

(1)采用数据库复制技术。

核心数据库存放着企业级个人的所有申请、审核、摇号数据,数据库的安全性和稳定性对整个调控管理信息系统有着重要的意义。在项目建设中,在核心数据库的可靠性设计方面,采用本地磁带备份和同城异地数据库复制技术保证数据的安全可靠性,建设采用 DSG RealSync 复制技术实现。

与传统的数据复制技术不同,DSG RealSync 技术是针对数据库提供了基于逻辑的交易复制方式。该方式通过直接捕获源数据库的交易,将数据库的改变逻辑复制到目标系统数据库中,实现源系统(Date Source)和目标系统数据的一致性。

(2)DSG RealSync 的优势概览。

该技术在复制上具有以下特点:

①按需复制。

查询和统计系统往往不需要所有的原始数据,因此完全可以按需要复制数据。RealSync 系统支持对指定信息的按需复制,减少存储和网络带宽的成本。

②多种同步模式。

DSG RealSync 支持的数据复制模式包括实时复制、定时复制、手工复制。

a. 实时复制:实时更新保证副系统快速地反映源系统的变化,提供账单查询、话单查询等的及时性。

b. 定时复制:包括每月复制、每周复制和每天复制。

c. 手工复制:支持操作员指定时间对指定表进行一次完全复制。

③对生产系统的低干扰性。

DSG 实时数据复制技术不需要通过任何数据库的引擎来获取变更数据,而是通过数据库自身的信息获取源系统上的改变并传送给目的系统,不会对生产系统造成性能影响。

④系统异构,可提供更多的优化空间。

源数据库系统和目的数据库系统的可异构,主要包括索引规则和存储参数,如数据块大小、回滚段等。因此可以在目标数据库上根据业务特点进行调整和优化,完全不受源系统的限制。

⑤支持的多种复制策略。

RealSync 可以被灵活配置,以支持各种复制策略,支持各种增值应用,如 1∶1 单向复制、一对多复制、多对一复制等。

(3)RealSync 工作原理概述。

RealSync 工作原理如图 16-17 所示。RealSync 在源系统端和 Data Target 端分别安装 Agent进程,Source 端的 Agent 进程对 Oracle 日志进行监控,发现改变及时对目标数据库进行更新。

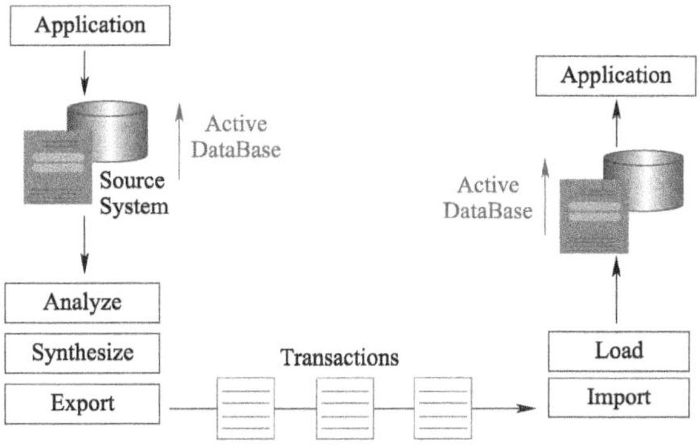

图 16-17　RealSync 工作原理示意图

当应用系统在源系统端向数据库进行任何操作时,这些信息都将在 Redo Log 中保存,RealSync Agent通过对实时获取的 Log 日志进行分析,获得本次操作的交易指令和交易数据,然后将这些交易指令和交易数据经过格式转化生成 DXF 数据格式,并实时通过网络传送到 Data Target 系统。Data Target 系统的 RealSync Agent 接收数据库包,经过校验码检查,确认正确的数据库包后,调用 Oracle 函数按照交易的先后顺序在 Data Target 系统中执行该交易。

(4)日志抓取(Data Capture)。

RealSync 对数据的抓取是通过安装在源系统端的 Agent 模块定时分析 Oracle Redo Log 来获取源系统端的交易类型及数据的。

RealSync Agent 在判断源系统端的 Oracle 系统是否有新的交易产生时是通过定期检查 Oracle Controle File 中记录的当前 SCN 号来判断的,这样避免每次检都通过读取 Log 文件来判断否有新的交易产生时造成的系统影响。

在 Controle File 中确认有新的交易产生时,可以同时获得当前的 Redo Log 组以及最新日志在日志文件的最新位置。

日志抓取示意图如图 16-18 所示。

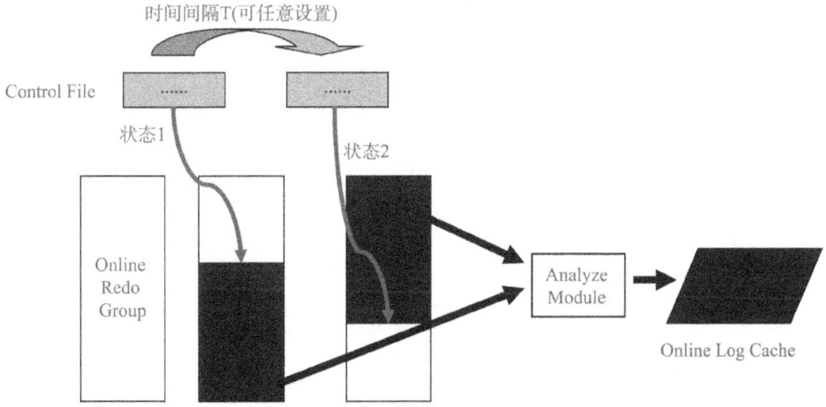

图 16-18　日志抓取示意图

RealSync Agent 模块根据这些信息将上次抓取时记录的日志位置与本次读取的最新位置之间的 Log 读取并加以分析;然后将这些数据保存在 Online Log Cache 文件中,等待下一步作交易合成处理。

RealSync 的优势:

与其他类似日志复制产品相比,RealSync 对日志进行分析,得到交易信息后再进行传送;而其他类似产品不对日志进行分析,而是传送全部日志,然后在目标端通过日志做 Recover,这样一来,不仅传送数据量大,而且目标端数据库不能打开。

(5)日志分析(Analyze)。

Oracle 数据库的所有更改都记录在日志中,其中记录了对数据库中的每一个变化。

当我们需要了解数据库中的交易时,一个最有效实用而又低成本的方法就是分析Oracle数据库的日志文件。

RealSync Agent 中集成了 DSG 的优秀日志分析功能,该功能完全不同于 Oracle 提供的 Logminer 日志分析工具,在性能和功能上都大大提高,主要体现在系统性能的优化上,大幅度提高日志分析的速度,使得对于高并发业务系统的复制成为可能。按照 RealSync 的日志分析设计目标,每秒能够分析的日志量达到 10M/s。

RealSync 通过对日志的分析,得到该数据库中的每个 SQL 指令,并将这些 SQL 指令生成 DXF(DSG Extend Format)格式的表达方式。

DXF 格式是 DSG 公司的专有技术,该技术是 DSG 公司用于表达 SQL 指令的方式,该数据格式能够通过 DSG 的专有转换算法能够直接转换为 Oracle 的内部数据表达格式,从而在分析和转载时需要最小的转化,提高分析和装载速度,减少资源占用、丰富能够表达的各种数据类型。

(6)交易合成(Synthesize)。

通过 Oracle Redo Log 分析的交易指令存在如下特点:

①这些指令是交叉出现的,属于一个交易(Transaction)的多条 SQL 指令是非连续存储的,多个交易的 SQL 之间是相互穿插的。

②Redo Log 中记录了所有的 Commit 的交易以及没有 Commit 的交易。

所以,为了提高系统的可控制性,保证逻辑完整性,避免数据丢失,最好将复制的最小单位为一个交易,而不是以单个 SQL 指令为复制单位,这样在 Data Target 端的交易装载更加容易控制。

同时,对于复制的数据来讲,只有那些 Commit 的数据对于 Data Target 端系统是有意义的,而对于那些 Rollback 的数据无须复制到 Data Target 系统上。

所以 RealSync 在复制过程中不是复制每个 SQL 语句,而是对抓取的数据进行交易整合后以交易为单位进行复制,同时只复制 Commit 的交易。交易合成示意图如图 16-19 所示。

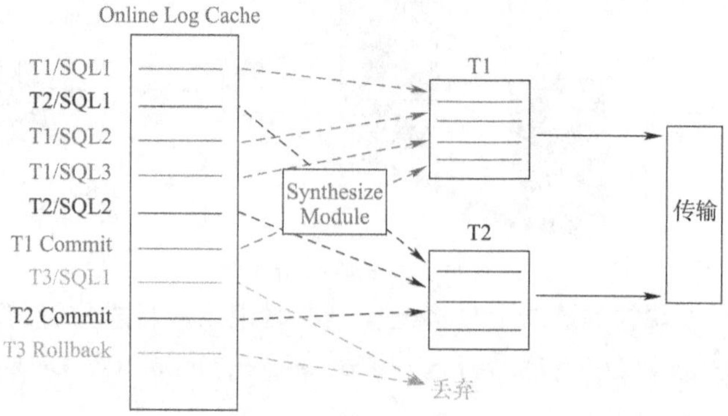

图 16-19 交易合成示意图

如图 16-19 所示，在 Online Log Cache 文件中，包括 Commit 的交易、没有 Commit 的交易和 Rollback 的交易。交易合成模块首先按照交易序号对 SQL 语句进行划分，每个交易包含多条 SQL 语句。然后，以交易为单位进行处理，将已经 Commit 的交易，传至传输处理模块；将未提交的交易保存在本地，一旦通过日志得知保存的未提交交易已提交，立即将该交易发送到传输处理模块；对 Rollback 的交易作丢弃处理。

RealSync 的优势是以交易为单位进行传输，而不是以 SQL 语句为单位进行传输的，更容易保证数据的一致性和完整性。

(7)交易传输。

RealSync 技术为了保证数据传输的安全、可靠，在传输处理上作了特殊的处理与支持：

数据在传输之前首先存入源系统端的 Cache，传输进程(Export Process)从 Cache 中读取交易数据封装为 TCP/IP 数据包传送给 Data Target 端的 Import 进程。

在 Data Target 端，Import 进程在收到传输的交易数据包后，首先存入 Queue，然后由 Load 进程从 Queue 中严格按照交易的顺序装载交易信息。

交易传输示意图如图 16-20 所示。

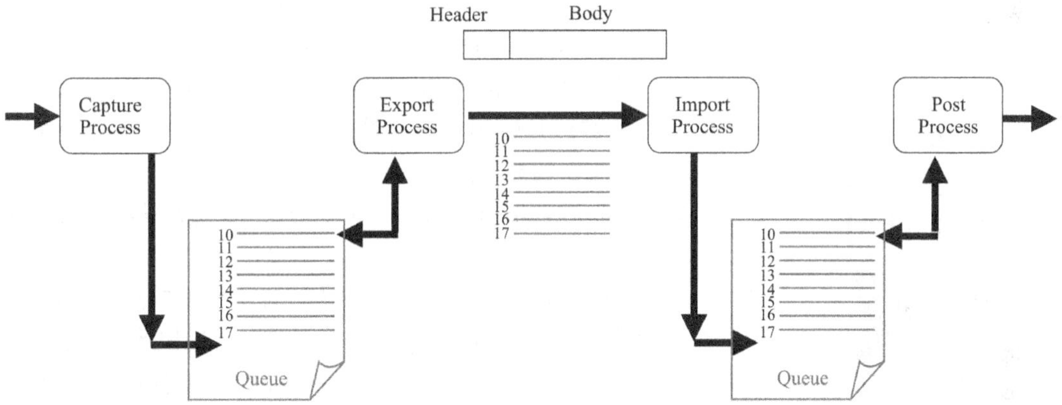

图 16-20　交易传输示意图

如图 16-20 所示，传输进程从本地队列中按照“先进先出”的原则抓取需要传输的交易，将交易数据封装成一个数据包后通过 TCP/IP 协议传递给对端系统。在封装的数据包的包头部分描述了包的大小。

对端系统在接收到传来的数据包后，首先根据数据包头部分描述的数据包大小进行传输的合法性检查，判断是否传输完整。

(8)数据装载。

在传统的复制技术中，常用的数据装载方式是采用 Oracle 的 SQL 接口，通过 Insert、Update、Delete 等 SQL 语句实现数据的装载。这种方式在通用性上很好，但关键在于性能问题非常突出。

SQL 语句的执行需要经过 Parse、Plan、格式转换等过程，造成大量的系统开销。尤其是 Update 和 Delte 操作的大量 Where 子句操作需要进行复杂的查询定位任务，从而导致装载性能低下，对处理能力的要求比生产系统的要求还高。

DSG RealSync 在设计之初就定位于电信级大数据量系统的应用，因此在装载性能上进行了大幅度地改善，使得装载端的性能和处理能力需求降至最低。

在其中 DSG RealSync 采用了两个关键的技术提高了装载速度：采用 DXF 数据格式的装载。采用 Rowid Mapping 的方式实现快速定位。

①用 DXF 数据格式的装载。

DXF 格式是 DSG 公司的专有技术，该技术是 DSG 公司用来表达 SQL 指令的方式，该数据格式能够通过 DSG 的专有转换算法直接转换为 Drade 的内部数据表达格式，从而在分析和转载时需要最小的转化，提高分析和装载速度，减少资源占用、丰富 SQL 语句的表达方式。

Oracle 数据库系统在设计上提供了 4 个层次的接口，其中包括 User 层、SQL 层、Transformation 层和 I/O 层。其结构（数据装载示意图）如图 16-21 所示。

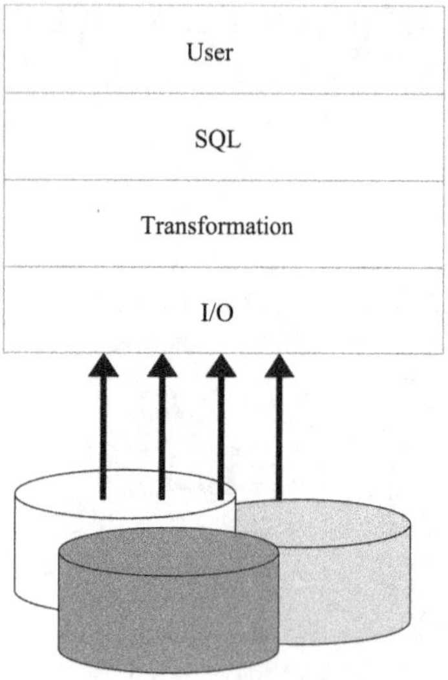

图 16-21 数据装载示意图

在上述四层结构当中，当采用 SQL 接口进行数据装载时，调用的是 User 层，而 DSG RealSync 通过 DXF 数据格式装载时，调用 I/O 层直接将数据通过 Oracle 的最底层函数写入系统中，所以 DSG RealSync 在装载层上有一定优势。

②Rowid Mapping 实现快速定位。

对于交易中的操作，存在着大量的 Where 子句操作，在采用标准 SQL 语句执行这些操作时，系统需要首先定位目标记录所在的数据文件的位置信息，这将带来大量的索引查询开销。当并发执行数千条指令时，系统的开销将变得非常庞大。

DSG RealSync 工具不采用该方式实现装载数据的定位，而是通过 Rowid Mapping 的方式实现记录的快速定位：

a. 当 RealSync 从源端 Log 文件中读取交易数据时，将获得该交易对应记录的所在位置，用 Rowid 表示为 Rowid_ds；

b. 当该交易在目标端装载时，系统不翻译为 Where 子句，而是去通过保存在目标端的 Rowid Mapping 表获得对应目标端该记录的所在位置 Rowid，记录为 Rowid_dt。从而在目标端装载时通过 Rowid 能够直接定位于该数据需要写入的位置，避免了大量的索引查找时间。

每条记录的 Rowid Mapping 信息是在该记录执行 Insert 操作、SPL Loader 或首次批量同步时建立起来的。

③RealSync 的优势。

DSG 扩展格式 DXF 是 RealSync 产品的一个核心技术，是一种最高效率表示 Oracle 记录的数据格式，该格式只需要经过最小的转换过程就能够装载到 Oracle 数据库中，并且装载效率非常高。

a. 无须标准 SQL 语句执行的复杂过程。

b. 加快装载速度。

c. 对于 Update、Delete 等带 Where 子句的交易，可以大幅度地提高装载速度。

(9)OPS/RAC 的支持。

Oracle OPS/RAC 是一种多实例同时打开同一个数据库的技术,每个实例共享同一份数据文件和控制文件(控制文件可能有多个,但是内容相同,为每个实例所共享)。其中的一个例外是,每个实例的 Redo Log 都专属于该实例(图 16-22),但每个实例的所有 Redo Log 都必须能够被其他实例访问。所有实例的 Redo Log 一般都保存在共享磁盘中(裸设备或集群文件系统)。

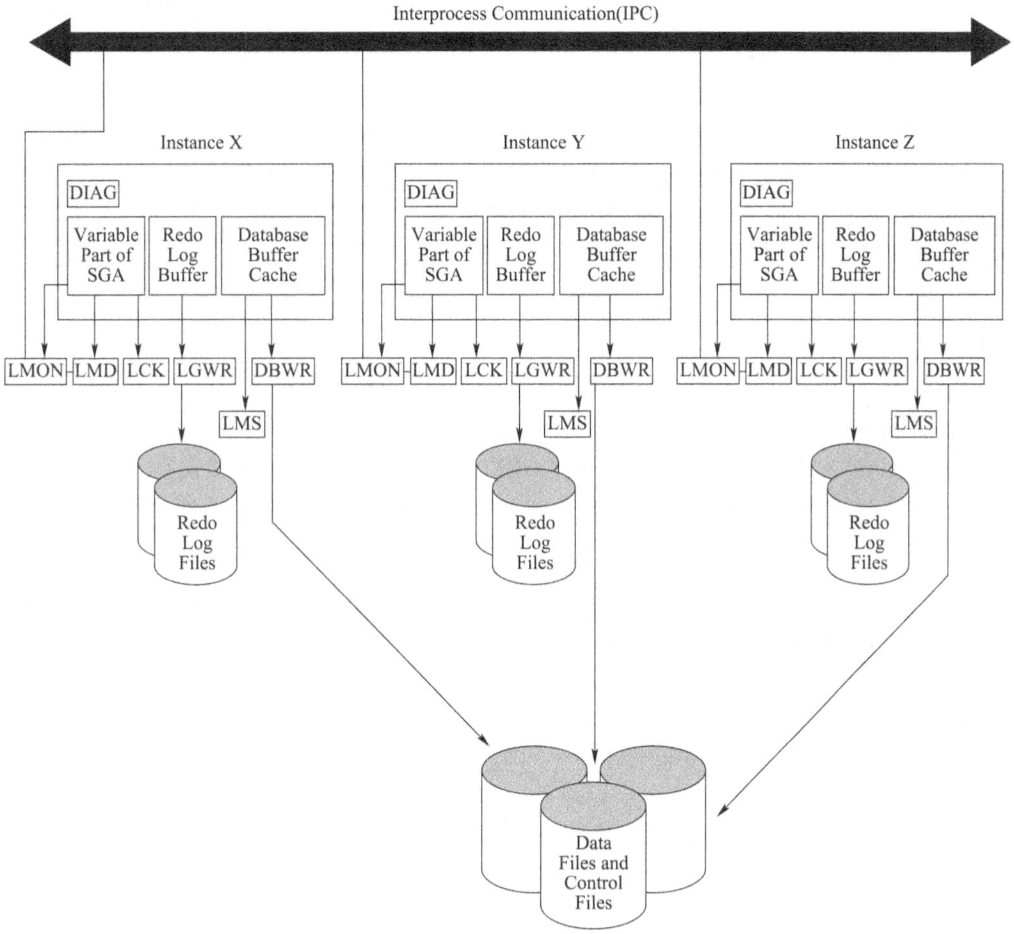

图 16-22 OPS/RAC 支持作用示意图

在 OPS/RAC 的环境下,RealSync Agent 需要安装在 OPS/RAC 一个节点上,RealSync Agent通过控制文件得到每个实例的 Redo Log 配置,并实时跟踪每个实例的 Redo Thread 产生的日志,分析日志并将提交的交易发送的目标系统。

在 OPS/RAC 环境下,多个实例共用一套 SCN,每个实例对数据的修改都会引起 SCN 的递增改变,RealSync 通过 SCN 在目标端顺序提交交易,来保证数据库的一致。

(10)数据完整性保证。

RealSync 复制软件保证数据的一致性和完整性主要通过以下几个方面:

①保证交易先后顺序。严格按照源端交易执行顺序在目标端加载,严格的 I/O 顺序是

保证系统逻辑正确的关键因素,RealSync 通过对交易的 SCN 号进行判断,并严格保证源系统上先 Commit 的交易在目标端也是先装载。

②检查日志跟踪的连续性。RealSync 在每次 Log 读取结束时,都将记录当前读取的日志的 Sequence No、Block No 和最后读取的 Offset,当下次读取文件时,总是需要检查是否和上次读取的位置严格连续,从而保证对日志分析的完整性。

③数据一致性检查。RealSync 提供数据一致性检查工具,用于比较源端的记录和目标端的记录是否完全一致。如果出现数据不一致,RealSync 将对不一致的部分进行修复。

(11)数据初始化装载。

当系统在初始化过程,或者需要重新完成批量数据复制时,RealSync 提供海量数据的高速复制功能:

①DSG 复制功能是对数据实行导出、导入的方式实现的,但该实现不是通过 Oracle Export和 Import 工具,而是利用 DSG RealSync 中内置的 XEXP/XIMP 工具实现的。其过程不是对数据库底层的存储数据块进行复制,而是将源系统上的已有数据记录从 Data File 中直接读取并解析成为 DXF 数据格式,在利用 XIMP 将 DXF 数据批量快速装载到 Data Target 系统上。

②RealSync 调用 Oracle 的 I/O 层的 API 接口批量读取一张表(Table)的记录(每次读多少条是由操作员设定的 RealSync 系统的 Buffer 决定的,如果一次读不完,则分为多次读取),然后将读取的记录转化为 DXF 格式,再将 DXF 格式表示的一批记录传送到目标端的 RealSync Agent 进程,目标端进程再调用 Oracle 的 I/O 层的 API 接口将数据批量写入目标系统中。

③对于一个数据库来说,其中有许多张表,RealSync 依次将每张表的所有数据按照上述原理复制到目标系统中。大批量数据复制工作原理示意图如图 16-23 所示。

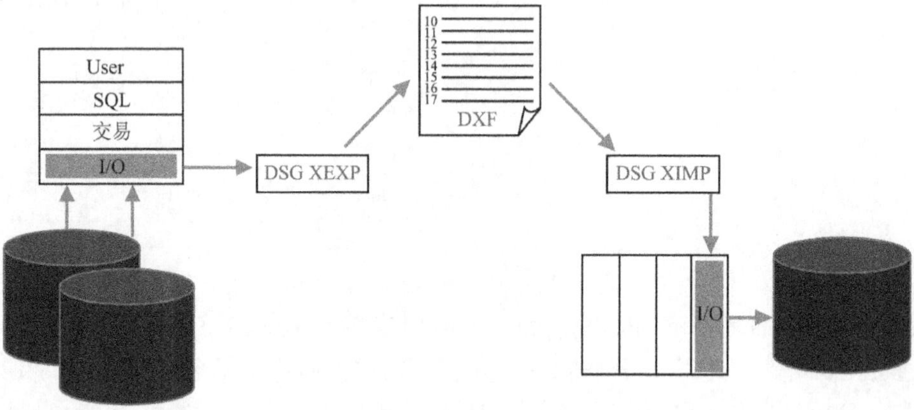

图 16-23　大批量数据复制工作原理示意图

对于 Xexp 导出过程不是通过 Oracle 的标准 Select 接口,所以其导出速度非常快。同时,在采用 DSG RealSync 实现批量数据装载时,还无须停止源系统上的业务流程。那么 RealSync是如何处理在导出过程中新改变的数据的复制呢?

因此,RealSync 还支持第二阶段的增量数据复制:

当上个步骤的大批量数据完成后,RealSync 再将步骤一中新增加的交易重新复制到目标系统。该过程的工作原理是通过跟踪和分析从上个步骤开始时的所有 Redo Log 信息,从 Log 文件中分析和翻译出这段时间内新增加的记录,然后再将记录在目标系统上插入。

如果在该过程中复制的数据在目标表中已经存在,则 RealSync 将首先删除目标系统中的该记录,同时插入新复制的记录。

在这两个过程执行中,生产系统的业务可保持运行状态。无须中断业务。

增量数据复制工作原理示意图如图 16-24 所示。

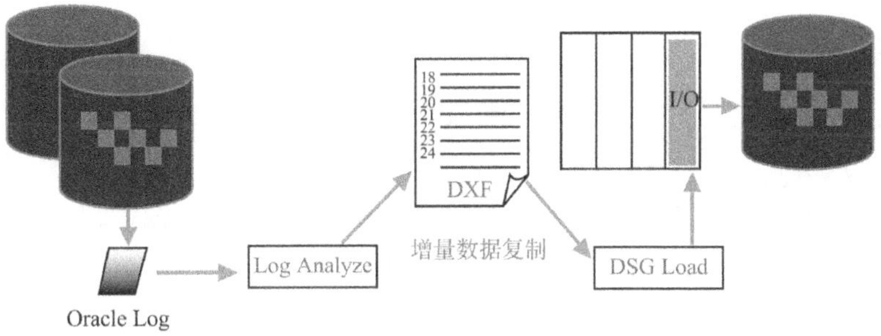

图 16-24 增量数据复制工作原理示意图

(12)选择性复制支持。

根据业务逻辑,在很多情况下无须对所有的数据表信息进行复制,而只需要复制那些需要的数据表的信息,这样可以减少存储和网络带宽的成本。同时,SmartE 支持水平和垂直分割。在水平分割方面可以只复制那些满足预先定义的条件的记录;在垂直分割方面允许设置对指定表的指定列进行复制。选择性复制工作原理示意图如图 16-25 所示。

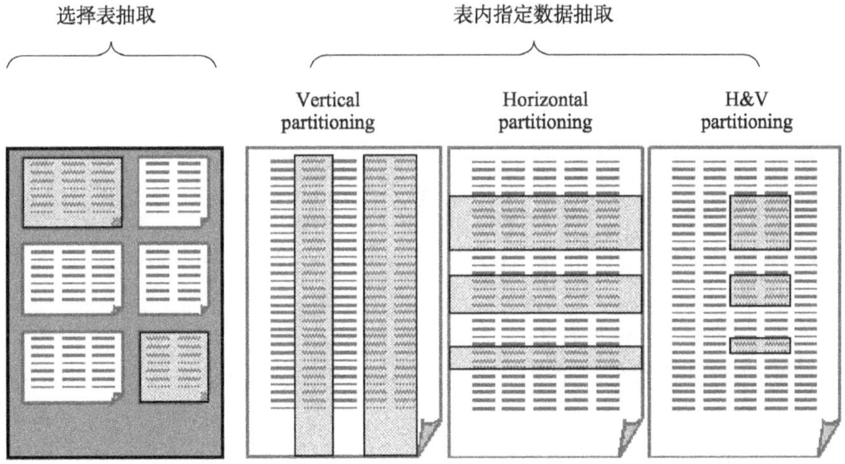

图 16-25 选择性复制工作原理示意图

(13)支持的复制结构。

RealSync 可以被灵活配置,以支持各种复制策略,支持各种增值应用。支持的数据结构如图 16-26 所示。

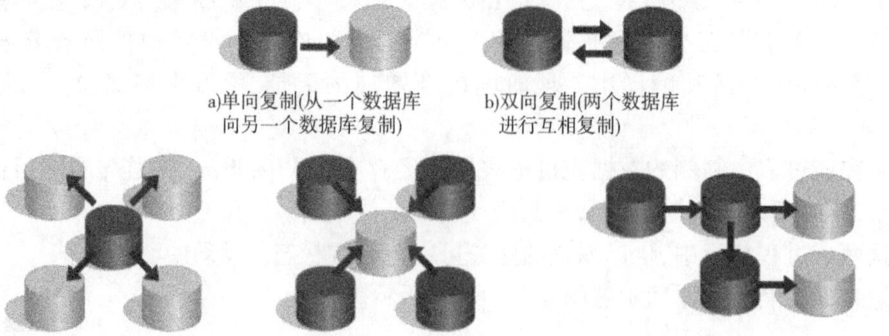

a)单向复制(从一个数据库向另一个数据库复制)　b)双向复制(两个数据库进行互相复制)

c)广播复制(由一个数据库向多个数据库复制)　d)集中复制(由多个数据库向一个数据库复制)　e)级联复制(由A数据库向B数据库复制，同时又由B数据库向C数据库进行复制)

图 16-26　支持的数据结构

(14)产品规格。

产品规格情况见表 16-21。

产 品 规 格 情 况　　表 16-21

特　　性	描　　述	特　　性	描　　述
工作方式	Transaction-Based 数据复制	支持的操作系统	Solaris，AIX，HP-UX，Linux，Windows NT/2000
目标系统支持的操作	目标系统支持 Read-Write 操作	支持的存储系统	EMC、IBM、HDS、HP、SUN 以及其他通用的 SCSI/FC 存储系统
支持数据库版本	Oracle8. 0. 6 ~ Oracle9i 版本	支持多种复制结构	一对一、双向、一对多、多对一
支持数据类型	支持 Oracle7 Data Type	复制时间间隔	可灵活设置
支持复制操作类型	DML 语句	最大距离	没有限制
可选择性复制	选择整库、User、表为复制单位	对系统性能的影响	对主系统 CPU 占用率 <5%
支持的硬件平台	Sun，HP，IBM，x86		

(15)模块组成。

①RealSync for Production Server：

安装在源系统上运行数据库实例的服务器上，每台服务器配置一个 License。

该模块中包含以下功能：

a. Analyzer Module：日志分析模块。

b. Synthisizer Module：交易合成模块。

c. Exporter Module：数据传输(输出端)模块。

d. XEXP Module：用于从已有的 Table 中批量导出数据，用于系统初始化。

②RealSync for Destination Server：

安装在复制目标系统(Data Target)上运行数据库实例的服务器上,每台服务器配置一个 License。

该模块中包含以下功能:

a. Importer Module:数据传输(输入端)模块。

b. Loader Module:交易合成模块。

c. XIMP Module:用于从已有的 Table 中导出数据的批量装载,用于系统初始化。

4)异地容灾系统存储系统整体设计

根据项目建设需求,异地容灾系统存储系统物理结构图如图 16-27 所示。

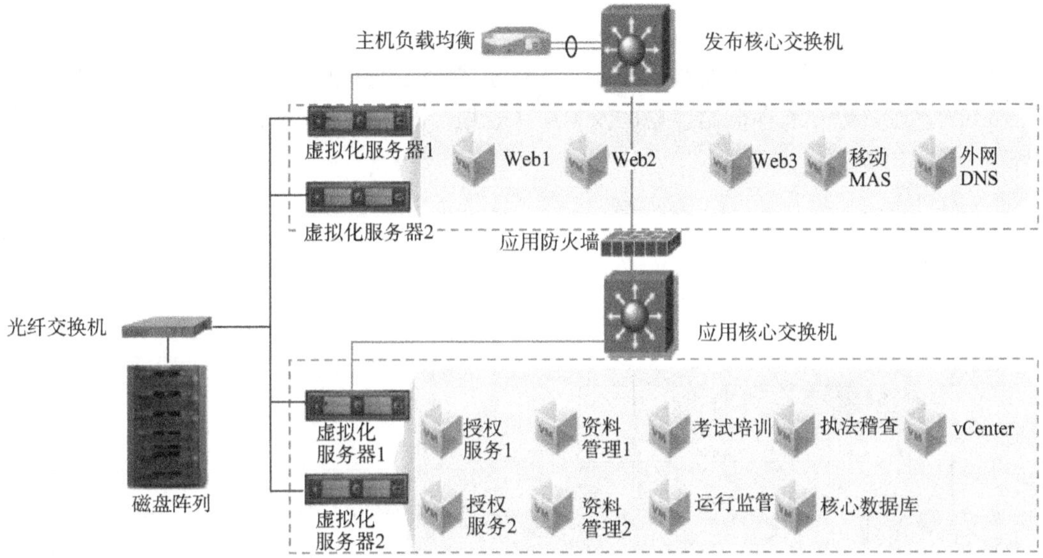

图 16-27　异地容灾系统存储系统物理结构图

从图 16-27 可知,存储为异地容灾系统的数据库系统及虚拟化平台提供存储空间,通过 SAN 存储方式进行数据的存储。

5)SAN 存储系统详细设计

光纤交换机作为共享存储和服务器之间的互联设备,为虚拟化服务器及存储的数据传输提供高速、稳定和可靠的互联环境。

SAN 光纤交换机基本信息机配置见表 16-22。

SAN 交换机基本信息配置表　　表 16-22

名　称	光纤交换机 1
IP Address	10.77.77.77
Subnetmask	255.255.255.0
Domain	10
Effective configration	ZONE_CONFIG
User Name:admin Password:password	

SAN 光纤交换机的端口规划见表 16-23。

SAN 交换机端口规划表　　　表 16-23

端口号	新增光纤交换机	端口号	新增光纤交换机
0	磁盘阵列-A 控端口 1	6	—
1	磁盘阵列-A 控端口 2	…	—
2	磁盘阵列-B 控端口 1	13	—
3	磁盘阵列-B 控端口 2	14	—
4	—	15	光纤交换机级联
5	—	使用端口总数	5 个

项目一共配置 4 块 600GB 10K SAS 盘和 13 块 900GB 10K SAS 盘。其中,4 块 600GB 10K SAS 盘作为系统盘;12 块 900GB 10K SAS 盘分成 1 组 10 + 2 的 RAID6 存储池供核心数据库和虚拟化服务器使用,存储池容量约 8.68TB,剩余 1 块 900GB 10K SAS 盘作为热备盘。

异地容灾系统 SAN 存储磁盘空间及 RAID 规划情况如图 16-28 所示。

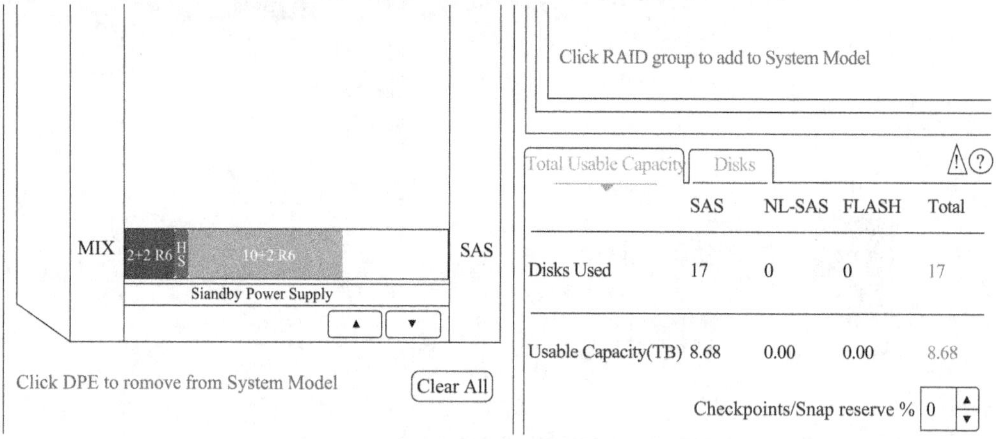

图 16-28　异地容灾系统 SAN 存储磁盘空间及 RAID 规划情况

异地容灾系统存储空间分配情况见表 16-24。

异地容灾系统存储空间分配情况　　　表 16-24

序号	存储类型	应用系统	LUN/文件系统名	容量(GB)	SP(控制器)
1	SAN	Backdb	Backdb	1000	SPA
2		虚拟化	Vmstorage	5000	SPB

6)异地容灾系统网络系统设计

项目将根据需要建设独立的异地容灾系统网络系统,异地容灾系统部署两台核心交换机和一台主机负载均衡。异地容灾系统发布核心交换机用于异地容灾系统对外发布服务器的接入,异地容灾系统核心交换机连接至异地容灾系统防火墙,通过异地容灾系统防火墙实现与主站点的连接,为主异地容灾系统间的数据同步提供通道。异地容灾系统应用核心交换机用于异地容灾系统对内部服务器的接入。主机负载均衡用于扩展网络设备和服务器的带宽、增加吞吐量、加强网络数据处理能力、提高网络的灵活性和可用性。通过配置服务器集群,增强异地容灾系统对外服务的性能。异地容灾系统网络设备部署位置示意图如图 16-29 所示。

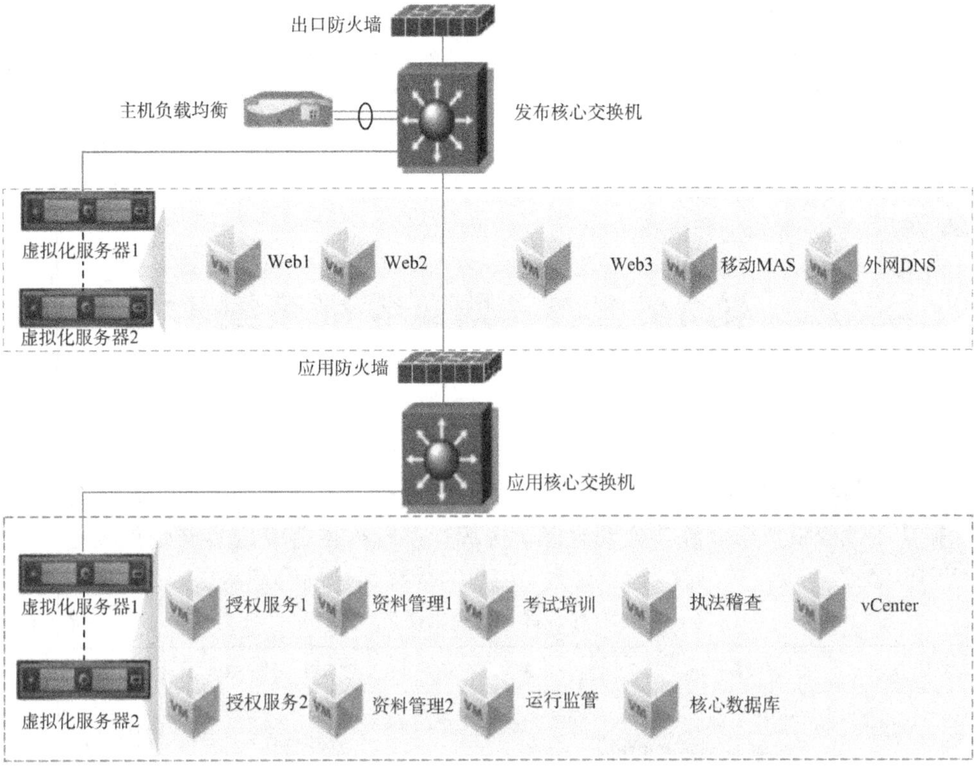

图 16-29 异地容灾系统网络设备部署位置示意图

7)异地容灾系统安全系统设计

通过部署网络隔离(防火墙)系统和防拒绝服务攻击系统来实现对本次异地容灾系统网络系统的安全设计。异地容灾系统包括两台防火墙设备和一台抗 DDOS 攻击设备,异地容灾系统防火墙部署位置示意图如图 16-30 所示。

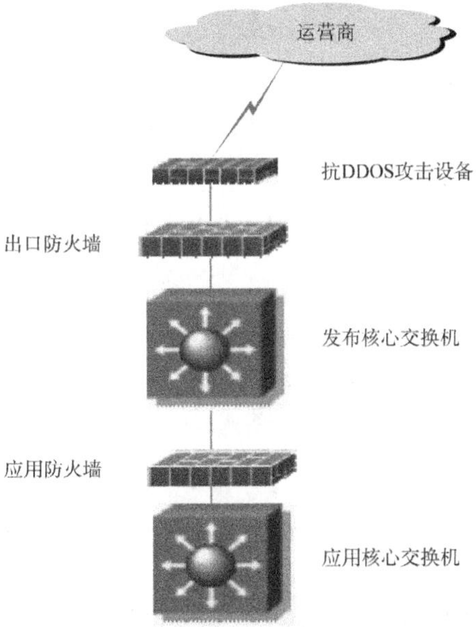

图 16-30 异地容灾系统防火墙部署位置示意图

防火墙和抗 DDOS 攻击设备的具体部署方式如下：

异地容灾系统出口防火墙部署在异地容灾系统交换机和主站之间,保障主站与异地容灾系统以及对外服务的安全访问。异地容灾系统应用防火墙部署在异地容灾系统发布核心交换机和异地容灾系统应用核心交换机之间,保障异地容灾系统发布区服务器和异地容灾系统应用区的安全访问。抗 DDOS 攻击设备部署在异地容灾系统防火墙和运营商之间,保护后端的应用服务等系统和设备。

第 16.2 节　信息安全系统

16.2.1　信息系统安全等级定级

项目根据建设内容受到安全威胁,被侵害所造成的损失程度来分析各系统的重要性等级,根据重要性等级来划分各系统安全保护等级。系统根据建设内容安全等级整体定为二级。表 16-25 为等级保护的技术需求,表 16-26 为等级保护的管理需求。

等级保护的技术需求　　表 16-25

<table>
<tr><th>管理措施</th><th>第一级</th><th>第二级</th><th>第三级</th><th>第四级</th></tr>
<tr><td>身份鉴别和自主访问控制</td><td colspan="2">要求身份鉴别,允许设置给其他用户共享资源,限制非授权访问</td><td colspan="2">采用两种以上身份识别技术要求</td></tr>
<tr><td>强制访问控制</td><td>—</td><td>—</td><td colspan="2">资源分类分级标记,按照访问控制策略控制用户访问的要求</td></tr>
<tr><td>安全审计</td><td>—</td><td>对网络、主机、应用系统、用户行为进行审计记录</td><td>对审计的统计分析和报警;
确保审计记录的可用,防止被非法访问和破坏</td><td>违例行为终止要求</td></tr>
<tr><td>完整性和保密性保护</td><td>数据和信息完整性要求</td><td>对信息加密、防泄露,防客体重用</td><td colspan="2">对系统完整性要求,重要信息恢复要求</td></tr>
<tr><td>边界防护</td><td>—</td><td>防止非授权外联要求</td><td colspan="2">防止非授权接入、防止信息非授权交换</td></tr>
<tr><td>资源控制</td><td>—</td><td>分配用户资源使用权限,保护主机和系统资源要求</td><td>对系统软硬件资源进行配置和监测,对违规使用行为进行报警要求</td><td>系统管理员配置和监测资源,安全管理员分配资源权限</td></tr>
<tr><td>入侵防范和恶意代码防范</td><td>要求防范病毒等恶意代码</td><td>监测入侵攻击网络、系统行为要求</td><td colspan="2">防范恶意代码入侵、植入、发作、传播要求以及报警和清除要求</td></tr>
<tr><td>可信路径设置</td><td>—</td><td colspan="3">要求</td></tr>
<tr><td>系统防渗透措施</td><td>—</td><td colspan="3">要求</td></tr>
</table>

续上表

管理措施	第一级	第二级	第三级	第四级
安全管理平台设置	—	—	要求进行集中安全管理和控制	
备份与恢复	—	—	要求系统资源本、异地备份,能够有效恢复	
密码技术应用	—	—	要求采用密码技术支持身份鉴别等其他安全功能	
环境和设施安全	要求基本的防水、火、雷、潮等以及设备、设施、介质防盗防破坏	基本的电磁防护要求	出入口、内部环境电子设备监控,人员进出控制,增加环境安全防护强度,重要设备电子屏蔽	

等级保护的管理需求 表16-26

管理措施	第一级	第二级	第三级	第四级
建立基本安全管理制度	要求建立网络安全、资产、设备、数据信息安全、用户管理、系统建设和运维等基本管理制度	制订信息安全工作策略、方案; 备份与恢复,密码产品采购和使用管理制度; 定期对制度进行评审和修订要求	制订信息安全规划,建立管理制度体系;增加机房、系统运维、风险管理、备份与恢复、密码管理制度要求	加强对有密级管理制度管理要求
落实安全责任制	要求设立安全管理岗位,落实责任,自行组织检查	设立安全主管;健全安全审计管理制度、岗位和人员管理制度	设立安全领导机构,建立安全职能部门,设立专职系统、网络、安全管理员和安全审计员	严格内部人员调离和保密业务,禁止外部人员访问关键区域要求
开展教育培训、考核	要求定期进行基本安全意识和责任教育培训	建立安全教育和培训制度,定期进行技能考核	定期进行保密情况检查和考核要求	—
建立等级测评、产品采购使用管理等制度	—	制订应急处置预案	等级测评和产品采购使用管理制度要求;系统建设整改制度化管理,事件报告和处置管理,定期开展应急处置演练要求	对重要设备进行专项测试要求;要求系统建设整改过程进行监理

根据《信息安全技术 网络安全等级保护定级指南》(GB/T 22240—2020)对信息系统安全等级保护定级的方法和流程,可以从业务信息安全和系统服务安全两个方面确定系统的保护等级。

在业务信息安全方面,系统涉及的数据主要包括网约车轨迹数据、订单数据以及运营数据等。在系统服务方面,系统涉及的系统服务主要包括交通运行组织决策支持和公众出行信息服务。业务信息安全和业务服务安全受到破坏时所侵害的客体都是城市交通运输管理部门和城市公安局交通警察局,属于“公民、法人和其他组织”。若业务信息安全和业务服务安全受到破坏,将对客体的工作职能造成“严重损害”。因此,系统的业务信息和业务服务安全等级为“第二级”,即综合“业务信息安全”和“系统服务安全”两个方面的安全等级评级,确定系统的安全保护等级为“第二级”。

16.2.2 数据安全

1)数据备份系统设计

数据备份系统由数据备份服务器、备份介质设备、数据备份软件、存储系统以及备份站点组成。

数据备份系统的核心部分是数据备份软件,部署在数据备份服务器上,进行所有的资源调配、策略规划等管理操作。

备份介质设备是备份数据存放的空间,可以是任何类型的存储设备,系统采用的是虚拟磁带库。通常数据备份软件是采用安装客户端代理的方式来实现管理中心控制数据备份和恢复。客户端是指需要备份的服务器源设备。备份站点作为系统数据的异地备份,本地数据发生不可恢复的损坏时,可通过同步备份站点的数据进行恢复。

2)数据备份及恢复策略

备份策略的管理会直接影响到灾备的效果,所以针对信息化系统具体需求来制订相应的策略是非常有必要的。

数据备份软件目前的策略类型包括:

(1)全备份。每次都备份所有数据,备份速度最慢,恢复速度最快。由于全备份是备份所有的数据,对存储空间的消耗非常大。

(2)增量备份。只备份上次备份后改变过的数据,备份速度最快,但是只有加上最后一次的全备份才能组成有效的恢复数据包,恢复速度最慢。最节约存储空间。

(3)差分备份。只备份上次全备份后改变过的数据,合理的备份和恢复速度。

(4)合并备份。部分数据备份软件具备的特殊备份数据处理功能,能够在服务器端将上次全备份和后续增量备份/差分备份组合成一个全备份,目前该功能只针对文件型备份。

完整的数据备份策略组合应该是由不同类型的自动备份策略和临时的手工备份共同组成。

(5)手工备份。手工备份适用于客户做特殊操作的情况下,如客户系统升级、维护前的数据备份、对一段时期的备份数据进行合并备份等。

(6)自动备份。自动备份是日常的定时进行的数据备份,由备份软件自动执行,无须人工干预。

一次可用于恢复的完整数据备份组成可用式(16-1)表述:

$$N = A + B + C \tag{16-1}$$

式中:N——一次可用于恢复的完整的备份数据;

A——最后一次的全备份数据;

B——最后一次全备份后发生的差量备份产生的数据之和;

C——最后一次差量备份后产生的增量备份数据之和。

系统规划的备份策略应根据应用系统的实际情况(当前数据总量和日均量)、要求的数据保存时间、能够接受的在故障后损失数据的时间短等情况综合考虑,利用全备份、增量备份和差分备份的周期次数,使备份频率和备份存储空间总容量使用达到一个合理的程度。

目前系统采用的备份策略包括本地备份及异地备份。本地备份通过 NetBackup 备份软件将系统的虚拟机文件与数据库备份到虚拟磁带库中,其中虚拟机文件为每周进行一次全备份,保存时间为 15d;数据库为每日进行一次全备份,保存时间为 15d。异地备份通过 DSG 数据库同步软件将本地数据库内的数据实时同步到备份站点的数据库中,同步频率为秒级实时同步。

3)数据库安全设计

平台系统复用交通运输一体化智慧管控平台的硬件平台,数据库部署也复用了交通运输一体化智慧管控平台的物理服务器,为了避免多个系统共用一个数据库产生的资源干扰等现象的发生,遵循"同机不同库"的原则,在原有物理服务器上新建一套数据库用于系统,同时在物理服务器上进行 CPU、内存、I/O 等资源限制,避免因单个系统业务量突然增大而影响到其他系统数据库的正常使用。

16.2.3 运行安全

安全系统的实施、运行和维护离不开制度的保障,内部的各项安全建设和运行进行统一的规划与实施,通过建立完善的安全管理业务流程,实现技术手段与管理手段的有机结合,即"三分技术,七分管理",以确保交通信息平台的安全运行。

1)安全管理制度的建设内容

安全管理制度的建设主要包括以下内容:

(1)信息分类与控制制度。该制度包括信息分类制度、信息标识制度和信息保密制度的建设。

(2)人员安全制度。该制度包括人员录用与离职制度、人员保密制度、岗位责任制度、权限管理制度、培训与考察制度的建设。

(3)信息设备安全管理制度。该制度包括设备选型与采购制度、计算机个人负责制、设备保护制度、服务器安全管理制度。

(4)机房管理制度。该制度包括机房出入制度、机房卫生制度、机房保密制度、软件和数据管理制度、硬件的维护管理制度、设备周期维护制度、机房安全生产制度、交接班制度、操作记录制度、技术档案管理制度、工作报告制度、故障受理与处理制度。

(5)网络通信安全管理制度。该制度包括操作员管理制度、网络使用管理制度、IP 地址管理制度、网络访问控制制度、网络防护制度。

(6)安全开发制度。该制度包括安全开发流程的制定、加密技术控制制度、系统测试与交付制度、安全审查制度。

(7)病毒防范责任制度。该制度包括防病毒系统实施与运行制度、病毒清除制度。

(8)应急响应制度。该制度包括安全事故报告制度、安全事故规范处理流程、责任认定与处理制度、应急演习制度。

(9)运行监督制度。该制度包括管理责任制度、管理制度制定与发布、文件控制制度、运行检查制度。

2)安全管理原则

为保障运行安全,应遵循以下原则:

(1)多人负责原则。

每项与安全有关的活动都必须有两人或多人在场;指派人员应忠诚可靠,能够胜任此项工作。

(2)任期有限原则。

一般地讲,任何人最好不要长期担任与安全有关的职务,以免误认为这个职务是专有的或永久性的。

(3)职责分离原则。

除非相关主管领导批准,系统工作的人员不要打听、了解或参与职责以外、与安全有关的任何事情。

3)安全管理具体工作

信息系统的安全管理部门应根据管理原则和该系统处理数据的保密性,制订相应的管理制度或采用相应规范,其具体工作如下:

(1)确定该系统的安全等级。

(2)根据确定的安全等级,确定安全管理的范围。

(3)制订相应的机房出入管理制度,对安全等级要求较高的系统,要实行分区控制,限制工作人员出入与己无关的区域。

(4)制订严格的操作规程,操作规程要根据职责分离和多人负责的原则,各负其责,不能超越自己的管辖范围。

(5)制订完备的系统维护制度。在维护时,要首先经主管部门批准,并有安全管理人员在场,故障原因、维护内容和维护前后的情况要详细记录。

(6)制订应急措施,要制订在紧急情况下,系统如何尽快恢复的应急措施,使损失减至最小。

(7)建立人员雇用和解聘制度,对工作调动和离职人员要及时调整相应的授权。

16.2.4 物理安全

安全是整个计算机信息系统安全的前提,物理安全是保护计算机网络设备、设施以及其他媒体免遭地震、水灾、火灾等环境事故以及人为失误或错误操作及各种计算机犯罪行为导致的破坏过程。

保证系统安全、高效运行的一个大前提就是计算机信息系统各种物理设备的安全运行。物理安全是基础条件,需要提供对系统内部关键设备、线路、存储介质的物理运行环境安全,确保系统能正常工作。通过采用标准机房放置设备,采取严格的机房及设备管理措施,从而保证系统各种设备的物理安全。

物理安全主要包括环境安全、设备安全、介质安全和设施安全四个方面。

1)环境安全

机房环境建议应提供空调设施,以保持机房内温度,免因机房温度过高,烧坏相关设备;建议提供 UPS 电池备份供电,避免因意外停电,中断所有设备的运行;机房要有防火措施和设立门禁;相关人员进入机房应该换鞋,保持机房干净,无灰尘,每个机架都提供防静电手腕,以备现场操作时使用。

2)设备安全

(1)物理设备也存在一定的安全风险。系统中的设备(如交换机、服务器、路由器等)其自身安全性也会直接关系到系统和各种应用的正常运转,所以系统物理链路设计将采用环网设计或其他技术保障措施,以保证能够在网络节点故障的情况下的网络可靠性。

(2)所采购主设备都应符合招标书中所指定的厂家,并具备高性能、高可靠性;为了防范设备系统后门漏洞,所有设备都是采用多厂家采购原则;设备电源与引擎都有物理备份或逻辑备份;所有设备都应该具备防盗、防毁及电源保护等。

(3)所有节点之间链路需提供合理的备份链路,用于应对意外情况发生时,不影响生产程序;双绞线与尾纤都符合行业标准;所有互联链路标签采用统一标准描述,并具有防水、防腐烂等特性。

3)介质安全

(1)对涉密系统的硬盘、光盘、软盘、磁带、USB 移动存储设备等进行登记,并按存储信息的最高密级标明密级。

(2)制定涉密介质使用、传递、保存、携带、维护、报废等的规章制度,并定期盘点。

(3)涉密硬盘、磁带等数据存储介质保存在中心机房之外的安全位置和容器内。

4)设施安全

应建立数据安全备份、链路备份等设备保障措施,确保系统相关设施的正常运转,防止设施故障引起的各类安全问题。

16.2.5 网络安全

网络安全主要是指通信网络的各连接链路、通信渠道、网络信息等的安全性。系统在网络安全方面应具有以下功能:

(1)对恶意网络攻击具有很好的防卫手段,并保证信息不丢失。

(2)与外界系统连接,保证数据和系统的安全。

(3)在传输中做到数据的加密及权限管理。

(4)实时监测网络信息,对不安全信息予以及时报告。

(5)将内部网络与外部不可信任的网络隔离,对与外部网络交换数据的内部网络及其主机、所交换的数据进行严格的访问控制;对内部网络,根据不同应用业务及安全级别用防火墙将不同 LAN 或网段进行隔离,并实现相互的访问控制。

(6)能防止病毒传染和破坏。网络防病毒软件能监测主干防火墙下的所有服务器和工作站;网络扫描软件和入侵监测软件能保护服务器的安全。

网络安全保障措施主要包括网络隔离、配置防火墙、入侵监测系统、配置防病毒软件、过滤路由器和子网划分等六个方面。

1)网络隔离

在互联网、政务外网、内部局域网络分区之间采取严密的隔离措施,各区域之间进行逻辑管理。

防火墙是隔离在本地网络与外界网络之间的一道防御系统,是一种由安全软件、硬件平台构成的系统,用于两个网络之间实施存取控制策略。把公众访问的 Web 设备设在部署防火墙的发布区,可以有效地保护信息交换核心平台的安全性。

系统选择部署两台千兆防火墙做高可用性配置,避免单点故障造成的网络瘫痪,保证网络持续运作能力,对于系统内其他系统与信息交换平台的隔离采用路由器访问控制表的方式,只允许相关的地址接入。

针对各节点的接入和相关部门的发布,都配置了路由器,这样可以利用 IOS 的防火墙功能进行双向 ACL(双向控制技术)控制。通过这样方式可以保证系统内其他系统与信息交换平台产品间的隔离,确保 GPS 监管平台的安全。通过采用多段的网络隔离措施,能够有效地阻断非法用户对内部网络的访问。

2)配置防火墙

防火墙是实现智慧交通执法管理平台系统安全策略的关键设备,必须在不降低访问性能的情况下保证最大的安全性,并同时考虑到智慧交通执法管理平台系统在未来一段时间内的需求及整个系统的可用性。

系统宜采用两台千兆防火墙来实现核心网络的安全连接。网络安全设备的失效将会引起系统安全性的隐患,并极有可能引起核心系统的崩溃。因此,防火墙之间采用 Failover 连接以保证网络安全设备的不间断运行。

为了保证防火墙不降低整个核心系统的性能,两台防火墙的 Inside 接口均通过千兆以太网光纤链路分别连接到两台核心交换机上,同时防火墙的 Outside 接口通过同样的连接方式连接到汇接路由器上,以保证整个链路的通畅,并将 Web Server 等设备放置在防火墙的中立区内,这样就将内部的核心系统和外部的其他系统以及中立区设备有效的隔离开来,为系统提供了最大的安全保障。

(1)核心防火墙的配置原则:

①内部网络可以访问部分的外部网络。

②外部网络只能通过防火墙访问到内部系统中的应用服务器、数据交换平台服务器等。

③防火墙应该对以上 IP 做静态 NAT,使得外部网络只能访问到 NAT 的外部地址,以隐蔽这些服务器的内部地址,增强安全性。

④启用包过滤,所有对内部网络的访问必须通过访问控制列表(ACL)来控制,通过指定远程的源地址、本地的地址和协议,对所有内部网络访问进行限制。

⑤启用包过滤,ACL 可以细化到应用级,即外部访问只能访问内部网络的部分允许端口和允许应用。

⑥启用 Flood Defender、Flood Guard、IP Frag Guard 等特性用于保护网络免受 TCP SYN 洪流等 DOS 攻击。

⑦启用系统日志功能,提供加上时间戳的系统日志消息,轮流地接收端口上的消息。

⑧系统管理员应该定期检查防火墙的安全策略和系统日志,防微杜渐,及时发现潜在的安全漏洞。

(2)选择使用防火墙的要点:

①安全性。防火墙应该通过严格的入侵测试。

②抗攻击能力。防火墙对典型的攻击要有一定的防御能力。

③性能。网络防火墙的吞吐能力是否能够提供足够的网络带宽。

④自我完备能力。防火墙要保证自身的安全性，在被攻击或被击破时防火墙。要有自动关闭网络连接(Fail-Close)的能力。

⑤可管理能力。网络防火墙要支持 SNMP(简单网络管理协议)。

⑥VPN 支持。防火墙要支持 VPN。

⑦认证和加密特性。

⑧网络地址转换能力(NAT)。

⑨与网络内其他安全系统的动态适应。

⑩配置入侵监测系统。

利用防火墙并经过严格配置，可以阻止各种不安全访问通过防火墙，从而降低网络安全风险，但是，网络安全不可能完全依靠防火墙单一产品来实现。入侵监测系统是防火墙系统最好的补充。

3)入侵监测系统

入侵监测系统是根据已有的、最新攻击手段的信息代码，对进出被保护子网的所有操作行为，进行实时监控、记录，并按照制订的策略实行响应。入侵监测系统一般包括控制台和探测器。其中，控制台用作制定及管理所有探测器。探测器监听进出网络的访问行为，根据控制台的指令执行相应行为。另外，入侵监测系统与防火墙的联动效应也将加固受保护系统的安全强度。

入侵监测系统可以自动地监控分析网络数据流，对可疑的事件作出响应，在主机和网络遭受破坏之前阻止非法入侵，并能记载入侵过程。入侵监测系统是动态防护技术的核心，是必选的网络安全设备之一。入侵监测系统技术核心是新一代的协议分析技术。该技术结合了高速信息包捕捉、协议分析及行为描述代码来探测攻击。

入侵监测系统包含网络探测器(Network Defender)、管理控制台(Console)两个部件。在防火墙内部端口的连接的交换机上部署入侵监测系统，并且在安全管理工作组中选用一台设备作为管理控制台。

(1)选择使用入侵监视系统的要点如下：

①面对协议的分析及监测能力。

②网络中的解码效率(速度)。

③系统自身安全的完备性。

④系统的防欺骗能力。

⑤检验模式的更新速度。

(2)网络安全扫描。

为了减少由于网络存在安全漏洞或弱点使得网络安全性变得更加脆弱，还应利用网络安全扫描评估系统定期或不定期地对内部网络的受保护系统进行扫描、评估。根据扫描、评估报告对网络系统存在的高、中、低风险漏洞分别采取相应的措施进行修补，如重新配置系统或采取打补丁等。网络扫描系统扫描对象包括 Web 服务器、防火墙、路由器、TCP/IP 协议及相关协议。系统对它们进行攻击性扫描、分析和评估，形成评估报告。

网络扫描器是通过对网络安全弱点全面和自主地监测与分析,能够迅速地找到并修复安全漏洞。网络扫描器对所有附属在网络中的设备进行扫描,检查它们的弱点,将风险分为高、中、低三个等级并且生成大范围的、有意义的报表。从以管理者的角度来分析的报告以及为消除风险而给出的详尽的逐步指导方案均可以体现在报表中。

4)配置防病毒软件

防病毒包括预防病毒、监测病毒和消除病毒。

(1)防止病毒在网络上的传播。

(2)防止病毒进入各级主机。

(3)在主机和应用的计算机上及时检查和清除病毒。

(4)对防病毒软件中的病毒数据库进行及时的升级。

(5)禁止内部网络成员中未经许可的下载和安装。

网络病毒的防护可根据网络系统结构以及应用的不同采取多层次、全面地保护。防病毒系统具有自动更新能力、通用启动系统、独特的脚本病毒拦截程序等特点,可以高效、实时地完成防病毒的功能。

在配置上根据实际情况,在操作系统是 Windows 的服务器上安装防病毒软件(文件服务器防病毒),防止病毒进入 Windows 服务器。此外,在安全管理中心安装防病毒集中控制工具,负责防病毒软件的集中配置、管理和病毒库的更新。

5)过滤路由器

所有的网络访问点,无论是通向 Internet 或者是用于后端验证的专用线路都得到了路由器的保护,过滤路由器对数据进行检查,符合安全要求的信息才会送往 Web 服务器和应用服务器等,不仅可以降低服务器的处理负荷,提高其性能;而且减少了网络黑客尝试攻击系统的机会,增强其安全性。

6)子网划分

(1)利用 VLAN 技术可将局域网分为若干子网,各子网相互之间无法进行直接通信,必须通过具有路由功能的设备(如路由器、路由交换机、网关或防火墙等)进行连接,充分利用这些中间设备(含软件、硬件)的安全机制可以有效地实现各子网间的控制访问。

(2)可以按照机构的设置或角色组来划分 VLAN。

(3)要保护和隔离内部系统必须将功能独立的处理器分为不同的子网:第一个子网是 Web 服务器以太网;第二个子网是应用服务器以太网,驻留授权服务服务器、行政审批服务器和考试培训服务器等;第三个子网是数据库和开发环境子网。不同网段之间的访问均设置存取控制,这有助于最大限度地减少安全漏洞造成的影响。

16.2.6 系统安全

1)系统和信息安全存在的风险

系统和信息层可能面临的主要安全风险包括如下:

(1)操作系统漏洞。

(2)超级用户口令的保管及使用。

(3)网络病毒的传播。

(4)应用安全风险包括非授权访问、数据安全风险、认证授权等引起的各种数据库安全风险、信息审计漏洞

(5)管理安全风险包括泄露关键资料,没有完善的网络与安全人员管理制度,人员责权不明,网络或安全设备的管理登录密码没有按照制度进行更换,当监测监控攻击行为或网络威胁等。

2)系统安全应采取的措施

根据最新的系统和信息安全技术发展,系统应该采取如下安全措施:

(1)用户登录系统在线进行业务处理时,需要多次向服务器端传送信息,而这些信息很多是用户的隐私和敏感信息,直接涉及经济利益或个人隐私信息,可以通过使用SSL证书建立安全的信息传输加密通道保证数据安全。

(2)采用USB Key进行用户身份认证方案。当服务器端需要验证客户端的身份时,通过物理USB Key进行验证。

(3)入侵监测系统。帮助系统对付网络攻击,扩展系统管理员的安全管理能力,包括限制Web访问、监控/阻塞/报警、入侵探测、攻击探测、恶意Applets、恶意Email等在内的安全保护措施。

(4)防病毒软件。配置一套比较完善的防病毒体系,应具有实时防治病毒、病毒监测、定时扫描、远程自动安装、集中网络管理、强大的报警等功能。

(5)安全审计系统。采用针对数据库的安全审计软件,对数据库中的安全漏洞和脆弱性进行监测和审计,并为用户系统提供符合安全规范的正确安全建议。

(6)设置严格的数据库权限管理。当用户连接到数据库后,其对数据库的操作、管理权限对数据库的安全使用起着至关重要的作用,不同类型的用户将具备不同的权限管理。

(7)三层应用架构设计和源数据保护。在应用系统的数据访问设置中间应用层,保证最终用户不能直接访问和修改源数据库。

3)系统安全设计

系统安全设计必须符合国家、省市和有关的计算机信息安全管理部门法律、法规、政策,满足安全功能要求,并且要易于管理,同时具备高可靠性的信息网络安全保密解决方案。

4)安全设计技术要求

根据国家标准《信息安全技术　网络安全等级保护基本要求》(GB/T 22239—2019)、公安部颁发的《信息安全等级保护安全建设整改工作指南》(公信安〔2009〕1429号),确定系统的信息安全保护能力要求。

由于系统的安全保护等级为“第二级”,因此,系统的信息安全保护能力要求为:第二级安全保护能力应能够防护系统免受来自外部小型组织的、拥有少量资源的威胁源发起的恶意攻击、一般的自然灾难以及其他相当危害程度的威胁所造成的重要资源损害;能够发现重要的安全漏洞和安全事件,在系统遭到损害后,能够在一段时间内恢复部分功能。

根据国家标准《信息安全技术　网络安全等级保护基本要求》(GB/T 22239—2019)、《信息安全技术　网络安全等级保护安全设计技术要求》(GB/T 25070—2019)、《信息安全技术　信息系统通用安全技术要求》(GB/T 20271—2006)、《信息安全技术信息系统灾难恢复规范》(GB/T 20988—2007)的规定,系统的信息安全设计技术要求如下。

(1)物理安全。

物理安全技术要求见表16-27。

物理安全技术要求　　表16-27

要　素	要　求
物理位置的选择	机房和办公场地应选择在具有防震、防风和防雨等能力的建筑内
物理访问控制	①机房出入口应安排专人值守,以控制、鉴别和记录进入的人员; ②需进入机房的来访人员应经过申请和审批流程,并限制和监控其活动范围
防盗窃和防破坏	①应将主要设备放置在机房内; ②应将设备或主要部件进行固定,并设置明显的不易除去的标志; ③应将通信线缆铺设在隐蔽处,可铺设在地下或管道中; ④应对介质分类标志,存储在介质库或档案室中; ⑤主机房应安装必要的防盗报警设施
防雷击	①机房建筑应设置避雷装置; ②机房应设置交流电源地线
防火	机房应设置灭火设备和火灾自动报警系统
防水和防潮	①水管安装,不得穿过机房屋顶和活动地板下; ②应采取措施防止雨水通过机房窗户、屋顶和墙壁渗透; ③应采取措施防止机房内水蒸气结露和地下积水的转移与渗透
防静电	关键设备应采用必要的接地防静电措施
温湿度控制	机房应设置温、湿度自动调节设施,使机房温、湿度的变化在设备运行所允许的范围之内
电力供应	①应在机房供电线路上配置稳压器和过电压防护设备; ②应提供短期的备用电力供应,至少满足关键设备在断电情况下的正常运行要求
电磁防护	电源线和通信线缆应隔离铺设,避免互相干扰

(2)网络安全。

网络安全技术要求见表16-28。

网络安全技术要求　　表16-28

要　素	要　求
结构安全	①应保证关键网络设备的业务处理能力具备冗余空间,满足业务高峰期需要; ②应保证接入网络和核心网络的带宽满足业务高峰期需要; ③应绘制与当前运行情况相符的网络拓扑结构图; ④应根据各部门的工作职能、重要性和所涉及信息的重要程度等因素,划分不同的子网或网段,并按照方便管理和控制的原则为各子网、网段分配地址段
访问控制	①应在网络边界部署访问控制设备,启用访问控制功能; ②应能根据会话状态信息为数据流提供明确的允许/拒绝访问的能力,控制粒度为网段级; ③应按用户和系统之间的允许访问规则,决定允许或拒绝用户对受控系统进行资源访问,控制粒度为单个用户; ④应限制具有拨号访问权限的用户数量

续上表

要　　素	要　　求
安全审计	①应对网络系统中的网络设备运行状况、网络流量、用户行为等进行日志记录； ②审计记录应包括事件的日期和时间、用户、事件类型、事件是否成功及其他与审计相关的信息
边界完整性检查	应能够对内部网络中出现的内部用户未通过准许私自联到外部网络的行为进行检查
入侵防范	应在网络边界处监视以下攻击行为，如端口扫描、强力攻击、木马后门攻击、拒绝服务攻击、缓冲区溢出攻击、IP碎片攻击和网络蠕虫攻击等
网络设备防护	①应对登录网络设备的用户进行身份鉴别； ②应对网络设备的管理员登录地址进行限制； ③网络设备用户的标识应唯一； ④身份鉴别信息应具有不易被冒用的特点，口令应有复杂度要求并定期更换； ⑤应具有登录失败处理功能，可采取结束会话、限制非法登录次数和当网络登录连接超时自动退出等措施； ⑥当对网络设备进行远程管理时，应采取必要措施防止鉴别信息在网络传输过程中被窃听

(3)主机安全。

主机安全技术要求见表16-29。

主机安全技术要求　　表16-29

要　　素	要　　求
身份鉴别	①应对登录操作系统和数据库系统的用户进行身份标识和鉴别； ②操作系统和数据库系统管理用户身份标识应具有不易被冒用的特点，口令应有复杂度要求并定期更换； ③应启用登录失败处理功能，可采取结束会话、限制非法登录次数和自动退出等措施； ④当对服务器进行远程管理时，应采取必要措施，防止鉴别信息在网络传输过程中被窃听； ⑤应为操作系统和数据库系统的不同用户分配不同的用户名，确保用户名具有唯一性
访问控制	①应启用访问控制功能，依据安全策略控制用户对资源的访问； ②应实现操作系统和数据库系统特权用户的权限分离； ③应限制默认账户的访问权限，重命名系统默认账户，修改这些账户的默认口令； ④应及时删除多余的、过期的账户，避免共享账户的存在
安全审计	①审计范围应覆盖到服务器上的每个操作系统用户和数据库用户； ②审计内容应包括重要用户行为、系统资源的异常使用和重要系统命令的使用等系统内重要的安全相关事件； ③审计记录应包括事件的日期、时间、类型、主体标识、客体标识和结果等； ④应保护审计记录，避免受到未预期的删除、修改或覆盖等
入侵防范	操作系统应遵循最小安装的原则，仅安装需要的组件和应用程序，并通过设置升级服务器等方式保持系统补丁及时得到更新
恶意代码防范	①应安装防恶意代码软件，并及时更新防恶意代码软件版本和恶意代码库； ②应支持防恶意代码软件的统一管理

续上表

要　素	要　求
资源控制	①应通过设定终端接入方式、网络地址范围等条件限制终端登录； ②应根据安全策略设置登录终端的操作超时锁定； ③应限制单个用户对系统资源的最大或最小使用限度

(4)应用安全。

应用安全技术要求见表16-30。

应用安全技术要求　　表16-30

要　素	要　求
身份鉴别	①应提供专用的登录控制模块对登录用户进行身份标识和鉴别； ②应提供用户身份标识唯一和鉴别信息复杂度检查功能，保证应用系统中不存在重复用户身份标识，身份鉴别信息不易被冒用； ③应提供登录失败处理功能，可采取结束会话、限制非法登录次数和自动退出等措施； ④应启用身份鉴别、用户身份标识唯一性检查、用户身份鉴别信息复杂度检查以及登录失败处理功能，并根据安全策略配置相关参数
访问控制	①应提供访问控制功能，依据安全策略控制用户对文件、数据库表等客体的访问； ②访问控制的覆盖范围应包括与资源访问相关的主体、客体及它们之间的操作； ③应由授权主体配置访问控制策略，并严格限制默认账户的访问权限； ④应授予不同账户为完成各自承担任务所需的最小权限，并在它们之间形成相互制约的关系
安全审计	①应提供覆盖到每个用户的安全审计功能，对应用系统重要安全事件进行审计； ②应保证无法删除、修改或覆盖审计记录； ③审计记录的内容至少应包括事件日期、时间、发起者信息、类型、描述和结果等
通信完整性	应采用校验码技术保证通信过程中数据的完整性
通信保密性	①在通信双方建立连接之前，应用系统应利用密码技术进行会话初始化验证； ②应对通信过程中的敏感信息字段进行加密
软件容错	①应提供数据有效性检验功能，保证通过人机接口输入或通过通信接口输入的数据格式或长度符合系统设定要求； ②在故障发生时，应用系统应能够继续提供一部分功能，确保能够实施必要的措施
资源控制	①当应用系统的通信双方中的一方在一段时间内未做任何响应，另一方应能够自动结束会话； ②应能够对应用系统的最大并发会话连接数进行限制； ③应能够对单个账户的多重并发会话进行限制

(5)数据安全及备份恢复。

数据安全及备份恢复技术要求见表16-31。

数据安全及备份恢复技术要求 表 16-31

要 素	要 求
数据完整性	应能够监测到鉴别信息和重要业务数据在传输过程中完整性受到破坏
数据保密性	应采用加密或其他保护措施实现鉴别信息的存储保密性
数据备份系统	①完全数据备份至少每周一次； ②备份介质场外存放
备用数据处理系统	配备灾难恢复所需的部分数据处理设备，或者当灾难发生时能在预定时间内调配所需的数据处理设备到场
备用网络系统	当灾难发生时能在预定时间内调配所需的通信线路和网络设备到位
备用基础设施	①有符合介质存放条件的场地； ②有满足信息系统和关键业务功能恢复运作要求的场地
专业技术支持能力	—
运行维护支持能力	①有介质存取、验证和转储管理制度； ②按介质特性对备份数据进行定期的有效性验证； ③有备用站点管理制度； ④与相关厂商有符合灾难恢复时间要求的紧急供货协议； ⑤与相关运营商有符合灾难恢复时间要求的备用通信线路协议
灾难恢复预案	有相应的经过完整测试和演练的灾难恢复预案

注："—"表示不作要求。

第 16.3 节 机 房

16.3.1 机房供配电

根据国家标准对供配电系统的要求，必须建立一个不停电的供配电系统。电力传输中的任何元器件的单点故障，都不会影响系统的正常供电，并且将计算机负荷和其他负荷分开。

由 UPS 提供电力的机房计算机设备（包括计算机主机的服务器、存储设备、网络设备、通信设备以及控制终端设备以及监控终端设备等），由于这些设备进行数据的实时处理与实时传递关系重大，所以对电源的质量与可靠性的要求最高。

机房 UPS 输出至 UPS 输出配电柜，负责整个机房服务器机柜、网络机柜、通信接入设备、监控设备、消防、门禁等的供电。

16.3.2 防雷与接地

机房接地系统是涉及多方面的综合性信息处理工程，是机房改造中的一项重要内容。接地系统是否良好是衡量一个机房改造质量的关键性问题之一。根据《数据中心设计规范》（GB 50174—2017）的相关条目，机房一般有交流工作地、安全保护地、直流工作地和防雷保护地四种接地方式。

系统设计采用三级防雷保护措施，即在机房配电箱安装 T_1+T_2 级电源 SPD，提供电源的两级防雷设备保护，然后在机房配电箱安装 T_3 级电源 SPD，提供电源的第三级防雷设备保护。

严格按照接地要求，在机房内安装地网，地网一周采用 30×3mm 紫铜带，内部网格采用 50×0.3mm 紫铜箔，网格尺寸为 600mm×600mm，接地网与建(构)筑物预留接地端子或柱内钢筋通过铜铁转换装置过渡后电气连接，每个机房连接点应在两点以上，机房接地阻值≤4Ω。实际达不到此值的应增补人工接地装置。

机房内所有新增 SPD 的接地端、各种接地线(需悬浮逻辑地线除外)金属线槽、金属门窗等金属构建均与新增接地网电气连接。设备金属外壳采用长短两条不等的导线与接地母排电气连接，两线相差 20%。金属线槽各节螺栓之间应跨接，过渡电阻应不大于 0.03Ω。

配电箱内 SPD 接地线采用 16mm² 多芯铜线，墙插处 SPD 接地采用 10mm² 多芯铜线，其他金属构建、计算机网络 SPD 接地线、机柜接地线采用 6mm² 多芯铜线。

三级防雷的目的：

第一级防雷的目的：防止直接的传导雷进入机房大楼，将上万伏至数十万伏的浪涌电压限制到 2500~3000V。

第二级防雷的目的：进一步将通过第一级电涌保护器的残余浪涌电压或限制到 1500~2000V，对后续防雷区实施等电位连接。

第三级防雷的目的：最终保护设备的手段，将残余浪涌电压的值降低到 1000V 以内，使浪涌的能量不致损坏设备。

16.3.3 机房暖通空调

根据《数据中心设计规范》(GB 50174—2017)中规定的温湿度要求(室内设计参数)可参考中心机房暖通空调要求表(表 16-32)。

中心机房暖通空调要求表 表 16-32

项　目	A　级		B　级
	夏季	冬季	全年
温度(℃)	20~24	18~22	15~30
湿度(%)	45~65		40~70
温度变化率(℃/h)	<5　(不结露)		<10　(不结露)

机房暖通空调的作用是确保机房内计算机系统的安全可靠、正常运行，满足控制机房内的所有设备及拼接大屏的散热需求。

16.3.4 机房设备机柜

根据现场建筑物的使用环境，在机房内配置(宽×深×高)为 600mm×1100mm×2000mm 的机柜、存储区机柜、服务器区机柜以及配电柜等设施。

16.3.5 环境动力监控系统

机房设计机房动力与环境监控系统可实现对机房环境、动力全方位的监控，减轻机房维护人员工作量，提高整个系统的运行可靠性、稳定性和兼容性、可扩展性，实现机房的科学管理。实现 $7\times24\times365$ 的全面集中监控和管理，保障机房环境及设备安全高效地运行，以实现最高的机房可用率，并不断地提高运营管理水平。

机房监控系统将包括 UPS 主机监测系统、蓄电池监测系统、精密空调监测系统、供配电监测系统、漏水监测系统、温湿度监测系统、消防监测系统、视频监控系统和门禁监控系统等分系统。

附录1　交通运输行政执法程序规定

（2019年4月12日交通运输部发布，根据2021年6月30日《交通运输部关于修改〈交通运输行政执法程序规定〉的决定》修正）

第一章　总　　则

第一条　为规范交通运输行政执法行为，促进严格规范公正文明执法，保护公民、法人和其他组织的合法权益，根据《中华人民共和国行政处罚法》《中华人民共和国行政强制法》等法律、行政法规，制定本规定。

第二条　交通运输行政执法部门（以下简称执法部门）及其执法人员实施交通运输行政执法行为，适用本规定。

前款所称交通运输行政执法，包括公路、水路执法部门及其执法人员依法实施的行政检查、行政强制、行政处罚等执法行为。

第三条　执法部门应当全面推行行政执法公示制度、执法全过程记录制度、重大执法决定法制审核制度，加强执法信息化建设，推进执法信息共享，提高执法效率和规范化水平。

第四条　实施交通运输行政执法应当遵循以下原则：

（一）事实认定清楚，证据确凿；

（二）适用法律、法规、规章正确；

（三）严格执行法定程序；

（四）正确行使自由裁量权；

（五）依法公平公正履行职责；

（六）依法维护当事人合法权益；

（七）处罚与教育相结合。

第五条　执法部门应当建立健全执法监督制度。上级交通运输执法部门应当定期组织开展行政执法评议、考核，加强对行政执法的监督检查，规范行政执法。

执法部门应当主动接受社会监督。公民、法人或者其他组织对执法部门实施行政执法的行为，有权申诉或者检举；执法部门应当认真审查，发现有错误的，应当主动改正。

第二章　一般规定

第一节　管　　辖

第六条　行政处罚由违法行为发生地的执法部门管辖。行政检查由执法部门在法定职权范围内实施。法律、行政法规、部门规章另有规定的，从其规定。

第七条　对当事人的同一违法行为，两个以上执法部门都有管辖权的，由最先立案的执法部门管辖。

第八条 两个以上执法部门因管辖权发生争议的,应当协商解决,协商不成的,报请共同的上一级部门指定管辖;也可以直接由共同的上一级部门指定管辖。

第九条 执法部门发现所查处的案件不属于本部门管辖的,应当移送有管辖权的其他部门。执法部门发现违法行为涉嫌犯罪的,应当及时依照《行政执法机关移送涉嫌犯罪案件的规定》将案件移送司法机关。

第十条 下级执法部门认为其管辖的案件属重大、疑难案件,或者由于特殊原因难以办理的,可以报请上一级部门指定管辖。

第十一条 跨行政区域的案件,相关执法部门应当相互配合。相关行政区域执法部门共同的上一级部门应当做好协调工作。

第二节 回 避

第十二条 执法人员有下列情形之一的,应当自行申请回避,当事人及其代理人有权用口头或者书面方式申请其回避:

(一)是本案当事人或者当事人、代理人近亲属的;

(二)本人或者其近亲属与本案有利害关系的;

(三)与本案当事人或者代理人有其他利害关系,可能影响案件公正处理的。

第十三条 申请回避,应当说明理由。执法部门应当对回避申请及时作出决定并通知申请人。

执法人员的回避,由其所属的执法部门负责人决定。

第十四条 执法部门作出回避决定前,执法人员不得停止对案件的调查;作出回避决定后,应当回避的执法人员不得再参与该案件的调查、决定、实施等工作。

第十五条 检测、检验及技术鉴定人员、翻译人员需要回避的,适用本节规定。

检测、检验及技术鉴定人员、翻译人员的回避,由指派或者聘请上述人员的执法部门负责人决定。

第十六条 被决定回避的执法人员、鉴定人员和翻译人员,在回避决定作出前进行的与执法有关的活动是否有效,由作出回避决定的执法部门根据其活动是否对执法公正性造成影响的实际情况决定。

第三节 期间与送达

第十七条 期间以时、日、月、年计算,期间开始当日或者当时不计算在内。期间届满的最后一日为节假日的,以节假日后的第一日为期间届满的日期。

第十八条 执法部门应当按照下列规定送达执法文书:

(一)直接送交受送达人,由受送达人记明收到日期,签名或者盖章,受送达人的签收日期为送达日期。受送达人是公民的,本人不在交其同住的成年家属签收;受送达人是法人或者其他组织的,应当由法人的法定代表人、该组织的主要负责人或者办公室、收发室、值班室等负责收件的人签收或者盖章;当事人指定代收人的,交代收人签收。受送达人的同住成年家属,法人或者其他组织的负责收件的人或者代收人在《送达回证》上签收的日期为送达日期；

（二）受送达人或者他的同住成年家属拒绝接收的，可以邀请受送达人住所地的居民委员会、村民委员会的工作人员或者受送达人所在单位的工作人员作见证人，说明情况，在《送达回证》上记明拒收事由和日期，由执法人员、见证人签名或者盖章，将执法文书留在受送达人的住所；也可以把执法文书留在受送达人的住所，并采取拍照、录像等方式记录送达过程，即视为送达；

（三）经受送达人同意，可以采用传真、电子邮件、移动通信等能够确认其即时收悉的特定系统作为送达媒介电子送达执法文书。受送达人同意采用电子方式送达的，应当在送达地址确认书中予以确认。采取电子送达方式送达的，以执法部门对应系统显示发送成功的日期为送达日期，但受送达人证明到达其确认的特定系统的日期与执法部门对应系统显示发送成功的日期不一致的，以受送达人证明到达其特定系统的日期为准；

（四）直接送达有困难的，可以邮寄送达或者委托其他执法部门代为送达。委托送达的，受委托的执法部门按照直接送达或者留置送达方式送达执法文书，并及时将《送达回证》交回委托的执法部门。邮寄送达的，以回执上注明的收件日期为送达日期。执法文书在期满前交邮的，不算过期；

（五）受送达人下落不明或者用上述方式无法送达的，采取公告方式送达，说明公告送达的原因，并在案卷中记明原因和经过。公告送达可以在执法部门的公告栏和受送达人住所地张贴公告，也可以在报纸、信息网络等媒体上刊登公告，发出公告日期以最后张贴或者刊登的日期为准，经过六十日，即视为送达。在受送达人住所地张贴公告的，应当采取拍照、录像等方式记录张贴过程。

第三章　行 政 检 查

第十九条　执法部门在路面、水面、生产经营等场所实施现场检查，对行政相对人实施书面调查，通过技术系统、设备实施电子监控，应当符合法定职权，依照法律、法规、规章规定实施。

第二十条　执法部门应当建立随机抽取被检查对象、随机选派检查人员的抽查机制，健全随机抽查对象和执法检查人员名录库，合理确定抽查比例和抽查频次。随机抽查情况及查处结果除涉及国家秘密、商业秘密、个人隐私的，应当及时向社会公布。

海事执法部门根据履行国际公约要求的有关规定开展行政检查的，从其规定。

第二十一条　执法部门应当按照有关装备标准配备交通工具、通讯工具、交通管理器材、个人防护装备、办公设备等装备，加大科技装备的资金投入。

第二十二条　实施行政检查时，执法人员应当依据相关规定着制式服装，根据需要穿着多功能反光腰带、反光背心、救生衣，携带执法记录仪、对讲机、摄像机、照相机，配备发光指挥棒、反光锥筒、停车示意牌、警戒带等执法装备。

第二十三条　实施行政检查，执法人员不得少于两人，应当出示交通运输行政执法证件，表明执法身份，并说明检查事由。

第二十四条　实施行政检查，不得超越检查范围和权限，不得检查与执法活动无关的物品，避免对被检查的场所、设施和物品造成损坏。

第二十五条 实施路(水)面巡查时,应当保持执法车(船)清洁完好、标志清晰醒目、车(船)技术状况良好,遵守相关法律法规,安全驾驶。

第二十六条 实施路面巡查,应当遵守下列规定:

(一)根据道路条件和交通状况,选择不妨碍通行的地点进行,在来车方向设置分流或者避让标志,避免引发交通堵塞;

(二)依照有关规定,在距离检查现场安全距离范围摆放发光或者反光的示警灯、减速提示标牌、反光锥筒等警示标志;

(三)驾驶执法车辆巡查时,发现涉嫌违法车辆,待其行驶至视线良好、路面开阔地段时,发出停车检查信号,实施检查;

(四)对拒绝接受检查、恶意闯关冲卡逃逸、暴力抗法的涉嫌违法车辆,及时固定、保存、记录现场证据或线索,或者记下车号依法交由相关部门予以处理。

第二十七条 实施水面巡航,应当遵守下列规定:

(一)一般在船舶停泊或者作业期间实施行政检查;

(二)除在航船舶涉嫌有明显违法行为且如果不对其立即制止可能造成严重后果的情况外,不得随意截停在航船舶登临检查;

(三)不得危及船舶、人员和货物的安全,避免对环境造成污染。除法律法规规定情形外,不得操纵或者调试船上仪器设备。

第二十八条 检查生产经营场所,应当遵守下列规定:

(一)有被检查人或者见证人在场;

(二)对涉及被检查人的商业秘密、个人隐私,应当为其保密;

(三)不得影响被检查人的正常生产经营活动;

(四)遵守被检查人有关安全生产的制度规定。

第二十九条 实施行政检查,应当制作检查记录,如实记录检查情况。对于行政检查过程中涉及到的证据材料,应当依法及时采集和保存。

第四章 调查取证

第一节 一般规定

第三十条 执法部门办理执法案件的证据包括:

(一)书证;

(二)物证;

(三)视听资料;

(四)电子数据;

(五)证人证言;

(六)当事人的陈述;

(七)鉴定意见;

(八)勘验笔录、现场笔录。

第三十一条 证据应当具有合法性、真实性、关联性。

第三十二条 证据必须查证属实，方可作为认定案件事实的根据。

第二节 证据收集

第三十三条 执法人员应当合法、及时、客观、全面地收集证据材料，依法履行保密义务，不得收集与案件无关的材料，不得将证据用于法定职责以外的其他用途。

第三十四条 执法部门可以通过下列方式收集证据：

（一）询问当事人、利害关系人、其他有关单位或者个人，听取当事人或者有关人员的陈述、申辩；

（二）向有关单位和个人调取证据；

（三）通过技术系统、设备收集、固定证据；

（四）委托有资质的机构对与违法行为有关的问题进行鉴定；

（五）对案件相关的现场或者涉及的物品进行勘验、检查；

（六）依法收集证据的其他方式。

第三十五条 收集、调取书证应当遵守下列规定：

（一）收集书证原件。收集原件确有困难的，可以收集与原件核对无误的复制件、影印件或者节录本；

（二）收集书证复制件、影印件或者节录本的，标明“经核对与原件一致”，注明出具日期、证据来源，并由被调查对象或者证据提供人签名或者盖章；

（三）收集图纸、专业技术资料等书证的，应当附说明材料，明确证明对象；

（四）收集评估报告的，应当附有评估机构和评估人员的有效证件或者资质证明的复印件；

（五）取得书证原件的节录本的，应当保持文件内容的完整性，注明出处和节录地点、日期，并有节录人的签名；

（六）公安、税务、市场监督管理等有关部门出具的证明材料作为证据的，证明材料上应当加盖出具部门的印章并注明日期；

（七）被调查对象或者证据提供者拒绝在证据复制件、各式笔录及其他需要其确认的证据材料上签名或者盖章的，可以邀请有关基层组织、被调查对象所在单位、公证机构、法律服务机构或者公安机关代表到场见证，说明情况，在相关证据材料上记明拒绝确认事由和日期，由执法人员、见证人签名或者盖章。

第三十六条 收集、调取物证应当遵守下列规定：

（一）收集原物。收集原物确有困难的，可以收集与原物核对无误的复制件或者证明该物证的照片、录像等其他证据；

（二）原物为数量较多的种类物的，收集其中的一部分，也可以采用拍照、取样、摘要汇编等方式收集。拍照取证的，应当对物证的现场方位、全貌以及重点部位特征等进行拍照或者录像；抽样取证的，应当通知当事人到场，当事人拒不到场或者暂时难以确定当事人的，可以由在场的无利害关系人见证；

（三）收集物证，应当载明获取该物证的时间、原物存放地点、发现地点、发现过程以及该物证的主要特征，并对现场尽可能以照片、视频等方式予以同步记录；

（四）物证不能入卷的，应当采取妥善保管措施，并拍摄该物证的照片或者录像存入案卷。

第三十七条　收集视听资料应当遵守下列规定：

（一）收集有关资料的原始载体，并由证据提供人在原始载体或者说明文件上签名或者盖章确认；

（二）收集原始载体确有困难的，可以收集复制件。收集复制件的，应当由证据提供人出具由其签名或者盖章的说明文件，注明复制件与原始载体内容一致；

（三）原件、复制件均应当注明制作方法、制作时间、制作地点、制作人和证明对象等；

（四）复制视听资料的形式包括采用存储磁盘、存储光盘进行复制保存、对屏幕显示内容进行打印固定、对所载内容进行书面摘录与描述等。条件允许时，应当优先以书面形式对视听资料内容进行固定，由证据提供人注明“经核对与原件一致”，并签名或者盖章确认；

（五）视听资料的存储介质无法入卷的，可以转录入存储光盘存入案卷，并标明光盘序号、证据原始制作方法、制作时间、制作地点、制作人，及转录的制作人、制作时间、制作地点等。证据存储介质需要退还证据提供人的，应当要求证据提供人对转录的复制件进行确认。

第三十八条　收集电子数据应当遵守下列规定：

（一）收集电子数据的原始存储介质。收集电子数据原始存储介质确有困难的，可以收集电子数据复制件，但应当附有不能或者难以提取原始存储介质的原因、复制过程以及原始存储介质存放地点或者电子数据网络地址的说明，并由复制件制作人和原始存储介质持有人签名或者盖章，或者以公证等其他有效形式证明电子数据与原始存储介质的一致性和完整性；

（二）收集电子数据应当记载取证的参与人员、技术方法、步骤和过程，记录收集对象的事项名称、内容、规格、类别以及时间、地点等，或者将收集电子数据的过程拍照或者录像；

（三）收集的电子数据应当使用光盘或者其他数字存储介质备份；

（四）收集通过技术手段恢复或者破解的与案件有关的光盘或者其他数字存储介质，电子设备中被删除、隐藏或者加密的电子数据，应当附有恢复或者破解对象、过程、方法和结果的专业说明；

（五）依照法律、行政法规规定利用电子技术监控设备收集、固定违法事实的，应当经过法制和技术审核，确保电子技术监控设备符合标准、设置合理、标志明显，设置地点应当向社会公布。电子技术监控设备记录违法事实应当真实、清晰、完整、准确。执法部门应当审核记录内容是否符合要求；未经审核或者经审核不符合要求的，不得作为行政处罚的证据。执法部门应当及时告知当事人违法事实，并采取信息化手段或者其他措施，为当事人查询、陈述和申辩提供便利。不得限制或者变相限制当事人享有的陈述权、申辩权。

第三十九条　收集当事人陈述、证人证言应当遵守下列规定：

（一）询问当事人、证人，制作《询问笔录》或者由当事人、证人自行书写材料证明案件事实；

（二）询问应当个别进行，询问时可以全程录音、录像，并保持录音、录像资料的完整性；

（三）《询问笔录》应当客观、如实地记录询问过程和询问内容，对询问人提出的问题被询问人不回答或者拒绝回答的，应当注明；

（四）《询问笔录》应当交被询问人核对，对阅读有困难的，应当向其宣读。记录有误或者遗漏的，应当允许被询问人更正或者补充，并要求其在修改处签名或者盖章；

（五）被询问人确认执法人员制作的笔录无误的，应当在《询问笔录》上逐页签名或者盖章。被询问人确认自行书写的笔录无误的，应当在结尾处签名或者盖章。拒绝签名或者盖章的，执法人员应当在《询问笔录》中注明。

第四十条 对与案件事实有关的物品或者场所实施勘验的，应当遵守下列规定：

（一）制作《勘验笔录》；

（二）实施勘验，应当有当事人或者第三人在场。如当事人不在场且没有第三人的，执法人员应当在《勘验笔录》中注明；

（三）勘验应当限于与案件事实相关的物品和场所；

（四）根据实际情况进行音像记录。

第四十一条 执法人员抽样取证时，应当制作《抽样取证凭证》，对样品加贴封条，开具物品清单，由执法人员和当事人在封条和相关记录上签名或者盖章。

法律、法规、规章或者国家有关规定对抽样机构或者方式有规定的，执法部门应当委托相关机构或者按规定方式抽取样品。

第四十二条 为查明案情，需要对案件中专门事项进行鉴定的，执法部门应当委托具有法定鉴定资格的鉴定机构进行鉴定。没有法定鉴定机构的，可以委托其他具备鉴定条件的机构进行鉴定。

第三节 证据先行登记保存

第四十三条 在证据可能灭失或者以后难以取得的情况下，经执法部门负责人批准，可以对与涉嫌违法行为有关的证据采取先行登记保存措施。

第四十四条 先行登记保存有关证据，应当当场清点，制作《证据登记保存清单》，由当事人和执法人员签名或者盖章，当场交当事人一份。

先行登记保存期间，当事人或者有关人员不得销毁或者转移证据。

第四十五条 对先行登记保存的证据，执法部门应当于先行登记保存之日起七日内采取以下措施：

（一）及时采取记录、复制、拍照、录像等证据保全措施，不再需要采取登记保存措施的，及时解除登记保存措施，并作出《解除证据登记保存决定书》；

（二）需要鉴定的，及时送交有关部门鉴定；

（三）违法事实成立，应当依法予以没收的，作出行政处罚决定，没收违法物品；

执法部门逾期未作出处理决定的，先行登记保存措施自动解除。

第四节 证据审查与认定

第四十六条 执法部门应当对收集到的证据逐一审查，进行全面、客观和公正地分析判断，审查证据的合法性、真实性、关联性，判断证据有无证明力以及证明力的大小。

第四十七条 审查证据的合法性，应当审查下列事项：

（一）调查取证的执法人员是否具有相应的执法资格；

（二）证据的取得方式是否符合法律、法规和规章的规定；
（三）证据是否符合法定形式；
（四）是否有影响证据效力的其他违法情形。

第四十八条　审查证据的真实性，应当审查下列事项：
（一）证据形成的原因；
（二）发现证据时的客观环境；
（三）证据是否为原件、原物，复制件、复制品与原件、原物是否相符；
（四）提供证据的人或者证人与当事人是否具有利害关系；
（五）影响证据真实性的其他因素。

单个证据的部分内容不真实的，不真实部分不得采信。

第四十九条　审查证据的关联性，应当审查下列事项：
（一）证据的证明对象是否与案件事实有内在联系，以及关联程度；
（二）证据证明的事实对案件主要情节和案件性质的影响程度；
（三）证据之间是否互相印证，形成证据链。

第五十条　当事人对违法事实无异议，视听资料、电子数据足以认定案件事实的，视听资料、电子数据可以替代询问笔录、现场笔录，必要时，对视听资料、电子数据的关键内容和相应时间段等作文字说明。

第五十一条　下列证据材料不能作为定案依据：
（一）以非法手段取得的证据；
（二）被进行技术处理而无法辨明真伪的证据材料；
（三）不能正确表达意志的证人提供的证言；
（四）不具备合法性和真实性的其他证据材料。

第五章　行政强制措施

第五十二条　为制止违法行为、防止证据损毁、避免危害发生、控制危险扩大等情形，执法部门履行行政执法职能，可以依照法律、法规的规定，实施行政强制措施。

违法行为情节显著轻微或者没有明显社会危害的，可以不采取行政强制措施。

第五十三条　行政强制措施由执法部门在法定职权范围内实施。行政强制措施权不得委托。

第五十四条　执法部门实施行政强制措施应当遵守下列规定：
（一）实施前向执法部门负责人报告并经批准；
（二）由不少于两名执法人员实施，并出示行政执法证件；
（三）通知当事人到场；
（四）当场告知当事人采取行政强制措施的理由、依据以及当事人依法享有的权利、救济途径；
（五）听取当事人的陈述和申辩；
（六）制作《现场笔录》，由当事人和执法人员签名或者盖章，当事人拒绝的，在笔录中予以注明；当事人不到场的，邀请见证人到场，由见证人和执法人员在现场笔录上签名或者盖章；

（七）制作并当场交付《行政强制措施决定书》；

（八）法律、法规规定的其他程序。

对查封、扣押的现场执法活动和执法办案场所，应当进行全程音像记录。

第五十五条 发生紧急情况，需要当场实施行政强制措施的，执法人员应当在二十四小时内向执法部门负责人报告，补办批准手续。执法部门负责人认为不应当采取行政强制措施的，应当立即解除。

第五十六条 实施查封、扣押的期限不得超过三十日；情况复杂需延长查封、扣押期限的，应当经执法部门负责人批准，可以延长，但是延长期限不得超过三十日。法律、行政法规另有规定的除外。

需要延长查封、扣押期限的，执法人员应当制作《延长行政强制措施期限通知书》，将延长查封、扣押的决定及时书面通知当事人，并说明理由。

对物品需要进行检测、检验或者技术鉴定的，应当明确检测、检验或者技术鉴定的期间，并书面告知当事人。查封、扣押的期间不包括检测、检验或者技术鉴定的期间。检测、检验或者技术鉴定的费用由执法部门承担。

第五十七条 执法部门采取查封、扣押措施后，应当及时查清事实，在本规定第五十六条规定的期限内作出处理决定。对违法事实清楚，依法应当没收的非法财物予以没收；法律、行政法规规定应当销毁的，依法销毁；应当解除查封、扣押的，作出解除的决定。

第五十八条 对查封、扣押的财物，执法部门应当妥善保管，不得使用或者损毁；造成损失的，应当承担赔偿责任。

第五十九条 有下列情形之一的，应当及时作出解除查封、扣押决定，制作《解除行政强制措施决定书》，并及时送达当事人，退还扣押财物：

（一）当事人没有违法行为；

（二）查封、扣押的场所、设施、财物与违法行为无关；

（三）对违法行为已经作出处理决定，不再需要查封、扣押；

（四）查封、扣押期限已经届满；

（五）其他不再需要采取查封、扣押措施的情形。

第六章 行政处罚

第一节 简易程序

第六十条 违法事实确凿并有法定依据，对公民处二百元以下、对法人或者其他组织处三千元以下罚款或者警告的行政处罚的，可以适用简易程序，当场作出行政处罚决定。法律另有规定的，从其规定。

第六十一条 执法人员适用简易程序当场作出行政处罚的，应当按照下列步骤实施：

（一）向当事人出示交通运输行政执法证件并查明对方身份；

（二）调查并收集必要的证据；

（三）口头告知当事人违法事实、处罚理由和依据；

(四)口头告知当事人享有的权利与义务；

(五)听取当事人的陈述和申辩并进行复核；当事人提出的事实、理由或者证据成立的，应当采纳；

(六)填写预定格式、编有号码的《当场行政处罚决定书》并当场交付当事人，《当场行政处罚决定书》应当载明当事人的违法行为，行政处罚的种类和依据、罚款数额、时间、地点，申请行政复议、提起行政诉讼的途径和期限以及执法部门名称，并由执法人员签名或者盖章；

(七)当事人在《当场行政处罚决定书》上签名或盖章，当事人拒绝签收的，应当在行政处罚决定书上注明；

(八)作出当场处罚决定之日起五日内，将《当场行政处罚决定书》副本提交所属执法部门备案。

第二节　普通程序

第六十二条　除依法可以当场作出的行政处罚外，执法部门实施行政检查或者通过举报、其他机关移送、上级机关交办等途径，发现公民、法人或者其他组织有依法应当给予行政处罚的交通运输违法行为的，应当及时决定是否立案。

第六十三条　立案应当填写《立案登记表》，同时附上与案件相关的材料，由执法部门负责人批准。

第六十四条　执法部门应当按照本规定第四章的规定全面、客观、公正地调查，收集相关证据。

第六十五条　委托其他单位协助调查、取证的，应当制作并出具协助调查函。

第六十六条　执法部门作出行政处罚决定的，应当责令当事人改正或者限期改正违法行为；构成违法行为、但依法不予行政处罚的，执法部门应当制作《责令改正违法行为通知书》，责令当事人改正或者限期改正违法行为。

第六十七条　执法人员在初步调查结束后，认为案件事实清楚，主要证据齐全的，应当制作案件调查报告，提出处理意见，报办案机构审核。

第六十八条　案件调查报告经办案机构负责人审查后，执法人员应当将案件调查报告、案卷报执法部门负责人审查批准。

第六十九条　执法部门负责人批准案件调查报告后，拟对当事人予以行政处罚的，执法人员应当制作《违法行为通知书》，告知当事人拟作出行政处罚的事实、理由、依据、处罚内容，并告知当事人依法享有陈述权、申辩权或者要求举行听证的权利。

第七十条　当事人要求陈述、申辩的，应当如实记录当事人的陈述、申辩意见。符合听证条件，当事人要求组织听证的，应当按照本章第三节的规定组织听证。

执法部门应当充分听取当事人的意见，对当事人提出的事实、理由、证据认真进行复核；当事人提出的事实、理由或者证据成立的，应当予以采纳。不得因当事人陈述、申辩而加重处罚。

第七十一条　有下列情形之一，在执法部门负责人作出行政处罚的决定之前，应当由从事行政处罚决定法制审核的人员进行法制审核：

(一)涉及重大公共利益的；

（二）直接关系当事人或者第三人重大权益，经过听证程序的；

（三）案件情况疑难复杂、涉及多个法律关系的；

（四）法律、法规规定应当进行法制审核的其他情形。

初次从事行政处罚决定法制审核的人员，应当通过国家统一法律职业资格考试取得法律职业资格。

第七十二条　从事行政处罚决定法制审核的人员主要从下列方面进行合法性审核，并提出书面审核意见：

（一）行政执法主体是否合法，行政执法人员是否具备执法资格；

（二）行政执法程序是否合法；

（三）案件事实是否清楚，证据是否合法充分；

（四）适用法律、法规、规章是否准确，裁量基准运用是否适当；

（五）执法是否超越执法部门的法定权限；

（六）行政执法文书是否完备、规范；

（七）违法行为是否涉嫌犯罪、需要移送司法机关。

第七十三条　执法部门负责人经审查，根据不同情况分别作出如下决定：

（一）确有应受行政处罚的违法行为的，根据情节轻重及具体情况，作出行政处罚决定；

（二）违法行为轻微，依法可以不予行政处罚的，不予行政处罚；

（三）违法事实不能成立的，不予行政处罚；

（四）违法行为涉嫌犯罪的，移送司法机关。

第七十四条　有下列情形之一的，依法不予行政处罚：

（一）违法行为轻微并及时改正，没有造成危害后果的，不予行政处罚；

（二）除法律、行政法规另有规定的情形外，当事人有证据足以证明没有主观过错的，不予行政处罚；

（三）精神病人、智力残疾人在不能辨认或者不能控制自己行为时有违法行为的，不予行政处罚，但应当责令其监护人严加看管和治疗；

（四）不满十四周岁的未成年人有违法行为的，不予行政处罚，但应责令监护人加以管教；

（五）其他依法不予行政处罚的情形。

初次违法且危害后果轻微并及时改正的，可以不予行政处罚。

违法行为在二年内未被处罚的，不再给予行政处罚；涉及公民生命健康安全、金融安全且有危害后果的，上述期限延长至五年。法律另有规定的除外。

对当事人的违法行为依法不予行政处罚的，执法部门应当对当事人进行教育。

第七十五条　作出行政处罚决定应当适用违法行为发生时的法律、法规、规章的规定。但是，作出行政处罚决定时，法律、法规、规章已被修改或者废止，且新的规定处罚较轻或者不认为是违法的，适用新的规定。

第七十六条　行政处罚案件有下列情形之一的，应当提交执法部门重大案件集体讨论会议决定：

（一）拟作出降低资质等级、吊销许可证件、责令停产停业、责令关闭、限制从业、较大数

额罚款、没收较大数额违法所得、没收较大价值非法财物的;

(二)认定事实和证据争议较大的,适用的法律、法规和规章有较大异议的,违法行为较恶劣或者危害较大的,或者复杂、疑难案件的执法管辖区域不明确或有争议的;

(三)对情节复杂或者重大违法行为给予较重的行政处罚的其他情形。

第七十七条 执法部门作出行政处罚决定,应当制作《行政处罚决定书》。行政处罚决定书的内容包括:

(一)当事人的姓名或者名称、地址等基本情况;

(二)违反法律、法规或者规章的事实和证据;

(三)行政处罚的种类和依据;

(四)行政处罚的履行方式和期限;

(五)不服行政处罚决定,申请行政复议或者提起行政诉讼的途径和期限;

(六)作出行政处罚决定的执法部门名称和作出决定的日期。

行政处罚决定书应当盖有作出行政处罚决定的执法部门的印章。

第七十八条 执法部门应当自行政处罚案件立案之日起九十日内作出行政处罚决定。案情复杂、期限届满不能终结的案件,可以经执法部门负责人批准延长三十日。

第七十九条 执法部门应当依法公开行政处罚决定信息,但法律、行政法规另有规定的除外。

公开的行政处罚决定被依法变更、撤销、确认违法或者确认无效的,执法部门应当在三日内撤回行政处罚决定信息并公开说明理由。

第三节 听证程序

第八十条 执法部门在作出下列行政处罚决定前,应当在送达《违法行为通知书》时告知当事人有要求举行听证的权利:

(一)责令停产停业、责令关闭、限制从业;

(二)降低资质等级、吊销许可证件;

(三)较大数额罚款;

(四)没收较大数额违法所得、没收较大价值非法财物;

(五)其他较重的行政处罚;

(六)法律、法规、规章规定的其他情形。

前款第(三)、(四)项规定的较大数额,地方执法部门按照省级人大常委会或者人民政府规定或者其授权部门规定的标准执行。海事执法部门按照对自然人处1万元以上、对法人或者其他组织10万元以上的标准执行。

第八十一条 执法部门不得因当事人要求听证而加重处罚。

第八十二条 当事人要求听证的,应当自收到《违法行为通知书》之日起五日内以书面或者口头形式提出。当事人以口头形式提出的,执法部门应当将情况记入笔录,并由当事人在笔录上签名或者盖章。

第八十三条 执法部门应当在举行听证的七日前向当事人及有关人员送达《听证通知书》,将听证的时间、地点通知当事人和其他听证参加人。

第八十四条 听证设听证主持人一名,负责组织听证;记录员一名,具体承担听证准备和制作听证笔录工作。

听证主持人由执法部门负责人指定;记录员由听证主持人指定。

本案调查人员不得担任听证主持人或者记录员。

第八十五条 听证主持人在听证活动中履行下列职责:

(一)决定举行听证的时间、地点;

(二)决定听证是否公开举行;

(三)要求听证参加人到场参加听证、提供或者补充证据;

(四)就案件的事实、理由、证据、程序、处罚依据和行政处罚建议等相关内容组织质证和辩论;

(五)决定听证的延期、中止或者终止,宣布结束听证;

(六)维持听证秩序。对违反听证会场纪律的,应当警告制止;对不听制止,干扰听证正常进行的旁听人员,责令其退场;

(七)其他有关职责。

第八十六条 听证参加人包括:

(一)当事人及其代理人;

(二)本案执法人员;

(三)证人、检测、检验及技术鉴定人;

(四)翻译人员;

(五)其他有关人员。

第八十七条 要求举行听证的公民、法人或者其他组织是听证当事人。当事人在听证活动中享有下列权利:

(一)申请回避;

(二)参加听证,或者委托一至二人代理参加听证;

(三)进行陈述、申辩和质证;

(四)核对、补正听证笔录;

(五)依法享有的其他权利。

第八十八条 与听证案件处理结果有利害关系的其他公民、法人或者其他组织,作为第三人申请参加听证的,应当允许。为查明案情,必要时,听证主持人也可以通知其参加听证。

第八十九条 委托他人代为参加听证的,应当向执法部门提交由委托人签名或者盖章的授权委托书以及委托代理人的身份证明文件。

授权委托书应当载明委托事项及权限。委托代理人代为放弃行使陈述权、申辩权和质证权的,必须有委托人的明确授权。

第九十条 听证主持人有权决定与听证案件有关的证人、检测、检验及技术鉴定人等听证参加人到场参加听证。

第九十一条 听证应当公开举行,涉及国家秘密、商业秘密或者个人隐私依法予以保密的除外。

公开举行听证的,应当公告当事人姓名或者名称、案由以及举行听证的时间、地点等。

第九十二条 听证按下列程序进行：

（一）宣布案由和听证纪律；

（二）核对当事人或其代理人、执法人员、证人及其他有关人员是否到场，并核实听证参加人的身份；

（三）宣布听证员、记录员和翻译人员名单，告知当事人有申请主持人回避、申辩和质证的权利；对不公开听证的，宣布不公开听证的理由；

（四）宣布听证开始；

（五）执法人员陈述当事人违法的事实、证据，拟作出行政处罚的建议和法律依据；执法人员提出证据时，应当向听证会出示。证人证言、检测、检验及技术鉴定意见和其他作为证据的文书，应当当场宣读；

（六）当事人或其代理人对案件的事实、证据、适用法律、行政处罚意见等进行陈述、申辩和质证，并可以提供新的证据；第三人可以陈述事实，提供证据；

（七）听证主持人可以就案件的有关问题向当事人或其代理人、执法人员、证人询问；

（八）经听证主持人允许，当事人、执法人员就案件的有关问题可以向到场的证人发问。当事人有权申请通知新的证人到会作证，调取新的证据。当事人提出申请的，听证主持人应当当场作出是否同意的决定；申请重新检测、检验及技术鉴定的，按照有关规定办理；

（九）当事人、第三人和执法人员可以围绕案件所涉及的事实、证据、程序、适用法律、处罚种类和幅度等问题进行辩论；

（十）辩论结束后，听证主持人应当听取当事人或其代理人、第三人和执法人员的最后陈述意见；

（十一）中止听证的，听证主持人应当宣布再次听证的有关事宜；

（十二）听证主持人宣布听证结束，听证笔录交当事人或其代理人核对。当事人或其代理人认为听证笔录有错误的，有权要求补充或改正。当事人或其代理人核对无误后签名或者盖章；当事人或其代理人拒绝的，在听证笔录上写明情况。

第九十三条 有下列情形之一的，听证主持人可以决定延期举行听证：

（一）当事人因不可抗拒的事由无法到场的；

（二）当事人临时申请回避的；

（三）其他应当延期的情形。

延期听证，应当在听证笔录中写明情况，由听证主持人签名。

第九十四条 听证过程中，有下列情形之一的，应当中止听证：

（一）需要通知新的证人到会、调取新的证据或者证据需要重新检测、检验及技术鉴定的；

（二）当事人提出新的事实、理由和证据，需要由本案调查人员调查核实的；

（三）当事人死亡或者终止，尚未确定权利、义务承受人的；

（四）当事人因不可抗拒的事由，不能继续参加听证的；

（五）因回避致使听证不能继续进行的；

（六）其他应当中止听证的情形。

中止听证，应当在听证笔录中写明情况，由听证主持人签名。

第九十五条 延期、中止听证的情形消失后，听证主持人应当及时恢复听证，并将听证的时间、地点通知听证参加人。

第九十六条 听证过程中，有下列情形之一的，应当终止听证：

（一）当事人撤回听证申请的；

（二）当事人或其代理人无正当理由不参加听证或者未经听证主持人允许，中途退出听证的；

（三）当事人死亡或者终止，没有权利、义务承受人的；

（四）听证过程中，当事人或其代理人扰乱听证秩序，不听劝阻，致使听证无法正常进行的；

（五）其他应当终止听证的情形。

听证终止，应当在听证笔录中写明情况，由听证主持人签名。

第九十七条 记录员应当将举行听证的全部活动记入《听证笔录》，经听证参加人审核无误或者补正后，由听证参加人当场签名或者盖章。当事人或其代理人、证人拒绝签名或盖章的，由听证主持人在《听证笔录》中注明情况。

《听证笔录》经听证主持人审阅后，由听证主持人和记录员签名。

第九十八条 听证结束后，执法部门应当根据听证笔录，依照本规定第七十三条的规定，作出决定。

第七章 执　　行

第一节 罚款的执行

第九十九条 执法部门对当事人作出罚款处罚的，当事人应当自收到处罚决定书之日起十五日内，到指定的银行缴纳罚款；具备条件的，也可以通过电子支付系统缴纳罚款。具有下列情形之一的，执法人员可以当场收缴罚款：

（一）依法当场作出行政处罚决定，处一百元以下的罚款或者不当场收缴事后难以执行的；

（二）在边远、水上、交通不便地区，当事人到指定的银行或者通过电子支付系统缴纳罚款确有困难，经当事人提出的。

当场收缴罚款的，应当向当事人出具国务院财政部门或者省、自治区、直辖市人民政府财政部门统一制发的专用票据。

第一百条 执法人员当场收缴的罚款，应当自收缴罚款之日起二日内，交至其所属执法部门。在水上当场收缴的罚款，应当自抵岸之日起二日内交至其所属执法部门。执法部门应当在二日内将罚款缴付指定的银行。

第一百零一条 当事人确有经济困难，经当事人申请和作出处罚决定的执法部门批准，可以暂缓或者分期缴纳罚款。执法人员应当制作并向当事人送达《分期（延期）缴纳罚款通知书》。

第一百零二条 罚款必须全部上缴国库，不得以任何形式截留、私分或者变相私分。

第一百零三条 当事人未在规定期限内缴纳罚款的，作出行政处罚决定的执法部门可以依法加处罚款。加处罚款的标准应当告知当事人。

加处罚款的数额不得超出原罚款的数额。

第一百零四条 执法部门实施加处罚款超过三十日,经催告当事人仍不履行的,作出行政处罚决定的执法部门应当依法向所在地有管辖权的人民法院申请强制执行。但是,当事人在法定期限内不申请行政复议或者提起行政诉讼,经催告仍不履行行政处罚决定、加处罚款决定的,在实施行政执法过程中已经采取扣押措施的执法部门,可以将扣押的财物依法拍卖抵缴罚款。

第一百零五条 依法拍卖财物,由执法部门委托拍卖机构依照《中华人民共和国拍卖法》的规定办理。

拍卖所得的款项应当上缴国库或者划入财政专户。任何单位或者个人不得以任何形式截留、私分或者变相私分。

第二节　行政强制执行

第一百零六条 执法部门依法作出行政决定后,当事人在执法部门决定的期限内不履行义务的,执法部门可以依法强制执行。

第一百零七条 法律规定具有行政强制执行权的执法部门依法作出强制执行决定前,应当制作《催告书》,事先以书面形式催告当事人履行义务。

第一百零八条 当事人收到催告书后有权进行陈述和申辩。执法部门应当充分听取并记录、复核。当事人提出的事实、理由或者证据成立的,执法部门应当采纳。

第一百零九条 经催告,当事人逾期仍不履行行政决定,且无正当理由的,执法部门可以依法作出强制执行决定,制作《行政强制执行决定书》,并送达当事人。

第一百一十条 有下列情形之一的,执法部门应当中止执行,制作《中止行政强制执行通知书》:

(一)当事人履行行政决定确有困难或者暂无履行能力的;

(二)第三人对执行标的主张权利,确有理由的;

(三)执行可能造成难以弥补的损失,且中止执行不损害公共利益的;

(四)执法部门认为需要中止执行的其他情形。

中止执行的情形消失后,执法部门应当恢复执行,制作《恢复行政强制执行通知书》。对没有明显社会危害,当事人确无能力履行,中止执行满三年未恢复执行的,执法部门不再执行。

第一百一十一条 有下列情形之一的,执法部门应当终结执行,制作《终结行政强制执行通知书》,并送达当事人:

(一)公民死亡,无遗产可供执行,又无义务承受人的;

(二)法人或者其他组织终止,无财产可供执行,又无义务承受人的;

(三)执行标的灭失的;

(四)据以执行的行政决定被撤销的;

(五)执法部门认为需要终结执行的其他情形。

第一百一十二条 在执行中或者执行完毕后,据以执行的行政决定被撤销、变更,或者执行错误的，应当恢复原状或者退还财物；不能恢复原状或者退还财物的，依法给予赔偿。

第一百一十三条 实施行政强制执行过程中，执法部门可以在不损害公共利益和他人合法权益的情况下，与当事人达成执行协议。执行协议可以约定分阶段履行；当事人采取补救措施的，可以减免加处的罚款或者滞纳金。

执行协议应当履行。当事人不履行执行协议的，执法部门应当恢复强制执行。

第一百一十四条 对违法的建筑物、构筑物、设施等需要强制拆除的，应当由执法部门发布《执行公告》，限期当事人自行拆除。当事人在法定期限内不申请行政复议或者提起行政诉讼，又不拆除的，执法部门可以依法强制拆除。

第一百一十五条 执法部门依法作出要求当事人履行排除妨碍、恢复原状等义务的行政决定，当事人逾期不履行，经催告仍不履行，其后果已经或者即将危害交通安全、造成环境污染或者破坏自然资源的，执法部门可以代履行，或者委托没有利害关系的第三人代履行。

第一百一十六条 代履行应当遵守下列规定：

（一）代履行前送达《代履行决定书》；

（二）代履行三日前催告当事人履行；当事人履行的，停止代履行；

（三）委托无利害关系的第三人代履行时，作出决定的执法部门应当派员到场监督；

（四）代履行完毕，执法部门到场监督的工作人员、代履行人、当事人或者见证人应当在执行文书上签名或者盖章。

代履行的费用按照成本合理确定，由当事人承担。但是，法律另有规定的除外。

第一百一十七条 需要立即清理道路、航道等的遗洒物、障碍物、污染物，当事人不能清除的，执法部门可以决定立即实施代履行；当事人不在场的，执法部门应当在事后立即通知当事人，并依法作出处理。

第三节 申请人民法院强制执行

第一百一十八条 当事人在法定期限内不申请行政复议或者提起行政诉讼，又不履行行政决定的，没有行政强制执行权的执法部门可以自期限届满之日起三个月内，依法向有管辖权的人民法院申请强制执行。

执法部门批准延期、分期缴纳罚款的，申请人民法院强制执行的期限，自暂缓或者分期缴纳罚款期限结束之日起计算。

强制执行的费用由被执行人承担。

第一百一十九条 申请人民法院强制执行前，执法部门应当制作《催告书》，催告当事人履行义务。催告书送达十日后当事人仍未履行义务的，执法部门可以向人民法院申请强制执行。

第一百二十条 执法部门向人民法院申请强制执行，应当提供下列材料：

（一）强制执行申请书；

（二）行政决定书及作出决定的事实、理由和依据；

（三）当事人的意见及执法部门催告情况；

（四）申请强制执行标的情况；

（五）法律、行政法规规定的其他材料。

强制执行申请书应当由作出处理决定的执法部门负责人签名,加盖执法部门印章,并注明日期。

第一百二十一条 执法部门对人民法院不予受理强制执行申请、不予强制执行的裁定有异议的,可以在十五日内向上一级人民法院申请复议。

第八章 案件终结

第一百二十二条 有下列情形之一的,执法人员应当制作《结案报告》,经执法部门负责人批准,予以结案:

(一)决定撤销立案的;

(二)作出不予行政处罚决定的;

(三)作出行政处罚等行政处理决定,且已执行完毕的;

(四)案件移送有管辖权的行政机关或者司法机关的;

(五)作出行政处理决定后,因执行标的灭失、被执行人死亡等客观原因导致无法执行或者无需执行的;

(六)其他应予结案的情形。

申请人民法院强制执行,人民法院受理的,按照结案处理。人民法院强制执行完毕后,执法部门应当及时将相关案卷材料归档。

第一百二十三条 经过调查,有下列情形之一的,经执法部门负责人批准,终止调查:

(一)没有违法事实的;

(二)违法行为已过追究时效的;

(三)其他需要终止调查的情形。

终止调查时,当事人的财物已被采取行政强制措施的,应当立即解除。

第九章 涉案财物的管理

第一百二十四条 对于依法查封、扣押、抽样取证的财物以及由执法部门负责保管的先行证据登记保存的财物,执法部门应当妥善保管,不得使用、挪用、调换或者损毁。造成损失的,应当承担赔偿责任。

涉案财物的保管费用由作出决定的执法部门承担。

第一百二十五条 执法部门可以建立专门的涉案财物保管场所、账户,并指定内设机构或专门人员负责对办案机构的涉案财物集中统一管理。

第一百二十六条 执法部门应当建立台账,对涉案财物逐一编号登记,载明案由、来源、保管状态、场所和去向。

第一百二十七条 执法人员应当在依法提取涉案财物后的二十四小时内将财物移交涉案财物管理人员,并办理移交手续。对查封、扣押、先行证据登记保存的涉案财物,应当在采取措施后的二十四小时内,将执法文书复印件及涉案财物的情况送交涉案财物管理人员予以登记。

在异地或者偏远、交通不便地区提取涉案财物的,执法人员应当在返回单位后的二十四小时内移交。

对情况紧急,需要在提取涉案财物后的二十四小时内进行鉴定的,经办案机构负责人批准,可以在完成鉴定后的二十四小时内移交。

第一百二十八条 容易腐烂变质及其他不易保管的物品,经执法部门负责人批准,在拍照或者录像后依法变卖或者拍卖,变卖或者拍卖的价款暂予保存,待结案后按有关规定处理。

易燃、易爆、毒害性、放射性等危险物品应当存放在符合危险物品存放条件的专门场所。

第一百二十九条 当事人下落不明或者无法确定涉案物品所有人的,执法部门按照本规定第十八条第五项规定的公告送达方式告知领取。公告期满仍无人领取的,经执法部门负责人批准,将涉案物品上缴国库或者依法拍卖后将所得款项上缴国库。

第十章 附 则

第一百三十条 本规定所称以上、以下、以内,包括本数或者本级。

第一百三十一条 执法部门应当使用交通运输部统一制定的执法文书式样。交通运输部没有制定式样,执法工作中需要的其他执法文书,或者对已有执法文书式样需要调整细化的,省级交通运输主管部门可以制定式样。

直属海事执法部门的执法文书式样,由交通运输部海事局统一制定。

第一百三十二条 本规定自2019年6月1日起施行。交通部于1996年9月25日发布的《交通行政处罚程序规定》(交通部令1996年第7号)和交通运输部于2008年12月30日发布的《关于印发交通行政执法风纪等5个规范的通知》(交体法发〔2008〕562号)中的《交通行政执法风纪》《交通行政执法用语规范》《交通行政执法检查行为规范》《交通行政处罚行为规范》《交通行政执法文书制作规范》同时废止。

附录2　交通运输行政执法文书式样

交通运输行政执法文书式样之一：立案登记表
交通运输行政执法文书式样之二：询问笔录
交通运输行政执法文书式样之三：勘验笔录
交通运输行政执法文书式样之四：现场笔录
交通运输行政执法文书式样之五：抽样取证凭证
交通运输行政执法文书式样之六：证据登记保存清单
交通运输行政执法文书式样之七：解除证据登记保存决定书
交通运输行政执法文书式样之八：行政强制措施决定书
交通运输行政执法文书式样之九：延长行政强制措施期限通知书
交通运输行政执法文书式样之十：解除行政强制措施决定书
交通运输行政执法文书式样之十一：违法行为通知书
交通运输行政执法文书式样之十二：听证通知书
交通运输行政执法文书式样之十三：听证笔录
交通运输行政执法文书式样之十四：当场行政处罚决定书
交通运输行政执法文书式样之十五：行政处罚决定书
交通运输行政执法文书式样之十六：责令改正违法行为通知书
交通运输行政执法文书式样之十七：分期（延期）缴纳罚款通知书
交通运输行政执法文书式样之十八：执行公告
交通运输行政执法文书式样之十九：催告书
交通运输行政执法文书式样之二十：行政强制执行决定书
交通运输行政执法文书式样之二十一：代履行决定书
交通运输行政执法文书式样之二十二：中止（终结、恢复）行政强制执行通知书
交通运输行政执法文书式样之二十三：送达回证
交通运输行政执法文书式样之二十四：结案报告

交通运输行政执法文书式样之一：

立案登记表

案号：

<table>
<tr><td>案件来源</td><td colspan="7">□1. 在行政检查中发现的；
□2. 个人、法人及其他组织举报经核实的；
□3. 上级机关______________________交办的；
□4. 下级机关__________________报请查处的；
□5. 有关部门______________________移送的；
□6. 其他途径发现的：______________________________</td></tr>
<tr><td>案由</td><td colspan="7"></td></tr>
<tr><td>受案时间</td><td colspan="7"></td></tr>
<tr><td rowspan="5">当事人基本情况</td><td rowspan="2">个人</td><td>姓名</td><td></td><td>性别</td><td></td><td>年龄</td><td></td></tr>
<tr><td>住址</td><td></td><td>身份证件号</td><td></td><td>联系电话</td><td></td></tr>
<tr><td rowspan="3">单位</td><td>名称</td><td colspan="3"></td><td>法定代表人</td><td></td></tr>
<tr><td>地址</td><td colspan="3"></td><td>联系电话</td><td></td></tr>
<tr><td>统一社会信用代码</td><td colspan="5"></td></tr>
<tr><td>案件基本情况</td><td colspan="7"></td></tr>
<tr><td>立案依据</td><td colspan="3"></td><td>经办机构负责人意见</td><td colspan="3">签名：
年 月 日</td></tr>
<tr><td>负责人审批意见</td><td colspan="7">签名：
年 月 日</td></tr>
<tr><td>备注</td><td colspan="7"></td></tr>
</table>

交通运输行政执法文书式样之二：

询 问 笔 录

案号：

第________ 次询问

时间：____年____月____日____时____分至____时____分

地点：____

询问人：______________________________记录人：______________________________

被询问人：____________________________与案件关系：__________________________

性别：________________________________年龄：________________________________

身份证件号：__________________________联系电话：____________________________

工作单位及职务：____

联系地址：____

我们是________________的执法人员________、________，这是我们的执法证件，执法证号分别是 ________、________，请你确认。现依法向你询问，请如实回答所问问题。执法人员与你有直接利害关系的，你可以申请回避。

问：你是否申请回避？

答：____

问：____

____

答：____

____

被询问人签名：　　　　　　　　　　　　询问人签名：

______________________________　　　　______________________________

交通运输行政执法文书式样之三：

勘验笔录

案号：

案由：____

勘验时间：____年____月____日____时____分至____日____时____分

勘验场所：________________天气情况：________________

勘验人：__________单位及职务：__________执法证号：__________

勘验人：__________单位及职务：__________执法证号：__________

当事人（当事人代理人）姓名：__________性别：________年龄：________

身份证件号：________________单位及职务：________________

住址：________________联系电话：________________

被邀请人：________________单位及职务：________________

记录人：________________单位及职务：________________

勘验情况及结果：________________________________

____

当事人或其代理人签名：______________勘验人签名：______________

被邀请人签名：________________________________

记录人签名：________________

交通运输行政执法文书式样之四：

现 场 笔 录

案号：

<table>
<tr><td>执法地点</td><td colspan="3"></td><td colspan="2">执法时间</td><td colspan="2">年 月 日
时 分至 时 分</td></tr>
<tr><td rowspan="2">执法人员</td><td colspan="2"></td><td rowspan="2">执法证号</td><td></td><td rowspan="2" colspan="2">记录人</td><td rowspan="2"></td></tr>
<tr><td colspan="2"></td><td></td></tr>
<tr><td rowspan="5">现场人员
基本情况</td><td colspan="2">姓名</td><td colspan="2"></td><td colspan="2">性别</td><td></td></tr>
<tr><td colspan="2">身份证件号</td><td colspan="2"></td><td colspan="2">与案件关系</td><td></td></tr>
<tr><td colspan="2">单位及职务</td><td colspan="2"></td><td colspan="2">联系电话</td><td></td></tr>
<tr><td colspan="2">联系地址</td><td colspan="5"></td></tr>
<tr><td colspan="2">车(船)号</td><td colspan="2"></td><td colspan="2">车(船)型</td><td></td></tr>
<tr><td rowspan="3">主要内容</td><td colspan="7">现场情况：(如实施行政强制措施的，包括当场告知当事人采取行政强制措施的理由、依据以及当事人依法享有的权利、救济途径，听取当事人陈述、申辩情况。)
____
____
____
____
____
____
____
____
____
____
__________</td></tr>
<tr><td colspan="7">□上述笔录我已看过□或已向我宣读过，情况属实无误。
现场人员签名：
年 月 日</td></tr>
<tr><td colspan="7">备注：</td></tr>
<tr><td></td><td colspan="7">执法人员签名： 年 月 日</td></tr>
</table>

交通运输行政执法文书式样之五：

抽样取证凭证

案号：

<table>
<tr><td rowspan="6">当事人</td><td rowspan="2">个人</td><td>姓　名</td><td></td><td>身份证件号</td><td></td></tr>
<tr><td>住　址</td><td></td><td>联系电话</td><td></td></tr>
<tr><td rowspan="4">单位</td><td>名　称</td><td colspan="3"></td></tr>
<tr><td>地　址</td><td colspan="3"></td></tr>
<tr><td>联系电话</td><td></td><td>法定代表人</td><td></td></tr>
<tr><td>统一社会信用代码</td><td colspan="3"></td></tr>
</table>

抽样取证时间：＿＿＿＿年＿＿＿月＿＿＿日＿＿＿时＿＿＿分至＿＿月＿＿日＿＿时＿＿分

抽样地点：＿＿＿＿＿＿＿＿＿＿＿＿＿＿＿＿＿＿＿＿＿＿＿＿＿＿＿＿＿＿

抽样取证机关：＿＿＿＿＿＿＿＿＿＿＿＿＿＿联系电话：＿＿＿＿＿＿＿＿＿＿＿＿＿＿

依据《中华人民共和国行政处罚法》第三十七条第二款规定，对你（单位）的下列物品进行抽样取证。

序　号	被抽样物品名称	规格及批号	数　量	被抽样物品地点

当事人或其代理人签名：　　　　　　　　　　　　执法人员签名：

＿＿＿＿＿＿＿＿＿＿　　　　　　　　　　　　　＿＿＿＿＿＿＿＿＿＿

交通运输执法部门（印章）

年　月　日

备注：

（本文书一式两份，一份存根，一份交被抽样取证人或其代理人。）

交通运输行政执法文书式样之六：

证据登记保存清单

案号：

<table>
<tr><td rowspan="6">当事人</td><td rowspan="2">个人</td><td>姓名</td><td></td><td>身份证件号</td><td></td></tr>
<tr><td>住址</td><td></td><td>联系电话</td><td></td></tr>
<tr><td rowspan="4">单位</td><td>名称</td><td colspan="3"></td></tr>
<tr><td>地址</td><td colspan="3"></td></tr>
<tr><td>联系电话</td><td></td><td>法定代表人</td><td></td></tr>
<tr><td>统一社会信用代码</td><td colspan="3"></td></tr>
</table>

因调查______________________________一案，根据《中华人民共和国行政处罚法》第三十七条第二款的规定，对你（单位）下列物品予以先行登记保存______日（自______年______月______日至______年______月______日）。在此期间，当事人或有关人员不得销毁或转移证据。

序　　号	证 据 名 称	规　　格	数　　量	登记保存地点

当事人或其代理人签名：______________　　　　执法人员签名：______________

交通运输执法部门（印章）

年　月　日

（本文书一式两份，一份存根，一份交当事人或其代理人。）

交通运输行政执法文书式样之七：

解除证据登记保存决定书

案号：

当事人（个人姓名或单位名称）____________________________：

本机关依法于______年______月______日对你（单位）采取了证据登记保存，《证据登记保存清单》案号：____________________________。依照《中华人民共和国行政处罚法》第三十七条第二款的规定，本机关决定自______年______月______日起解除该证据登记保存。

交通运输执法部门（印章）

年　月　日

（本文书一式两份，一份存根，一份交当事人或其代理人。）

交通运输行政执法文书式样之八：

行政强制措施决定书

案号：

<table>
<tr><td rowspan="6">当事人</td><td rowspan="2">个人</td><td>姓名</td><td></td><td>身份证件号</td><td></td></tr>
<tr><td>住址</td><td></td><td>联系电话</td><td></td></tr>
<tr><td rowspan="4">单位</td><td>名称</td><td colspan="3"></td></tr>
<tr><td>地址</td><td colspan="3"></td></tr>
<tr><td>联系电话</td><td></td><td>法定代表人</td><td></td></tr>
<tr><td>统一社会信用代码</td><td colspan="3"></td></tr>
</table>

______年______月______日，你(单位)____。

依据____的规定，本机关决定对你（单位）的________________________（财物、设施或场所的名称及数量）实施________________________的行政强制措施，期限为______年______月______日至______年______月______日。

如果不服本决定，可以依法在六十日内向________________申请行政复议，或者在六个月内依法向________________人民法院提起行政诉讼，但本决定不停止执行，法律另有规定的除外。

交通运输执法部门(印章)
年　月　日

查封、扣押场所、设施、财物清单如下：

序　　号	查封、扣押场所、设施、财物名称	规　　格	数　　量	备　　注

其他说明：____

(本文书一式两份，一份存根，一份交当事人或其代理人。)

交通运输行政执法文书式样之九：

延长行政强制措施期限通知书

案号：

当事人(个人姓名或单位名称)______________________：

因你(单位)____，本机关依法于______年______月______日对你(单位)采取了______________________的行政强制措施，行政强制措施决定书案号：______________________。

现因______________________________，依据《中华人民共和国行政强制法》第二十五条的规定，决定延长行政强制措施期限至______年______月______日。

交通运输执法部门(印章)

年　月　日

(本文书一式两份，一份存根，一份交当事人或其代理人。)

交通运输行政执法文书式样之十：

解除行政强制措施决定书

案号：

当事人(个人姓名或单位名称)______________________________：

因你(单位)______________________________，本机关依法于______年______月______日对你(单位)采取了______________________________的行政强制措施，行政强制措施决定书案号：______________________________。

依照《中华人民共和国行政强制法》第二十八条第一款第____________________项的规定，本机关决定自______年______月______日起解除该行政强制措施。

交通运输执法部门(印章)

年　月　日

退还财物清单如下：

序　号	退还财物名称	规　格	数　量	备　注

经当事人(代理人)查验，退还的财物与查封、扣押时一致，查封、扣押期间没有使用、丢失和损坏现象。

(本文书一式两份，一份存根，一份交当事人或其代理人。)

交通运输行政执法文书式样之十一：

违法行为通知书

案号：

当事人(个人姓名或单位名称)______________________：

经调查，本机关认为你(单位)______________________行为，违反了______________________的规定，依据______________________的规定，本机关拟作出______________________处罚决定。

□根据《中华人民共和国行政处罚法》第三十一条、第三十二条的规定，你(单位)如对该处罚意见有异议，可向本机关提出陈述申辩，本机关将依法予以核实。

□根据《中华人民共和国行政处罚法》第四十二条的规定，你(单位)有权在收到本通知书之日起三日内向本机关要求举行听证；逾期不要求举行听证的，视为你(单位)放弃听证的权利。

(注：在序号前□内打"√"的为当事人享有该权利。)

联系地址：______________________ 邮编：______________________

联系人：______________________ 联系电话：______________________

交通运输执法部门(印章)

年　月　日

(本文书一式两份，一份存根，一份交当事人或其代理人。)

交通运输行政执法文书式样之十二：

听证通知书

案号：

当事人(个人姓名或单位名称)______________________________：

根据你(单位)申请，关于______________________________一案，现定于______年______月______日______时在______________________________(公开、不公开)举行听证会议，请准时出席。

听证主持人姓名：__________________________ 职务：__________________________

听证员姓名：__________________________ 职务：__________________________

记录员姓名：__________________________ 职务：__________________________

根据《中华人民共和国行政处罚法》第四十二条规定，你(单位)可以申请听证主持人、听证员、记录员回避。

注意事项如下：

1. 请事先准备相关证据，通知证人和委托代理人准时参加。
2. 委托代理人参加听证的，应当在听证会前向本机关提交授权委托书等有关证明。
3. 申请延期举行的，应当在举行听证会前向本行政机关提出，由本机关决定是否延期。
4. 不按时参加听证会且未事先说明理由的，视为放弃听证权利。

特此通知。

联系地址：__________________________ 邮编：__________________________

联系人：__________________________ 联系电话：__________________________

交通运输执法部门(印章)

年 月 日

(本文书一式两份，一份存根，一份交当事人或其代理人。)

交通运输行政执法文书式样之十三：

听证笔录

案号：

案件名称：____________________

主持听证机关：____________________

听证地点：____________________

听证时间：____年____月____日____时____分至____年____月____日____时____分

主持人：________________听证员：________________

记录员：____________________

执法人员：________________执法证号：________________

________________执法证号：________________

当事人：____________法定代表人：____________联系电话：____________

委托代理人：__________性别：______年龄：______工作单位及职务：__________

第三人：__________性别：______年龄：______工作单位及职务：__________

其他参与人员：__________性别：______年龄：______工作单位及职务：__________

听证记录：____________________

当事人或其代理人签名：

____

主持人及听证员签名：________________

记录员签名：________________

其他听证参加人签名：

____

交通运输行政执法文书式样之十四：

当场行政处罚决定书

案号：

<table>
<tr><td rowspan="6">当事人</td><td rowspan="2">个人</td><td>姓名</td><td></td><td>身份证件号</td><td></td></tr>
<tr><td>住址</td><td></td><td>联系电话</td><td></td></tr>
<tr><td rowspan="4">单位</td><td>名称</td><td colspan="3"></td></tr>
<tr><td>地址</td><td colspan="3"></td></tr>
<tr><td>联系电话</td><td></td><td>法定代表人</td><td></td></tr>
<tr><td>统一社会信用代码</td><td colspan="3"></td></tr>
</table>

违法事实及证据：____

____

____

你(单位)的行为违反了________________________________的规定，依据________________________的规定，决定予以________________________的行政处罚。

罚款的履行方式和期限(见打√处)：

□当场缴纳。

□自收到本决定书之日起十五日内缴至__________，账号__________到期不缴纳罚款的，本机关可以每日按罚款数额的百分之三加处罚款，加处罚款的数额不超过罚款本数。

如果不服本处罚决定，可以在六十日内依法向________________________申请行政复议，或者在六个月内依法向________________________人民法院提起行政诉讼，但本决定不停止执行，法律另有规定的除外。逾期不申请行政复议、不提起行政诉讼又不履行的，本机关将依法申请人民法院强制执行。

处罚前已口头告知当事人拟作出处罚的事实、理由和依据，并告知当事人依法享有的陈述权和申辩权。

当事人或其代理人签名：　　　　　　　　　　执法人员签名：

________________________　　　　　　　　　________________________

交通运输执法部门(印章)

年　月　日

(本文书一式两份，一份存根，一份交当事人或其代理人。)

交通运输行政执法文书式样之十五：

行政处罚决定书

案号：

<table>
<tr><td rowspan="6">当事人</td><td rowspan="2">个人</td><td>姓名</td><td></td><td>身份证件号</td><td></td></tr>
<tr><td>住址</td><td></td><td>联系电话</td><td></td></tr>
<tr><td rowspan="4">单位</td><td>名称</td><td colspan="3"></td></tr>
<tr><td>地 址</td><td colspan="3"></td></tr>
<tr><td>联系电话</td><td></td><td>法定代表人</td><td></td></tr>
<tr><td>统一社会信用代码</td><td colspan="3"></td></tr>
</table>

违法事实及证据：____

____

____

____

____。

你(单位)的行为违反了____________的规定,依据____________的规定,决定给予________________的行政处罚。

处以罚款的,自收到本决定书之日起十五日内缴至________,账号________,到期不缴纳罚款的,本机关可以每日按罚款数额的百分之三加处罚款,加处罚款的数额不超过罚款本数。

其他执行方式和期限：____

____

____。

如果不服本处罚决定,可以在六十日内依法向________申请行政复议,或者在六个月内依法向________人民法院提起行政诉讼,但本决定不停止执行,法律另有规定的除外。逾期不申请行政复议、不提起行政诉讼又不履行的,本机关将依法申请人民法院强制执行。

交通运输执法部门(印章)

年　月　日

(本文书一式两份,一份存根,一份交当事人或其代理人。)

交通运输行政执法文书式样之十六：

责令改正违法行为通知书

案号：

当事人(个人姓名或单位名称)________________________：

经调查,你(单位)存在下列违法事实：

____

____。

根据____________的规定,现责令你(单位)

□立即予以改正。

□在_____年_____月_____日前改正或者整改完毕。

如果不服本决定,可以在六十日内依法向__________申请行政复议,或者在六个月内依法向__________人民法院提起行政诉讼。

当事人或其代理人签名：　　　　　　　　　　执法人员签名：

____________________　　　　　　　　　　____________________

交通运输执法部门(印章)

年　月　日

(本文书一式两份,一份存根,一份交当事人或其代理人。)

交通运输行政执法文书式样之十七：

分期（延期）缴纳罚款通知书

案号：

当事人（个人姓名或单位名称）_________________________：

_____年_____月_____日，本机关对你（单位）送达了________（案号）《行政处罚决定书》，作出了对你（单位）罚款_________________________（大写）的行政处罚决定，根据你（单位）的申请，本机关依据《中华人民共和国行政处罚法》第五十二条的规定，现决定：

□同意你（单位）延期缴纳罚款。延长至_____年_____月_____日。

□同意你（单位）分期缴纳罚款。第_____期至_____年_____月_____日前，缴纳罚款_____元（大写）（每期均应当单独开具本文书）。此外，尚有未缴纳的罚款_____元（大写）。

□由于________________________，因此，本机关认为你的申请不符合《中华人民共和国行政处罚法》第五十二条的规定，不同意你（单位）分期（延期）缴纳罚款。

代收机构以本通知书为据，办理收款手续。

交通运输执法部门（印章）
年　月　日

（本文书一式两份，一份存根，一份交当事人或其代理人。）

交通运输行政执法文书式样之十八：

执 行 公 告

案号：

______________________________一案，本机关于______年______月______日依法作出了______________________________的决定，决定书案号为______________。

依据《中华人民共和国行政强制法》第四十四条的规定，现责令当事人______________________________立即停止违法行为并于______年______月______日______时前自行拆除违法的建筑物、构筑物、设施等。当事人在法定期限内不申请行政复议或者提起行政诉讼，又不拆除的，本机关将依法强制拆除。

特此公告。

交通运输执法部门（印章）

年　月　日

交通运输行政执法文书式样之十九：

催 告 书

案号：

当事人(个人姓名或单位名称)___________________：

因你(单位)___________________，本机关于______年______月______日作出了___________________的决定，决定书案号为_______________。你(单位)逾期未履行义务，根据《中华人民共和国行政强制法》第三十五条和第五十四条的规定，现就有关事项催告如下，请你(单位)按要求履行：

1. 履行标的：____

2. 履行期限：____

3. 履行方式：____

4. 履行要求：____

5. 其他事项：____

你(单位)逾期仍不履行的，本机关将依法采取以下措施：

□1. 到期不缴纳罚款的，每日按罚款数额的百分之三加处罚款。

□2. 根据法律规定，将查封、扣押的财物拍卖抵缴罚款。

□3. 申请人民法院强制执行。

□4. 依法代履行或者委托第三人：_____________________________代履行。

□5. 其他强制执行方式：____。

你(单位)可向本机关进行陈述或申辩，本机关将依法核实。

交通运输执法部门(印章)

年 月 日

(本文书一式两份，一份存根，一份交当事人或其代理人。)

交通运输行政执法文书式样之二十：

行政强制执行决定书

案号：

<table>
<tr><td rowspan="6">当事人</td><td rowspan="2">个人</td><td>姓名</td><td></td><td>身份证件号</td><td></td></tr>
<tr><td>住址</td><td></td><td>联系电话</td><td></td></tr>
<tr><td rowspan="4">单位</td><td>名称</td><td colspan="3"></td></tr>
<tr><td>地址</td><td colspan="3"></td></tr>
<tr><td>联系电话</td><td></td><td>法定代表人</td><td></td></tr>
<tr><td>统一社会信用代码</td><td colspan="3"></td></tr>
</table>

因你（单位）逾期未履行本机关于______年______月______日作出的__________________决定，决定书案号为____________________________。经本机关催告后，你(单位)在催告期间有转移或隐匿财物迹象的，仍未履行且无正当理由。依据____________________________的规定，本机关将立即于______年______月______日强制执行：____(强制执行方式)。

如不服本决定，可以在收到本决定书之日起六十日内向______________申请行政复议或者在六个月内依法向______________人民法院提起行政诉讼。

交通运输执法部门(印章)

年　月　日

(本文书一式两份，一份存根，一份交当事人或其代理人。)

交通运输行政执法文书式样之二十一：

代履行决定书

案号：

<table>
<tr><td rowspan="6">当事人</td><td rowspan="2">个人</td><td>姓名</td><td></td><td>身份证件号</td><td></td></tr>
<tr><td>住址</td><td></td><td>联系电话</td><td></td></tr>
<tr><td rowspan="4">单位</td><td>名称</td><td colspan="3"></td></tr>
<tr><td>地址</td><td colspan="3"></td></tr>
<tr><td>联系电话</td><td></td><td>法定代表人</td><td></td></tr>
<tr><td>统一社会信用代码</td><td colspan="3"></td></tr>
</table>

因你(单位)______________________________，

□1. 本机关于______年______月______日作出了______________________决定，决定书案号为__________________。经本机关催告后仍未及时履行，因其后果已经或者将危害交通安全、造成环境污染或者破坏自然资源。依据《中华人民共和国行政强制法》第五十条以及__________________的规定；

□2. 需要立即清除道路、河道、航道或者公共场所的遗洒物、障碍物或者污染物，因你(单位)不能清除，依据《中华人民共和国行政强制法》第五十二条以及__________________的规定；

本机关依法作出代履行决定如下：

1. 代履行人：□本机关　□第三人：______________________________
2. 代履行标的：______________________________
3. 代履行时间和方式：______________________________
4. 代履行费用(预算)：______________________________

请你(单位)在收到本决定书后__________日内预付代履行预算费用(开户行：__________________账号：__________________)。代履行费用据实决算后，多退少补。

如不服本决定，可以在收到本决定书之日起六十日内向__________________申请行政复议或者在六个月内依法向__________________人民法院提起行政诉讼。

交通运输执法部门(印章)

年　月　日

(本文书一式两份，一份存根，一份交当事人或其代理人。)

交通运输行政执法文书式样之二十二：

中止（终结、恢复）行政强制执行通知书

案号：

当事人（个人姓名或单位名称）____________________：

____________________一案，本机关于______年______月______日依法作出了行政强制执行决定，并向你（单位）送达了《行政强制执行决定书》（案号：____________________）。

□1. 现因____________________，根据《中华人民共和国行政强制法》第三十九条第一款的规定，本机关决定自______年______月______日起中止该行政强制执行。中止执行的情形消失后，本机关将恢复执行。

□2. 现因____________________，根据《中华人民共和国行政强制法》第四十条的规定，本机关决定终结执行。

□3. 你（单位）____________________一案，本机关于______年______月______日决定中止执行，现中止执行的情形已消失，根据《中华人民共和国行政强制法》第三十九第二款的规定，决定从即日恢复强制执行。

□4. 本机关于______年______月______日与你（单位）达成执行协议，因你（单位）不履行执行协议，根据《中华人民共和国行政强制法》第四十二条第二款的规定，决定从即日恢复强制执行。

特此通知。

交通运输执法部门（印章）

年　月　日

（本文书一式两份，一份存根，一份交当事人或其代理人。）

交通运输行政执法文书式样之二十三：

送 达 回 证

案号：

案由：____

<table>
<tr><td>送达单位</td><td colspan="5"></td></tr>
<tr><td>受送达人</td><td colspan="5"></td></tr>
<tr><td>代收人</td><td colspan="5"></td></tr>
<tr><td>送达文书
名称、文号</td><td>收件人签名
（盖章）</td><td>送达地点</td><td>送达日期</td><td>送达方式</td><td>送达人</td></tr>
<tr><td></td><td></td><td></td><td></td><td></td><td></td></tr>
<tr><td></td><td></td><td></td><td></td><td></td><td></td></tr>
<tr><td></td><td></td><td></td><td></td><td></td><td></td></tr>
<tr><td></td><td></td><td></td><td></td><td></td><td></td></tr>
<tr><td></td><td></td><td></td><td></td><td></td><td></td></tr>
<tr><td></td><td></td><td></td><td></td><td></td><td></td></tr>
<tr><td colspan="6">交通运输执法部门（印章）
年　月　日</td></tr>
<tr><td colspan="6">备注：</td></tr>
</table>

交通运输行政执法文书式样之二十四：

结 案 报 告

案号：

案由：______________________________

<table>
<tr><td rowspan="5">当事人
基本情况</td><td>个人</td><td></td><td>年龄</td><td></td><td>性别</td><td></td></tr>
<tr><td>所在单位</td><td></td><td>联系地址</td><td colspan="3"></td></tr>
<tr><td>联系电话</td><td></td><td>邮编</td><td colspan="3"></td></tr>
<tr><td>单位</td><td></td><td>地址</td><td colspan="3"></td></tr>
<tr><td>法定代表人</td><td></td><td>职务</td><td colspan="3"></td></tr>
<tr><td>处理结果</td><td colspan="6"></td></tr>
<tr><td>执行情况</td><td colspan="6"></td></tr>
<tr><td>经办机构
负责人意见</td><td colspan="6">签名：
年　月　日</td></tr>
<tr><td>负责人
审批意见</td><td colspan="6">签名：
年　月　日</td></tr>
</table>

参考文献

[1] 王宣,罗万华,张浩,等.电子签章在交通运输行政执法领域的研究与应用[J].数字技术与应用,2020,38(10):77-79.

[2] 王志勇,林杨.宁波交通运输非现场执法建设研究[J].宁波经济(三江论坛),2020(9):29-31.

[3] 吴禹承.道路交通超限超载运输的监管研究[D].泉州:华侨大学,2020.

[4] 严小兵,迪丽拜尔·阿不拉江,李铭.新疆维吾尔自治区"十三五"交通运输行政执法综合管理信息系统设计与研究[J].交通世界,2019(29):11-15.

[5] 朱双龙,马胜荣.海东市"现场+非现场"执法模式在交通运输综合执法领域的应用现状[J].城市建设理论研究(电子版),2019(18):153.

[6] 顾章川,俞先江,徐兵,等.货车超限超载运输非现场综合执法系统路面改造设计研究[J].城市道桥与防洪,2019(6):29-40.

[7] 陶国智.基于阿里云大数据平台的交通运输综合行政执法案件的智能分析和研究[D].广州:广州大学,2019.

[8] 陈晖,张柱庭.交通运输非现场执法的若干问题分析[J].中国公路,2019(8):28-31.

[9] 杨欢.浅谈公路超载超限非现场执法系统检定中存在的问题及解决方法[J].衡器,2019,48(4):33-34.

[10] 周爱东.交通运输行政执法信息化技术研究与应用[J].法制博览,2019(8):256.

[11] 舒继承.交通运输综合执法模式研究[D].成都:西南交通大学,2018.

[12] 刘金广,戴帅,黄金晶,等.从交通违法查处数据谈城市交通治理[J].综合运输,2017,39(11):9-12.

[13] 陈志伟.龙岩市交通综合执法管理信息系统项目评价研究[D].泉州:华侨大学,2017.